MW01493652

CARTAS
DE SAN ALBERTO
HURTADO, S.J.

Tercera edición renovada y aumentada

SELECCIÓN, PRESENTACIÓN Y NOTAS
DE JAIME CASTELLÓN, S.J.

CARTAS DE
SAN ALBERTO HURTADO, S.J.

Tercera edición renovada y aumentada

Selección, presentación y notas de Jaime Castellón, S.J.

Biblioteca Jesuita de Chile
Fuentes

Ediciones Universidad Alberto Hurtado
Alameda 1869 · Santiago de Chile
mgarciam@uahurtado.cl · 56-228897726
www.uahurtado.cl

Impreso en Santiago de Chile, por C y C impresores
Noviembre de 2017

ISBN libro impreso: 978-956-357-128-8
ISBN libro digital: 978-956-357-129-5

Dirección Colección Biblioteca Jesuita de Chile
Claudio Rolle

Editor archivos san Alberto Hurtado
Samuel Fernández

Dirección editorial
Alejandra Stevenson Valdés

Editora ejecutiva
Beatriz García-Huidobro

Diseño de la colección y diagramación interior
Alejandra Norambuena

Imagen de portada
Alberto Hurtado. Se agradece a Samuel Fernández.

MIEMBRO DE LA
RED DE
EDITORIALES
UNIVERSITARIAS
DE AUSJAL
www.ausjal.org

BIBLIOTECA JESUITA DE CHILE

FUENTES

CARTAS DE SAN ALBERTO HURTADO, S.J.

Tercera edición renovada y aumentada

SELECCIÓN, PRESENTACIÓN Y NOTAS
DE JAIME CASTELLÓN, S.J.

EDICIONES
UNIVERSIDAD ALBERTO HURTADO

PONTIFICIA UNIVERSIDAD CATÓLICA DE CHILE
INSTITUTO DE HISTORIA

ÍNDICE

HOGAR PARA LOS QUE NO TIENEN TECHO

HOGAR DE CRISTO
CASILLA 997
SANTIAGO

Estimada Elena:

No he contestado antes su carta en la esperanza de poder conversar con Ud. pero ya que esto no me ha sido posible, ni lo será estos días, le envío estas líneas.

Su resolución de retirarse del trabajo del Hogar de Cristo por los motivos que me insinúa espero que no sea definitiva, pues los motivos, o mejor, "el motín", no guarda ninguna proporción con la medida que me anuncia... Dificultades las habrá siempre y también incomprensiones, personas con las cuales uno no simpatiza y aun que molestan... Esto es el pan de cada día, duro pero muy nutritivo, pues robustece las virtudes macizas y forma a las almas grandes.

Así es que me permito esperar que su puesto seguirá ocupado y que los pobrecitos seguirán contando con su bondadosa ayuda. Comencé estas líneas el miércoles y sólo puedo terminarlas hoy sábado a mi vuelta de llamados.

¡Que Dios la bendiga! Su afmo.

Sf. y Cap.

Alberto Hurtado C. S.   21 junio 47

Publicar las cartas de Alberto Hurtado Cruchaga, ese hombre que nació en Viña del Mar en 1901 y que habría de morir en Santiago en 1952 convertido en un hombre santo, es una oportunidad única para conocer ese camino hacia la santidad en sus etapas fundamentales y en sus fundamentos y principios, conociendo lenta y sostenidamente el cómo se construye una vida centrada en ese "en todo amar y servir" ignaciano que marcará una ruta en la vida del joven Alberto y luego en la de "el Padre Hurtado".

1.   Los epistolarios comparten con los diarios personales —dos de las más clásicas fuentes de memoria— el presentar impresiones y vivencias de un momento, buscando compartir y transmitir experiencias, proporcionando información, tratando de dar cuenta del curso de una vida que se relaciona con otras. En ambos casos, y a diferencia de lo que ocurre con las autobiografías y las memorias, el autor no sabe qué sucederá en el futuro y captura, como una fotografía, un instante que desea compartir con otra persona buscando una forma de diálogo a la distancia. De hecho, las cartas son formas paliativas para un vago deseo de ubicuidad, de manera tal que hacen posible que vicariamente estemos, a través de una carta, en otros lugares, permaneciendo sin embargo en el lugar de la emisión o envío de la misma. Las cartas actúan muchas veces como "testigos a pesar de sí mismos" entregándonos, junto a informaciones precisas y concretas, imágenes e ideas propias del tono de una época y suponen un desafío importante para el intérprete que no solo debe leer lo que está escrito sino también los contextos, lo implícito y lo sugerido. Género apasionante que nos consiente a entrar en la intimidad de las relaciones de amistad y compartir dicha amistad,

buscando esencialmente comprender a los hombres y mujeres allí referidos, a los que escriben y reciben este gran medio de comunicación que reúne escritura ideas, lugares y fechas.

2. Escribir una carta es, muchas veces, una forma de darse a otro, de entregar algo de sí a quien se quiere y se recuerda venciendo el tiempo y la distancia, compartiendo las ilusiones y las preocupaciones, lo que estimula y preocupa a quién toma la iniciativa de poner por escrito lo que piensa y siente. Alberto Hurtado, que del dar y darse a los demás hará una parte esencial de su trabajo pastoral y de su reflexión religiosa, se entrega con transparencia y confianza en estas cartas que constituyen una suerte de *diario de un alma* no integrado o formal sino fragmentado y repartido entre muchas personas queridas. No se trata aun así de un diario en el sentido convencional en el que se registran las impresiones de la jornada y las inquietudes que estas pueden causar en el alma y la cabeza de quien lleva el diario, esencialmente escrito para el autor y su ordenamiento de ideas y emociones y tantas veces concebido como un instrumento de disciplina de escritura y autoconocimiento. En el caso de las cartas hay una voluntad explícita de comunicar a otros las propias vivencias y un deseo, igualmente explícito, de contar con respuestas e iniciar así un diálogo a distancia, con la mediación del tiempo y del espacio, que muchas veces genera un ansia en la espera de las respuestas en el anhelo de poder compartir intensamente lo que se está viviendo y experimentando, lo que se teme o preocupa, lo que se desea o se sueña.

Desde las cartas enviadas por el joven Alberto con sus inquietudes espirituales y sus deseos de conocer su vocación hasta las últimas comunicaciones de quien se prepara para la muerte, el conjunto de escritos nos permite hacer un recorrido por la vida de este hombre con sus momentos de exaltación y entusiasmo, así como los de cansancio y de disputas o conflictos. Desde su mano y su cabeza se nos muestra en toda su humanidad, dándose en cada carta a su destinatario pues pone en la tinta y el papel parte de su alma. Son cartas que nos entregan información variada y rica sobre su vida y su acción, pero sobre todo nos permiten sentir su voz y sus emociones, sus entusiasmos y preocupaciones. Hay en este gesto de darse un implícito gesto de acogida y, como indicaba antes, una invitación al diálogo, a la comunicación en el sentido más rico del término. Alberto Hurtado se da a sí mismo en estas cartas y se muestra sensible y disponible para cumplir con lo que más le apasiona desde joven: cumplir la voluntad de Dios.

3. En esta dimensión —la comprensión de la voluntad de Dios y la acción continua para cumplirla— las cartas nos dan una extraordinaria documentación pues leídas con atención, contando no solo con lo dicho sino también con lo insinuado, con lo tácito y con lo no dicho, podemos seguir un proceso de construcción de una persona que desde joven aprendió e hizo propio el principio y fundamento que Ignacio de Loyola había presentado al inicio de sus Ejercicios espirituales. A riesgo de sobre interpretar creo que se puede encontrar en la escritura de la intimidad compartida de Alberto Hurtado, pues en este sentido pueden ser leídas muchas de estas cartas, un sello profundamente ignaciano que de diversas maneras y en las varias etapas de su vida, en escenarios sociales y culturales diversos, se manifiesta en su modo de escribir y comunicar. Podemos interpretar estos textos privados con una sensibilidad de cartógrafo, tratando de hacer el mapa de los razonamientos y el discurrir de este hombre que buscaba conocer la voluntad de Dios para él y para su tiempo, pensando siempre de manera generosa en la proyección y difusión del principio y fundamento. Es posible encontrar las líneas de argumentación, las influencias y la "dieta" intelectual y espiritual de este jesuita que dejará una huella profunda en sus contemporáneos y los que les hemos seguido en la vida de este país que Alberto Hurtado amó tanto. El ordenamiento sugerido por Jaime Castellón en la secuencia de las cartas ayuda a la tarea de contextualizar estos textos, a darles un trasfondo y un alcance amplio, mostrándonos cómo al decir, Alberto Hurtado dice muchas otras cosas. Es apasionante el poder conocer de qué manera este hombre santo se dio a otros y cómo se esforzó por escuchar y dialogar siguiendo en esto el modelo de Ignacio de Loyola y su enorme actividad epistolar, entendiendo que también en esta dimensión se actuaba ese ya recordado "en todo amar y servir". Al volver a poner en circulación estas cartas se nos ofrece la posibilidad de afrontar el desafío de interpretar el pensamiento de san Alberto, de conocer sus formas de argumentar y persuadir, su grado de compromiso y

empeño, su modo de entender prácticamente la idea de ser un contemplativo en la acción.

4. Este es un punto que me parece fundamental en la lectura de estas cartas: nos permite descubrir al hombre de oración que busca lo que Dios quiere de él en el servicio a los demás y por tanto un ser inquieto en la búsqueda del rostro de Cristo en los demás. En estos escritos emerge con fuerza la imaginación del hombre de acción, de quien se interpela a sí mismo y que plantea cuestiones acuciantes, que siente que debe ser un servidor de la verdad en el amor. Se puede palpar en esta escritura más recóndita o reservada parta el dialogo con las personas de confianza, con las que comparte la amistad y las exigencias que esta plantea en términos de sinceridad y confidencia, una cierta impulsividad, un entusiasmo más o menos velado en el quehacer como sacerdote, como educador y me atrevo a decir, como ciudadano.

Las cartas de Alberto Hurtado son también el registro de sus proyectos y acciones, una especie de agenda expandida de los diagnósticos que en su servicio a la Iglesia y al país hizo, con una clara voluntad de incidir con sus palabras y sus acciones en el cambio de la realidad de un presente, buscando orientar toda su vida y su actuar en el sentido del *alabar, hacer reverencia y servir a Dios* que se encuentra en el principio y fundamento. Las cartas de Alberto Hurtado dan cuenta de lo hecho y de lo deseado, de las tareas por realizar y de los motivos para pedir perdón o agradecer. Se trata de un conjunto de cartas que revelan una riquísima vida espiritual que se expresa en acciones concretas y en la voluntad de buscar cómo ser más eficaz en el cumplimiento de la voluntad de Dios. Él estaba consciente de que sus palabras y sus actos no eran indiferentes y se hace cargo de ello no solo en estas cartas sino en general en su actuar, atento a decir las cosas con claridad y en el momento oportuno, fórmula que se dice fácil pero que es de alta exigencia moral y espiritual, con una particular capacidad para proponer y anticipar, para articular la capacidad de analizar experiencias con visión crítica y comprensiva, la de entender los desafíos del presente y el futuro y la voluntad de actuar con coherencia y decisión. Estas dimensiones se pueden encontrar en numerosas cartas, en la convicción con que expone sus ideas y despliega argumentos, sintiendo que la caridad de Cristo nos urge.

5.   En el recorrido vital de Alberto Hurtado hay momentos, argumentos, acciones e ideas que nos lo muestran como alguien que se anticipó a su tiempo y en las cartas que aquí se presentan podemos encontrar una verdadera cantera de elementos que pocos años después de su muerte comenzaron a hacerse manifiestos en la vida de la Iglesia. Diez años después de su pascua, el papa Juan XXIII inauguraba el Concilio Vaticano II en la acción donde podemos encontrar muchas de las inquietudes e intuiciones que Alberto Hurtado desarrolló a lo largo de su vida, de esta vida documentada, casi sin quererlo, por estas cartas que tejieron la amistad y el servicio, el amor y la capacidad de propuesta, permitiéndonos acercarnos a quienes fueron los amigos de uno que buscó la amistad con Jesús y que por ello, por su coherencia y claridad en su seguimiento, se convirtió en un hombre santo, en un santo del mundo contemporáneo, de ese mundo que amó y sufrió y que sobre todo buscó comprender con los ojos de Cristo. La lectura de estas cartas permite una viva aproximación a esta vida que palpita aún en cada una de sus líneas y seguramente puede resultar un estímulo para mirar el presente y el futuro con nuestros ojos junto a los de san Alberto Hurtado.

CLAUDIO ROLLE
Director de la colección Biblioteca Jesuita de Chile

✝
JHS
COLEGIO DE SAN IGNACIO
SANTIAGO DE CHILE
CASILLA 307

Stgo. 6 III. 49

20

Muy estimada Rebeca:

Le ruego que no dé ninguna importancia a la carta de Gladys y no piense en dar ninguna explicación, pues, no hay la más mínima falta de parte de Ud. sino de ella, que ha procedido sin tino ni delicadeza al escribirle como lo hizo. Ud. la ha sabido disculpar.

Yo aprovecharé esta experiencia, que me confirma en el mismo defecto que, con frecuencia he notado en ella, para tratar que no se produzca otra vez. Desgraciadamente todos caemos repetidas veces en la falta que no es urgente.

No le habrá escrito antes porque recibí su carta al comenzar mis ejercicios y al salir de los míos hube que prestarlos a los Padres del Sacré Cœur.

¡Que Dios la bendiga y le dé fuerzos y gracias a Ud. y a María Rebeca como se lo pide su afmo. H. Ignacio.

Alberto Hurtado S.J.

❖

El Padre Alberto Hurtado, S.J. es una de las figuras más relevantes de la historia de Chile en el siglo XX. Fue un sacerdote santo y un profeta social, demostrando con su vida que ambas cosas no solo son conciliables sino que se exigen mutuamente.

Con el paso de los años, el aprecio y la devoción que gran parte del pueblo chileno siente por él han ido en aumento. Esa es la razón para poner a disposición del público este epistolario, que incluye una gran cantidad de material hasta ahora inédito.

Sus cartas nos ponen en contacto con la intimidad de este hombre de Dios. En ellas se traslucen sus estados de ánimo y sus sentimientos, tanto en los momentos felices de su vida como los vividos ante sus conflictos, dificultades y luchas.

Impresiona su permanente deseo de servir, de encontrar la voluntad de Dios, de estimular el mejor servicio en los demás. Se percibe que su constante búsqueda de la verdad está siempre animada por el amor. Por eso, no difunde chismes ni ataques a otros, ni siquiera en ambientes de confianza. Cuando dice cosas negativas de alguien, lo hace con respeto y buscando cómo transformar positivamente las situaciones.

La familiaridad con este hombre extraordinario y con su manera de enfrentar las realidades vitales cotidianas, estimula el deseo de discernir cómo servir en nuestro tiempo a Dios, a su Iglesia, a nuestro pueblo, a toda la gente.

CRITERIOS DE LA TERCERA EDICIÓN

La buena acogida de las primeras ediciones, ya agotadas, y el aumento del interés por conocer más de cerca a san Alberto

Hurtado, gracias a su canonización, ha impulsado esta tercera edición revisada y aumentada. La novedad de esta edición radica en que se publica una buena cantidad de cartas hasta ahora inéditas, casi 50, desconocidas al momento de la primera edición, que no se conservaban en el Archivo de la Compañía de Jesús sino que estaban en poder de particulares (muchas veces los propios destinatarios). La otra novedad consiste en el cambio de orden de presentación de las cartas: en la primera edición se optó por un orden mixto, entre temático y cronológico, ahora, en cambio, se optó por un orden estrictamente cronológico.

El orden cronológico permite comprender mejor el itinerario interior de san Alberto Hurtado, y ayuda a visualizar el conjunto de inquietudes que en cada etapa de su vida conmueven su corazón. De este modo, incluso quienes han leído las *Cartas e Informes* en su primera o segunda edición, encontrarán en esta tercera edición una verdadera novedad que le permitirá recorrer de un modo muy profundo el itinerario interior de nuestro querido Santo.

Para la causa de canonización del Padre Alberto Hurtado, se recopilaron todos los escritos originales disponibles, y se los ordenó en carpetas dedicadas a diversos temas. Citamos las cartas de acuerdo con el Archivo, indicando en primer lugar, el número de la carpeta en que se encuentra y, luego, el número del documento al interior de la carpeta. Así, por ejemplo, s 65 y 50 significa sobre n° 65 y carta n° 50.

Como es lógico, no han sido recogidas en esta publicación todas sus cartas, ni siquiera todas aquellas de las que se pudo disponer. Se ha dejado fuera las que tratan temas de poca importancia o que han perdido vigencia, así como las cartas que son prácticamente repetición de otras que han sido transcritas.

Se ha buscado fidelidad en la trascripción de los originales, homogenizando solo los encabezados de las cartas, y agregando entre paréntesis cuadrados algunos datos implícitos para no multiplicar las notas, ya muy abundantes. Asimismo, se han integrado las referencias numéricas de las citas bíblicas, para facilitar el acceso a los textos.

Por medio de la introducción y las notas a pie de página se ha querido hacer más comprensible el contexto y el contenido de las cartas. Las notas, por lo general, ofrecen datos acerca de situaciones históricas con el fin de contextualizar las afirmaciones de las cartas y así comprenderlas con mayor profundidad. Se han redactado notas biográficas de personas relevantes para la mejor comprensión de las cartas; estas notas aparecen solo en la primera mención de dichas personas.

JAIME CASTELLÓN S.J.

✝
JHS
COLEGIO DE SAN IGNACIO
SANTIAGO DE CHILE
CASILLA 567

Santiago, 14 de Junio de 1948.

Señor
Hector Valdes Phillips
Presente.

Mi querido Hector:
Mucho sentí /no verte/ cuando vinístes a verme con
Anita, pues tengo un deseo enorme de conversar contigo
para saludarte y tener noticias tuyas, ya que hace tanto
tiempo que no tengo el gusto de verte.
Todos los datos que puedas darme sobre
construcción de poblaciones de emergencia serán preciosos,
y te ruego que cuando tengas un ratito libre me llames
por telefono a fin de organizar una conversación.
El plan es construír una veradera población de cien casas con capilla, dispnesario, cooperativa, lavandería;
en materiales sólidos, y reducida cada casa a una primera
pieza con miras a un crecimiento futuro. Estas casas
se arrendarían al principio y luego se venderían cuando
la gente estuviere capacitada. Junto a esta obra, pensamos
reunir a aquellos que dispongan de algunos recursos para
construírles por su cuenta casitas que sean de su propiedad
desde un comienzo, reduciéndo al mínimo los gastos generales,
pues economizaríamos los gastos profesionales.
Sobre este punto ya conversaremos despacio
cuando tengamos ocasión de vernos. Te ruego saludar cariñosamente a Anita y tu dispon de tu afectisimo amigo y seguro
servidor

CONTEXTO HISTÓRICO VIVENCIAL DE LAS CARTAS
PRESENTADAS EN EL LIBRO

❖

CARTAS JUVENILES

La mayoría de las cartas juveniles de Alberto Hurtado que presentamos están dirigidas a su gran amigo de siempre, el futuro obispo Manuel Larraín Errázuriz. Ambos fueron compañeros en el Colegio San Ignacio, en la Universidad Católica y en el servicio a los pobres, y los unió, por sobre todo, su común aspiración de entregarse completamente a Dios. En ese tiempo los jesuitas que estaban en formación tenían muchas restricciones para escribir cartas, así que no son muchas las suyas que se conservan de estos años.

Se aprecia el interés de Alberto por formarse. Cuando tiene solo quince años, y grandes deseos de ingresar a la Compañía de Jesús, se interesa por los clásicos españoles "para formarse un estilo".

En 1918, cuando ya había terminado el colegio y estaba en proceso de inscribirse en la Universidad, se le nota mucho más maduro. Se manifiesta como un joven deseoso de servir, preocupado por buscar trabajo a sus amigos, inquieto por la realidad social, comprometido en el Patronato Andacollo y preocupado por el servicio público. Estas características seguirán presentes en los años sucesivos.

PERIODO DE FORMACIÓN

El 14 de agosto de 1923, Alberto ingresa en el noviciado de la Compañía de Jesús. Durante poco más de una semana realiza la "Primera probación", etapa de preparación para comenzar el noviciado propiamente dicho, hasta que el 23 de agosto se pone la sotana y se traslada a vivir con los demás novicios.

Alberto sigue su formación en la ciudad argentina de Córdoba (1925-1927). En la comunidad de estudiantes viven ochenta jesuitas, cuyo Rector y Prefecto de estudios es el P. Matías Codina. En los primeros meses que pasa allí termina el noviciado, habiendo tenido como Maestro al Padre Luis Parola, quien quedó con una óptima impresión del hermano Hurtado: "Lo he conocido muy de Dios, piadoso y fervoroso en su piedad; humilde y nada pretencioso; caritativo, sufrido, servicial, amable y social; cumplidor de sus obligaciones, votos y reglas; lleno de celo por la salvación de las almas; constante, sin altibajos; apreciado de sus compañeros. Cuando de él me han hablado, siempre ha sido con elogio". El 15 de agosto de 1925, fiesta de la Asunción, Alberto profesa sus votos perpetuos.

En 1927 Alberto parte al Colegio Máximo de Sarriá, Barcelona, donde estudia Filosofía y un año de Teología (1927-1931). La situación que se vive en España, en tiempos de la instauración de la República, le obliga a dejar el país.

Continúa su formación en Lovaina (1931-1935). La comunidad jesuita está constituida por más de doscientas personas, entre profesores, sacerdotes en formación, escolares y hermanos. Su rector es el Padre Juan Bautista Janssens, futuro General de la Compañía de Jesús. En un informe dirigido al Provincial de Chile en febrero de 1933, el P. Janssens expresa su admiración por el joven jesuita: "Permítame, desde ahora, testificarle a Su Reverencia de cuán grande edificación nos ha sido a todos el joven Hurtado, por su piedad, regularidad, entusiasmo y constancia en los estudios, caridad, discreción, buen trato con todos: ciertamente ha ido delante de sus compañeros por su ejemplo. Es querido por todos. Juzgo que el Señor ha destinado a su Provincia un hombre verdaderamente eximio; por lo menos así nos parece a nosotros. Verdaderamente le agradezco que lo haya destinado a Lovaina: en esta comunidad ha ejercido un verdadero apostolado". El 24 de agosto de 1933, Alberto Hurtado es ordenado sacerdote, por el arzobispo de Malinas, cardenal Josef Ernest van Roey. Desde septiembre de 1934 hasta junio de 1935, el Padre Hurtado se retira a Tronchiennes donde junto a otros cuarenta y cuatro jóvenes sacerdotes hace la Tercera Probación, última etapa de la formación como jesuita. Su instructor es el P. Jean Baptiste Herman, S.J. En octubre de 1935 visita varios centros educacionales europeos y regresa a Chile a comienzos de 1936.

Los estudios que hace en este tiempo dejan una huella imborrable en Alberto Hurtado, particularmente la teología del Cuerpo Místico. Años después llegará a decir que ella estaba "llamada a unificar toda la teología católica" (*Humanismo social*). En efecto, sus escritos y su predicación posterior están profundamente influenciados por esta visión.

Es digno de ser destacado el esfuerzo que, con un sentido eclesial y con una amplitud de criterio admirable, hace Alberto Hurtado en favor de la creación de la Facultad de Teología. Las cartas que reproducimos reflejan su entrega y buen criterio. El rector de la Universidad Católica dirá que a nadie debía tanto la nueva facultad como a él. El Padre Hurtado concibe la buena formación teológica como una exigencia del trabajo apostólico: "Cada día me persuado más que mientras más ahondemos el dogma y la moral y la apologética fundamental, más preparados estaremos para tratar con los prójimos: esto es lo que los jóvenes exigen de nosotros, y hay veces en que uno suda tinta para responderles adecuadamente" (s 62 y 63).

APOSTOLADO SACERDOTAL EN CHILE

El Padre Hurtado regresa a Chile el 15 de febrero de 1936. Durante los primeros años de su ministerio sacerdotal se dedica sobre todo a la educación, trabajando en el Colegio San Ignacio y enseñando Pedagogía en la Universidad Católica y en el Seminario de Santiago. En 1936 publica *La vida afectiva en la adolescencia* y *La crisis sacerdotal en Chile*. Al año siguiente, *La crisis de la pubertad y la educación de la castidad*.

Se dedica a la promoción de vocaciones sacerdotales y se le encarga la construcción de una nueva casa para el noviciado jesuita en el pueblo de Marruecos, a unos treinta kilómetros de Santiago, la que será inaugurada a comienzos de 1940. Junto al edificio se instala una Casa de Ejercicios, cuya dirección se le confía. El pueblo de Marruecos hoy se llama "Padre Hurtado".

En septiembre de 1939 es nombrado Ecónomo Provincial, cargo que desempeña hasta agosto de 1940. El 2 de febrero de 1941 pronuncia sus últimos votos como profeso de la Compañía de Jesús.

En estos años el Padre Hurtado publica varias obras: en 1941, *¿Es Chile un país católico?*, libro que causó gran revuelo, y "La restauración del hogar y la formación de los niños", en la obra colectiva *El matrimonio cristiano (Semana Familiar y Semana del Matrimonio. Acción Católica de Chile)*. Al año siguiente, 1942, aparecen *El catolicismo en nuestros días* y *Puntos de educación*. En 1943, *Elección de carrera* y *Cine y moral*. En 1944, publica junto a Fidel Araneda Bravo la obra "Parroquialidad y especializaciones en la rama de los jóvenes católicos".

En 1944 es nombrado Consultor de la Viceprovincia, cargo que ejercerá hasta 1950. En octubre de 1944 funda el Hogar de Cristo.

Las cartas que reproducimos dan a conocer sus experiencias personales, sus criterios y los conflictos que debe enfrentar durante los primeros años de su ministerio sacerdotal.

ASESOR DE LA ACCIÓN CATÓLICA DE JÓVENES

La Acción Católica (A.C.), impulsada en 1923 por el Papa Pío XI, fue un gran impulso mundial de renovación de la actividad eclesial. La A.C. se instauró en Chile en 1931 y se estructuró en base a diversas ramas: la Asociación de Hombres Católicos (A.H.C.), la Asociación de la Juventud Católica Masculina (A.J.C.), la Asociación de Mujeres Católicas (A.M.C.), la Asociación de la Juventud Católica Femenina (A.J.C.F.) y la Juventud Obrera Católica (J.O.C.). A su vez, existía una directiva a nivel nacional y otra diocesana. La Asociación Nacional de Estudiantes Católicos (A.N.E.C.) había sido fundada en 1915 y en 1931 y pasó a formar parte de la A.C. Una parte de la A.N.E.C., en 1935, dio origen a la Juventud Conservadora, que tomó el nombre de Falange Nacional.

En abril de 1941, el Padre Hurtado es nombrado Asesor Arquidiocesano de la Asociación de la Juventud Católica. El obispo auxiliar de Santiago, Augusto Salinas, su antiguo amigo y compañero de estudios de Derecho, lo propuso para el cargo de Asesor Nacional de la Juventud Católica, cargo que asumió en julio de 1941. Desde entonces, la A.C. cobró una gran vitalidad.

Poco tiempo después de su nombramiento, una diversidad de criterios entre ellos comienzan a manifestarse. En febrero de 1942, el Padre Hurtado pide a Monseñor Salinas que reconsidere la exclusión de los casados y universitarios de la rama de jóvenes de la A.C., establecida en los nuevos estatutos. La falta de acuerdo hizo que el Padre Hurtado presentara, por primera vez, su renuncia al cargo, la que le fue rechazada.

La marcha de la A.C. siguió adelante con grandes frutos para la Iglesia. En 1943, Alberto Hurtado recorrió muchos lugares de Chile promoviendo el desarrollo de la A.C. Creó el Servicio de Cristo Rey, para quienes se sentían llamados a un compromiso especialmente estrecho con el Señor.

Las discrepancias con Monseñor Salinas fueron cada vez mayores, lo que lo llevó a renunciar por segunda vez a su cargo, en diciembre de 1944, y esta vez de manera indeclinable. Todas las circunstancias que rodearon el hecho fueron muy amargas.

La renuncia le fue aceptada, pero muchos obispos le expresaron su solidaridad y el deseo de recibir ayuda suya en sus diócesis, lo que revela que no pensaban de ninguna manera que su actitud ante la Jerarquía hubiera sido incorrecta (cf. A. Lavín, *Lo dicho después de su muerte*, pp. 76-79). El Consejo Nacional de los Jóvenes de A.C. le dirigió una carta, con fecha 27 de diciembre de 1944, diciéndole que su alejamiento había sido para ellos "un momento terrible de prueba", que les había suscitado un espíritu de rebelión. "Pero de entre la confusión de nuestras mentes surgió una enseñanza imborrable que usted nos había dejado grabada: 'Cuando la Jerarquía dice la última palabra, nada podemos decir'. Y el 'Sursum corda' que usted siempre nos lanzaba en medio de las dificultades y desalientos sonó muy nítido una vez más" (*Ibíd.*, p. 80).

APÓSTOL DE LOS POBRES

Desde muy joven el Padre Hurtado sintió como suyo el dolor de los pobres y se dedicó a aliviarlo. Durante los últimos años de su vida (1945-1952) estuvo dedicado principalmente a labores sociales, sobre todo al Hogar de Cristo (H.C.) y la Acción Sindical Chilena (ASICH).

El H.C. nació en circunstancias providenciales. Un frío día de octubre de 1944, el Padre Hurtado se conmovió al ver a un hombre en la más extrema miseria, afiebrado y entumecido. Sin habérselo propuesto, habló de ello, con mucho dolor, a un grupo de señoras a quienes daba un retiro. Sus palabras produjeron tal impacto, que no se hicieron esperar las primeras donaciones para que comenzara una obra en favor de los desamparados, que él no tenía en sus planes realizar. El Padre Hurtado quiso ir más allá que el auxilio urgente e inmediato a los marginados. Tal como él mismo escribe: "Hay entre los directores de esta obra un firme propósito de no contentarse con el mero acto de caridad de dar alojamiento al pobre, sino también de hacer cuanto se pueda por irlo readaptando en la vida humana". "Una de las primeras cualidades que hay que devolver a nuestros indigentes es la conciencia de su valor de personas, de su dignidad de ciudadanos, más aún, de hijos de Dios" (s 10 y 41).

En 1945, hizo un viaje a Estados Unidos, con el objeto de conocer experiencias de trabajo que le sirvieran de inspiración para el Hogar de Cristo (H.C.). En sus cartas se muestra feliz porque el H.C. ha funcionado sin ningún problema, a pesar de su ausencia. Le alegra la fidelidad de sus colaboradores y deposita en ellos toda su confianza.

ENCARNAR LA DOCTRINA SOCIAL DE LA IGLESIA

La cercanía a los pobres siembra en el Padre Hurtado el deseo de contribuir de manera más eficaz a la construcción de una sociedad justa. Con ese fin estudia y difunde el magisterio social de la Iglesia. Fruto de ello son sus libros *Humanismo social* (Santiago 1947) y *El orden social cristiano en los documentos de la jerarquía católica* (2 volúmenes, Santiago 1948).

El 13 de junio de 1947, Día del Sagrado Corazón, se reúne con un pequeño grupo de universitarios para tratar un proyecto de trabajo en favor de los obreros. Así se constituye la Acción Sindical y Económica Chilena (ASICH), con el propósito de establecer en Chile un centro de formación sindical cristiano, tal como existía en algunos de los grandes países.

En 1947, el Padre Hurtado realiza un importante viaje a Europa para estudiar varias instituciones especializadas en temas sociales, y participar en congresos. Al Padre Álvaro Lavín, su superior, le solicita el permiso para el viaje: "¿Será mucha audacia pedirle que piense si sería posible que asistiera este servidor al Congreso de París?... Le confieso que lo deseo ardientemente porque me parece que me sería de mucho provecho para ver las nuevas orientaciones sociales y de A.C. y Congregaciones [Marianas]" (s 62 y 21).

A fines de julio de 1947, viaja a Francia para asistir a la 34ª Semana Social, que se realiza en París entre el 28 de julio y el 3 de agosto. El encuentro en París le parece "una mesa llena de golosinas" (s 65 y 15) y ve tan claramente que su estadía en Europa puede dar nuevos y valiosos frutos para su ministerio en Chile, por lo que solicita permiso para prolongar su viaje: "Al Padre Vice una consulta: Hay tanto, tanto que ver con provecho y utilidad que me siento tentado me permita prolongar un poco el viaje para llegar a Chile en enero, pues me parte el alma no sacarle el jugo a lo que veo y no aprovechar las ocasiones de estudiar que se me presentan" (s 62 y 23).

Se dedica a un intenso trabajo de estudio de los nuevos movimientos sociales europeos. Participa en la Semana Internacional de Versailles organizada por los jesuitas, que tiene como tema: "Nuestra responsabilidad en la formación de un espíritu cristiano internacional". En ella, el Padre Hurtado hace una exposición sobre la situación de América Latina, que a un jesuita europeo le pareció "un grito de angustia, pero al mismo tiempo, una irresistible lección de celo apostólico puro y ardientemente sobrenatural".

A comienzos de septiembre viaja a España, pasando algunos días en Lourdes. A su regreso, desde Barcelona, permanece unos días en Marsella con los sacerdotes obreros. A continuación, asiste al Congreso de Pastoral litúrgica en Lyon (del 17 al 22 de septiembre). A fines de septiembre, participa en la Semana de Asesores Jocistas (es decir, de la J.O.C.), en Versailles.

Viaja a Roma, donde permanecerá casi un mes. Allí sostiene tres importantes entrevistas con el Prepósito General de la Compañía de Jesús, su antiguo superior en Lovaina, el Padre Juan Bautista Janssens. Este le dice: "Yo no soy su provincial y es él quien debe resolver, pero pienso que debería usted dejar el colegio y los otros trabajos y dedicarse de lleno a esta labor social. Si su provincial me lo presenta, se lo aprobaré de pleno, pues es de importancia capital... Ánimo, usted tiene un alma grande, láncese y esté dispuesto si es necesario hasta a salir de Chile, pero todo vale la pena ante la tarea que reclama solución urgentísima" (s 65 y 27).

El 18 de octubre, lo recibe el Papa Pio XII, de quien recibirá un importante respaldo en su trabajo sacerdotal y sus proyectos sociales. Según declara el propio Padre Hurtado: "El mes romano fue una gracia del cielo, pues vi y oí cosas sumamente interesantes que me han animado mucho para seguir íntegramente en la línea comenzada. En este sentido las palabras de aliento del Santo Padre y de Nuestro Padre General han sido para mí un estímulo inmenso" (s 65 y 63).

De vuelta en Francia, se queda un par de semanas en La Tourette, participando en Economía y Humanismo con los Padres Dominicos. Hace una rápida visita a Bélgica, para estudiar la liga de campesinos católicos. Finalmente, se instala en París, en Les Études desde el 17 de noviembre al 20 de enero, para "encerrarme por un tiempo en mi pieza, pues las experiencias acumuladas son demasiado numerosas y hay que asentarlas, madurarlas, anotarlas" (s 65 y 50). Tiene la convicción de que "es necesario de tiempo en tiempo encerrarse a pensar y repensar para hacer un bien más hondo, más intenso y más extenso" (s 65y15). El Padre Hurtado regresa a Chile con renovados bríos y se entrega con todo entusiasmo al trabajo social que se le encomienda. En los años siguientes, la ASICH tiene un importante crecimiento.

NUEVOS IMPULSOS EN SU APOSTOLADO

Desde 1948 hasta 1951, el apostolado del Padre Hurtado está en un periodo de mucha intensidad y fecundidad. Envía periódicamente al Padre Álvaro Lavín, Viceprovincial, un informe de sus actividades. Ellos hablan por sí solos de su transparencia y de su disponibilidad, verdadero modelo de espíritu de obediencia ignaciana. Además, son la mejor descripción de la marcha de sus trabajos y de su vida espiritual. Impresiona la intensidad de las actividades que desarrolla durante estos años.

Respecto al Hogar de Cristo y la *Acción Sindical y Económica Chilena*, describe su funcionamiento y sus logros. Está lleno de proyectos, pero le falta el tiempo.

Tiene una constante preocupación por discernir seriamente, junto a sus superiores, cuál es el trabajo que Dios le pide. Demuestra mucho amor y preocupación por la Compañía de Jesús, proponiendo al P. Viceprovincial algunas medidas concretas.

Las incomprensiones tampoco están ajenas a su ministerio en esta etapa de su vida. Lo conmueve la partida del Padre Gustavo Weigel S.J., gran amigo suyo.

Su amor por la Iglesia y su amplitud de miras se refleja en sus desvelos por traer a Chile algunas comunidades religiosas conocidas por él en Europa. Merece especial atención su correspondencia con el P. René Voillaume.

El Padre Alberto Hurtado era muy querido y admirado por sus superiores y compañeros jesuitas. Sin embargo, fue víctima de incomprensiones e incluso mezquindades.

Sus cartas muestran una visión parcial de los hechos: era la que él podía tener. Una documentación complementaria podría aportar una perspectiva adicional, pero existe el problema de que muchos documentos se han perdido y otros, siendo demasiado recientes, aún están cubiertos por el secreto de los Archivos. De todas maneras, sus cartas dejan traslucir la honda sensibilidad de Alberto Hurtado, que lo hace sufrir mucho, pero que al mismo tiempo lucha con una serena firmeza para que la verdad se haga manifiesta.

Realicemos una breve síntesis de cómo se gestaron estos problemas que tuvo el Padre Hurtado.

En agosto de 1945, el Padre Tomás Travi, Provincial de Argentina, fue enviado a Chile como Visitador. El Padre Hurtado había renunciado hacía pocos meses al cargo de Asesor de la A.C., en las conflictivas circunstancias que ya hemos conocido. El Padre Álvaro Lavín, entonces Viceprovincial, dice que Travi "tuvo ocasión de oír comentarios y aun críticas acerca de algunos juicios y actividades del Padre en el campo político-social (…). Llamó, pues, el P. Visitador al P. Hurtado y le expuso con sencilla franqueza lo que había oído" (A. Lavín, *Aspectos críticos*, p. 226). Como respuesta, este escribió un informe titulado: "El Padre Hurtado frente a algunas acusaciones" (s 62 y 98).

Para comprender esta situación es necesario tener presente que años antes, en 1936, había sido enviado a Chile el Padre Camilo Crivelli en calidad de Visitador. La visita se realizó entre el 12 de noviembre de 1936 y el 8 de febrero de 1937, acompañaron al P. Crivelli los Padres Luis Canudas, secretario, y el Superior de la Provincia Argentino-Chilena, Tomás Travi. En una conversación que tuvo en esa oportunidad con el Padre Sergio Hurtado, este le refirió "con escrúpulos" (s 62 y 05) las conversaciones que había tenido con su primo, el Padre Alberto, acerca de las ideas del jesuita Achille Gagliardi (1537-1607), el que insistía en que la oración propia del jesuita es la unión con Dios en la vida apostólica. El Padre Hurtado se había interesado mucho por este autor durante la Tercera Probación que hizo en Bélgica (1934-1935). Crivelli habló sobre el tema con el Padre Alberto y quedó con mala impresión de su concepto de la vida religiosa. Además, criticó al Padre Hurtado por no cumplir con los horarios de la vida comunitaria. Al Padre Hurtado pareció que Crivelli había quedado satisfecho con sus explicaciones (cf. s 62 y 14), pero en 1938 Crivelli escribió al Viceprovincial chileno una carta (que no conservamos) donde decía que el Padre Hurtado no tenía verdadero espíritu jesuita (cf. s 62 y 14). Transmitió la misma opinión al Padre Janssens quien, posteriormente, le dirá al Padre Hurtado que tanto él como el Padre Carlos Van de Vorst, entonces Provincial belga, consideraron exagerados los juicios del Padre Crivelli (s 62 y 27). Esto se lo confirmó personalmente el Padre Janssens al Padre Hurtado cuando se encontraron en Roma, en octubre de 1947. En esta ocasión, el Prepósito dio su pleno respaldo al Padre Hurtado en lo referente a su modo de pensar y a la calidad de su vida religiosa.

Cuando el Padre Janssens asumió este cargo, recibió muy positivos informes sobre el Padre Hurtado por parte del Viceprovincial chileno, Pedro Alvarado. Conservamos una carta autógrafa de este al Padre Hurtado fechada el 22 de septiembre de 1946, en la que le dice que pidió audiencia al nuevo Padre General "para hablarle bien de usted". "Le hablé (…) exponiéndole mi punto de vista y lo que yo no creía justo sobre lo que se había pensado de usted en Roma y quizás aún se pensaba por algunos. Hablé con toda franqueza y Nuestro Padre me contó con toda confianza lo que a él le habían dicho de usted, en que aparecía usted distinto al que había tratado íntimamente y con tanta confianza en Bélgica. Dije no era así y le di mi juicio. Casi todo el coloquio fue hablar de usted". Al terminar el encuentro, el P. Janssens le dijo: "Le agradezco (…) sobre todo por la consolación que me dan las óptimas noticias del carísimo P. Hurtado".

Pero los problemas no habían terminado. El 17 de enero de 1950, el Padre Tomás Travi, ahora Asistente del Prepósito General para América Latina, fue enviado nuevamente como Visitador a Chile, y le hizo sentir al Padre Hurtado que desconfiaba de él, porque "introducía novedades". El Padre Hurtado entendió que Travi había llegado a imponer al Viceprovincial que lo cesara en su cargo de Consultor de Provincia (s 62 y 44), lo que le fue desmentido poco después por el mismo Prepósito General: el motivo del cambio había sido el deseo de realizar una rotación más o menos frecuente en este cargo.

Esta documentación se complementa con la lectura del informe de la entrevista del Padre Hurtado con el Padre Janssens, publicado más arriba.

En el último tiempo de su vida, el Padre Hurtado, bordeando los cincuenta años de edad, siguió realizando múltiples labores pastorales y pensando en nuevos proyectos. Sus actividades están ampliamente descritas en los informes dirigidos al P. Viceprovincial, Álvaro Lavín, de los años 1951 y 1952. El primero corresponde a sus actividades del año 1950. Llama la atención la amplitud de obras y la dedicación con que las aborda, teniendo en cuenta la limitación de su tiempo.

Un par de cartas dirigidas al Padre Lavín, muestran su profundo amor por la Compañía de Jesús y su celo por custodiar la autenticidad de su espíritu, ayudando leal y respetuosamente, también con sus críticas y sugerencias.

El informe del año 1951 aporta muchos datos sobre la ASICH, su historia y sobre la estructura de las diferentes secciones del Hogar de Cristo.

Las cartas finales permiten saber qué revistas tuvo presente el Padre Hurtado como modelo para fundar *Mensaje*, cuáles fueron sus intuiciones originales y quiénes sus primeros colaboradores.

SU ÚLTIMO AÑO DE VIDA

Desde fines de 1951, su salud le obligó a disminuir su actividad. El 21 de mayo de 1952, sufre un infarto pulmonar. "Pidió la Santa Unción, y expresó a todos los presentes su fe, su esperanza y entrega feliz al Señor; pidió, además, se comunicase a su tan querido Padre Janssens, General, su recuerdo agradecido y la expresión de su amor a la Compañía de Jesús". El 4 de junio, fue trasladado a la Clínica de la Universidad Católica. Los doctores Armas Cruz y Benavente diagnosticaron un cáncer al páncreas. Cuando se lo comunicaron, el 25 de julio, reaccionó con enorme alegría por ir al encuentro del Señor.

El Padre Hurtado murió, a las 5 de la tarde, el 18 de agosto de 1952. Así completó la entrega de su vida a Dios.

CARTAS
DE JUVENTUD

Sr. Manuel Larraín Errázuriz[2]

Mi querido Manuel:

Gran gusto tuve al recibir tu cartita, pero parece que te has olvidado de la promesa de escribirme largo, pues tus cartas parecen de doctor.

La dirección de Lucho Ruiz Tagle [Vicuña] es "Serena, casilla 22", pero creo que ya estará en Santiago, pues en su última carta me dijo que se iría en este mes.

A Claudio fui a verlo pero no di nunca con el camino.

Ahora ha llegado Germán Larraín [Prieto] para acá, así es que el vecindario se ha aumentado con uno de sus más simpáticos socios.

Te voy a dar el repertorio de lo que he leído: *Felipe Derblay* y *Pascal Carvajan* de Ohnet; *Gil Blas* de Lasage; *El Fantasma, El lunar rojo, El parque de los ciervos, El hijo de Lagardère, La reina cotillón* de Féval; *Macbeth* de Shakespeare; *Una madre* de Selgas, *La hermana Alejandrina* y *Las que vuelven* de Champol; *La bella Alhette* de Chavette; *El torpedero 29* de Pierre Maël; *El doncel de*

---

[1]   *Archivo Padre Hurtado*, s 63 y 01. Al morir su padre, en 1905, la familia de Alberto fue acogida en casa de Jorge Cruchaga Tocornal, hermano de su madre. Cuando este murió, a comienzos de 1913, los recibió Julia, también hermana de la señora Ana, casada con Ricardo Ovalle Ovalle. Con ellos vivieron hasta 1921, cuando por fin los Hurtado Cruchaga pudieron tener una casa propia. El Peñón era el fundo que Ricardo Ovalle tenía cerca de Pirque, en las vecindades de Santiago.

[2]   Manuel Larraín Errázuriz nació en Santiago el 17 de diciembre de 1900. Fue compañero de curso de Alberto Hurtado en el Colegio San Ignacio y en la Universidad Católica. Sin haber terminado la carrera de Derecho, entró en el Seminario Pontificio de Santiago en 1922. Estudió Teología en la Universidad Gregoriana de Roma, residiendo en el Colegio Pio Latino Americano. Recibió la ordenación sacerdotal en Roma el 16 de abril de 1927. Fue formador del Seminario de Santiago. En 1930 comenzó a trabajar en la Universidad Católica, de la que llegó a ser Vicerrector Académico (1935-1938). El 7 de agosto de 1938 fue consagrado obispo y nombrado Auxiliar de Talca. Asumió el gobierno de la diócesis el 21 de enero de 1939. En 1950 fue designado asesor general de la Acción Católica, cargo que ocupó hasta 1962. Participó en el Concilio Vaticano II y en la creación de la Conferencia Episcopal Latinoamericana (Celam), de la que fue Vicepresidente en su primera mesa directiva y Presidente desde 1964. Falleció en un accidente automovilístico, cerca de Talca, el 22 de junio de 1966.

Don Enrique el doliente, de Larra; *Luis Pérez, El alcaide de sí mismo, Casa de dos puertas es mala de guardar, Guárdate del agua mansa*, de Calderón; *Novelas andaluzas*, Boy de Coloma; *Versos de Espronceda*, Núñez de Arce y algunos otros libros que se me olvidan[3].

Los Domínguez [Germán[4] y Jorge] tienen el 2 examen de francés y Germán se fue a Santiago a preparar el de Geometría.

A mí me han escrito Eduardo, Lucho Ruiz Tagle, Juanito, Germán, Ratón, tú y pare de contar.

Disculpa si esta carta es una repetición de las otras, pero es por falta de materia.

Y haciendo ánimo para el critiquísimo momento de entrar al Colegio, y con muchos saludos para Carlos, Ratón, Lalo, Juan Cucho, por si va Talo, en fin todos los conocidos que estén allá.

Se despide tu amigo que te quiere,

Alberto Hurtado Cruchaga

4 DE ENERO DE 1917, EL PEÑÓN[5]

Sr. Manuel Larraín Errázuriz

Querido Manuel:

Mucho gusto tuve al recibir tu carta del 1. Aquí estoy pasando admirablemente, pero muy sin novedad.

Celebro en el alma que te hayas puesto tan místico, y ya verás que me vas a encontrar mucha razón en lo que te decía, que te convenía mucho el comulgar frecuentemente.

---

[3]   Es de notar la inquietud intelectual de este joven de apenas 15 años, que menciona una lista impresionante de libros leídos, y la calidez con que se refiere a los amigos comunes, no siempre posibles de identificar.

[4]   Germán Domínguez Echenique, compañero de Colegio y amigo del Padre Hurtado, fue un destacado hombre público, que llegó a ser alcalde de Santiago en 1951. Jorge, su hermano mellizo, falleció cuando era joven.

[5]   *Archivo Padre Hurtado*, s 63 y 02.

No creas que me he olvidado un punto de tu promesa de consultar aquello[6]. Te pido lo pienses bien y lo medites aun mejor, que bien puedes hacerlo ahora en las vacaciones; pones tus razones en pro o en contra y así a vuelta de vacaciones lo consultas, con entera claridad, exponiendo tú los motivos que te inclinan a uno y a otro lado; y así podrás quedar completamente tranquilo, pues habrás hecho todo lo posible por ver la voluntad de Dios[7].

Me encantaría que en lugar de llenarte la cabeza de novelas leyeras algunos libros serios, que verías que te harían bien.

Aquí llevo una vida de lo más tranquila, salgo a caballo, trabajo en carpintería y leo un rato.

Casi no me atrevo a decirte lo que he leído porque estoy viendo que te vas a reír de mí, pero en fin: he leído la vida de San Ignacio y algunos otros libros, todos de devoción, que para qué te los nombro.

Aquí vienen a decir misa unos Padres Benedictinos, que son excelentes. En cuanto a mi vo... no he tenido ninguna novedad[8], siento cada día mayor firmeza en ella gracias a Dios y a algunos libros, que sobre todo uno que se llama *Ejercicio de perfección [y virtudes cristianas]* del P. Rodríguez[9]; te lo recomendaría mucho si lo encontraras por allá, que creo te hará mucho bien.

En cuanto a irme este año, como te dije, ya he perdido la esperanza aunque no las ganas, que cada día tengo mayores[10].

Hoy me ha escrito Eduardo; novedades, como ves, tengo tan poquísimas que contarte, que para qué te escribo más. Y aunque quisiera no podría por falta de tiempo; pero yo no te perdonaría

---

[6] Se refiere al tema de la vocación, que forma parte esencial de la comunicación entre Alberto y Manuel. A veces el tema es abordado de manera un poco críptica ("aquello", "irme").

[7] Alberto está tan familiarizado con el método de elección de San Ignacio (cf. Ejercicios Espirituales 181, en adelante, EE), que puede enseñárselo a su amigo.

[8] Aquí se refiere disimuladamente a su vocación sacerdotal.

[9] Uno de los clásicos de la literatura espiritual católica, escrito por el jesuita Alonso Rodríguez (1538-1616). Se editó por primera vez en Sevilla, en 1609.

[10] En este tiempo Alberto ya sentía muy fuertemente el deseo de hacerse jesuita y se dirigía espiritualmente con el P. Fernando Vives S.J. De hecho, Alberto intentó entrar a la Compañía de Jesús, pero fue disuadido por el P. José Llussá, Prepósito de la Región Chilena, y por el P. Vives, quienes le recomendaron esperar.

nunca si no me escribieras unas cartas siquiera el doble de la presente, pues tienes harto material y a ti nunca te falta qué contar.

El 19 me voy para el sur, así es que cuando me contestes hazlo a "Estación Rosario, Fundo Santa Isabel".

Muchos saludos para tu papá y mamá y para Carlos, Juan Agustín y todo conocido que veas por allá, y tú recibe un abrazo de tu amigo que más te quiere.

Alberto H. C.

P.D. Contéstame luego largo, y acaba con tu infame costumbre de guardar las cartas, porque entonces no te voy a poder escribir.

22 DE ENERO DE 1917, ROSARIO, SANTA ISABEL[11]

Sr. Manuel Larraín Errázuriz

Querido Manuel:

Hoy recibí tu carta del 19; no te puedo negar que estaba algo enojado por tu flojera en escribirme, pero te la perdono, esperando tantas cartas tuyas que pueda quedar satisfecho.

Siento mucho que estés tan peleado con las musas, que tan bien se portaron contigo[12], considero que es una ingratitud que las dejes, y eso de los dramas sólo lo pienso y digo por mí, pero muy lejos estoy de decirlo por ti, que debes tratar de escribir uno.

Celebro en el alma que estés leyendo cosas tan serias y que no pueden menos de hacerte bien, y ojalá meditaras sobre la vida de Nuestro Señor, y verías después de algún tiempo la afición que cobrarías a las cosas de piedad.

---

[11] *Archivo Padre Hurtado*, s 63 y 04. Santa Isabel era una propiedad que su tío Guillermo Hurtado arrendaba en los veranos. A pesar de que es el día de su cumpleaños, Alberto no hace mención a ello.

[12] Manuel Larraín había comenzado a escribir poesías y Alberto lo anima a escribir un drama.

Supongo que con tan buenas familias lo estarás pasando admirablemente.

Te vuelvo a pedir por segunda vez las noticias que sepas de los otros compañeros. Supongo que te habrás visto con Carlos González y Gundelach y Edwards. Dile a los tres que se han portado malísimo, pues ninguno me ha escrito.

Aquí lo sigo pasando tan bien o aun mejor que antes. Hoy acabé *García del Castañar* de Rojas, y pienso seguir leyendo dramas clásicos españoles para formarme un estilo[13].

La dirección telegráfica creo que será la misma de las cartas; no se te vaya a olvidar el decirme cuándo pasas, para verte, porque tengo muchas ganas.

Aquí no te puedes imaginar lo que gozo con un fundo tan lindo como éste. Mi pieza tiene una vista preciosa. Mis primas, que son muy simpáticas, son muy amigas de hacer paseos a caballo, y los hacemos lindos.

¿Por qué no haces cada día o semana un propósito, aunque sea en mortificarte en cosas pequeñas, o para adquirir cualquiera virtud, y examinarte en la mañana y en la noche si lo has cumplido bien, examinarte nada más que de ese propósito, dolerte de no haber hecho más por Dios y proponer el hacerlo mejor?, creo que esto te ayudará mucho a formarte el carácter y adquirir las virtudes que te sean más necesarias[14].

Aunque quisiera latearte[15] más, no puedo, y esperando unas cartas seguidas y largas tuyas, me despido. Tu amigo que más te quiere,

Alberto Hurtado

P.D. Dile a Eduardo y Claudio que me escriban.

---

[13] Nótese la inquietud intelectual de este joven de 16 años, que lee a los clásicos españoles "para formarse un estilo".

[14] Alberto exhorta a su amigo a realizar el examen particular, al modo como lo enseña San Ignacio en los EE 24-31.

[15] Latear, expresión chilena que significa aburrir.

30 DE ENERO DE 1917, SANTA ISABEL[16]

Sr. Manuel Larraín Errázuriz
Querido Manuel:
No te había contestado tu cariñosa del 26, que te agradecí mucho, porque les hemos estado preparando una fiesta para los pobres del fundo, en la que les representaremos y nos divertiremos harto.

Celebro mucho lo del diario y de la *Imitación de Cristo*, cosas que si no las descuidas y trabajas por no faltar ningún día, te ayudarán mucho para formarte el carácter[17].

No sé cómo puedes suponer que me lateo con tus cartas, cuando las espero con harta impaciencia y me encanta tener noticias tuyas.

Supongo gozarás mucho por allá, pues tienes tantos con quien juntarte.

Yo aquí lo sigo pasando muy sin novedad. He leído *El sí de las niñas*, y estoy leyendo *Las paredes oyen*, ambos preciosos.

Por falta de tiempo y material, te digo aquí adiós.

Alberto Hurtado C.

P.D. No se te olvide avisarme el día que pases por aquí. Saluda a todos por allá, a tu papá y mamá, a Carlos, Juan Agustín, y cuanto conocido veas.

---

[16] *Archivo Padre Hurtado*, s 63 y 05. Manuel Larraín se encontraba en Algarrobo, balneario de la zona central chilena.

[17] Insiste en la necesidad de formar el carácter: es una inquietud que Alberto conservó siempre y un tema por el que se interesó de manera particular durante sus estudios de Pedagogía.

6 DE ENERO DE 1918, EL PEÑÓN[18]

Sr. Manuel Larraín Errázuriz

Querido Manuel:

Hace unos pocos días que recibí tu carta, que primero por mandármela equivocada, y después por estar preparando mi viaje, pues ya el 4 me vine con asueto hasta los primeros días de febrero (*sic*).

Respecto a lo que me dices de Pedro Aguirre, le he andado buscando un empleíto, sin encontrarle nada[19]. Hablé también sobre esto con José Manuel, pero no me pudo ayudar, pues al día siguiente que hablé con él se iba al campo; pero apenas vuelva a Santiago seguiré buscándole, y si tú sabes dónde se pueda buscar te lo agradecería me lo dijeras.

Respecto a lo de Luis Rojas y la bolina del Teatro, te diré que yo fui al Patronato [Andacollo[20]] la noche del jueves 26 y tuvimos una reunión de Directorio, con asistencia del Sr. Cura, Berríos, Osorio, los Pino, Lapierse y mía, y se trató de esto y se acordó por unanimidad expulsar inmediatamente a Rojas, y quedamos el Sr. Cura y yo encargados de decírselo a Rojas, y así lo hicimos: una vez terminada la reunión lo llamamos y conversamos muy largo con él, pero al fin el Sr. Cura y yo quedamos convencidos que no había motivo para expulsarlo, pues nos explicó detenidamente cada uno de los cargos que se le hacían, hasta lo del té el día de Miguel C.; no lo creímos inocente del todo, pero aunque quisimos echarlo para dar un escarmiento, se vio que no se podía, por no haber suficiente

---

[18] *Archivo Padre Hurtado*, s 63 y 06. Manuel se encontraba en Colchagua.

[19] En esta carta y en algunas de las siguientes, se nota el interés de Alberto por conseguir empleo a sus amigos. El mismo tema se encuentra en otras cartas, no publicadas, del 20 de febrero y del 6 de marzo de 1919.

[20] Desde 1917 Alberto había comenzado a trabajar con otros miembros de la Congregación Mariana del Colegio en el Patronato de la Parroquia Andacollo. Esta atendía a unas 40 mil personas en el paupérrimo barrio de Mapocho. Su párroco era don Ladislao Godoy. Alberto estaba a cargo de la secretaría del Patronato, junto a Manuel Larraín; y además, de la dirección de la biblioteca y de la Caja de Ahorros. Él continuaría trabajando en este Patronato durante todo el tiempo de sus estudios universitarios.

motivo.

Si vas un día a Santiago, avísamelo con anticipación, porque quisiera conversar contigo largo para formarnos luego un plan de trabajo que comenzar a poner en práctica; yo mientras tanto aquí voy a pensar algo sobre esto.

Te mando los retratos de Las Cruces.

Tu amigo,

Alberto

P.D. Luego espero escribirte más largo. Mi dirección: F. C. de Pirque, Estación Las Rosas. El Peñón. Y en Santiago, Club Conservador[21], Agustinas 1081. Talo te manda muchos saludos.

4 DE FEBRERO DE 1918, EL PEÑÓN[22]

Sr. Manuel Larraín Errázuriz

Querido Manuel:

Ayer recibí la tuya del 31, aquí no he tenido novedad, llegué el miércoles de Santiago, fui algunas veces al [Patronato] Andacollo, parece que va bastante gente a juzgar por los destrozos en las pobres sillas, que llegan a dar lástima, así es que este año vamos a tener que batallarles duro para poder conseguir algo de esa gente, que por lo demás parece tiene entusiasmo.

En cuanto al [diario] *Ilustrado*, hablé alguna vez con mi tío Guillermo [González[23]], pero no le volví a insistir sobre lo tuyo, porque no se presenta y parece muy difícil que se presente alguna

---

[21] En este tiempo Alberto trabajaba en el Partido Conservador.

[22] *Archivo Padre Hurtado*, s 63 y 08. Alberto y su amigo están por comenzar sus estudios universitarios.

[23] Guillermo González es el marido de su tía Elena Cruchaga. Son los padres del futuro obispo Carlos González (nacido en 1921), primo y ahijado de Bautismo de Alberto. González trabajaba en *El Diario Ilustrado*, órgano oficioso del Partido Conservador, en cuyos talleres trabajó Alberto para financiar sus estudios y mantener a su madre.

vacante. Pero, por si acaso, a pesar de que a mí ningún caso me hará, se lo recordaré, puede ser; porque es increíble lo solicitado que son los puestos, como me lo dijo mi tío y he tenido ocasión de verlo. Y eso de seguir las Leyes solas, yo lo encuentro ridículo. Fui a la Universidad y vi que no había más que tres horas de clase diarias, lo cual es una miseria[24]. Antes de entrar al Pedagógico[25], piénsalo y consúltalo bien, porque si después se te presenta algún buen empleo, tienes que o cortar o rechazarlo, porque creo muy difícil poder llevar bien las tres cosas, a más que yo creo que el porvenir, más que en el Pedagógico y en las Leyes, está en el comercio. Y no son de despreciar ocasiones que se suelen presentar fácilmente de algún empleo en el comercio. Además está el grave inconveniente de la guerra cruda que se hace a toda buena idea, y a los conservadores y jóvenes de familia, y que si te encuentras solo rodeado de gente desconocida, te va a ser bien duro. Cierto es que una vez que te recibas, el bien que puedes hacer es enorme. Y si no te recibes, nada pierdes, por ser una carrera muy instructiva.

En cuanto a la clase de Economía, yo lo voy a consultar y ver las horas si se combinan. Y quién sabe si habrá alguna dificultad de parte de la Universidad, pero de todas maneras apenas vaya a Santiago lo veré, porque a mí me encantaría que siguiéramos juntos todos los ramos. Yo quisiera siguiéramos un curso de Contabilidad donde Mena y Velásquez. Si entramos dos o tres, nos cuesta unos 150 a 130 pesos, y si más, nos cuesta menos. Nos hacen un curso a nosotros solos de unos dos meses o dos meses y medio y dice que quedamos bien peritos en la materia. Y creo que será algo que nos servirá muchísimo, pues ahora no hay puesto donde no se necesite la Contabilidad. ¿Qué te parece?

Te escribo todo esto en el caso, el más probable, que no pueda irme al Seminario, ni menos a Córdoba[26]. No he vuelto ya a tocar

---

[24] Alberto se preparaba para comenzar a estudiar Derecho en la Universidad Católica de Chile.

[25] Al parecer, Manuel pensaba estudiar Pedagogía junto con Derecho.

[26] Alberto no abandona sus proyectos de hacerse jesuita, pero sabe que aún no puede dejar a su madre y tiene que elegir una carrera universitaria. Al hablar de "Córdoba" (Argentina) se refiere al noviciado jesuita de la Provincia Argentino-Chilena. Un documento nos recuerda que Alberto, al menos como ejercicio, hizo un discernimiento entre el clero diocesano y la Compañía de Jesús, cf. *Mi elección de estado* (s 37 y 06).

más el punto, y espero hablar con don Carlos Casanueva[27] para ver si hago otra intentona. Yo por mi parte, sigo con los mismos deseos. Parece que el P. Vives[28] va a volver luego, pues en una tarjeta de él, que sale en la Unión, dice: "mi vuelta a Chile que será pronto". Ojalá sea así, pues hace harta falta.

Ya no tengo más que decirte. Manuel, espero luego una tuya bien larga y noticiosa, y contándome cuáles sean esas entretenciones de que me hablas en tu anterior.

Tu amigo,

Alberto

5 DE MARZO DE 1918, EL PEÑÓN[29]

Sr. Manuel Larraín Errázuriz
Querido Manuel:
Por lo visto, tú cuando sales fuera de las Garzas no tienes tiempo para nada, ni siquiera para escribir cuatro letras a tus amigos.

---

[27] Carlos Casanueva era el director espiritual de Alberto en este tiempo.

[28] Fernando Vives S.J., nació en Santiago el 24 de marzo de 1871. Desde joven se interesó por los temas sociales. Ingresó en la Compañía de Jesús en 1897; recibió la ordenación sacerdotal en 1908. Fue educador en el Colegio San Ignacio. Formó los "Círculos de estudios sociales", promoviendo entre los jóvenes el interés por los problemas sociales. En 1915 fue profesor de Alberto Hurtado, quien lo tomó como acompañante espiritual. Dejó una huella tan honda en él, que Alberto llegó a considerarlo "el instrumento escogido por Dios para despertar en mí la vocación a la Compañía" (s 63 y 59), "a quien debo mi sacerdocio y mi vocación social" (*Sindicalismo, historia, teoría, práctica*, Santiago 1950, Dedicatoria). Su labor y su personalidad eran polémicas y, en 1918, fue enviado a España. Como se aprecia en lo que escribe a Alberto, el P. Vives pensaba que estaría poco tiempo fuera de Chile, pero no regresó hasta 1931. Vivió en Barcelona, donde lo encontró Alberto, cuando fue a estudiar a Sarriá (1927-1931). En sus últimos años, el P. Vives fundó la Liga de Acción Sacerdotal y la Liga Social y se le confió la creación del Secretariado Económico Social. Falleció en Santiago el 21 de septiembre de 1935, pocos meses antes del regreso definitivo de Alberto a Chile.

[29] *Archivo Padre Hurtado*, s 63 y 09.

La otra vez fue porque fuiste donde una tía, y ahora por ir a Pichilemu.

Celebro mucho que lo estés pasando tan bien, y que te hayas decidido a la Pedagogía. Supongo habrás pensado bien sus conveniencias y disconveniencias.

Por aquí no hemos tenido novedad. El domingo me fui a Puente Alto a trabajar algo en las elecciones y no nos fue tan mal, pero no hubo ningún boche[30].

Verdaderamente me ha impresionado el fracaso de la Coalición en las elecciones[31]. Y veo que ahora más que nunca es necesario que trabajemos por los otros con círculos de obreros y con cuanto medio esté a nuestra mano, para hacer de nuestra parte todo lo que nos corresponde hacer, para ganar al pobre e impedir que venga una de San Quintín. Nunca me había preocupado esto, al menos nunca tanto como ahora y creo que cada cual en nuestro estado debemos cooperar a esto. Por eso creo debemos trabajar con mucho empeño en [el Patronato de] Andacollo, tratando de extender esto en todo lo posible, y no contentarnos con esto, sino que hacer cada uno el *maximum*.

Don Carlos Casanueva me contestó una carta mía y me dice que me llevará al retiro del 14 de marzo en San Juan Bautista. Yo no sé si podré ir, pero creo que sí, porque estoy siguiendo el sistema Padre Tadeo, que creo allá me sería imposible seguir. Creo que Talo va a ir, pero ojalá que no perdieses la ocasión de ir. Supongo que sabrás que hay un nuevo Padre Prefecto, el R. P. Basch[32], que el

---

[30] "Boche", modismo para decir "revuelta, desorden".

[31] Chile pasaba por un tiempo muy agitado políticamente. El Partido Conservador formaba parte de la alianza que sostenía al Presidente Juan Luis Sanfuentes (1915-1920), llamada la "Coalición". Las elecciones legislativas de 1918 se realizaron en un ambiente de gran tensión y el gobierno resultó derrotado. Por lo tanto, el Presidente tuvo que encomendar la organización de un nuevo gabinete al representante opositor, Arturo Alessandri Palma, abogado liberal y masón. Esto produjo gran alarma entre los conservadores y convenció a Alberto de la necesidad de acercarse más a los trabajadores y contribuir a su formación cristiana.

[32] En realidad se trata de Buenaventura *Bas* S.J., nació en Barcelona en 1880, entró en la Compañía de Jesús en 1898 y fue ordenado sacerdote en 1913. Después de enseñar en Montevideo y Buenos Aires, trabajó en el Colegio San Ignacio de Santiago siendo prefecto y luego rector. Murió en 1925.

P. [José Francisco] Correa[33] es director de la Congregación, que el P. Vives vuelve dentro del año[34], etc., etc.

Aquí han venido los Domínguez [Germán y Jorge] y Fernando Ochagavía [Hurtado] y en Santiago estuve hace poco con los Larraín [Hurtado, Carlos y Juan Agustín] y [Ramón] Rivas y Talo.

Ya no tengo más que contarte; pero para otra vez no te voy a recibir cartas tan cortas y tan a la ligera.

Tu amigo,

Alberto Hurtado C.

13 DE MARZO DE 1918, EL PEÑÓN[35]

Sr. Manuel Larraín Errázuriz

Querido Manuel:

Ayer 12 fui a Santiago y esperaba verte allá, pero me dijeron que te habías ido, así es que no te pude ver.

Yo me voy el viernes 15 donde Talo, desde donde seguiremos viaje el 24 a Las Cruces, al retiro de don Carlos Casanueva, al que supongo que irás sin falta, porque ya no va a dar retiro en San Juan, y él contó contigo que irás[36]. Los que van son catorce, y yo creo que nos va a gustar harto.

---

[33] José Francisco Correa S.J., fue un gran educador jesuita, impulsor de las Congregaciones Marianas. Nació en Santiago en 1874. Entró en la Compañía de Jesús en 1893, estudió en Argentina, Uruguay y España. Enseñó en el Colegio San Ignacio de Santiago. En 1917 se dedicó a la Congregación Mariana. Inició la publicación mensual *Efemérides Marianas*. Fundó el Instituto Nocturno San Ignacio y el Centro Social San Ignacio. Falleció el 23 de julio de 1944.

[34] Alberto sigue inquieto esperando el regreso del P. Vives. Sin embargo lo volverá a ver solo muchos años después, en Barcelona, en 1927.

[35] *Archivo Padre Hurtado*, s 63 y 10. Se conserva una fotografía de marzo de 1918 que retrata a Manuel Larraín, Fernando Ochagavía y Alberto Hurtado, posiblemente, en Las Cruces.

[36] Sabemos, por una carta del P. Vives, que durante este mismo año, Alberto pensó en la vocación a la vida contemplativa de los monjes cartujos. Transcribimos parte de esta carta: "Me ha caído en gracia lo de hacerse cartujo. A su imaginación un poco romántica y a sus tendencias místicas les viene de molde proponerse el

Ya se acerca la Universidad, a ver qué tal nos va allá. ¿Qué dices del Pedagógico?[37]
Yo aquí sin novedad. Espero tú también lo estés.
Con saludos para tus papás y hermanas, se despide tu amigo,

Alberto Hurtado C.

P.D. Después del 15 escríbeme a Mallarauco, Peñaflor. Voy a estar allá hasta el 24, día en que creo que nos veremos.

7 DE FEBRERO DE 1920, VIÑA DEL MAR[38]

Sr. José Manuel González
Querido José Manuel:
Por Manuel Larraín he tenido noticias tuyas, supongo habrás seguido bien.
De acá muy poco puedo contarte; que lo estoy pasando bien, hago con otros chiquillos algunas excursiones bonitas en auto, a pié las mas, y a caballo, leo bastante y así no falta que hacer. Están aquí los Errázuriz Letelier, Horacio Larraín, Lucho Ruiz Tagle y otros, aunque no muchos.
Con Miguel Covarrubias he estado varias veces, y hemos conversado mucho sobre el Patronato. Supongo sabrás que Don Hernán Merino estuvo nombrado Cura de Papudo, aunque a causa de su enfermedad, que le ha seguido, no pudo aceptar; parece que continuará en Andacollo.

---

problema, pero creo que todo lo que piense en ello es tiempo perdido. Podría enumerarle muchas razones en abono de lo que digo, pero me basta y sobra con una: no le recibirían a usted por falta de salud. El temperamento chileno es absolutamente inadecuado para soportar los rigores de la vida cartuja, y usted especialmente es un atado de nervios que necesita mucho trato y comunicación de sus cosas con alguien que le entienda y le conozca" (Zaragoza, 10 de octubre de 1918).
[37] Recuérdese que Manuel Larraín pensaba estudiar Pedagogía.
[38] *Archivo Padre Hurtado*, s 63 y 47.

El Círculo ha seguido bien, aun el Directorio no ha dejado ningún lunes de sesionar; Alfredo Arias se reincorporó y asiste con gran entusiasmo; por cierto que debe haber sido retractándose de todo lo anterior.

Don Martín Rücker renunció de Rector de la Universidad y se irá luego a Europa.

Saluda a todos los de tu casa. Tu afectísimo amigo y seguro servidor.

Alberto Hurtado C.

20 DE FEBRERO DE 1920, VIÑA DEL MAR[39]

Sr. Manuel Larraín Errázuriz

Querido Manuel:

No te había escrito antes porque esperaba contarte algunas novedades sobre algunos cambios en el Colegio y Universidad. Estuve con don Martín [Rücker][40] el día antes que se fuese y me dijo que le habían ofrecido la Universidad a don Carlos Casanueva, quien vendría pronto a hablar con él, creía para ponerse de acuerdo con él, y creía también probable que aceptase.

Ayer estuve con el hermano [Juliano] Pavía, quien me dio un regalo para ti: una pelota de frontón. Estaba notable. Me encargó que te saludara y que te dijera que te mandaba una margarita preciosa (la pelota), a la que le puso un cordón para que te la pudieras colgar del ojal, en su recuerdo. Andaba inmundo, pues está a cargo de la cocina[41].

---

[39] *Archivo Padre Hurtado*, s 63 y 15.

[40] Martín Rücker Sotomayor (1867-1935) ejerció el cargo de rector de la Universidad Católica desde 1915 hasta 1920. A pesar de ser un hombre muy estimado y de gran sensibilidad social, tuvo hondas diferencias con el recientemente asumido (en 1919) arzobispo de Santiago, Crescente Errázuriz Valdivieso, lo que le llevó a renunciar. En 1926, Rücker fue consagrado obispo de Chillán.

[41] Nótese la familiaridad de Alberto con la comunidad jesuita del Colegio San Ignacio.

Estuve también con el P. Ripoll[42], que venía llegando de Chillán, entusiasmado con la nueva casa[43]. En San Ignacio hay nuevo Ministerio, jefe de él es el P. [José] Ezpeleta, y el ex Ministro del Interior parece que irá a Chillán de Maestro de Novicios[44].

José Manuel González me escribió y dice que se ha empleado en la Cervantes.

Aquí se lleva una vida lo más independiente del mundo, así es que me he visto con pocos chiquillos. Entre ellos, de los que más me he visto ha sido con Chumilio Undurraga [Emilio Undurraga Valdés].

Yo el 29 me iré a Santiago, así que si pasas por allá anda a verme.

Muchos saludos a tu papá, mamá y hermanas y tú recibe un abrazo de tu afectísimo amigo,

Alberto Hurtado C.

---

[42] Jaime Ripoll S.J., nació en Soller (España) en 1879. Recibió su formación jesuita en su país y fue ordenado sacerdote en 1911. Desde 1914 trabajó en Chile, en el Colegio San Ignacio y en la Congregación Mariana. En 1923 fue nombrado Maestro de novicios y recibió a Alberto Hurtado en Chillán. Desde que dejó este cargo, en 1934, pasó su vida en San Ignacio. Falleció el 13 de marzo de 1951. El P. Hurtado conservó excelentes recuerdos suyos, como lo revelan estas líneas: "recordar del Noviciado (...) la sala de pláticas con las instrucciones recibidas para toda la vida. El cuarto del Padre Maestro, Padre... y maestro, sus consejos, cuentas de conciencia" (s 18 y 10).

[43] Esta nueva casa en Chillán era el noviciado de la región Chilena, que hasta entonces estaba en Córdoba y se preparaba para abrir sus puertas en Chile. Ello ocurrió en 1921. El mismo año en que Alberto entró, en 1923, el P. Ripoll fue nombrado Maestro de novicios.

[44] No es de extrañar que Alberto aluda a estos cambios con términos muy imprecisos. El Padre José Ezpeleta fue nombrado rector del Colegio el 17 de febrero de 1920: es lo que Alberto llama "jefe del Ministerio". El P. Ramón Angla, después de ejercer durante 19 años como Ministro de la Comunidad de San Ignacio ("Ministro del Interior"), fue nombrado rector del noviciado de Chillán, es decir Superior de esta Comunidad, el 5 de febrero de 1924.

3 DE OCTUBRE DE 1921, SANTIAGO[45]

Don Rafael Castillo

Estimado señor y consocio:

El Sr. Presidente del Consejo Superior de la Sociedad de San Vicente de Paúl me encarga conteste su atenta carta de fecha de 14 de Septiembre relativa a la fundación de una Conferencia de S.V. en esa cuidad.

Mucho celebra el Sr. Presidente la feliz iniciativa de fundar en Arica, esta obra de caridad cristiana que tan bellos frutos ha producido donde se ha seguido con cariño las sabias disposiciones de nuestro Reglamento, que hacen que la obra produzca sus saludables efectos para el socio como para los socorridos. El campo de acción que esa Conferencia ha escogido no puede estar más dentro del espíritu de la Sociedad, pues en el hospital, como en la cárcel y en la visita a domicilio los socios podrán formarse en el espíritu de sólida piedad y caridad cristiana, y harán un gran bien a esos desgraciados.

Le acompaño un formulario que le ruego se sirva devolverme llenadas sus indicaciones para obtener del Consejo de París la agregación de esta nueva Conferencia. En su respuesta le estimaría me manifestara si existe en la Conferencia algún ejemplar del Reglamento de la Sociedad, para enviárselo en caso que no lo haya.

El Consejo superior desea mantener estrecha y constantes relaciones con esa Conferencia, por lo que sería conveniente que se dirigiese a él con frecuencia manifestándole el estado de la obra, sus proyectos y necesidades.

Queda a sus órdenes para cuanto pueda serle útil, su afectísimo seguro servidor y consocio.

Alberto Hurtado
Pro Secretario

P.D. Le acompaño las dos últimas memorias de la Sociedad y algunas instrucciones.

---

[45] *Archivo Padre Hurtado*, s 70 y 061.

48

31 DE ENERO DE 1922, ACHAO[46]

Sr. Manuel Larraín Errázuriz
Querido gordo:
Aquí me tienes en el último rincón de Chiloé[47], politiqueando
un poco. La gira creo que va a resultar; no es de grandes asambleas
y mucha bulla, sino de trabajo de organización.
Si ves al Rucio Fernández, hazme el servicio de pedirle que me
mande a Valdivia, donde espero estar dentro de unos doce días más,
algunos folletos sobre cooperativas, unos dos o tres, caso que tenga,
a fin de dárselos a algunos curas que están muy entusiasmados con
la idea y cuentan con la ayuda del Obispo, pero que conocen poco
de estas cosas. Chiloé parece la tierra ideal para este trabajo, donde
se ha conseguido formar la pequeña propiedad. En todo el Departamento de Castro apenas si habrá un solo fundo de importancia,
todos los demás son pequeñas propiedades de seis u ocho cuadras.
En fin, espero contarte muchas cosas, escríbeme una noticiosa
carta a Valdivia.
Tu amigo,

Alberto Hurtado C.

18 DE ENERO DE 1923, OLMUÉ, LIMACHE[48]

Sr. Manuel Larraín Errázuriz
Querido Manuel:

---

[46] *Archivo Padre Hurtado*, s 63 y 16. En una carta a otro de sus amigos, Carlos Larraín, describe el recorrido de la gira: "Aquí me tienes politiqueando por el Sur.
El 17 de enero me embarqué en Valparaíso (hasta Castro), y de ahí me he venido
departamento por departamento..." (s 70 y 03). Después de Chiloé, se propone
avanzar hacia el norte, pasando por Pitrufquén, Mulchén y Los Ángeles.
[47] Chiloé es una isla situada a poco más de mil kilómetros al sur de Santiago, y
Achao es uno de sus puertos.
[48] *Archivo Padre Hurtado*, s 63 y 17. Limache está ubicada a unos 40 km de Valparaíso y unos 140 de Santiago.

Ya me tienes descansando feliz por estos lados; no sabes cuán contento estoy y qué bien lo voy pasando.

Me levanto relativamente temprano, hago una media hora o tres cuartos de hora de lectura espiritual, que me sirve de meditación (por ahora, *Historia de Cristo* de Papini, con la que estoy encantado), y después salgo a caballo un par de horas. Trabajo enseguida en la memoria hasta las doce. Después de la siesta sigo en la memoria hasta las cinco y media o seis, hora en que salgo a caballo hasta las siete y media[49].

Como ves, la vida la hago más o menos metódica y se me pasa el tiempo sin sentir. Duermo mucho, como mucho y leo bastante.

Estoy encantado con la obra de [Georges] Goyau, *L'effort* [catholique dans la France d'aujourd'hui]. Ayer la comencé y ya llevo leídas más de cien páginas. La encuentro preciosa, muy amena y que da una idea bastante clara de la situación en Francia. Por ella deduzco que el *renouveau* es aún mucho mayor que lo que creíamos, no porque se haya logrado una situación superior a la que suponemos, sino porque se ha partido de muy abajo y en pocos años han hecho mucho.

Encuentro muy alentadora esta obra y, por lo menos a mí, me ha hecho mucho bien. Ahora me he acabado de convencer que para leer con provecho hay que tener tiempo, para así poder darse unos buenos atracones de un libro; picando, como lo he hecho siempre, no se toma asunto a lo que se lee.

En las tardes estoy haciendo unos paseos preciosos por los alrededores y vieras que me he puesto místico. A este pasito me llego a botar a discurseador solo. Hago unos sermones y unas pláticas

---

[49] Alberto se encuentra preparando la memoria para obtener el grado de Licenciado en Derecho, que presentó poco después con el título *El trabajo a domicilio*. En ella desarrolla el tema de las costureras que venden sus productos a las grandes tiendas. Propone su organización sindical y una buena legislación obrera. Como método, usa entrevistas realizadas por él mismo. El trabajo de cincuenta y cinco páginas tuvo una calificación sobresaliente y fue publicado en mayo de 1923 por *La Revista Universitaria*. Dos años antes, también había escogido un tema social en su Memoria para obtener el grado de Bachiller en Leyes y Ciencias Políticas: *La reglamentación del trabajo de los niños*. En ella investiga las legislaciones de los países americanos y europeos respecto al trabajo infantil, comparándolos con la situación chilena. Obtuvo calificación sobresaliente.

y unos cantos que son para la risa. Si alguien me viera, me creería loco. Me siento muy contento.

A los campesinos no hay duda que nos tira el campo, nos sentimos bien y hasta nos creemos mejores.

Hasta aquí va muy personal, pero no quería dejar de contarte todo esto. Ahora, ¿qué es de tu buena vida?, ¿siempre tan santo? (no me peles[50] por las interrogantes, como a un común amigo a quien no dejaste bueno para nada por haberte puesto interrogantes en una carta a propósito de Año Nuevo).

Cuando nos veamos en Santiago apróntate para los sermones que te voy a dar, y para las conversaciones por las nubes. Ruega a Dios, si quieres verte libre de ellos, que se me pase el entusiasmo. No te los doy por carta por tu consabida maña de guardarlas, y después son los amarillos aprietos, cuando uno ve que ha dicho muchas burradas.

Escríbeme largo y seguido. Yo me vuelvo el 5 de febrero.

Saluda cariñosamente a tus papás, hermanas, y al Boca y al Gringo Edwards si los ves les das un recuerdo mío. Pero esta carta la rompes y no se las muestres a ellos ni a nadie. ¡Eh!

Alberto

1 DE FEBRERO DE 1923, SANTA ROSA[51]

Sr. Manuel Larraín Errázuriz
Mi querido gordo:
Por Pablo Sánchez, con quien estuve ayer en Viña, tuve noticias tuyas y caí en la cuenta del porqué no habías recibido mis cartas, pues yo te había escrito a Colchagua. Ya desesperaba de tener carta tuya cuando me encuentro con una del 29.

---

[50] "No me *peles*", es decir, no hables mal de mí (modismo).
[51] *Archivo Padre Hurtado*, s 63 y 18.

Ya me imaginaba yo la impresión que te causaría la muerte de Fernando, si a mí que lo conocía menos y que no presencié la desgracia, me produjo tanta pena.

Así es la vida, cuando menos pensamos, se acaba todo y al otro mundo se ha dicho; estos golpes nos hacen pensar un poco y entrar en camino[52].

Pero en fin, Manuel, hay que conformarse con la voluntad de Dios y procurar olvidar de estas cosas la parte penosa que nos hace sufrir demasiado, y quedarse con la saludable lección que Dios nos da. Todos los días rezo por Fernando.

No sabes cuántas ganas tengo de conversar contigo sobre tanta cosa, sobre nuestros planes y proyectos.

Reza, pero con toda el alma, para que podamos arreglar nuestras cosas y los dos cumplamos este año la voluntad de Dios[53].

Me voy poniendo algo así como la "mezcolanza" famosa: medio místico, muy alegre a veces, y medio tristón otras. En las tardes, como te contaba, salgo a discursear y a cantar solo; a lo mejor, echo unos feroces sermones en franchuti[54] sobre *Le Prêtre, que peut-il faire? et beaucoup d'autres choses sur ce sujet. Je le trouve charmants... comme mes chants.*

Apúrate en llegar para que estudiemos y platiquemos. Lo que yo veo es que si medio cumplo los planes que llevo, a la semana voy a quedar flaco como un alfiler.

Recibe un buen abrazo de

Alberto

P.D. Recibí carta del P. Fernández[55]. Se va el 20 de febrero a Santiago.

---

[52] La carta se refiere a la muerte de un amigo común, cuya identidad no conocemos, y da ocasión para que Alberto exprese su profunda visión de fe.

[53] Su sueño de hacerse jesuita sigue muy vivo. "Cumplir la voluntad de Dios" significa la entrada al Seminario de Santiago para Manuel y la ida al noviciado jesuita para Alberto.

[54] Una forma simpática y popular usada para decir *"en francés"*. Lo que dice más adelante se puede traducir así: "¿Qué puede hacer el sacerdote? y muchas otras cosas sobre este tema. Lo encuentro encantador... como mis cantos".

[55] Jorge Fernández Pradel S.J., fue un gran apóstol social jesuita. Nació en Santiago en 1879. Ingresó en la Compañía en 1897, siendo compañero en el noviciado del

20 DE MAYO DE 1923, SANTIAGO[56]

Mi querido tío:

Estamos en camino de arreglarnos con Don Marcos F. Gajardo[57] pero antes de contestar quisiera saber si habría algún interesado por comprar el fundo porque de eso dependería en gran parte nuestra respuesta.

Mucho le agradecería que tuviese la bondad de indicarme si sabe Ud. que alguien pueda interesarse sobre la base de $120.000, o sobre alguna otra base, para tener en cuenta este dato antes de seguir las gestiones de arreglo. Como el asunto es urgente, por varias razones, mucho le agradecería me contestara cuanto antes y

---

P. Fernando Vives. Se formó en Argentina, España, Holanda y Francia. Fue ordenado sacerdote el 25 de agosto de 1912. En Chile, se dedicó a la enseñanza en el Colegio San Ignacio, siendo además Director de la Congregación Mariana (1915-1917). Su interés por los problemas sociales le costó tener que dejar el país y marcharse a Argentina, de donde pudo regresar en 1921. Trabajó en el Colegio San Ignacio y en la Universidad Católica. Dirigió los Círculos de Estudio, en que participó Alberto Hurtado, a través de los cuales dio a conocer la enseñanza social de la Iglesia. Colaboró en los primeros números de la Revista *Mensaje*. Murió en Santiago el 18 de febrero de 1961.

[56] *Archivo Padre Hurtado*, s 63 y 53. Probablemente se trata de su tío Miguel Cruchaga.

[57] Alberto estaba terminando sus estudios de Derecho y tenía un ardiente deseo de seguir al Señor como jesuita. Durante los meses de mayo y junio de 1923, se dedicó a orar con toda el alma para que este sueño suyo se hiciera realidad. El P. Damián Symon, que entonces lo acompañaba espiritualmente, cuenta que durante todo el Mes del Sagrado Corazón, que ese año culminaba el 8 de junio, fue de noche al templo del Colegio de los Sagrados Corazones y allí pasaba largo tiempo orando, postrado en el suelo ante el altar del Santísimo Sacramento. El 8 de junio mismo, el provincial jesuita, P. José Llussá, le escribió desde Córdoba, Argentina, admitiéndolo a la Compañía de Jesús.

En esos días se produjo otro hecho providencial. Después de la muerte de su padre (1905), su familia había quedado en una situación económica muy precaria y habían tenido que vender las tierras que habían heredado de él. Pero en junio de 1923, la justicia declaró que esa venta era nula, porque había tenido vacíos legales; así que se llegó a un acuerdo ventajoso con el antiguo comprador, Marcos Florín Gajardo Pino: este pagó una suma de dinero a cambio de que la familia de Alberto renunciara a reivindicar como suya la propiedad. De este modo, Alberto pudo ingresar en la Compañía viendo que su madre quedaba con una situación económica tranquila.

si fuese posible por telegrama en caso que Ud. sepa que alguien se interesa. Si no hubiera comprador tendría que conseguirle un préstamo hipotecario y podríamos pedir menos.

Por esto me interesa el asunto y estoy empeñado en resolverlo en esta semana.

Le ruego salude a mi tía y primas y Ud. disponga de su sobrino af.

Alberto Hurtado C., S.J.

PERÍODO
DE FORMACIÓN

Sr. Manuel Larraín Errázuriz

Mi querido Manuel:

No sabes cuánto gusto me diste con tu carta y con la noticia de haber acompañado a mi mamá. Un millón de gracias.

Por fin me tienes de jesuita, feliz y contento como no se puede ser más en esta tierra. Reboso de alegría y no me canso de dar gracias a Nuestro Señor porque me ha traído a este verdadero paraíso, donde uno puede dedicarse a Él las veinticuatro horas del día, sirviéndolo y amándolo a todas horas y donde toda acción tiene el fruto de ser hecha por obediencia. Tú puedes comprender mi estado de ánimo en estos días, con decirte que casi he llorado de gozo.

La vida de un novicio jesuita es, cristianamente hablando, lo más celestial de este mundo. Parece que Dios anduviera en medio de nosotros, y todos la sienten tanto esta idea, que te encantarías tú mismo viendo nuestras distribuciones hechas con tanta alegría, la oración con tanto fervor, todo con tanta puntualidad, que está hablándose o escribiéndose y se corta la palabra o la letra comenzada y todos acuden donde Dios llama a esa hora. Así los días pasan volando y todos ellos empleados santamente. La humildad y la obediencia son las virtudes en que principalmente se procura formarnos. Hay prácticas de humildad edificantes y sobre todo ocasiones de vencer el orgullo y el amor propio en pequeñas cositas que son las que más cuestan, y no se perdona medio porque salgamos firmes en estas virtudes que son las que parecen inspirar más vivamente la Compañía.

Para qué decirte nada de los Padres y Hermanos. Los primeros son todo cariño para con los novicios, otras tantas mamás de nosotros. Y los novicios son muy sencillos pero ejemplares y fervorosos hasta no más; dan verdadera edificación.

---

[1] *Archivo Padre Hurtado*, s 63 y 21. Al día siguiente de recibir la sotana, Alberto escribió esta carta a su amigo Manuel, quien ya estaba preparándose para el sacerdocio en Santiago.

El P. [Ismael] Guzmán me dio un retiro de tres días que me sirvió de preparación para recibir la sotana, lo que hice el jueves. Figúrate al Hermano [José] Garmendia, más pelado y más feo (por supuesto) y podrás imaginarte algo de cómo ando ahora; me comparo con el Hermano por el porte.

¿Y qué es de tu buena vida? ¿Cómo te va en el Seminario? ¿Qué es de los amigos, de Mario, Rucio, Javier, Germán, José Manuel, de Larraín, etc., etc.? Escríbeme largo y tendido. Saluda cariñosísimamente con un abrazo bien a lo turco y a lo italiano a todos los amigos, a Cano, al futuro brother Sant..., Pancho, Lucho Cotapos, Javier B., Marcos, al Padre [Jorge] Fernández y demás Padres de San Ignacio. En especial a tu papá (a quien agradécele en el alma su atención de irme a despedir), mamá y hermanos. Reza mucho por mí, como yo lo hago por ti y todos los tuyos, y recibe un abrazo bien fuerte.

Alberto S.J.

P.D. No te extrañes que no te haya escrito antes. Pero a pesar de que el P. Ripoll me ha indicado tiempo para que escriba cartas, no sé qué se han hecho las horas y así sólo hoy puedo terminar esta carta, que es el fruto de varios tiempos libres y distribuciones que me he reservado para escribir.

Añadido: lo saluda afectuosamente su amigo que tanto se acuerda de usted. Jaime Ripoll, S.J.

29 DE AGOSTO DE 1923, CHILLÁN[2]

Señor don Carlos Larraín H.
Mi querido Carlos:
No sabes cuánto me he acordado de ti en mi vida de novicio, y cuánto te he encomendado al Señor.

---

[2] *Archivo Padre Hurtado*, s 70 y 05.

Estoy felicísimo y contento hasta no poder más, dando cada día más gracias a Dios por haberme traído a este cielo. ¡Qué chiquito parece el mundo mirado desde aquí!

Un saludo muy cariñoso a tu papá y hermanos (no se te olvide), a Lucho Fernández[3], Paco y todos los amigos. A Juan Cucho dile que lo tuve muy presente en el día de ayer.

Tú recibe un abrazo de tu amigo que tanto te quiere,

Alberto

El P. Damián[4] tendrá gran gusto en tu visita que yo le anuncié antes de venirme. No te imaginas el interés que tiene por ti.

18 DE SEPTIEMBRE DE 1923, CHILLÁN[5]

P. Luis Orellana[6]

ALBERTO HURTADO CRUCHAGA saluda cariñosamente al R.P. Luis Orellana y le manifiesta cuánto sintió no haber tenido tiempo de pasar a despedirme de usted y pasar a saludarlo con motivo de sus bodas de plata, pero creo que usted me va a disculpar, pues se imaginará los trajines de los últimos días.

Yo estoy sumamente feliz y cada día agradeciendo más a nuestro Señor el don inestimable de mi vocación. Le ruego me

---

[3]   Luis Fernández Solar (Lucho), hermano de Juana Fernández Solar, es decir, de Santa Teresa de Jesús de Los Andes, fue compañero de curso de Alberto. Nació en septiembre de 1899, estudió Derecho y se casó con Jacqueline Guyllot de Grandmaison.

[4]   Damián Symon Lorca ss. cc. (1882-1963) fue director espiritual del P. Hurtado en el tiempo inmediatamente anterior a que él entrara en la Compañía de Jesús. En la A.C. era asesor del Secretariado Nacional Pro Moralidad.

[5]   *Archivo Padre Hurtado*, s 71 y 05. Se trata de una simple tarjeta de visita.

[6]   Luis Orellana, sacerdote franciscano, fue ministro provincial y fundador del Patronato San Antonio en el que cooperaba la señora Ana Cruchaga de Hurtado y el mismo Alberto, en su juventud. Alberto escribió unas líneas de gratitud en su honor (s 12 y 14).

ayude con sus oraciones a obtener la perseverancia en ella hasta la muerte.

Reciba un cariñoso saludo de su afectísimo y seguro servidor,

Alberto

11 DE FEBRERO DE 1927, CÓRDOBA[7]

C. H. Jorge González F. H.

Pte.

Carísimo hermano González: ¡Con qué alegría le escribo estas cuatro líneas al saber que está ya tan cerca el día felicísimo de los santos votos!, que hace dos años vislumbrábamos en aquellos otros días felices de la primera probación, como un ensueño lejano.

Reciba mis parabienes y créame que lo encomendaremos muy de corazón. Yo especialmente pues no sé si puedo arrojarme el título por lo menos de un cuarto de ángel suyo, yo así lo creo y como tal acepto las obligaciones y cobro el estipendio.

Hoy no nos hemos olvidado del C.H. Gerardo.

Adiós. Saludos a los P.P. Rector, Maestro, ayudante, hermanos y a D. Ricardo, su mamá y hermanos. Su afectísimo hermano e ínfimo siervo en Cto.

Alberto Hurtado C., S.J.

---

[7] *Archivo Padre Hurtado*, s 70 y 90. Jorge González Förster (1908-1993) ingresó a la Compañía de Jesús en 1925, cuando Alberto era novicio. Alberto fue designado como "ángel" suyo, es decir, encargado de introducirlo y ayudarlo en los primeros tiempos de Jorge como jesuita. En su vida futura fue rector del Colegio San Ignacio y de la Pontificia Universidad Católica de Valparaíso (1951-1961). Fue declarado Ciudadano Ilustre de esta ciudad.

16 DE MARZO DE 1927, CÓRDOBA[8]

Sr. Manuel Larraín Errázuriz
Mi amadísimo en Cristo Manuel:
Por Alejandro Huneeus[9], que tuvo la bondad de hacernos una visita, he sabido que en abril cantarás tu primera Misa[10]. Me impresionó la noticia más de lo que puedes imaginarte, porque no la esperaba y porque me trajo a la mente el recuerdo de nuestras conversaciones, de nuestros deseos que preveíamos entonces tan lejanos, y que ahora tú vas a realizar. ¡Qué dicha tan grande, Manuel, y qué horizontes tan nuevos sin duda se abren a tu vida como sacerdote! Dotado de todos los poderes de Cristo, podrás tenerlos en tus manos, perdonar los pecados, devolver la paz a las almas. Me parece, Manuel, que te veo ya en el altar, consagrando por primera vez al Señor y alimentando con la Sagrada Comunión a los tuyos que tengan la dicha de acompañarte.

En esos momentos de tanta felicidad (pues fuera del martirio, creo que no puede haber otra igual) bien comprenderás, Manuel, cuán de corazón te acompaño, y cuán cerca de ti estará mi corazón aunque nuestros cuerpos están tan distantes. Muy ingrato sería si así no lo hicieses ya que el Señor nos unió en el mundo con tan íntima y santa amistad y pudimos mutuamente alentarnos y apoyarnos en las dificultades que se nos presentaban. Ahora más que nunca es necesario que hagamos efectiva esa amistad apoyándonos con nuestras oraciones para realizar con la mayor perfección la voluntad de Dios y ser instrumentos aptos, celosos de su gloria.

---

[8] *Archivo Padre Hurtado*, s 63 y 22.
[9] Alejandro Huneeus Cox, nació el 24 de enero de 1900. Estudió en el Colegio San Ignacio, de donde salió un año después que Alberto Hurtado. Ingresó en el Seminario de Santiago y se formó en Filosofía y Teología en la Universidad Gregoriana de Roma, viviendo en el Colegio Pio Latino Americano (1921-1924). Fue ordenado sacerdote en 1924. Fue Vicario de la parroquia de Andacollo (muy conocida de Alberto) entre 1927 y 1930. Entre 1935 y 1939 fue rector del Seminario de Santiago. Fundó la Parroquia del Sagrado Corazón de Providencia (El Bosque). En 1963 fue nombrado Protonotario Apostólico por el Papa Paulo VI y más adelante, deán de la Catedral de Santiago. Murió en 1989.
[10] Efectivamente, Manuel Larraín fue ordenado sacerdote en Roma, el 26 de abril de 1927.

No dudes, mi querido Manuel, que así lo hago yo por ti cada día en mis pobres y tibias oraciones. Por tu parte, en el Santo Sacrificio no dejes de encomendarme mucho. Pídele especialmente dos gracias para mí: la perseverancia en la Compañía hasta la muerte y que sea un apóstol de verdad del Sagrado Corazón de Jesús.

Si ésta llegara antes de tu Primera Misa, no dejes, te lo ruego, de encomendar estas intenciones y no te olvides de mi madre y [mi hermano] Miguel y [mi cuñada] Raquel [Rojas], que mucho lo necesitan. Raquel ha estado bastante delicada y le han aconsejado otro clima. Se han ido los tres a Rancagua, donde, a Dios gracias, Miguel ha encontrado trabajo. Ahora algo mejor (pide mucho por Miguel, para que sea más piadoso: *Tibi Tantum*).

Quisiera escribirte muy largo, pero no puedo por varias ocupaciones. He tenido que interrumpir la carta y no quiero hacerlo de nuevo a fin de que llegue a tiempo.

Yo sigo estudiando Letras, principalmente latín, griego y castellano.

En agosto, Dios mediante, iré a Sarriá (Barcelona) a estudiar Filosofía[11]. Haré el viaje con nuestro Padre Rector, el P. Matías Codina, que irá a Roma.

Hoy he sabido que el Hermano Mario Errázuriz ha pasado al grado de Coadjutor, por no permitirle la salud seguir los estudios. Estaba muy delicado. ¡Qué hermoso ejemplo de humildad y amor a su vocación! Los Hermanos que acaban de llegar de Chillán me contaban cuán firme está en su vocación. "Ni aunque me hagan Obispo salgo de la Compañía". Ruega por él, Manuel.

Los Hermanos [Hernán] Irarrázabal y [Enrique] Sanfuentes te mandan muchos saludos y esperan escribirte. Recibe de nuevo mis parabienes, mis votos más sinceros por tu más completa felicidad y que el Señor te haga un sacerdote santo según su Divino Corazón. Yo así se lo pediré cada día. Saluda y felicita a tu mamá y hermana y no dejes de hacerlo igualmente con tu papá y José Manuel.

---

[11] Alberto permaneció en Sarriá desde septiembre de 1927 hasta abril de 1931, allí estudió filosofía y comenzó la teología. Como se verá, se conservan pocas cartas de este período.

Adiós mi querido e inolvidable Manuel. Recibe un abrazo de tu amigo del alma y hermano *in Corde Jesu.*

Alberto Hurtado C., S.J.

P.D. Allá van unos pobres versos... pobre obsequio que te dirán algo de lo que no puedo decirte personalmente. Son esfuerzos de principiante, así es que perdona los yerros[12].

8 DE SEPTIEMBRE DE 1927[13]

Compañía Trasatlántica Española
Vapor Correo
Infanta Isabel de Borbón
Mis carísimos hermanos júniores: Comienzo la tercera y última parte de nuestro diario de viaje, a Dios gracias, continuado con toda felicidad. El martes 6 entramos ya en aguas españolas y a eso de la 5 de la tarde divisábamos tierra después de diez días que no la veíamos (aunque a decir verdad no la echaba de menos, pues el espectáculo del mar siendo igual, siempre es distinto y no cansa.) Lo primero que apareció a nuestros ojos fue el pico del volcán Teide de más de 2.000 m., de altura del que dice Verdaguer que es el dedo de Dios puesto en el mar para señalar a Colón el camino en su viaje. Tras él fueron apareciendo las montañas de Canarias y por fin el faro de Las Palmas. Nuestro proyecto de desembarcar quedó frustrado pues llegamos a las 12 de la noche, sin embargo a esa hora y el día siguiente de madrugada, después de la Misa que celebró el P. Rector a las 4 1/2, pudimos admirar algo de la ciudad que presentaba un hermoso aspecto y muy pintoresco por la situación de

---

[12] Alberto escribió el poema *Bodas Divinas*, dedicado a su amigo Manuel en el día de su primera Misa. Reproducimos el inicio del poema: "Corta, corta veloz el espacio, / tu vuelo aligera / y traspasa la mar azulada / hasta lejanas tierras / a la eterna la santa ciudad / donde Pedro su vida rindiera...", Córdoba, 21 de marzo de 1927 (s 12 y 15a).

[13] *Archivo Padre Hurtado* s 62 y 052.

sus edificios en la falda de las montañas cerrando las dos partes en que se divide la ciudad como en los extremos de una media luna. Al llegar a las Palmas presenciamos un espectáculo curioso y creo que único durante todo este viaje. Anclado el vapor lo asalta una multitud de vendedores de frutas, de géneros, tabacos, objetos de arte etc. etc. que establecen sus tiendas en la cubierta del barco. Es una pequeña feria: mantones de Manila, elefantes de madera, batas japonesas, joyas, anteojos, todo expuesto ante el público y ponderado por sus vendedores indios legítimos y chinos que chapurrean el castellano, dignos émulos de Mustafá y Lartolo. Ya el público lo sabe: piden por un mantón dos mil ochocientas pesetas, les ofrecen ochocientas y quedan en mil. Por unas argollas pedían creo que 15 duros y las dejaron en tres.

A las 7 abandonaba nuestro vapor el puerto en dirección a Cádiz.

Viernes 9 a las 4 nos hemos levantado para tener hechos ya los ejercicios espirituales y disfrutar de la entrada en Cádiz, "la taza de plata" como la llaman y de verdad que con justicia, no por las construcciones y edificios de la ciudad, sino por el bello aspecto que presenta desde el barco. Construída en un gran saliente de tierra rodeado de aguas parece una isla. Los edificios preséntanse, de golpe a la vista, blancos y hermosos, sobresaliendo aquí y allá las torres de las iglesias en especial las muy bellas de la Catedral. Es un espectáculo delicioso, que sobrepuja al que ofrece la ciudad al ser recorrida pues en su mayor parte está construida en una época bastante antigua, con calles estrechas e irregulares y con edificios que no son del gusto moderno, aunque eso mismo, quizás será por espíritu de contradicción, no deja de gustar a algunos. Tal me sucedió a mí; todo en Cádiz tiene un sello señorial, de una nobleza medio vetusta; las casas con sus escudos de armas, sus balcones salientes, sus hornarinas de azulejos y sus farolitos. Es típico de Andalucía.

Tuvimos bastante tiempo para recorrer la ciudad y lo aprovechamos bien pues hay muchas cosas dignas de verse: las iglesias y en especial sus esculturas y pinturas.

La primera que visitamos fue la Catedral. Es de estilo renacimiento con algo de barroco. Una forma enteramente nueva para mí. La construcción es grandiosa, toda de piedra. Parece un palacio en su interior. El coro con sillerías talladas traídas de la Cartuja de Sevilla ocupan el fondo de la Iglesia, al centro la vía sacra para el desfile de los canónigos guarnecidas de una verja de hierro, y ambos lados del altar mayor púlpitos con un espacio bastante largo por donde pueda pasearse el predicador. Son éstas peculiaridades que no había visto en América. Tiene la Catedral cuadros de mérito, uno atribuido a Zurbarán, joyas artísticas de inapreciable valor como la custodia del millón, aludiendo al millón de perlas que dicen —rebajen cuanto quieran— que tiene engastadas. Pero lo mejor son sus estatuas. Una Virgen de la depensión traída de la Cartuja de Jerez hermosísima; que delicadeza, y que expresión tan divina y un San Bruno de tamaño natural de un discípulo del Montañas. Es la expresión de la austeridad y del misticismo. Impresiona ver el monje demacrado con la calavera en sus manos huesosas surcadas de venas.

Una alegría grande experimentamos y enteramente impensada. Fue la visita a la antigua Iglesia de la Compañía. Nuestro Cicerone el maestro de ceremonias de la Catedral, nos llevó hasta allá. Es un templo pequeño, muy antiguo y construido con ese no sé qué, no del todo artístico si se quiere, pero sí devoto de algunos de nuestros antiguos templos. ¡Cuántos recuerdos y cuántas impresiones! Se conserva tal cual la dejaron nuestros padres. Grandes altares todos de madera dorada con muchas estatuas colocadas en varios pisos. Son notables una estatua de la S. Virgen, la inmaculada, que es del tipo que domina en Cádiz, tal vez como recuerdo de Murillo, y un Cristo con la expresión semejante al que he visto reproducido de Limpias. Nuestros padres volverán a Cádiz. Han comprado una casa frente a la actual Iglesia, antigua, como todas las de Cádiz, y se les devolverá la Iglesia. Laus Deo.

Hasta hace unos diez años por espacio de 14 ocuparon la Iglesia que se llama de la santa Cueva pero tropezaron con dificultades, la menor de las cuales no era que por cláusula del fundador sólo podían acudir a ella los hombres; para las mujeres había construida otra al lado, pero la piedad de los hijos de Adán no es bastante en Cádiz, como por desgracia en todas partes para proporcionar público que frecuente mucho las Iglesias y así la dejaron.

Pero dejando muchas, muchísimas cosas dignas de contarse voy a lo que más llama la atención: la visita a los Capuchinos y al Hospital.

En los Capuchinos se guardan seis cuadros de Murillo y tres que con fundamento se le atribuyen. Los desposorios de Sta. Catalina, gran lienzo del altar mayor de colores finísimos y figuras llenas de gracia. Pintando este cuadro cayó Murillo desde el andamio al querer examinar un efecto de luz, y murió en Sevilla a los tres meses de efectos de este accidente. Rodean este cuadro una figura del P. Eterno de 1.42 por 3.15 y dos ángulos laterales de 1.25 por 1.25 cada uno.

En una capilla lateral está el célebre cuadro de la impresión de las llagas de S. Francisco de Asís, conceptuado como el mejor que pintó Murillo. El santo transfigurado recibe los santos estigmas. El rostro de S. Francisco con una mirada indefinible es algo divino.

A un lado está una de las Inmaculadas de Murillo. No es la más hermosa del autor. Por pintarla le pagaron 100$, hoy ¿sería mucho pedir 100.000$?

Otros cuadros hay aquí de Menores de Osorio, del Dominiquino y una escultura enorme obra del escultor Salcillo en un solo tronco de madera que representa los cinco misterios dolorosos del Rosario, pero le dejé todo para ocuparme sólo del célebre cuadro del Greco que se guarda en el Hospital de mujeres. Es S. Francisco en éxtasis, y verdaderamente queda la expresión del santo arrobado y sumido en Dios. Su rostro desencajado, largo como los del Greco, sus ojos hundidos y mirando lejos, la expresión toda del hombre transfigurado. Es notable y está encuadrado en un altar dorado antiguo que lo hace resaltar aún más. Una curiosidad del pintor. Sobre la piedra que descansa el santo ha pintado un papel, pero tan bien que yo me fui con intención de ver lo que decía aquel aviso y molesto de ver tal cosa en un cuadro así; sólo cuando estuve encima me di cuenta del engaño. Algo semejante creo que él mismo hizo en la Virgen (de la mosca, así la llaman) porque en el cuadro maravilloso de la Virgen con el Niño se le ocurrió pintar una mosca tan bien hecha que todos los viajeros tienden a quitarla con el dedo.

Dicen que han ofrecido un millón de pesetas por un cuadro del Greco, sin verlo, al saberse su descubrimiento en España. El que hizo la oferta fue el Museo Británico.

Ya esto va muy largo. Y aún queda tanto que contar, pero desde aquí veo a mis carísimos hermanos que bostezan y que rabian por estas patas de gallo tan mal hechas que no las pueden entender. Pero soy incorregible; ¡paciencia!

Sábado 10 —anoche pasamos el estrecho—. Estamos en aguas del mediterráneo, tranquilas ahora como una taza de leche. Muy cerca de nosotros la costa española. Hará escala en Almería, pero tan breve que no podremos desembarcar, ni abrazar a nuestros Padres.

19 DE MAYO DE 1928, BARCELONA[14]

Sr. D. Manuel Larraín Errázuriz

Mi amadísimo en Cristo, Manuel: Mucha alegría tuve con tu carta y mayor aún con el retrato, feliz anuncio de una visita tuya que me llenará de alegría.

¡Cuántas cosas tenemos que conversar, planes y proyectos que comunicarnos para la Gloria de Dios! Él quiera que trabajemos cada día con mayor entusiasmo por su causa, y que nos llenemos de su espíritu para para poder encender las almas en su amor. De lo contrario ¿qué podemos esperar, sino una vida triste y un apostolado estéril?

El Corazón de Jesús nos dé un rayito de su amor que encienda nuestros corazones en amor suyo y a las almas. Yo cada día lo pido para ti en mis pobres oraciones, y de un modo, si cabe más especial todavía, lo haré cuando comiences tus trabajos. Procuraré trabajar contigo desde el rinconcito en que Dios me tenga.

Manuel nos falta tiempo y no quiero dilatar estas líneas. Avísame con tiempo cuando vendrás. Te saluda y abraza con el cariño de siempre tu hermano que se encomienda muy de veras en tus santos sacrificios.

Alberto Hurtado S.J.

Pídele al Señor para mí estas dos gracias: conocimiento y amor de Jesús y amor de las almas. Dios te lo pagará.

---

[14] *Archivo Padre Hurtado*, s 70 y 125. Manuel Larraín se encontraba en Roma.

21 DE NOVIEMBRE DE 1932, LOVAINA[15]

Señorita Marta Hurtado Valdés[16]

La paz de Jesucristo sea contigo, mi querida Marta. Tu carta me ha ocasionado una alegría inmensa y he dado gracias con toda mi alma a Nuestro Señor por el beneficio inmenso que nos ha hecho llamándote al Carmelo. El Corazón de Jesús ha escogido para ti *la mejor parte*[17]. Vivir siempre en Él, no hacer más que su santísima Voluntad conocida hasta en los mayores detalles, y sacrificarse por la conversión de las almas. ¡Qué ideal tan noble! Y cómo nos ha de empujar hacia la santidad. Ahora de una manera especial, que se trata de arrojar a Nuestro Señor de todas partes y se oyen hasta en las familias que se dicen cristianas ideas que están tan lejos de ser cristianas; es necesario que la oración y el sacrificio suban hasta Nuestro Señor y le arranquen gracias eficaces para la conversión de las almas. Y han de ser la oración y el sufrimiento los que obren este milagro, pues ya puede gritar el predicador que si Nuestro Señor no mueve el alma con su gracia todo será en vano.

Esta idea me impresiona cada día más y al estudiar la Sagrada Teología la veo confirmada con toda suerte de argumentos que la prueban hasta la evidencia. Yo creo que la devoción sincera al Sagrado Corazón de Jesús ha de ser un medio eficaz para realizar en la práctica esta idea que la inteligencia ve clara, pero que la voluntad se resiste a abrazar. Esta devoción ha de inflamar en nuestra alma el deseo de reparar y consolar al Sagrado Corazón e insensiblemente nos va acercando a Él y vaciando de nosotros mismos, cosa que tanto necesitamos para hacer un poquito de bien. Él irá también disponiendo las almas de manera que no se resistan a su gracia. Por otra parte, esta devoción es tan consoladora para nosotros que vemos tantas imperfecciones en nosotros a pesar de las gracias inmensas

---

[15] *Archivo Padre Hurtado*, s 63 y 54.

[16] Esta prima suya decidió hacerse Carmelita. Más abajo, se transcribe un par de cartas a los padres y a la hermana de Marta Hurtado, felicitándoles por la vocación de Marta.

[17] Aprovechando que su prima se llama Marta, Alberto alude al episodio evangélico de Marta y María (Lc 10, 42).

que recibimos cada día, y tan consoladora también para las almas de las personas a que procuramos hacer un poco de bien, ya que les muestra a Nuestro Señor loco de amor por ellas.

En fin, mi querida Marta, hazme el servicio de rogar mucho para que Nuestro Señor me conceda la gracia de empaparme de esta bendita devoción, que tanto la necesita un jesuita que ha de ocuparse por ministerio de trabajar activamente con las almas. Tú has de hacer de María —lo espero— interesándote ante Nuestro Señor por mis futuros ministerios[18], ya tan próximos, pues con el favor de Dios espero ser ordenado sacerdote dentro de nueve meses. Estos meses que preceden al sacerdocio son preciosos y necesito en ellos más que nunca de tus oraciones y de las de toda esa comunidad. Pídeselo así a las Reverendas Madres, en especial a la Madre María Marta. Dile que le agradezco muchísimo sus oraciones y que yo he procurado también ser fiel al pacto de oraciones.

Junto con la carta que te escribo envío por medio de mi mamá unas cuantas líneas a mi tío Julio y a Elena[19], felicitándoles por el valor que Nuestro Señor les ha dado y por la bendición que ha enviado sobre la familia, ya que una religiosa es un pararrayos sobre la familia. A pesar de todo el cariño y resignación que te han manifestado tu papá y mamá, sin embargo temo que ha de continuar afligiéndoles un poco el recuerdo de la separación, pero Nuestro Señor irá dulcificando ese dolor y, sin duda alguna, para mis tíos y Elena el mayor consuelo será saber que estás consagrada al Señor. Yo lo he visto tan claro con mi mamá, para quien en medio de tantas penas como ha tenido que pasar, no ha habido mayor consuelo que pensar en mi próximo sacerdocio. No te olvides de rogar por mi mamá, y sobre todo por Miguel, que me da mucho cuidado, y la Raquel[20]. Que Dios tenga misericordia de ellos y arregle todo eso como sea para su mayor gloria.

---

[18] Nueva referencia al relato de Marta y María (vida activa y contemplativa), pero, en este caso, su prima Marta debe hacer el papel de María, pues se consagra a la vida contemplativa.

[19] Se refiere a las cartas que publicamos inmediatamente a continuación.

[20] Se refiere a Miguel Hurtado, su hermano, y a Raquel Rojas, su cuñada.

No te había escrito antes porque he tenido un trabajo abrumador y no quería enviarte cuatro líneas sino una carta larga.
Se encomienda muy de veras en tus oraciones, tu primo,

Alberto S.J.

21 DE NOVIEMBRE DE 1932, LOVAINA[21]

Mis queridos tío Julio y tía Rosa[22]:
Hace muchos días que deseaba escribirles largo para felicitarles por la gracia inmensa que Nuestro Señor les ha hecho llamando a la Marta a ser Carmelita, y al propio tiempo, para consolarles en la separación, que les debe haber sido tan dolorosa. He de contentarme con enviarles unas cuantas líneas, pues estoy lleno de trabajo, pero éstas les llevarán todo mi cariño y les manifestarán cuán de corazón les acompaño, sobre todo con mis oraciones.
Espero que no me han de faltar las de ustedes, sobre todo en estos meses que me separan del día de mi ordenación sacerdotal, que espero recibir el mes de agosto próximo.
De la Maruca[23] recibí hace tiempo una cartita que mucho le agradecí. Reciban el cariño de su sobrino,

Alberto Hurtado C., S.J.

---

[21] *Archivo Padre Hurtado*, s 63 y 51.
[22] Se trata de Julio Hurtado Larraín y Rosa Valdés. Julio Hurtado era hermano del padre de Alberto, casado con Rosa Valdés Rodríguez, padres de Marta, la carmelita.
[23] María Hurtado Valdés nació en Santiago en 1899. Se casó con Arturo Echazarreta Larraín.

MARZO DE 1933, LOVAINA[24]

Mi querida Elena[25]:

Creo que tú necesitas de mucho consuelo por la separación que te habrá costado tanto de la Marta, pero estoy cierto que el Sagrado Corazón de Jesús lo irá derramando abundante en tu alma. Yo así se lo pido muy de veras. La felicidad que gozará Marta entregada por completo a Nuestro Señor ha de ser también un motivo de consuelo, ya que nada deseamos tanto como ver felices a las personas que amamos.

Recibí una carta de Marta que me hizo gozar mucho. Yo no he podido contestarle hasta ahora, pero acabo de escribirle una larga carta.

Cuando escribas a la María y Arturo, salúdalos, como también a esos sobrinitos, una de las cuales no conozco.

Tu primo,

Alberto S.J.

8 DE OCTUBRE DE 1933, LOVAINA[26]

Mi querido P. Sergio[27]:

Dios le pague sus cartas, que le he agradecido con toda el alma por ser tan espontáneas, fraternales y llenas de caridad. Yo quisiera tener mucho tiempo para conversar con usted sobre la mar de cosas,

---

[24] *Archivo Padre Hurtado*, s 63 y 52.

[25] Se trata de Elena Hurtado Valdés.

[26] *Archivo Padre Hurtado*, s 62 y 96. El Padre Alberto Hurtado expresa a su primo jesuita su gran alegría por haber sido ordenado sacerdote.

[27] Sergio Hurtado Salas, primo de Alberto, nació en Santiago el 15 de mayo de 1908, siendo sus padres Adolfo Hurtado Larraín y Amelia Salas Edwards. Ingresó en la Compañía de Jesús el 7 de octubre de 1925. Fue ordenado sacerdote el 17 de diciembre de 1938. Falleció en Santiago el 5 de enero de 1993.

pues creo que estas charlas son no sólo sabrosas sino también muy provechosas, pero aquí siempre andamos alcanzados de tiempo, lo que no deja de ser una bendición de Dios.

Y ¡ya me tiene sacerdote del Señor![28]. Bien comprenderá mi felicidad inmensa y con toda sinceridad puedo decirle que soy *plenamente* feliz. Dios me ha concedido la gran gracia de vivir contento en todas las casas por donde he pasado y con todos los compañeros que he tenido. Y considero esto una gran gracia. Pero ahora al recibir *in aeternum* la ordenación sacerdotal, mi alegría llega a su colmo, pues como decíamos en filosofía, la potencia ha llegado al acto. Ahora ya no deseo más que ejercer mi ministerio con la mayor plenitud posible de vida interior y de actividad exterior compatible con la primera[29]. El secreto de esta adaptación y del éxito está en la devoción al Sagrado Corazón de Jesús, esto es al Amor de Nuestro Señor desbordante, el Amor que Jesús como Dios y como hombre nos tiene y que resplandece en toda su vida. Si pudiéramos nosotros en la vida realizar esta idea: ¿qué piensa de esto el Corazón de Jesús, qué siente de tal cosa…? y procurásemos pensar y sentir como Él, ¡cómo se agrandaría nuestro corazón y se transformaría nuestra vida![30]. Pequeñeces y miserias que cometemos nosotros y que vemos se cometen a nuestro lado desaparecerían, y en nuestras comunidades reinaría una felicidad más sobrenatural y también natural, mayor comprensión, un respeto mayor de cada uno de nuestros hermanos, pues hasta el último merece que nos tomemos alguna pena por él y que no lo pasemos por alto. Es ésta una idea que me ocurre con frecuencia y que la pienso mucho, porque desearía realizarla más y más.

Yo creo que la devoción al Sagrado Corazón hemos de vivirla a base de una caridad sin límites, de una caridad exquisita bajo todo punto de vista, que haga que nuestros hermanos se sientan bien en compañía de sus hermanos y que los seglares se sientan movidos

---

[28] Alberto Hurtado había sido ordenado sacerdote el 24 de agosto de 1933 en Lovaina. Lo asistió en su primera misa el P. Álvaro Lavín S.J.

[29] Ya aparece esta delicada preocupación por la relación entre la vida interior y la actividad exterior.

[30] Aparece la primera aproximación, esta vez en referencia al Sagrado Corazón, a la pregunta: "¿Qué haría Cristo en mi lugar?", tan característica del P. Hurtado.

no por nuestras palabras, que la mayor parte de las veces los dejará fríos, sino por nuestra vida de caridad humano-divina para con ellos. Pero esta caridad ha de ser también humana, si quiere ser divina. En este ambiente de escepticismo que reina ahora yo no creo que haya otro medio, humanamente hablando, de predicar a Jesucristo entre los que no creen sino éste del ejemplo de una caridad como la de Cristo.

Aquí estoy contentísimo con el P. [Francisco] Delpiano. Nos entendemos a las mil maravillas y creo que su compañía será para mí una gracia, pues podremos cambiar ideas sobre tantas cosas que nos interesan y criticar nuestras maneras de ver, de él y mías, y adaptar mejor lo que vemos a nuestras necesidades. ¡Cuántas veces hemos hablado del P. Sergio!

Adiós, mi querido Hermano Sergio. No me olvide delante del Señor.

Alberto Hurtado C., S.J.

17 DE ABRIL DE 1934, LOVAINA[31]

Mons. Carlos Casanueva Opazo[32]
Muy respetado y querido don Carlos:
Voy a exponerle una idea que me parece podría ser útil para mi futuro apostolado en Chile, y a pedirle su ayuda en caso que merezca su aprobación.

---

[31] *Archivo de la Pontificia Universidad Católica de Chile.* Con su apertura de mente característica, Alberto desea conocer las diferentes corrientes de pensamiento pedagógico de su tiempo. Su mirada es amplia y generosa, aspirando a dar un aporte al sistema educativo de su país, y no solo a los colegios católicos. La comisión oficial del gobierno le fue concedida en septiembre de 1934 y él viajó a Italia, Bélgica, Francia, Alemania e Inglaterra. Tomó apuntes detallados de sus visitas, anotando sugerencias para Chile (s 13 y 02) e interesándose por cuanto pudiera servir para transmitir a los estudiantes "el criterio cristiano en la ciencia, y un ambiente propicio para su vida moral" (s 13 y 03).

[32] Carlos Casanueva Opazo nació en Valparaíso en 1874. Estudió en el Colegio San Ignacio de Santiago. Trabajó desde muy joven en obras sociales y en 1890 fue uno

Desde hace mucho tiempo vengo pensando en la necesidad, o por lo menos en la gran ventaja, que significa para los colegios particulares el ponerse en contacto inmediato con la enseñanza oficial y en primer lugar con el Ministerio de Instrucción. Fuera de las ventajas que esto significa para los colegios particulares trae también consigo la de acercar al sacerdote al profesorado oficial, acercamiento que ha de ser la primera base de un posible apostolado entre ellos[33].

Con este motivo yo desearía obtener una comisión oficial del Gobierno de Chile para estudiar en Europa algún punto útil para la enseñanza nacional, por ejemplo, la Escuela Nueva en algunos países de Europa. Al propio tiempo desearía una subvención del Gobierno, por ejemplo de unos cinco mil pesos por una vez para costear los gastos de viaje, etc. que ocasionaría este estudio. Me imagino que esta segunda parte tal vez no sea tan fácil de conseguir, por la crisis económica del país; en todo caso desearía alcanzar la primera, esto es, la Comisión; y, si es posible, la subvención, que me vendría de perlas.

Además de las ventajas indicadas, dicha comisión me facilitaría grandemente los estudios prácticos de pedagogía en Europa, por las facilidades que dan las instituciones a los encargados de una misión oficial.

---

de los fundadores del Patronato de Santa Filomena. Estudió Derecho y comenzó una brillante carrera, que dejó para entrar en el Seminario en 1898. En 1910 fue nombrado director espiritual del Seminario y rector de la iglesia de las Agustinas, donde residió la mayor parte de su vida. En 1919 fue nombrado rector de la Universidad Católica, cargo que ejerció hasta 1953. Durante su rectorado, la Universidad consiguió un amplio desarrollo; Roma la erigió como Universidad Pontificia, y se crearon muchas facultades, entre ellas la de Teología. Falleció en 1957.

[33] Efectivamente, este conocimiento pedagógico del P. Hurtado le valió participar en una comisión del Ministerio de Educación, tal como él relata a un amigo jesuita, en septiembre de 1938: "Me han nombrado miembro de una comisión presidida por el Ministro de Educación y formada por Atienza, Alcayaga, Fremel, Peña y Lillo, Darío Salas, García, Néstor Elgueta y un servidor para la reforma del plan de estudios. Nos reunimos semanalmente. Me interesa mucho conocer —por avión— su opinión sobre nuestro programa, sobre la reforma de la enseñanza de las matemáticas, de la física —¿menos matemáticas?—, de los ramos que habría que recortar. Tengo poca confianza en el éxito: se recortará un poco los programas, pero nada más... pues temen tocar a los sueldos del profesorado, que disminuirían con las horas de clase" (s 62 y 70, carta del 11 de septiembre de 1938, reproducida más adelante).

Razones que podrían ser alegadas: La importancia de estos estudios en el momento presente en Chile; el hecho de haber enviado el Gobierno bastante gente a Europa para formarse en Pedagogía: así han venido a Bruselas, a la escuela Decroly, a Bonn, donde hay actualmente dos estudiantes chilenos, según entiendo; y si no me equivoco vinieron otros antes a Ginebra al Instituto Rousseau; necesidad también de favorecer con una comisión semejante a uno al menos de la enseñanza particular. Estando yo en Europa los gastos que esto significaría para el Gobierno de Chile serían mínimos. Podría también alegarse los estudios que llevo hechos: he presentado los exámenes correspondientes a los dos primeros años de Pedagogía en la Universidad de Lovaina, obteniendo los dos años la "gran distinción"; dentro de dos meses presentaré la Licenciatura, y comenzaré a preparar mi tesis doctoral sobre la "Filosofía de la Escuela Nueva". Conocimientos [de] Derecho: obtuve distinción unánime en el examen de licenciatura en la Universidad Católica, sobresaliente en la tesis de bachillerato en leyes en la Universidad de Chile, y, según me indicó inmediatamente después de mi examen el Secretario de la Corte Suprema, la mejor nota que suele darse en el examen de Abogado.

Medios de obtenerla. Según pienso, don Carlos, usted tiene vara alta en el Ministerio de Instrucción... Yo no quisiera por nada hacer intervenir a mi tío Miguel [Cruchaga], a quien supongo que le disgusta mucho intervenir en favor de parientes[34]. Si a usted le parece posible la realización de este plan, le agradecería en el alma su valioso concurso para llevarlo a feliz término. En tal caso ojalá pudiese obtener la comisión en forma de poder hacer uso de ella durante las vacaciones de julio y agosto.

No me alargo, don Carlos, porque estoy metido de cabeza en la preparación de mis exámenes... Nueve me aguardan... y me da miedo de pensar en ellos. Gracias a Dios son los últimos, pues me voy poniendo viejo.

---

[34] Miguel Cruchaga Tocornal (1869-1949), hermano de la madre de Alberto, fue diputado por Santiago (1900-1906); Ministro de Hacienda (1903-1904); del Interior (1905-1906) y embajador en varios países. Cuando Alberto escribe era Ministro de Relaciones Exteriores (1932-1937). Más adelante fue Senador (1937-1949).

Por Manuel Larraín tuve noticias suyas y de la Universidad. Ya le habrá contado él que le acosé a preguntas. Un millón de gracias de antemano por lo que pueda hacer en este asunto. Reciba el afecto de su ínfimo hijo en Cristo.

Alberto Hurtado S.J.

17 DE ABRIL DE 1934, LOVAINA[35]

Mons. Dr. Juan Subercaseaux[36]
Respetado y querido Monseñor:
He de comenzar por pedirle excusas por el retardo en cumplir el encargo que usted tuvo la bondad de hacerme. Pero, por una parte, la preparación de mis exámenes de Licencia en Pedagogía y de Licencia en Teología, el aislamiento a que me he recluido por esta causa, y, por otra parte, el deseo de consultar personas competentes antes de responderle, han sido la causa de mi tardanza.

El parecer unánime de todos aquellos a quienes he consultado sobre las ventajas de adoptar el Seminario de Santiago el nuevo plan de estudios eclesiásticos[37], ha sido el de que no les parece que por

---

[35] *Archivo de la Pontificia Universidad Católica de Chile.* Monseñor Subercaseaux había escrito al P. Hurtado preguntándole su opinión acerca de las ventajas que tendría aplicar en el Seminario de Santiago un nuevo plan de estudios teológicos, y sobre la oportunidad de crear una Facultad de Teología en la Pontificia Universidad Católica. El P. Hurtado envió esta carta a Roma, donde se encontraba Mons. Subercaseaux.

[36] Juan Subercaseaux estudió en Roma, viviendo en el Colegio Pio Latino Americano. En esta ciudad fue ordenado sacerdote, el 3 de abril de 1920. Fue rector del Seminario de Santiago y vicerrector de la Universidad Católica. Nació en Santiago el 26 de agosto de 1896. Estudió en el Seminario de la Arquidiócesis y en Roma, donde fue ordenado sacerdote en 1920. Fue rector del Seminario entre 1927 y 1935. Este año fue consagrado obispo de Linares. En 1940 fue trasladado a La Serena. Murió en un accidente en 1942.

[37] Inspirado en la Constitución Apostólica *Deus scientiarum Dominus*, acerca de las universidades y facultades de estudios eclesiásticos, aprobada por el Papa Pío XI el 24 de mayo de 1931.

ahora pueda pensarse en ello, idea con la cual estoy perfectamente de acuerdo.

Las razones que motivan esta manera de pensar son, entre otras, las siguientes. El nuevo plan supone, en primer lugar, sacrificios enormes de personal docente: en nuestro escolasticado de Lovaina, que lo ha adoptado, serán necesarios, según me decía el Padre Rector, veinte profesores para la Teología y de doce a quince para la Filosofía, si se quiere realizar integralmente. El espíritu de la Constitución parece ser el de que un profesor no tenga más de una asignatura y pueda al propio tiempo dirigir los trabajos de investigación personal de sus alumnos. ¡Y cuántas son las nuevas asignaturas! Y ¡cuán divididas las supone la Constitución! ¿Podremos nosotros pensar en reunir un número de hombres tan considerable, consagrados exclusivamente a la vida de estudio?

Por otra parte, el nuevo plan está orientado exclusivamente a la formación de los Licenciados y Doctores, no al gran número de alumnos que se preparan únicamente para hacer buenos estudios eclesiásticos que los capaciten para ejercer dignamente sus ministerios. En la Universidad de Lovaina, facultad de Teología, no creo que sean más de doce los estudiantes que siguen estos estudios; y esto en un país de tanto clero como Bélgica. Un sacrificio enorme de profesores para un reducido número de alumnos. Donde hay personal suficiente es de todo punto necesario que se acometa esta empresa de tanta gloria de Dios, y tan necesaria para el progreso de la ciencia eclesiástica, pero donde esto falta... Porque no puede pensarse en hacer extensivo el nuevo plan al gran número de los teólogos. Sería darles una armadura de Goliat a pastores como David, que les haría más daño que provecho. La formación enciclopédica, que supone el nuevo plan, está muy bien para aquellos que han de continuar una vida de estudios serios e intensos, pero no así para los que han de dedicarse a la vida de ministerios. Este recargo de materias distraería la atención del Dogma y la Moral, que han de ser la base de la formación ordinaria de un sacerdote, junto con la Sagrada Escritura, Ascética, Patrística. ¿No le parece que estas materias rumiadas, profundizadas, sentidas internamente, consideradas en sus relaciones con el apostolado moderno han de llevarse la preferencia en la formación de la mayoría?

En tercer lugar, la aplicación seria del nuevo plan supone medios materiales de bibliotecas, revistas, etc., que no sé hasta dónde estén a nuestro alcance.

Si bien la aplicación integral del nuevo plan me parece difícil, creo que habría grandes ventajas de aprovecharse de muchos de los medios que recomienda. Entre las finalidades que claramente persigue la nueva Constitución, una de las principales me parece ser la preparación al trabajo personal, a la investigación científica. Es claramente una reacción contra el sistema de manuales aprendidos de memoria; y contra el hecho de que la ciencia teológica esté como monopolizada por los protestantes o racionalistas, sobre todo en el terreno de la Sagrada Escritura y Patrística[38]. Desarrollar en forma personal un tema de teología, filosofía, filosofía religiosa, ascética, pedagogía, cuestiones sociales, música sagrada, arte cristiano, etc. según las inclinaciones, en forma de artículo y aun con miras a la publicación me parece algo sumamente útil. Este trabajo despierta vocaciones de hombres de estudio, interesa, desarrolla el espíritu de investigación, fomenta el gusto literario, mejora el estilo, pone en contacto con las fuentes teológicas o de las respectivas materias, crea una mentalidad. Para ser realizado con fruto ha de ser dirigido por un profesor competente, desarrollado en un "seminario", y ayudado por abundancia de materiales. Yo creo que éste es uno de los puntos característicos de la nueva constitución de estudios. Por mi propia experiencia y la de mis compañeros me parece que esta orientación es sumamente provechosa[39]. Si se la quiere realizar plenamente supone toda una adaptación del plan de estudios. Yo no conozco el del Seminario de Santiago, pero en todo caso supone que se den bastante tiempo al trabajo personal y que por tanto las clases y la preparación de las lecciones no lo consumen todo. Supone también que pueda hacerse confianza a los alumnos que sabrán aprovecharse del tiempo que se les da. Al menos la gente

---

[38] Efectivamente, "a principios del siglo XX, los católicos se hallaban considerablemente rezagados en el campo de la exégesis y de la historia del dogma" (R. Aubert, en H. Vorgrimler – R. Vander Gucht, *La teología en el siglo XX*, vol. II (BAC maior 6), Madrid 1973, p. 9).

[39] Alberto Hurtado había podido beneficiarse de esta nueva orientación en los estudios teológicos, puesta en marcha en la Universidad de Lovaina.

más inteligente, y al propio tiempo serios y trabajadores, pueden aprovechar mucho por este camino.

Para terminar este punto de la adaptación del nuevo plan al Seminario, le diré que según he oído deben ser muy pocos los que lo han adoptado. Yo sólo he oído del gran seminario de Milán, y creo que el de Buenos Aires. Me dicen que ninguno de los seminarios belgas lo ha adoptado.

El otro punto de que me habló, Monseñor, la formación de una facultad de teología en la Universidad Católica, ha parecido a todos los que he hablado más viable[40]. En primer lugar, si se organiza como la de la Universidad de Lovaina, que supone que los que a ella vienen han hecho ya tres años de seminario, exige naturalmente mucho menos personal. En Lovaina los estudios son excesivamente largos, pues para sacar el grado de Maestro en Teología exige seis años de facultad (más los tres de seminario); y, con todo, el número de profesores, si se exceptúan los de lenguas, no es más que de unos ocho. En Chile, pues, quizás podría comenzarse con unos tres o cuatro al menos. Los alumnos habrían de ser muy poco numerosos y escogidos: los futuros profesores del Seminario y órdenes religiosas.

Una facultad de Teología en la Universidad, a más de completar y coronar los estudios universitarios, nos permitiría tener en Chile un grupito, todo lo reducido que se quiera, pero de mucha competencia en materia de estudios religiosos. A ellos podría acudirse para pedir orientación en los problemas que cada vez más agudos se irán

---

[40] Ya desde el nacimiento de la UC, en 1888, se sintió la necesidad de contar con una Facultad de Teología. Durante el rectorado de don Carlos Casanueva, se volvió una y otra vez sobre el tema (cf. R. Krebs, *Historia de la Pontificia Universidad Católica de Chile*, Santiago 1988, vol. I, pp. 373-375). En la mente del rector Casanueva estaba mejorar los estudios eclesiásticos y "abrir cursos de Religión Superior para seglares, para formar la "élite" católica" (cf. R. Krebs, *Historia...*, vol. I, pp. 374). En 1934, en la UC se había nombró una comisión especial para estudiar la posibilidad de formar una Facultad de Teología presidida por el rector e integrada por los presbíteros Eduardo Escudero, Alfredo Silva Santiago, Juan Subercaseaux, Francisco Vives y Manuel Larraín (Cf. Actas del Consejo superior, Libro III, sesión del 11 de julio de 1934, citado por R. Krebs, *Historia...*, vol. I, p. 375). Al mes siguiente, por medio del Vicerrector, Alberto Hurtado recibe el encargo de buscar profesores para poder comenzar con la Facultad de Teología.

presentando entre nosotros de filosofía religiosa, teología, etc. ¿No sería ésta una solución para combinar los estudios fundamentales, tradicionales, sólidos que habrían de darse a la mayor parte de los seminaristas, con los estudios de carácter más profundo, más moderno, necesarios para el apostolado intelectual en Chile? Yo creo que entre nosotros hay necesidad de unos cuantos hombres capaces de poder afrontar un apostolado con hombres como los profesores del Pedagógico y Universidad de Chile, con los cuales tenemos tan pocos puntos de contacto por nuestra formación general[41].

Cuando tenga el gusto de verle en Chile conversaremos largo sobre esto, pues tengo muchos deseos de saber lo que usted piensa sobre estos puntos, y entre tanto aprovecho la ocasión para ponerme nuevamente a sus órdenes por si en algo puedo serle útil, lo que será para mí un gran gusto. Me permito enviarle un libro que acaba de salir cuyo autor es el P. [Joseph] de Ghellinck, a quien usted tal vez conoce, sobre los ejercicios prácticos de la nueva institución de los "seminarios" recomendados por la Constitución de estudios[42].

Aprovecho también esta ocasión para agradecerle, Monseñor, su visita a Lovaina, que hemos comentado con tanto gusto con el P. [Francisco] Delpiano. Reciba de parte de ambos un saludo respetuoso y lleno de cariño. En unión de oraciones.

Alberto Hurtado C., S.J.

---

[41] Alberto Hurtado estaba convencido de la necesidad de un pequeño grupo de mucha competencia, que haya realizado estudios de carácter profundo y moderno, para poder entrar en contacto con el ambiente universitario laico, por entonces, tan hostil a la fe y a la Iglesia.

[42] Posteriormente, en una carta del 29 de mayo de 1934, le transmite a Mons. Subercaseaux las opiniones del P. Ghellinck: "El P. de Ghellinck a quien impuse de la carta, me insistía únicamente en un punto, a saber, que el número de cursos comunes con el seminario sea el menor posible, para que los estudios de la Facultad sean verdaderamente universitarios; que aunque fuesen menos los profesores, sean estos tales que den y mantengan el tono de Facultad. Me tomo, Mons. la libertad de transmitirle esta opinión, seguro de que usted tendrá gusto en conocerla".

15 DE AGOSTO DE 1934, LOVAINA[43]

R. P. José Llussá S.J.
Amadísimo en Cristo R. P. Viceprovincial:
Me permito escribir a Vuestra Reverencia por aéreo para informarle sobre un asunto importante y urgente. Hace unos pocos días he recibido una carta por aéreo de Manuel Larraín, Vicerrector de la Universidad Católica, diciéndome que la Santa Sede ha urgido a la Universidad a comenzar pronto la Facultad de Teología. Que comenzarán el año próximo, y me encarga que oficiosamente le informe sobre cinco profesores que necesitan para la Facultad, que los busque, les proponga la situación, y sin compromiso avise a la Universidad, la que sobre estos antecedentes cerraría contrato. Han de ser doctores en Teología, eminentes en ciencia, con obligación de dar su curso y algunas conferencias de extensión. Evidentemente hombres de sólida piedad. La Universidad les pagaría el viaje de ida y vuelta, casa y comida, y mil pesos chilenos (entiendo que por mes).

El Padre Rector de Lovaina [J. B. Janssens][44], a quien expuse el asunto, me aprobó plenamente el que hiciera las gestiones necesarias para cumplir el encargo de la Universidad y me insinuó que creía que la mejor solución era que una Orden religiosa se encargase de la Facultad, porque esto daba mayores garantías de éxito, más unidad y una cabeza responsable. Me insinuó las posibilidades que veía para que los Benedictinos o Dominicos se hiciesen cargo, lo

---

[43] *Archivo de la Pontificia Universidad Católica de Chile.* El P. Llussá (1869-1955) había admitido al P. Hurtado en la Compañía, cuando era Provincial (cargo que ahora ejercía el P. Luis Parola, su antiguo Maestro de novicios). El P. Hurtado le escribe solicitándole permiso para colaborar en la creación de la Facultad de Teología de la Pontificia Universidad Católica de Chile. El padre Janssens, rector de Lovaina, ya había dado plena aprobación a la idea.

[44] Juan Bautista Janssens S.J., nació en Malinas el 22 de diciembre de 1889. Ingresó en la Compañía de Jesús el 23 de septiembre de 1907 y fue ordenado sacerdote el 7 de septiembre de 1919. En 1929 fue nombrado rector de Lovaina. Allí conoció y apreció mucho al P. Hurtado; en 1934 presidió la defensa de su tesis doctoral. En 1936 le hicieron Instructor de Tercera Probación. El 13 de mayo de 1938 recibió el nombramiento de Provincial de Bélgica Septentrional. El 15 de septiembre de 1946 fue elegido Superior General. En octubre de 1947, recibió tres veces al P. Hurtado, a quien le dio un gran respaldo. Murió en Roma el 5 de octubre de 1964.

que no le parecía fácil. Me preguntó si la Universidad desearía el que la Compañía se hiciese cargo, y si no sería falta de delicadeza de mi parte el proponerlo habiéndoseme encargado el que buscase profesores. Yo le he respondido que la Universidad lo miraría con buenos ojos, y que creo que no lo han pedido por creer que la petición no tendría éxito. Me dijo que en caso que la Compañía se decidiese a aceptar esta obra él creía que de Bélgica, de España, pidiéndolo así el Padre General, se podría obtener el número de sujetos necesario, y aun me indicó algunos nombres de Padres belgas.

Yo escribí confidencialmente al Padre [José] Martí, Secretario, a quien conozco muy bien[45], y le remití la carta de Manuel para que me indicase si había alguna posibilidad de éxito en transmitir mi encargo a Vuestra Reverencia para que Vuestra Reverencia lo considerase, o si parecía tan claramente imposible que no valía siquiera la pena dar este paso. Me contesta diciendo que el asunto es de mucha importancia, y que después de haber consultado al Padre Asistente, lo mejor que puedo hacer es exponerlo a Vuestra Reverencia. Esto es lo que me permito hacer ahora, exponerle simplemente la petición que he recibido y sugerirle, o mejor transmitirle esta sugestión del Padre Rector de Lovaina, para que Vuestra Reverencia pueda considerarla si es que merece la pena. Con mi gestión ante el Padre Martí no he procurado en manera alguna iniciar una proposición, ni gestión alguna, sino informarme únicamente sobre la posibilidad de informar a Vuestra Reverencia sobre este asunto, ya que su solución es urgente, pues el nuevo curso habría de comenzar a funcionar el año próximo. El Padre Martí es demasiado prudente para darle mayor importancia a mi carta y me lo hace constar así en su respuesta.

Al mismo tiempo he estado haciendo gestiones para ver si sería posible obtener profesores sacerdotes seculares. Las he hecho en Lovaina, y he escrito a un profesor de Comillas y de la Gregoriana[46]; otro Padre ha escrito a un profesor del Instituto Católico de

---

[45] José Martí S.J., quien desde 1921 hasta 1925 había trabajado en el Colegio de Buenos Aires, de la Provincia Argentino-Chilena, estudió Teología en Sarriá desde 1926 hasta 1928, así es que coincidió durante algunos años con Alberto Hurtado en la misma comunidad.

[46] Otra carta muestra que la sensibilidad de Alberto Hurtado por el apostolado intelectual lo impulsaba a considerar insuficiente una formación como la que

París. Hasta aquí las respuestas son muy pesimistas, no porque estimen que las condiciones que ofrece la Universidad sean malas, sino porque no hay doctores en teología disponibles, no ya con las condiciones eximias que son de requerir, pero ni siquiera sujetos que fuesen capaces de ser profesores. Fuera de Roma, por lo menos, el número de sacerdotes que hacen los estudios superiores de teología para el doctorado, es muy reducido; lo hacen por cuenta del Obispo y en vista de ocupar inmediatamente una cátedra en el Seminario o Universidad. Sobre esto escribiré más largo a Manuel apenas tenga datos más concretos y completos. Yo continúo haciendo todas las gestiones como si las cátedras fuesen a ser ocupadas por sacerdotes seculares o regulares de otras órdenes.

Si no fuese posible hacerse cargo de la Facultad como tal, ¿no podría aceptarse alguna o algunas clases? Si a Vuestra Reverencia le parece aceptable la idea y lo desea así, yo procuraría enviarle algunos nombres de Padres que con menor dificultad podrían obtenerse.

Perdone, Padre, mi atrevimiento y que me meta en camisas de once varas... pero me ha parecido que no podía quitarle el cuerpo a un asunto que me parece de mucha gloria de Dios y que, aunque no estoy del todo, esto es de ninguna manera, capacitado para arreglar, podría con todo prestar algún buen servicio como intermediario por las condiciones en que estoy, vivir en Lovaina, etc.

Y pongo punto para no recargar demasiado el sobre y no doblar la tarifa. Por la misma razón me permito incluirle unas líneas

---

entonces daban Comillas y la Gregoriana, a la que considera bien estructurada pero inadecuada para entrar en diálogo con corrientes de pensamiento ajenas a la Iglesia. Insiste en que el ambiente universitario exige hombres capaces de dialogar, con una visión más amplia: "Yo he de confesarle que en principio tengo alguna desconfianza de los sacerdotes que no tengan más formación que la de Comillas, pues aunque sea excelente para formar buenos sacerdotes y hasta profesores de Seminarios, ella sola me parece insuficiente para profesores de Universidad. Lo mismo diría de la Gregoriana. No creo que se les haya podido dar suficiente entrenamiento en los métodos de trabajo científico, aunque tengan una base ideológica excelente. Es verdad que varios de estos candidatos a los dos o tres doctorados por Comillas unen algún título de Universidad oficial que no es de despreciar y que por lo que concierne a su formación religiosa y valor moral hay fundado derecho para creer a priori que han de ser muy buenos. Yo creo que es de todo punto necesario cerciorarse previamente del valor de cada uno de los individuos" (carta a don Carlos Casanueva, del 27 de septiembre de 1934).

para Manuel Larraín. En los Santos Sacrificios de Vuestra Reverencia mucho me encomiendo. Ínfimo hijo en Cristo.

Alberto Hurtado C., S.J.

R. P. Fernando Vives, S.J.
Amadísimo en Cristo, P. Vives:
Ayer he logrado por fin tener una entrevista con el P. Rutten[48]; muy breve ha sido ésta, pues he logrado verlo entre dos sesiones de la semana social flamenca que se reúne actualmente en Lovaina. En cuanto al punto de la confesionalidad de los sindicatos no me dijo nada nuevo, sino los principios generales, y cuando quise proponerle más en particular nuestro caso era ya demasiado tarde.

Me dijo, 1°, que en un país como la Bélgica la cuestión de confesionalidad no se presentaba; 2°, que donde la mitad o una tercera parte de la población no son católicas la Santa Sede permite la adhesión de los católicos en los sindicatos neutros con tal que existan instituciones católicas paralelamente a los sindicatos que den la formación religiosa y social católica[49]; 3°, que en tales casos pertenece a los Obispos determinar si tales condiciones se realizan o no en un caso determinado. Este estado de cosas se refiere sobre todo a los países protestantes.

Algo desilusionado de la entrevista con el P. Rutten fui a ver al [P.] Dubois, S.I., que se ha ocupado bastante de cuestiones sociales, es doctor en ciencias sociales, profesor de economía en algunas instituciones como la Esc. de servicio social de Heverlé, Instituto S.

---

[47] *Archivo Padre Hurtado*, s 70 y 107.
[48] El P. Rutten fue un sacerdote dominico muy comprometido en la promoción de los sindicatos cristianos en Bélgica, a comienzos del siglo XX.
[49] La ASICH, fundada en 1947 por el P. Hurtado, buscará ser una institución católica parasindical que ofrezca formación religiosa y social católica a los obreros que militan en diversos sindicatos.

Ignacio. Es el autor de un libro publicado en Spes sobre las obras sociales en el Limburgo holandés. Comenzó por leerme el texto conocido del Papa en Quadregesimo donde se exponen substancialmente las ideas que me expusiera el P. Rutten y luego conversamos detenidamente sobre el caso particular de la confesionalidad de los sindicatos belgas. En primer lugar no se exige en Bélica el ser católico para poder ingresar a los sindicatos, ni por tanto una declaración de principios religiosos, sino la adhesión a la doctrina social cristiana. Sobre este punto conversamos largamente, qué se entiende por doctrina social cristiana y creo que en resumen se entienden los principios de moral natural sobre las relaciones entre patrones y obreros, conflictos del trabajo, etc., principios que de hecho han sido interpretados y expuestos —en forma que los adherentes declaran satisfactoria— por la Iglesia Católica en las encíclicas de los Papas. La ideología que sirve de base es, pues, la adhesión a estos principios de las encíclicas aunque no en cuanto específicamente católicos.

La misión de los asesores eclesiásticos es puramente la de consejeros, nombrados eso sí por la autoridad eclesiástica. Delante de la masa de los miembros y, sobre todo, delante de los socialistas se insiste en que no son más que consejeros. Su influencia es mucho mayor en los consejos de dirección que en sus relaciones con los miembros. Esta depende mucho de las circunstancias de la región y de la influencia personal del sacerdote. Si ésta es mayor, aparecerá más, si no, apenas. Las relaciones del sindicato con el asesor son bastante vagas, a propósito no se las ha querido determinar, lo mismo que la declaración de ideología. Todo el mundo sabe que los dirigentes son católicos, que se oponen al socialismo, que tienen actos religiosos, pero si uno urge un poco los dirigentes se verán embarazados para precisar. Así por ej. la situación del asesor en caso de un conflicto, en caso de pensar éste que el sindicato va más allá de lo que le parece que puede ir, podrá expresarse diciendo: yo creo que vais demasiado lejos, habrá dificultades con el Obispo, me retirará como asesor, o me retiraré espontáneamente, pero ciertamente no tiene el capellán en Bélgica —como lo tiene en Holanda— el derecho de vetar una determinación del Sindicato. El hecho mismo de que los Obispos belgas muchas veces no hayan sido los iniciadores, y aun se sepa que no marchan espontáneamente en la misma línea que el Sindicato, ha sido una de las causas para que esta situación no se esclarezca más. Por otra parte, los Obispos mismos, y respectivamente lo mismo puede decirse de los asesores, están interesados en que esta situación quede un poco vaga para poder librar su responsabilidad en el caso de una determinación que no puedan impedir.

Algo semejante puede decirse de la organización de actos religiosos: en las reuniones hay una Misa, sermón... pero no en forma que implique la adhesión de todos los miembros; con mayor significación con todo que la que puede atribuírsele al hecho que una compañía de turismo organice servicios religiosos para los viajeros que deseen cumplir con sus deberes, pero ¿qué significación precisa tienen? No es claro.

En los congresos, el sacerdote aparece tratando de asuntos económicos, v.gr. el padre Arendt, y lo hace como sacerdote economista, o mejor, como economista que es sacerdote.

Yo creo que la influencia religiosa es sobre todo la obra individual de los dirigentes y de los mismos sacerdotes en cuanto particulares. Se realiza también por el hecho de que históricamente los fundadores fueron un grupo de obreros que se separaron de los sindicatos socialistas porque desearon ante todo permanecer católicos; este grupo ha ido aumentando, y aunque hayan entrado elementos no católicos la más continúa, sin embargo, siéndolo.

El P. Arendt no me ha contestado sobre este punto, pero he estado viendo su libro sobre los sindicatos cristianos, y al tratar de la misión del sacerdote lo hace en términos bastante generales; se ve que no quiere precisar mucho más esta situación.

Ayer le he hecho enviar *La cité chrétienne* [d'aprés les enseignements pontificaux] de [Henri] Brun, y he visto con gusto que ha aparecido un segundo volumen con las orientaciones pontificias de Pío XI, de manera que la obra está al día. Como le decía, la obra del P. Arendt está agotada, pero escribo a la Liga de Trabajadores Cristianos para ver si puedo conseguir un ejemplar; así mismo les pido algunos ejemplares de estatutos de los distintos sindicatos para que pueda ver las precisiones sobre los puntos en cuestión. Los sindicatos holandeses son mucho más netos en sus declaraciones; y así por ejemplo el sacerdote tiene, como le decía, el derecho de veto. En cambio los franceses son mucho más inclinados en el sentido de la neutralidad, y aparecen únicamente como sindicatos libres. Si el

P. Debusquois[50] me contesta es posible que me indique alguna documentación para conocer el estado de la obra en Francia.

Cuando le haya enviado todos los libros le enviaré una factura
por medio del Procurador nuestro para que lo pague Ud. al P. Sales.
Creo que será lo más fácil, a menos que Ud. prefiera arreglarlo de
otra manera.

Si ha de dar a conocer estas ideas preferiría que no hiciese alusión a que yo le he servido de intermediario, por las razones que
Ud. mismo indica, del estado de opiniones de hecho sobre estas
materias.

No me olvide en sus SS. y OO.

Afectísimo hermano y siervo en Cristo.

Alberto S.J.

Pdta. La primera hoja va en el estado lastimoso que Ud. ve,
pero no me decido a escribir otra, la pereza, y la confianza...

7 DE SEPTIEMBRE DE 1934, LOVAINA[51]

P. Manuel Larraín Errázuriz

Mi querido Manuel:

Te voy a dar cuenta de las gestiones que he hecho para cumplir
tu encargo con respecto a la Facultad de Teología. Primero te diré
a quiénes me he dirigido para evitarte que hagas inútilmente gestiones ante ellos. Rectores de las Universidades de Lovaina, Milán
(Sacro Cuore), Comillas, Gregoriana (ex Rector, Padre Willaert[52] y

---

[50] El P. Gustave Desbuquois era Superior de la comunidad jesuita de Action Populaire, en Vanves.

[51] *Archivo de la Pontificia Universidad Católica de Chile.* El P. Hurtado informa a
su amigo, que era Vicerrector de la UC, acerca de las gestiones que ha hecho. Es
increíble el esfuerzo que ha desplegado, considerando que mientras tanto estudiaba simultáneamente dos carreras universitarias.

[52] El P. Ferdinand Willaert fue rector de la Universidad Gregoriana entre 1930 y 1933.

Padre P. Lazzarini), Bíblico, Seminario de Maynooth (Irlanda: gran Seminario Nacional). He escrito a varios para que tanteen el terreno en París: P. [Jules de] Lebreton, P. [Paul] Dudon, P. Vernay; Strasburgo, Presbítero van Steenberghe; Innsbruck, Padres [Francisco] Delpiano y [José A.] Gómez; Padres Provinciales Jesuitas de Bélgica, Castilla y Toledo; Padres Dominicos de París; Padres Franciscanos de Bélgica (valones) y muchos profesores de la Universidad de Lovaina y Padres jesuitas de distintos países residentes en Lovaina. En la semana próxima iré a Valkenburg para ver al Rector de los Padres españoles de Aragón, conversar con el Rector del gran teologado alemán, y llegaré hasta Nimega para ver al Rector de la Facultad de Teología de la Universidad Católica, que ha tenido que batírselas como nosotros. Por vía ordinaria te enviaré una serie de cartas recibidas para que veas cómo respiran.

De todas estas diligencias se desprenden las siguientes posibilidades:

1. El sacerdote [Louis] Jadin, director efectivo del Diccionario de Historia Eclesiástica de la Universidad de Lovaina, que trabaja en los archivos de la misma Universidad y que probablemente entrará como profesor a la Universidad de Lovaina, aceptaría ir a Chile por algunos años, pero no desearía interrumpir sus trabajos científicos en Lovaina y Roma y, al menos por los primeros años, debería volver a Europa desde fines de octubre hasta abril. En caso que esta solución sea posible, desearía saber si la Universidad pagaría sus viajes de ida y vuelta y en qué condiciones entraría. Su materia es la Historia Eclesiástica. Hombre bien formado, me ha sido muy recomendado. Doctor por Roma y Lovaina.

2. El sacerdote Cottiau de Lieja, no ve imposible el ir y deja la solución en manos del Obispo de Lieja. Iré a ver al Obispo la semana próxima: he sido recomendado a Monseñor por el Padre Provincial Belga. Su materia es la Historia Eclesiástica, y creo que podría tomar la Fundamental o Dogma, insistiendo sobre todo en el aspecto histórico del dogma y evolución dogmática.

3. El P. [Jules de] Lebreton (profesor del Instituto Católico de París, autor de *Les origines du dogme de la Trinité; La vie et l'enseignement de Notre Seigneur*) me recomienda por medio del P. [Joseph] de Ghellinck al sacerdote Froideraux, de París, que está destinado a ser sucesor del P. Lebreton en París. Me dice que cree

posible que pueda ir. Le he escrito, pero aún no recibo respuesta. El P. Lebreton pide que se guarde secreto sobre su recomendación.

4. Tengo dos nombres de dos profesores que me han sido muy recomendados como canonistas, doctores por Lovaina; uno de ellos es el candidato del Profesor de Lovaina para sucederle en su cátedra. Aún no tengo respuesta.

5. El Padre [Joaquín] Salaverry, profesor de la Gregoriana y de Comillas, está haciendo gestiones entre antiguos alumnos de Comillas que reúnan las condiciones. Aún no me comunica su resultado, pero se mueve. Me dice que en Buenos Aires reside el Sr. López Moure, Doctor en Teología por Comillas, uno de los mejores alumnos que pasaron por esa Universidad. Ocupa en Buenos Aires el cargo de Ecónomo. Habita en Rodríguez Peña, 834. Te doy sus señas por si crees que vale la pena hacer diligencias.

6. El Padre Provincial jesuita de Bélgica se ha interesado muy de veras, como también el Rector de Lovaina, y harán todo lo posible por ayudar. Profesores ya formados, esto es que estén actuando como profesores, no pueden cedernos por razones de mucho peso. Pero no creen que sea imposible el que puedan ir dos sacerdotes jóvenes, de talento y buena formación. Ahora que uno de ellos por lo menos no creo que pudiese ir antes de dos años, pues ha de hacer su tercera probación y luego un año para el Doctorado. El asunto para ambos es hipotético, pues ha de ser tratado primero en Roma.

7. Un Padre jesuita muy conocido, autor de libros muy apreciados, me dice que tal vez podría ir él desde abril a octubre, pero no podría quedarse más tiempo[53]. Me pide que no diga nada y no dé su nombre para evitar complicaciones antes de haber escrito a Roma. Es un hombre que conoce muy bien la reforma de estudios, director de una revista para eclesiásticos, muy santo varón… En una palabra, yo creo que aunque no fuese más que por seis meses, sobre todo siendo al comienzo de la facultad, sería muy interesante tenerlo allá porque daría nombre a la Facultad, y podría prestarles muchos servicios. Podría dar un curso de Derecho Canónico, o de

---

[53] Como se verá más abajo, en la carta del 5 de noviembre (y también en una sin fecha), se refiere al P. Adhemar d'Alès, S.J. (1861-1938).

Moral, y aun quizás ambos, si falta personal. Si el asunto te parece viable, dime qué condiciones le podría ofrecer.

8. En Alemania sería posible contratar profesores y ciertamente de valor, tanto jesuitas como profesores seglares. Me parece injustificado un prejuicio general contra todos los alemanes, sobre todo porque podrían ejercer un apostolado intelectual en el terreno no sólo de la teología, sino también de la Filosofía, pues los idealistas alemanes han hecho tanto daño en nuestro Pedagógico. Dime si podría pensarse en ellos. Hay gente seria, trabajadora, y por la gran crisis alemana y la situación religiosa actual, es más fácil encontrar alguno por allí.

9 De Irlanda espero una respuesta del Rector del gran Seminario de Maynooth; de Italia, el Padre Gemelli, me da muy pocas esperanzas. Del Bíblico, aún no recibo respuesta del Rector [P. Agustín Bea], ni de un Padre a quien oficiosamente pedía datos. El Profesor de Sagrada Escritura me parece el más difícil de encontrar, si se desea, como es necesario, un hombre bien formado.

10. Los Provinciales de Toledo y Castilla no me han dado ninguna esperanza; la semana próxima en mi viaje a Valkenburg, veré si puede esperarse algo de Aragón. El Provincial de los franciscanos valones, que tiene algunos brillantes sujetos, me dice que no puede soñar en ello; un Padre dominico de París, me recomienda que me dirija a su General, pero antes de hacerlo he querido saber qué rumbo general toman las negociaciones y cuál es la solución que ustedes prefieren, pues un paso en este sentido debería significar algún compromiso. No necesito decirte que a todos los que he escrito o tratado les he repetido que estas gestiones no significan ningún compromiso, sino solamente un cambio de impresiones.

11. No te disimulo mi impresión de la dificultad de encontrar desde el primer momento algo que satisfaga plenamente y gente que se aclimate o que los Obispos nos cedan por un número apreciable de años. Yo pienso que el ideal sería formar los futuros profesores buscando seminaristas que estén terminando sus estudios o religiosos en iguales condiciones, y esperar dos, tres o cuatro años hasta que hayan terminado sus estudios de doctorado. Por lo que concierne a la Compañía, me parece mucho más fácil; así me lo han insinuado algunos superiores. ¿No podría la Universidad pedirlo a los Superiores, Obispos o Provinciales y ofrecerse a pagar una parte

por lo menos de sus estudios? ¿No podría esta solución simultanearse con la de contratar unos profesores para el año próximo?

12. ¿Has pensado en la necesidad de una buena biblioteca, de recibir revistas…? En Europa se presentan grandes ocasiones. Ojalá me mandaras proyectos de estatutos, reglamentos de la nueva Facultad, etc.

13. Te ruego le preguntes a don Carlos [Casanueva] si le parece bien la idea de organizar en la Universidad una exposición de libros modernos de Pedagogía y de material pedagógico. Podría realizarse con motivo de un cursillo o conferencias de Pedagogía. No significaría ningún gasto para la Universidad. Yo procuraría conseguir material gratuitamente (ojalá me enviara una carta autorizándome oficialmente) que sería para la exposición y luego habría de ser devuelto.

14. ¿No podría pensarse en el Padre [Rafael] Román[54] como Profesor de Fundamental? Te ruego que guardes la proposición para ti, y no indiques que viene de mi parte. El Padre está muy bien formado.

Te ruego me contestes a todos estos puntos. Yo parto para Tronchiennes, tercera probación, el 17 de septiembre. No podré hacer nada antes del 1 de noviembre, pues he de hacer el Mes de Ejercicios. Después, el Padre Instructor me lo permitirá tratándose de un asunto tan importante. Si ocurre algo urgente, escribe al Padre [Francisco] Delpiano a Lovaina. Saluda cariñosamente a don Carlos, a Pancho, a Alfredo y a los tuyos. Espero que tu mamá vaya mejor. Si tienes ocasión de ver al Padre Llussá, ojalá le impongas de esta carta, pues me gustaría que estuviera enterado. Recibe un abrazo de tu hermano.

Alberto S.J.

---

[54] Rafael Román fue un buen teólogo y filósofo jesuita. Nació en Biar, España, el 16 de octubre de 1873. Ingresó en la Compañía de Jesús el 19 de septiembre de 1888. Falleció en Santiago el 11 de junio de 1945.

5 DE NOVIEMBRE DE 1934, TRONCHIENNES[55]

Mons. Carlos Casanueva Opazo
Respetado y querido don Carlos:
Con alguna pena le escribo desde la cama[56]. Poco después de
escribirle a principios de octubre[57], se nos comunicó que el mes de
Ejercicios se aplazaba nuevamente hasta noviembre por la mala salud del Padre Instructor. No dudé en aprovechar de este tiempo
para ultimar mis gestiones, pues ya en diciembre sería muy tarde
y con el permiso del R. P. Provincial partí para Francia y España.
Hice un viaje rápido, pero muy fatigoso pues hube de estar unas 120
horas en tren y a la vuelta caigo casi enseguida con escarlatina. La
fiebre ha pasado, pero me dice el médico que debo estar incomuni-
cado de un mes y medio a dos meses. Bendito sea Dios. De todo corazón lo bendigo. Esto sí que me va a imposibilitar para continuar
personalmente las gestiones comenzadas, pues tengo de enfermería
hasta enero, mes de Ejercicios... Saldré a mediados de febrero.
    Y creo que esto es una Providencia, pues, aun sin contar con
este contratiempo, estaba decidido a decirle que me parece de todo
punto necesario que venga —ojalá usted— o si no uno de los Vice-
rrectores, o don Juan [Subercaseaux], o quien usted crea competente para ultimar este asunto:
    a) Para tratar autorizadamente con los candidatos y los Obispos;
    b) Para que viendo la realidad se adopte la mejor manera de
asegurar la vida de la nueva Facultad (ya le propondré mis planes);

---

[55] *Archivo de la Pontificia Universidad Católica de Chile.* En este lugar hizo su experiencia de Tercera Probación, como ya lo anuncia al fin de la carta anterior.

[56] Frente a esta noticia, Mons. Casanueva vuelve a agradecer de modo elocuente el
trabajo de Alberto Hurtado: "con qué pesar me impongo de tu enfermedad, con
todas sus consecuencias, pesar tan grande como la inmensa gratitud que te debo
por tu empeño tan abnegado, tan inteligente, tan atinado y tan cariñoso, que jamás
podré pagarte y sólo Dios podrá recompensarte debidamente; después de Dios y
de la persona que ha hecho esta fundación, a nadie le deberá esta Facultad tanto
como a ti y a los Reverendísimos Padres Provinciales de la Compañía, que te han
dado tantas facilidades, mostrándonos con esto tanta benevolencia y valiosa ayuda" (13 de diciembre de 1934).

[57] La carta de octubre no se conserva.

c) Para la adquisición de un *minimum* de biblioteca moderna y revistas;

d) Para economizar en los transportes… de los profesores;

e) Porque preveo que las gestiones en Roma pueden ser lentas: don Luis Eguiguren me escribió diciéndome que el Secretario de la Congregación de Seminarios (esto es creo que el Cardenal [Gaetano] Bisletti, personalmente) le había dicho que las conversaciones tenidas con don Juan Subercaseaux eran puramente oficiosas y que las gestiones oficiales supondrían *todo un año* por lo menos.

Yo le voy a exponer en resumen el resultado de mis gestiones.

1. Aceptan irse sin condiciones, pueden partir pronto: Canónigo *don Tomás Castrillo* (Sagrada Escritura); Presbítero don Enrique Valcarce (Historia Eclesiástica), don Enrique de Cabo (Fundamental); José Centeno (Moral), este último tal vez presente algunas exigencias económicas.

2. Con mejoras económicas: don Laureano Pérez Mier (si 2.000 pesos chilenos mensuales); señores Perea y Salas (si 1.000 pesetas mensuales).

Todos estos sacerdotes son antiguos alumnos de Comillas, con muy buena base filosófica y teológica, de talento, jóvenes, celosos, muy buenos sacerdotes que serían excelentes profesores de *Seminarios*, pero yo creo que les falta una mirada más amplia sobre sus materias, un estudio en Universidades extranjeras, el conocimiento de las lenguas modernas. Con todo esto serían excelentes. De aquí que yo creo que el ideal sería enviarlos un año por cuenta de la Universidad a distintas Universidades extranjeras, por ejemplo a Munich o Lovaina al de Historia Eclesiástica, a París al de Fundamental, a Lovaina al de Derecho Canónico, a Roma al de Sagradas Escrituras y entre tanto aceptar profesores suplentes de entre los que le propondré. Si no la formación de la Facultad queda definitivamente coja y sería gran lástima[58].

3. El sacerdote Luis de Witte, diócesis de Malinas, Doctor en Teología por Lovaina, joven de unos 30 años, de excelentes disposiciones, modesto, piadoso, se quedaría definitivamente. Me ha sido recomendado por sus profesores. No pone condiciones. La única

---

[58] Nuevamente, se refleja la claridad con que Alberto Hurtado busca desde el principio el mejor nivel de profesores para la naciente Facultad de Teología.

dificultad está en pedir permiso al Cardenal de Malinas. Yo no he tentado el camino. Mejor que sea pedido, como se lo decía en mi anterior, por don José Horacio Campillo[59] y por usted. Podría enseñar Fundamental (a falta de d'Herbigny y de Restrepo).

4. El P. Adhemar d'Alés, S.J., decano hasta este año de la Facultad de Teología del Instituto Católico de París, director del *Dictionnaire d'Apologétique*, autor de seis o siete obras teológicas, aceptaría ir por un año y explicaría el tratado *De Verbo Incarnato*, o *De Deo Trino*, o de Eucaristía, no el de Fundamental, que no ha preparado[60]. Yo pienso que sería una gloria para la nueva Facultad el tenerle y que vale la pena a pesar del anticipo de esta materia, que podría darse en lugar de una materia accesoria. Él está entusiasmado con la idea de ir, el Padre Provincial no tiene dificultad seria. Debería escribir usted al Padre Provincial de París y también a Monseñor [Henri-Marie Alfred] Baudrillart, pues el Padre debe dar algunos cursos en el Instituto Católico de París y debería anticiparlos —y prepararlos— y el Padre Provincial no quiere pasar por encima de Monseñor Baudrillart. El P. d'Alés pide una respuesta a vuelta de correo: 15 rue Monsieur, París.

N.B. El P. d'Alés tiene ya 73 años, pero en pleno vigor intelectual. En sus cursos es bastante aburrido, pero yo creo que a pesar de todo esto sería gran cosa el tenerle.

5. Monseñor Michel d'Herbigny, S.J.[61], ex Rector del Instituto Oriental, antiguo profesor de Fundamental, es un posible candidato.

---

[59] José Horacio Campillo Infante, nació en Santiago el 16 de octubre de 1872. En 1896 se recibió de abogado en la Universidad Católica y poco después ingresó en el Seminario. Fue ordenado sacerdote el 9 de junio de 1900. Su interés por los temas sociales lo llevaron a fundar varias obras a favor de los obreros. Ejerció varios cargos en la curia diocesana. El 7 de junio de 1931 llegó a ser arzobispo de Santiago. Durante su cargo se creó la Acción Católica (1931) y la Facultad de Teología de la Universidad Católica (1935). Gobernó la Arquidiócesis hasta el 30 de agosto de 1939 y él se retiró tranquilamente a la vida privada. Murió el 14 de junio de 1956.

[60] Es sorprendente que el Padre D'Alés, S.J., Decano del *Institut Catholique* de París, en principio, aceptó venir a Chile por algunos meses.

[61] Michel d'Herbigny S.J., 1880-1957. Profesor de Sagrada Escritura y teología en Bélgica (1912-1921) y prefecto de estudios en la Universidad Gregoriana de Roma (1921). Rector del Instituto Pontificio Oriental y consultor de la Sagrada Congregación para la Iglesia Oriental. Ejerció de incógnito el ministerio pastoral en Rusia. En 1938 se retiró totalmente de la vida ministerial pública.

Me lo sugirió el Padre Provincial de París. Me han confirmado en ello hombres que lo conocen bien en Bélgica. Caído en desgracia del Santo Padre (según dicen alejado de Roma por presión de Italia y Polonia) tiene orden de no mostrarse mucho; busca en qué ocuparse. Yo le pedí una entrevista, pero [yo] estaba ya en cama el día en que me citó. Sencillo, trabajador, aunque quizás un poco metido... Debería invitársele de Chile.

6. El sacerdote Luis Jadin, Doctor en Teología por Roma y en Historia Eclesiástica por Lovaina. Bien conocido por sus publicaciones en revistas, trabaja en el *Dictionnaire d'Histoire Ecclesiastique* de Lovaina. Pide poder volver a Europa cuatro meses cada año. El viaje pagado por la Universidad. Buen profesor, celoso, activo, algo metido; temor de que se desparrame mucho.

7. Doctor en Sagrada Escritura por el Bíblico, no es posible soñar. Así me lo ha escrito el Padre Rector del Bíblico [Agustín Bea] y lo he visto confirmado en mis gestiones. Hay, con todo, un Licenciado que partiría con gusto, don Jesús Enciso, profesor en Vitoria. Aún no tengo informaciones completas sobre él.

8. Doctor C. De Clercq, por Roma en Derecho Canónico y por Lovaina en Historia Eclesiástica. Buen talento y trabajador. Partiría sólo por seis meses: 15 de marzo al 15 de septiembre. Podría tomar la Historia Eclesiástica y el Derecho Canónico. Dando un cursillo intensivo durante un año, si se desea dar un tiempo para la formación de los profesores estables. Creo que se contentaría con viaje ida y vuelta y 1000 pesos mensuales por las dos clases.

9. Sacerdotes jesuitas que podrían solicitarse al *Muy Reverendo Padre General* y que no parece imposible de obtener: Padre [Juan María] Restrepo, profesor de Fundamental en la Gregoriana[62]; Padre Miguel Fábregas, profesor de Moral en la Gregoriana (Roma le prueba muy mal); Padre Antonio Vigo, profesor en el Seminario de Tortosa; P. Cándido Mazón, hace bienio de Cánones en Roma;

---

[62] Juan María Restrepo S.J., nació en Medellín, Colombia, el 5 de agosto de 1897. Ingresó en la Compañía de Jesús el 6 de agosto de 1910. Desde 1935 colaboró de manera muy valiosa con la Provincia chilena en la fundación la Facultad de Teología de la Universidad Católica, de la que fue su primer Vicedecano y tercer Decano. Falleció en Baltimore, Estados Unidos, el 28 de octubre de 1944.

Padre Tomás López M., hace tercera probación, hombre listo, pero que necesitaría un añito por lo menos.

10. Al Padre Provincial de Bélgica podría pedírsele por seis meses al Padre [Gustave] Lambert, profesor eminente de Sagrada Escritura (Antiguo Testamento).

11. El sacerdote suizo Maurice Zundel, que me ha sido muy recomendado no parece inabordable (École Layafette. Rue Ch. Lafitte, Neuilly. Paris).

12. Alemanes eminentes es posible obtener.

13. Para el Derecho Canónico me han señalado también un joven mexicano muy bueno que estudió en París y publicó un tratado de Derecho Canónico y entró y salió de la Cartuja de Parma. Habría que escribir al Prior.

Para mí, la mejor combinación entre estos candidatos sería: Monseñor d'Herbigny, Fundamental; d'Alés, *De Verbo Incarnato*; Sr. de Witte, Historia Eclesiástica; Sr. de Castrillo, Moral o Sagrada Escritura; Centeno (si los informes son buenos), Sagrada Escritura. El Derecho Canónico quedaría reemplazado este año por el *De Verbo Incarnato*.

Creo que en Francia, Bélgica, España no se encontrarán fácilmente otros candidatos, pues he recorrido *muchos* nombres y obtenido ya *muchísimos no*. Tenía la intención de hacer la lista, pero desde la cama no resulta.

Ojalá, don Carlos, que venga usted. El asunto vale la pena. En dos meses se desocupa. Yo le daré personalmente todos los datos. Yo me desentiendo pues de este negocio, pues, como usted ve, no puedo continuar, a menos que usted, después de hablar con el R. P. Llussá crea que debo continuar a pesar de todo. Es necesario que ultime los contratos quien pueda hacerlo por sí y ante sí, si no, no se acaba nunca, con gran daño y riesgo de no salir nada en limpio.

Joaquín Larraín, Secretario de la Embajada en España, excelente muchacho, está a sus órdenes para lo que se le ofrezca.

Yo me voy a permitir indicarle los gastos de viaje a Francia, España, Amberes, Malinas, Bruselas, Valkenburg y correspondencia, que son alrededor de 2.250 (dos mil doscientos cincuenta) francos belgas. Le agradecería enviase un giro para abonarlo yo directamente al Procurador de Bruselas, pues él prefiere que lo pague directamente para evitar las dificultades del control.

En mi viaje a Francia y España, he entrado en relación con los libreros y he obtenido muy importantes reducciones para las adquisiciones de libros que haga la Universidad: en España lo ordinario es un 25% y en Francia 18%, lo que es enorme. Algunos libreros me han prometido enviarme obras para la exposición de Pedagogía de que le hablaba.

En cuanto al asunto de la Comisión oficial[63], si no parece posible obtenerla remunerada, le agradecería mucho me la obtuviere *ad honorem*, y ojalá pronto. *Ad honorem* le será muy fácil a usted y a mí muy útil. En todo caso, que sea misión de estudios pedagógicos.

Me extraña que Manuel no me conteste a la que le escribí yo en agosto o septiembre. De usted tampoco he tenido más que una carta. Le digo esto por si se hubiese perdido.

Perdone la letra, el estilo… La he escrito poquito a poco. Ojalá no diga nada de mi enfermedad, pues no hay ningún peligro de gravedad y temo que si llega a oídos de mi mamá se alarme inútilmente.

Con cariñosos saludos a Manuel, don Juan, Pancho, don Alfredo, etc., reciba todo el respeto y el afecto de su ínfimo hijo en Cristo[64].

Alberto Hurtado C., S.J.

P.D. Por vía ordinaria va un sobre con correspondencia.

En Barcelona vi al Reverendo Padre General de los Dominicos, quien se mostró complaciente y pidió que le expusiera por escrito el proyecto de Facultad. No ve imposible una colaboración.

---

[63] Cf. carta del 17 de abril de 1934 y del 5 de noviembre. Efectivamente, la comisión oficial que recibió el Padre fue *ad honorem*.

[64] Finalmente, el 1 de abril de 1935 se inauguró oficialmente la Facultad de Teología y Mons. Casanueva volvió a agradecer al entonces ausente P. Hurtado por sus gestiones: "La inmensa gratitud que debía la Universidad al Sacratísimo Corazón de Jesús; al Santo Padre; al Excelentísimo Sr. Nuncio Apostólico y al Excelentísimo Sr. Arzobispo; al Reverendísimo Padre General de los Jesuitas; a quien debía mirar nuestra Facultad como a insigne bienhechor: al R. P. Alberto Hurtado Cruchaga, que con tanto celo y discreción había cooperado a la elección del profesorado; a los Reverendos Padres Provinciales de los Jesuitas y Salesianos, aquí presentes; el R. P. General de los Agustinos, que había dado el ejemplo a todas las Órdenes y congregaciones religiosas en responder a la voluntad de la Santa Sede" (*Revista Universitaria*, XX, mayo-junio 1935, p. 124).

13 DE AGOSTO DE 1935, LONDRES[65]

Mons. Carlos Casanueva Opazo
Muy respetado y querido don Carlos:
He recibido ahora su carta, que contesto al punto para ganar tiempo en el asunto de De Witte, que creo conviene de toda urgencia ultimar cuanto antes. Él acepta enteramente todas estas condiciones, que las había ya aceptado el año pasado cuando le propuse en octubre como hipotético el ir a Chile; las volvió a aceptar cuando el Padre Restrepo, por encargo suyo, me dijo le hiciese la proposición, respuesta que transmití a usted o al Padre Restrepo. El pobre está intranquilo por saber qué es lo que hay. Hoy acabo de recibir carta de él en que me dice: *"Vous m'excuserez si je suis importun mais je me permets de venir vous demander ou en sont les gestions au sujet du Chili. Depuis votre aimable lettre du débout de Mai, je n'ai plus rien appris. Vous comprendrez, j'en suis sûr, que j'aimerais d'être fixé, dans un sens ou dans un autre, car je veux laisser le soin a la Providence d'arranger tout et pour le bien des vôtres et pour le mien..."*[66]. Por otra parte el curso escolar terminó aquí hace un mes y va a comenzar el 15 de septiembre, por tanto es de toda urgencia no perder un minuto, pues será muy difícil de obtenerlo una vez comenzado el nuevo curso. Créame que se lleva una joyita.

Un millón de gracias por su generosa ayuda de 1.800 francos belgas para el viaje de estudios que haré una vez terminada mi tesis, que he de presentar el mes próximo en Lovaina. La estoy trabajando de cabeza en la biblioteca del British, donde tengo todos los

---

[65] *Archivo de la Pontificia Universidad Católica de Chile*. Esta es la última carta que el P. Hurtado dirige a monseñor Casanueva. El P. Hurtado se encontraba en Londres, estudiando en la Biblioteca Británica, preparando su examen de Doctorado en Pedagogía, que tuvo el 10 de octubre, defendiendo brillantemente la tesis titulada "El sistema pedagógico de John Dewey ante las exigencias de la doctrina católica". Existe una traducción española, realizada por Jaime Caiceo Escudero, Universidad Católica Blas Cañas, Santiago 1994.

[66] "Me excuso si soy inoportuno, pero me permito preguntarle en qué están las gestiones respecto de Chile. Desde su amable carta del inicio de mayo, no he sabido nada. Estoy seguro que usted comprenderá que yo quisiera estar confirmado, en un sentido o en otro, porque quiero dejar todo esto en manos de la Providencia por el bien de ustedes y del mío".

elementos. Para ganarme la vida en Londres estoy ayudando a un párroco, lo que me toma algún tiempo, pero me da en cambio la ocasión de hacer algún bien.

En cuanto a los libros de pedagogía, he obtenido bastantes gratis, pero... ¡queda mucho por hacer! Yo creo que lo más sencillo es que me autorice para gastar una cierta suma dentro de los módicos recursos de la Universidad. No le doy idea de los precios de los libros, porque si le indico el precio de los libros nuevos, dado nuestro cambio, es para caerse de espaldas: un librito de nada vale 100 pesos... Y los libros que le indicaba, que son sólo unas cuantas obras de base, cuestan muchos miles de pesos. Yo creo que lo más sencillo es que me autorice a gastar, por ejemplo, dos mil o tres mil pesos, y veré lo que puedo sacar regateando, de ocasión.

Hoy he pasado el día recorriendo librerías de anticuariado. Creo que será de todo punto necesario comprar libros en inglés y alemán para la pedagogía, pues en castellano no hay casi nada (de pena); y en francés, es pura vulgarización. En Lovaina todos los autores que vemos son ingleses. Ojalá encontrara alguna alma buena que se entusiasmara por ayudar a formar una biblioteca de pedagogía, donde pudiéramos reunir libros que sirvieran de base aun para las discusiones en pro de reforma de la enseñanza. Es un punto que tengo muy ante los ojos al buscar libros.

En cuanto a los libros para la facultad de teología, el Padre Juanvelz acaba de comprar de ocasión el Mansi, con otros de los que venían indicados en la lista del Padre Restrepo[67]. Creo que la compra global le ha costado unos 15.000 francos belgas, ocasión que los bibliotecarios por aquí han considerado muy favorable. Pagados

---

[67] En un par de ocasiones Mons. Carlos Casanueva se queja de los muchos libros que piden los nuevos profesores: "Lo único que me aflige por el momento es el enorme costo de los libros que me piden estos santos varones; para que saques la cuenta, sólo la nueva Patrología, que estiman de necesidad absoluta, cuesta más de $ 100.000; el Mansi, "Los Concilios" como $ 40.000, y por ese calibre van los demás" (Carlos Casanueva a Alberto Hurtado, 12 de junio de 1935). En otra carta le pide al P. Hurtado que busque "los precios más bajos que puedan conseguirse por los libreros, ya que no podremos dedicar a este objeto mas de cien mil pesos chilenos para todo, y los anhelos del padre [Restrepo] no tienen límites y deseo, en cuanto es de mi parte, satisfacerlos" (Carlos Casanueva a Alberto Hurtado, 17 de abril de 1935).

estos libros, los 20.000 francos franceses a Hachette, descontados los 1.800 francos belgas que me da para viajes, deben quedar en caja unos 20.000 francos belgas. El dinero se va como la sal en el agua a pesar de todo lo que he hecho y ha hecho el Padre Juanvelz, que es un especialista en librerías, conocedor de ocasiones... por ahorrar. A él le pido que le indique el precio probable de las patrologías de Berlín y Viena[68], pues él puede hacer eso inmensamente mejor que yo. El Decano de la Facultad de Teología de Innsbruck me ha escrito recomendándome varios jóvenes Doctores que podrían ir a Chile.

Si le parece que su carta me puede llegar antes del 2 de septiembre, le agradecería me escribiese a Londres, The Rosary House, 205 Marylebone Rd. London, N.W., 1. Si después, a 11 rue des Récollets, Louvain.

A mediados de octubre espero partir para Alemania. Yo espero llegar a Chile a principios de febrero, deseoso de ponerme incondicionalmente a sus órdenes dentro del tiempo que me concedan los superiores[69]. ¡¡No deje de encomendarme a Dios!! Aquí veo con frecuencia a Ignacio Matte, que le recuerda mucho. Un cariñoso saludo a Manuel, Pancho, al P. Restrepo, y ojalá le dijese —perdone don Carlos— que he enviado a su nombre varios paquetes de libros para mí.

Ínfimo hijo en Cristo,

A. Hurtado S.J.

---

[68] Se trata de las ediciones de textos patrísticos de mejor nivel científico.

[69] Mons. Casanueva espera con ansias la llegada del P. Hurtado para trabajar en la Universidad Católica como profesor y "además, a la pesca milagrosa de almas y vocaciones para la Compañía y la Iglesia, de que te hablo en mi carta anterior. ¡Si vieras qué esperanzas tengo cifradas en ti y cómo ansío la hora de verte con nosotros realizándolas! Hay más campo que nunca, ni comparable con el que teníamos cuando eras estudiante. La Acción Católica ha sido una levadura sobrenatural prodigiosa en nuestra juventud universitaria" (13 de diciembre de 1934). Posteriormente, el 12 de junio de 1935, don Carlos Casanueva le escribe al P. Hurtado: "Hablé con el Padre Llussá, Viceprovincial de la Compañía, aquí, sobre tu destinación a la Universidad, pero desgraciadamente se ha limitado a autorizar para que hagas una clase de Pedagogía General tres veces por semana en la Universidad; aunque esto desconcierta mucho mis planes, que eran de gloria de Dios y del bien de la Compañía, espero que por el camino se arreglarán las cargas".

OCTUBRE DE 1935, LOVAINA[70]

[R. P. José Llussá[71]]

Cuánta honda impresión me ha producido su carta comunicándome noticias sobre la muerte del Padre Vives, tanto más cuanto que esperaba pronto tener el gusto de verle de nuevo en Santiago y de llevarle el consuelo de que me hubiese visto sacerdote, no pequeño sin duda para él, ya que fue él el instrumento escogido por Dios para despertar en mí la vocación a la Compañía, y después continuó siempre interesándose con especial cariño por mi formación. Vuestra Reverencia ha podido conocer mejor que yo sus actividades en Chile estos últimos años y puede por tanto apreciar lo que significa su muerte. Desde el cielo velará por nosotros.

Su carta me ha hecho volver a recordar los días del Colegio, tan llenos para mí de la presencia del Padre Vives.

Sus clases de historia, tan interesantes, tan llenas de vida, salpicadas de anécdotas, en las que a cada paso se revelaba su carácter tan humano, bondadoso. La filosofía de la historia...[72].

---

[70] *Archivo Padre Hurtado*, s 63 y 59. El 21 de septiembre de 1935 falleció en Chile el P. Vives S.J. En Barcelona había encontrado después de muchos años a su antiguo dirigido espiritual y ya no volvería a verlo en Chile, porque el P. Hurtado regresó a comienzos de 1936.

[71] El documento, que parece ser el borrador de la carta definitiva que no se conserva, no lleva el nombre del destinatario, pero por el tratamiento que le da, debe ser su superior en Chile, es decir, el P. José Llussá.

[72] El documento conservado llega hasta aquí.

APOSTOLADO
SACERDOTAL
EN CHILE

9 DE MAYO DE 1936, SANTIAGO[1]

Mi querido P. Jorge:

Hace muchos días que estoy por escribirle para darle el pésame por la muerte de su hermano, pero he estado con trabajo hasta la coronilla!!! Varios ejercicios a jóvenes, clases, dirección espiritual del colegio... Tuve el consuelo de acompañar a su hermano hasta el Cementerio y de encomendarle muy de veras en la Santa Misa. Su muerte fue muy tranquila y recibió con consecuencia los santos sacramentos. Bendito sea Dios. Hablé con el P. Correa sobre la deuda pero me da muy pocas esperanzas; prometió con todo someter de nuevo el asunto al consejo del Patronato.

Yo hablé tan pronto llegué a Santiago con el P. Vice sobre su vuelta y lo encontré bien inclinado a ella: no dejo pasar ocasión para insistir, ni dejaré pasar las que sigan presentándose, no pierdo la esperanza que muy pronto pueda darle un cordial abrazo de bienvenida. Hasta lueguito!

A ver si consigue que me envíen algunos ejemplares de "Hacia un ideal" y de las cartas impresas para fomento de vocaciones y de todo el material pro vocationibus que, gracias a Dios van germinando.

Su hijo en Cristo

Alberto Hurtado C. S.J.

11 DE ABRIL DE 1937, VALPARAÍSO[2]

[Ante la muerte de su madre]

Alberto Hurtado C., S.J. agradece de todo corazón a su querida prima Marta sus oraciones por la Mamá.

---

[1] *Archivo Padre Hurtado*, s 62 y 097. Seguramente esta carta está dirigida al P. Jorge Fernández Pradel, quien estaba viviendo en el Colegio de San Bartolomé, en Bogotá, Colombia.
[2] *Archivo Padre Hurtado*, s 63 y 55. En esta carta a su prima Marta Hurtado, religiosa carmelita, le agradece sus oraciones por su mamá, que acababa de fallecer. La señora Ana Cruchaga Tocornal murió de improviso el 18 de marzo de 1937, cuando el P. Hurtado estaba dando Ejercicios a la comunidad jesuita de San Ignacio.

Su muerte fue santa, como toda su vida: rezando el Rosario y con la sonrisa en los labios. Ella velará por nosotros y nos ayudará en nuestra vida religiosa.

17 DE JUNIO DE 1937[3]

Mi querido P. Montes:

Supongo que mi carta que debe haberle llegado hace poco le habrá desenojado y explicado el por qué de mi silencio. No sólo no tengo la más mínima dificultad sino el mayor gusto en que publique su tesis. Con el dinero haga lo que mejor le parezca, pues bien ganado lo tiene; la idea que Ud. sugiere es muy interesante: documentarse sobre cuestiones morales. Cada día me persuado más que mientras más ahondemos el dogma y la moral y la apologética fundamental, más preparados estaremos para tratar con los prójimos: esto es lo que los jóvenes exigen de nosotros, y hay veces en que uno suda tinta para responder adecuadamente.

Voy a pedirle inmediatamente al P. Vice su tesis para enviársela; no le mando la mía pues mi cuarto está cerrado y empapelado en desinfección. Ídem pediré al P. Restrepo y daré su encargo al P. Lavín.

Nada nuevo puedo agregarle por el momento a lo de vocaciones: sino que sin desmayar seguiremos orando y haciendo lo que se pueda. Dios es el Maestro; el Patrón.

---

[3] *Archivo Padre Hurtado*, s 62 y 063. Raúl Montes Ugarte (1908-1992) ingresó a la Compañía de Jesús en 1926. Desde 1933 hasta 1937 trabajó en el Colegio San Ignacio. Estudió Teología en Argentina (1937-1940), donde fue ordenado sacerdote el 23 de diciembre de 1939. Desde 1944 estuvo nuevamente en el Colegio San Ignacio. Junto al P. Alberto Hurtado animó las labores apostólicas de los alumnos en sectores populares y trabajó en la renovación de las construcciones del colegio. En 1951 fue nombrado vicerrector y decano de Educación en la Universidad Católica de Valparaíso. Por más de 25 años, fue ecónomo de los jesuitas de Chile. En sus últimos años se dedicó a la formación de la juventud en el Colegio San Ignacio.

¡Saludos a todos los colegas!
Suyo en Cristo.

A. Hurtado S.J.

No encontrando otra memoria le envío la mía. Me la envía de vuelta, o impresa. A.H.

3 DE FEBRERO DE 1938, CALERA DE TANGO[4]

Sr. don Rafael Ugarte Larraín[5]
Mi querido Rafael:
Mucho gusto tuve al recibir tus buenas noticias. Yo sentí también no haberte podido ver cuando estuve en Viña. En caso de volver por allá no dejaré de avisarte para que podamos conversar un buen rato.

Si terminas de leer los libros que te presté, no dejes de avisarme para enviarte otros. Y ¿cómo te va en el estudio? Dale fuerte y ofrece a Dios Nuestro Señor ese sacrificio en reparación de tantos pecados como se cometen durante el verano.

Mientras tu pierna te lo permita aprovecha para no perder ni un día la Comunión: mira que es lo más grande de la vida cristiana. Todo está en unirse a Cristo para vivir la vida de Cristo, y eso es lo que se nos da por la Comunión: Cristo y su vida. El que comulga se va despojando de sí mismo y llega a no tener otra vida que la de Jesús, la vida divina y nada hay más grande que eso. El que llega a vivir la vida de Jesús plenamente "hará mucho fruto" como lo decía el mismo Jesús. Por eso te recomiendo mucho el acercarte al Señor y el pedirle con mucha fe el irte transformando en Él.

---

[4] *Archivo Padre Hurtado*, s 63 y 29.
[5] El P. Hurtado ha estado acompañando espiritualmente a este joven, Rafael Ugarte Larraín, que ha pensado hacerse sacerdote. Se puede apreciar que da un lugar importante a la lectura espiritual y a la recepción frecuente de la comunión y confesión. Finalmente, este joven, no se hizo sacerdote.

Te saluda con todo cariño tu amigo que tanto te quiere.

Alberto Hurtado C., S.J.

P.D. Ojalá fueras a hacer una visita al P. Alfredo Waugh Walker[6] a los jesuitas de Valparaíso. Es un Padre recién llegado y podrías confesarte con él allá pues te ayudará mucho. Los jesuitas quedan en el Barón, Av. Pedro Montt esquina Eusebio Lillo, al pie del cerro El Barón.

29 DE MARZO DE 1938, SANTIAGO[7]

Mi querida Tía:

Recibí su cariñosa carta y pocos días antes había conversado sobre el mismo asunto con mi tío Julio. Ayer estuve en el Carmen y hablé largo con la Marta y también con la Madre Superiora. Yo seguiré yendo con frecuencia, apenas tenga un ratito libre, y creo que lo hacen bien estas visitas pues se desahoga lo que le hace falta a la Marta que tiene un carácter expresivo y querendón.

Creo sin embargo que convendría que la viera un médico especialista en el sistema nervioso, no porque tenga algo de cuidado sino para poder aconsejarle lo que más le convenga para su reposo y restablecimiento nervioso, pues en estos escrúpulos con mucha frecuencia más que asuntos espirituales la causa suele ser un cansancio o debilitamiento nervioso. Se me ocurre que el Dr. Fernando

---

[6] Alfredo Waugh Walker S.J., nació en Santiago en 1903. Después de estudiar en el Colegio San Ignacio, obtuvo el título de abogado. En 1926 entró en la Compañía de Jesús. Fue ordenado sacerdote el 21 de diciembre de 1935. Trabajó en Santiago, destinado a la parroquia Jesús Obrero (1948-1950). Después de 1952 comenzó a misionar con una capilla móvil. El resto de su vida se dedicó a educar y misionar, especialmente en barrios populares. Murió en Santiago el 20 de septiembre de 1983.

[7] *Archivo Padre Hurtado*, s 63 y 56. La carta está dirigida a su tía Rosa Valdés Rodríguez, la señora de Julio Hurtado Larraín. Le comunica que ha visitado a Marta, su hija carmelita, que ha tenido problemas de salud, y le da consejos al respecto.

Alliende Navarro, a quien conozco mucho, persona muy seria y competente sería el hombre más indicado para hacerle alguna visita y ayudarla. La Madre superiora no tiene inconveniente y la Marta parece aceptar muy bien esta idea.

No creo, gracias a Dios, que sea nada de cuidado, así es que con el favor de Dios ha de pasar pronto esta situación.

Espero pronto poder escribirle a mi tío Julio para que nos pongamos de acuerdo para ir a ver El Quisco, generosidad que desde luego comenzamos a agradecer todos los padres. Así me encargó el P. Vice Provincial que se lo manifestara.

A Ud. y tío y primas les saluda cariñosamente quien con tanto cariño les recuerda.

Alberto Hurtado C., S.J.

22 DE ABRIL DE 1938, SANTIAGO[8]

Sr. don Rafael Ugarte Larraín
Mi querido Rafi:
Hace ya bastante tiempo recibí una carta tuya, que no había contestado porque esperaba poder hacerlo de palabra y conversar despacio contigo, pero los días pasan y no sé cuándo tendré ocasión de verte, de manera que he preferido escribirte desde luego un par de líneas para no pasar por un mal educado que no contesta las cartas, cosa que aborrezco.

He leído despacio tu carta y veo por ella que ya no piensas como antes respecto a tu vocación. Ya sabes que yo nunca te he empujado en ella, sino que únicamente te he alentado en tus deseos mientras tú estuviste posesionado del deseo de irte. Yo pienso como tú, que estas cosas hay que pensarlas muy despacio y que nadie puede irse de jesuita sin estar plenamente convencido de su vocación, así es que te encuentro mucha razón en que postergues tu

---

[8]   *Archivo Padre Hurtado*, s 63 y 30.

resolución... y si después de pensarlo despacio llegas a la conclusión que no tienes vocación, yo sería el primero en felicitarte por haber visto claro. El papel del Director Espiritual es ayudar a los jóvenes con sus consejos para ver claro, pero en manera alguna empujarlos en ninguna dirección[9]. Lo que un hombre racional ha de hacer es seguir su razón, y si además de racional es cristiano ha de discurrir con su razón buscando la voluntad de Dios, lo que Dios quiere de él, y eso que Dios quiere, lo quiere él. Si Dios lo quiere agricultor, pues que sea agricultor; si lo quiere médico, médico; y si sacerdote, sacerdote. Lo que Dios quiere, honrada y lealmente buscado. Nadie puede ser feliz sino estando donde Dios lo quiere. El que se mete donde Dios no lo quiere, será desgraciado toda la vida.

Así es que, mi querido Rafael, sigue pensando tu asunto. Pero espero que tu cambio de resolución no será motivo para que seamos menos amigos que antes, ya que nuestra amistad no estaba fundada en tu vocación sino en el aprecio profundo que siempre he tenido por ti, y que será tan grande si tú eres médico, o abogado, como si eres sacerdote.

Cuando tengas un ratito, ven a mi cuarto, pues te espero para conversar contigo sobre otros asuntos que sería largo exponerte por escrito. Yo estoy atendiendo en la penitenciaría al reo Téllez[10], que van a fusilar el lunes, así es que no vengas antes del lunes, pero ojalá pasaras un ratito el lunes por la tarde. Te pido muy de veras que ofrezcas tu comunión y ojalá algunos sacrificios estos días por la conversión de este reo, que hasta ahora se muestra impenitente...

---

[9] En *Puntos de Educación*, cap. XX, el P. Hurtado recuerda: "El director espiritual ha de dar capacidad al alma que dirige para que pueda vivir sin él. Por nada del mundo ha de disminuir su fuerza de obrar, de decidir, de resolver. La verdadera dirección espiritual no aminora la libertad del alma, antes bien la estimula y la robustece. El buen director sabe que Dios traza el camino de cada alma, y no él. Su papel sólo consiste en darle ayuda para que la descubra".

[10] Francisco Téllez Jiménez fue condenado a muerte por homicidios reiterados. Solicitó el indulto presidencial, pero este le fue negado. Fue notificado de ello el 20 de abril de 1938 y lo fusilaron a las 7 de la mañana del lunes 25 de abril, en presencia de autoridades judiciales, de gendarmería, periodistas y otras personas. El P. Hurtado lo acompañó en esos días, preocupándose sobre todo por su conversión. La prensa dio amplio espacio al hecho (ver diarios *El Mercurio*, 20 de abril de 1938; *Diario Ilustrado*, 26 de abril de 1938).

y sería terrible que muriera sin confesión, con peligro de perder su alma.

Te saluda cariñosamente tu amigo afectísimo.

Alberto Hurtado C., S.J.

6 DE MAYO DE 1938[11]

Mi querido P. Montes:

Dios le pague su interesante carta. Espero que habrán ya recibido las noticias "Para los amigos". Si no les llegan, avísemelo para certificarlas. Van tres ejemplares el teologado. Servicio. Envíeme una lista completa de las familias de los nuestros en Argentina con sus direcciones para enviarles las noticias. Espero las noticias de vocaciones célebres.

Supongo que recibió los 100 ejemplares del Manual del Cruzado, regalo a medias del P. Martí y de un servidor.

El Colegio mejorando mucho in omni sesu. Hay disciplina y los alumnos están contentos y saben que el que la hace la paga, pero comprenden la necesidad del orden. Profesorado excelente, Bernardo Leighton[12] ha entrado a enseñar Economía y Legislación usual. Alumnos más de 600. Espero irme el 21 de Mayo con un grupito de papabiles[13] a un par de días de ejercicios. Encomiéndelos a Dios.

---

[11] *Archivo Padre Hurtado*, s 62 y 067.

[12] Bernardo Leighton Guzmán (1909-1995) fue un destacado político católico. Terminó sus estudios secundarios en el Colegio San Ignacio. Fue miembro fundador de la Falange Nacional (1938) y del Partido Demócrata Cristiano (1957). Ejerció en la vida pública como parlamentario y como ministro de Estado: del Trabajo (1937-1938) en el gobierno de Arturo Alessandri Palma; de Educación (1950-1952), en el gobierno de Gabriel González Videla; del Interior (1964-1968), en el gobierno de Eduardo Frei Montalva. Opositor al gobierno militar chileno dirigido por Augusto Pinochet Ugarte (1973-1989), le fue prohibido vivir en el país y se radicó en Italia. En 1975, fue herido gravemente en un atentado que sufrió junto a su señora. Le fue permitido regresar a su país en 1978. Murió en 1995.

[13] Se refiere a jóvenes que estaban pensando la vocación sacerdotal.

Varios maduros por caer, pero no los apuro, esperando que el Espíritu Santo sople y los tumbe; es más seguro. Acaban de ir dos mozos del colegio muy buenos como postulantes y espero que pronto irán dos o tres más. Para Junio hay un excelente ex alumno y creo que Hanish que no ha ido aún por enfermo. Hay otros jóvenes universitarios que están también por ir pronto, pero en la puerta del horno se quema el pan

(Paréntesis. Está aquí Stgo. Vivanco que me encarga le pregunte si hay algún aparato trasmisor de radio para conversar con Uds.).

Hablé con el P. Casas sobre su encargo pero no se atreve a resolver nada antes que venga el P. Alvarado que llega el 2 de Junio por Valparaíso.

En cuanto a las elecciones municipales triunfaron las derechas por más de 300 municipalidades. 900 derechos, 600 izquierda, pero en las grandes ciudades triunfo izquierdista, de modo que la diferencia de votos a favor de las derechas excluidas las mujeres, no es muy grande unos 17.000. Muy empeñados con Ross[14], que llega pronto, pero hay división entre las derechas en el sentido que los falangistas han declarado la libertad de acción y aconsejado el voto en conciencia, pero sentando la premisa que es más grave el triunfo de la izquierda, lo que equivale a aconsejar el voto por el candidato de derecha, pero la Junta conservadora y directores no se contentan y acusan agriamente a los jóvenes.

Chaito. Voy a ver a la Sra. Carolina que me pregunta mucho por Ud. Nos ha ayudado varias veces y bien.

Adiós. Infimo hermano en Cto.

Alberto Hurtado C., S.J.

---

[14] En 1938 hubo elección presidencial en Chile. El ambiente era tenso, influido por las guerras mundiales y las revoluciones de México, de Rusia y de España. Gustavo Ross Santa María fue el candidato de la derecha, enfrentándose a Pedro Aguirre Cerda, radical, a quien apoyaba la izquierda, y al ex presidente Carlos Ibáñez del Campo. Los dirigentes de la juventud del Partido Conservador, como Eduardo Frei Montalva y Bernardo Leighton Guzmán, decidieron no dar su apoyo a Ross, lo que produjo una grave crisis interna en la colectividad. El ganador en la elección fue Pedro Aguirre (1938-1942).

30 DE MAYO DE 1938, SANTIAGO[15]

Mis queridos Padres Montes, Barros, Davies, y Cifuentes:
Agradezco las cartas y ayudas de Uds. con toda el alma y les
contesto a todos de un tiro.

Dios les pague las narraciones, trabajos, fotos etc. para la revista. Hube de saltarme el número de mayo debido al recargo de
trabajo que me lo impidió materialmente. Noticias buenas. Se fue
Raimundo Larraín al noviciado y está muy contento, mañana se va
Enrique Álvarez Castro, alumno de 3° de medicina, excelente; a mediados del mes Juan Esteban Rodríguez, de 3° de Ingeniería; pronto
Walter Hanish de 3° de teología, y espero que tan pronto llegue el
P. Alvarado se arregle la ida de un abogado que está pendiente. Hay
un alumno de 4° de ing. —excelente— que parece va a madurar muy
pronto. Esto es lo más seguro porque además hay varios: en la tanda
de ejercicios que hicieron el 25 y 26 de mayo según los métodos tradicionales, hecha bien como ninguna, se resolvieron varios, algunos
muy buenos, que Dios quiera puedan irse pronto. Así es que a rogar
mucho por ellos.

Al P. Barros que recordé al P. Campos su encargo. Al P. Cif.
R.A. que muchas gracias por el "qué piensa Ud. de esto"? Al P.
Montes que llegó todo lo mandado; que espero con ansias el misalito para encargar muchos: que me averigüe el precio. Le enviaré
el catálogo del Colegio cuando salga; la revista no aparece. Las direcciones serán aprovechadas desde luego. Al H. Davis que va la
crisis sac. y pronto irá con folleto en prensa. La vida afectiva en la
adolescencia. La de la pubertad está allá.

Saludos a toda la Colonia. Les escribiré con las noticias más
gordas cuando vuelva el P. Vice. Affmo. hermano en Cto.

A. Hurtado S.J.

---

[15] *Archivo Padre Hurtado*, s 62 y 069. La carta se dirige a los jesuitas Raúl Montes,
Joaquín Barros, José Luis Davies y Ramón Ángel Cifuentes, quienes estaban estudiando en el Colegio Máximo, en San Miguel, Argentina.

11 DE SEPTIEMBRE DE 1938, SANTIAGO[16]

Mi querido P. Montes:

Aún no he recibido nada del envío que dicen haberme hecho Ud. y el P. Gana y el H. Cifuentes Ramón. Dígaselos, hágame el servicio: ni revistas, ni artículos, ni libros: sólo las cartas de Uds. que les ruego tener por contestadas por la presente. Ojalá reclamaran en el correo argentino, y en adelante no enviaran nada de esta especie sin certificarlo. Yo reclamaré en el correo chileno.

Llegó el H. José y está muy animado… Lástima que los chiquillos estén de vacaciones y no podamos hacer una despedida como deseáramos. El movimiento político, reprimido. Uds. conocen los detalles como aquí, a juzgar por lo que hemos leído en la Nación.

El P. Vice Provincial me ha dicho que vea manera de ir al congreso de ex alumnos. Yo no acabo de decidirme, porque dado el trabajo que tengo entre manos sólo me resultaría un viaje en avión, y éste es muy caro. Si hubiese tenido alguna clase de conferencia que me hubiese ayudado hubiera sido otra cosa, pero no me atrevo a sablear 6.000 $ sólo para ir a pasar tres días… En fin, ya veremos.

Me han nombrado miembro de una comisión presidida por el Ministro de Educación y formada por Atienza, Alcayaga, Fremel, Peña y Lillo, Darío Salas, García, Néstor Elgueta y un servidor para la reforma del plan de estudios. Nos reunimos semanalmente. Me interesa mucho conocer por avión su opinión sobre nuestro programa, sobre la reforma de la enseñanza de las matemáticas, de la física —¿menos matemáticas?—, de los ramos que habría que recortar. Tengo poca confianza en el éxito: se recortará un poco los programas, pero nada más… pues temen tocar a los sueldos del profesorado, que disminuirían con las horas de clase. Hágame el servicio de mandarme dos números de Estudios del consagrado a la revisión de la enseñanza. Datos, si los tiene sobre la manera de tomar los exámenes en Argentina, Uruguay, Brasil, textos e informaciones que pudiesen apoyar nuestras pretensiones de reforma en el sentido de una mayor libertad y de una formación más humanista.

---

[16] *Archivo Padre Hurtado*, s 62 y 070.

¿Qué hay del Misal? Le envío para Ud. y para el P. Furlong una preciosa novela *La luz de la montaña*[17]: vale 5$. No ha contestado a mis numerosas cartas el Director de Difusión respeto a si van a publicar o no una nueva edición de "Si vis"... Que si lo hacen le cambien nombre y le quiten el subtítulo "Historia de una vocación". Yo creo que voy a publicarlo en Chile.

Saludos a los Padres Rector, conocidos y Colonia.

Alberto H. S.J.

La mamá del P. Campos, grave.

20 DE MARZO DE 1939, SANTIAGO[18]

[Instalación de un teléfono]
R.P. Pedro Alvarado[19]

El P. Hurtado expone al R. P. Viceprovincial las razones para que lo autorice a instalar un teléfono en su oficina.

1. Porque se trata de una oficina de servicio general en la que se atienden los asuntos de la Congregación, *Arca aedificationis* [del nuevo noviciado] y dirección de jóvenes, que obliga a un servicio

---

[17] Este libro de Roberto Claude fue publicado en Buenos Aires, en 1943, con un prólogo del P. Alberto Hurtado, quien fue también el director de la traducción.

[18] *Archivo Padre Hurtado*, s 62 y 18. El P. Hurtado estima necesario instalar un teléfono en su oficina para poder realizar de manera más eficiente sus trabajos. Él toma la iniciativa de plantearlo a su Superior, proponiendo los argumentos en favor y en contra, pero dejándole la decisión final. Es un sencillo y auténtico ejemplo de obediencia ignaciana.

[19] Pedro Alvarado Oyarzún S.J., nació en 1896 en la isla de Chiloé. Ingresó en la Compañía de Jesús el 16 de abril de 1915. Recibió la ordenación sacerdotal el 27 de julio de 1927. Fue rector del Colegio San Ignacio entre 1932 y 1937. Cuando el 4 de junio de 1937 se erigió la Viceprovincia chilena, él fue nombrado su primer Superior y, por lo tanto, superior del P. Hurtado. Fue nuevamente rector del San Ignacio desde 1949 hasta 1954. Además fue profesor en el Seminario y en la Universidad Católica. Murió en Santiago el 21 de mayo de 1959.

muy frecuente del teléfono. La construcción de Loyola[20] le obliga a frecuentes llamados.

2. Por el aprovechamiento mejor del tiempo: así podría más fácilmente cumplir su horario, pues si ha de contentarse con acudir al teléfono sólo a las horas en que recibe visitas, desatenderá llamados de urgencia y estará muy frecuentemente obligado a interrumpir la atención de las visitas. Si acude a la portería por el teléfono a otras horas tiene que resignarse a atender personas a deshora, con gran pérdida de tiempo y dispersión de actividades en forma que descorazona.

3. Porque si ha de continuar en la campaña en favor de una u otra Arca tiene numerosas obligaciones de atenciones que despachar y la forma más rápida de despacharlas es el teléfono.

4. Porque por no tener el teléfono a mano deja de hacer obras que podrían hacerse con fruto, pues no se resigna uno cuando está apurado a perder el tiempo esperando en la portería.

5. Porque es un medio apto, el más apto, para el fin que le ha sido encomendado y no ve obstáculos serios:

[Obstáculos]

a) El más serio: el qué dirán… ¡Lo que quieran!

b) La legislación de la Compañía: permite el teléfono en la oficina con autorización del Provincial, oído el consejo de sus consultores.

c) El costo: porque me darían limosnas para pagarlo.

d) El que otros pudieran pedirlo. Si tienen razones como las que expongo, ¡en buena hora! Pero de hecho no veo cuál quisiera pedirlo.

Expongo estas razones contento de obtener una respuesta cualquiera que sea, pues creo que al Superior le toca la última palabra, y al súbdito la penúltima.

A. Hurtado C., S.J.

---

[20] Se refiere al Noviciado de Marruecos, edificado por el P. Hurtado, que originalmente se llamaba Loyola (conocido hoy como Padre Hurtado).

12 DE SEPTIEMBRE DE 1939, SANTIAGO[21]

Sr. don Carlos Aldunate Errázuriz

Mi querido don Carlos:

Recibí su atenta carta del 8, que quise contestar inmediatamen-te, pero me ha sido imposible hasta ahora, pues vengo saliendo de un retiro a los estudiantes de dentística con seis meditaciones diarias y charla con ellos hasta medianoche; he debido velar a un enfermo toda la noche del 9 y atender a otros de día, etc. De modo que sólo ahora a las once y media p.m. logro ponerme a la máquina, pues no quiero dejar pasar un día más sin contestar y agradecer su bonda-dosa carta[22].

Y antes que todo una explicación referente a mi inasistencia a su conferencia, que mucho me interesaba y a la cual deseaba vivamente asistir por el tema que trataría y por ser usted quien la dictaba; pero ese día después de muchas dificultades logré reunir a los arquitec-tos, contratista y subcontratistas en Marruecos para ponernos de acuerdo sobre la marcha de esta obra que me han encargado y que me da harto que hacer. La reunión se prolongó en Marruecos hasta después de las siete, de manera que no pude asistir, con harto senti-miento mío. Espero tener el gusto de leer su conferencia tan pronto aparezca el folleto que usted me anuncia y ofrece bondadosamente.

---

[21] *Archivo Padre Hurtado*, s 64 y 14. Carlos Aldunate, dirigente del Partido Con-servador y padre de dos jesuitas, transmite al P. Hurtado acusaciones que se hacen —y que él comparte— en contra suya y de los sacerdotes del Colegio San Ignacio, respecto a la enseñanza en materias políticas. La carta es un ejemplo de actitud cristiana ante un conflicto. La caridad no esquiva la verdad sino que mueve a buscarla, aun en circunstancias difíciles. El Padre expresa un sincero afecto y gra-titud por la confianza demostrada por el Sr. Aldunate, pero le pide que precise sus críticas, porque es condición indispensable para verificar la validez de ellas. Su actitud recuerda la de Jesús al ser golpeado por un soldado (Jn 18, 23). Se conser-van dos cartas de Carlos Aldunate al P. Hurtado, una del 9 de septiembre y otra del 23 de septiembre de 1939, es decir, la que motiva y la que responde a la carta que se publica. Su texto se encuentra en A. Lavín, *Aspectos críticos de su ministerio sacerdotal*, Santiago 1981, pp. 151-160.

[22] Es una carta escrita a medianoche de un día agitado, y por lo tanto no es una obra maestra de estilo, pero deja traslucir con plena claridad la delicadeza y rectitud de su autor.

Le decía al principio que le agradecía su carta y es así, porque es una muestra de confianza y lealtad que no sé cómo agradecer bastante. Desde hace algún tiempo venía oyendo algunas críticas lejanas, vagas; ciertas murmuraciones contra la actitud del Colegio y contra la mía en particular, pero sin precisar cargos concretos. Se trataba más bien de una atmósfera desfavorable cuyo origen ignoraba. Por cierto que esas personas no tuvieron la confianza de manifestarme personalmente esas quejas, salvo dos diputados con quienes me encontré un día en la calle y que me conversaron en el tono de confianza de una antigua amistad. Su carta me hace comprender cuál pueda ser el fondo de esas críticas: "A este respecto he recibido las quejas más justas y más amargas de numerosos padres de familia, cuyos hijos educados en colegios congregacionistas y en la Universidad Católica han llevado a sus hogares profundas divisiones filosóficas y políticas. El Colegio, el director espiritual, han destruido la unidad intelectual de la familia y el respeto de la autoridad paterna, que son base del orden social y del respeto a las autoridades civiles. Han formado místicos revolucionarios". Ésta es la queja que "con ruda franqueza" me expresa y que traduce ese sentimiento de crítica que se extiende contra los colegios congregacionistas, contra San Ignacio en particular y contra el director espiritual.

Yo le agradezco en el alma que usted haya tenido la franqueza de manifestármelo y créame que no encuentro palabras para agradecérselo bastante, pues siempre es muy odioso transmitir una queja. Pero me creo en el derecho a mi vez de pedirle un servicio, porque tengo títulos para exigírselo a usted, que es padre de dos jesuitas[23], a usted que ama este colegio "como su propio hogar". Y el servicio que le pido es el siguiente: que tenga la bondad de expresarme *qué cargos concretos* hay contra los directores, profesores y padre espiritual de este colegio, en orden "a introducir en los hogares profundas divisiones filosóficas y políticas, a destruir la unidad intelectual de la familia y el respeto de la autoridad paterna"; o bien *qué otros cargos concretos* se formulan en contra nuestra, para presentar nuestros

---

[23] Don Carlos Aldunate E., era el padre de los sacerdotes jesuitas, Carlos y José, ambos bien conocidos del P. Hurtado. Más abajo se publica una larga carta a Carlos Aldunate S.J.

descargos[24]. Es justo en toda acusación oír al acusado. Me permito, eso sí, rogarle que los cargos sean concretos: qué Padres, en qué ocasión hayan expresado doctrinas, opiniones, consejos en el sentido expuesto o hayan incitado a los alumnos en esa dirección. Si la queja es justa, habrá de poder concretarse en nombres y acciones también concretas, porque los rumores vagos no pueden considerarse como una acusación que deba tomarla en serio un cristiano. Yo sólo puedo decirle con toda lealtad, como si fuese a presentarme ante Dios, que en los tres años y medio que llevo de residencia en el colegio no he sido testigo de una sola acción de nuestros Padres que merezca esa acusación.

Podría pretender probarle positivamente mi afirmación mostrándole cuál es nuestra conducta en materia de doctrinas filosóficas y políticas, en materia de autoridad paterna y de orden social, pero prefiero esperar sus críticas concretas para reconocer errores o explicar los puntos que se hayan prestado a malas interpretaciones.

En materia de filosofía: la explicación del programa oficial, que está muy lejos de ser un ideal, procurando suplir las lagunas con los conceptos de la filosofía escolástica y neoescolástica. En política hemos procurado la aplicación leal y literal de las recomendaciones de Su Santidad Pío XII y de nuestros Obispos[25], entendidas en esta forma:

---

[24] En su carta de respuesta, Carlos Aldunate puntualiza que las discrepancias no son simplemente políticas: "estas actitudes políticas se tiñen de diferencias que van más a fondo: hay una mentalidad distinta para apreciar todos los problemas, hay una filosofía distinta" (refiriéndose a la de Maritain). Los padres de esa juventud "son incapaces de comprender las concepciones y hasta el lenguaje de sus hijos".

[25] Cf. la *Carta del Cardenal Eugenio Pacelli* (futuro Papa Pío XII) al Nuncio en Chile, Héctor Felici, fechada el 1 de junio de 1934. Ella fue publicada por los obispos chilenos, urgiendo su cumplimiento, mediante la "Circular dirigida al clero y a nuestros amados diocesanos sobre las relaciones de la Iglesia con la política" (15 de noviembre de 1935). En 1939, el episcopado nacional recomendó que los jóvenes menores de 21 años (que estaban impedidos legalmente para votar) se abstuvieran de participar en la política partidista, y que se preocuparan de formarse para poder llegar a optar responsablemente. Estas normas fueron publicadas por el *Boletín Oficial* de la Acción Católica de ese año. En 1941 el episcopado reiteró su instrucción, como lo muestra la *Revista Católica* de octubre de ese año. El 14 de noviembre de 1941 el arzobispo de Santiago, José María Caro, envió una carta personal al P. Hurtado reafirmando todos estos criterios.

"No desinteresarse de la grande política que mira al bien común, es decir promueve y defiende la santidad de la familia y la educación, los derechos de Dios y de las conciencias". Les hemos inculcado el deber de justicia y de caridad de la participación en la política. Yo como Director de la Congregación de jóvenes y sub director de la de jóvenes [sic] al llegar las elecciones presidenciales, complementarias de diputado y municipales he recordado esta obligación, haciendo ver su gravedad, esto es la obligación de trabajar según su conciencia por el bien de la Patria. Tratándose de los alumnos de colegio he pensado que los años de formación son más propicios para la obra quieta, menos apasionante pero no menos necesaria de la formación y Acción Católica, que de la acción política que requiere inteligencias más formadas. En cuanto a la política de partidos, nos manda Su Santidad y después de él nuestros Obispos, que nos mantengamos alejados de ella. No he visto incurrir a ninguno de nuestros Padres en la propaganda en favor o en contra de un determinado partido político[26].

La destrucción de la unidad intelectual y filosófica de la familia y la destrucción de la autoridad paterna, ¿cómo la hemos procurado?

Por lo que respecta al resumen de su conferencia, me ha parecido interesantísimo y no necesito [decir] sobre cuántos puntos estamos en perfectísimo acuerdo[27]. Sólo hay uno sobre el cual no

---

[26] Este reproche tiene como trasfondo la ruptura de la unidad política de los católicos a través de la escisión del Partido Conservador de la Falange Nacional. Este grupo había comenzado a actuar al interior del Partido desde hacía algunos años, pero en las elecciones presidenciales de 1938, el Partido Conservador se unió a los liberales en torno al candidato Gustavo Ross Santa María, a quien los falangistas decidieron no apoyar. Con ello se consumó la ruptura. Por primera vez, en el escenario político chileno quedaron dos partidos oficialmente católicos. Muchos eclesiásticos y seglares decidieron luchar por la reunificación. El P. Hurtado se atuvo a la postura de independencia que la Jerarquía ordenó a los clérigos lo que fue para él motivo de muchos problemas.

[27] La conferencia se titulaba: *Familia y Educación*, y defendía el derecho de las familias para formar a sus hijos de acuerdo con "los principios y costumbres tradicionales de sus padres". En la conferencia se sugiere que la educación del Colegio San Ignacio y de la Universidad Católica "ha abusado de la confianza de los padres de familia, también sido desleal dando educación divorciada de los principios de los padres y abuelos de sus alumnos y, por consiguiente, revolucionaria".

lo estoy, aunque creo que no podemos menos de estarlo y tal vez usted no lo ha acentuado por ser otro el tema central de su conferencia: usted dice que la educación debe ser "dirigida sin contrapeso por la familia"; "que la dirección debe ser única"; condena todo lo que traicione el derecho del padre de familia "a educar a su hijo según sus ideas tradicionales". Niega a los establecimientos particulares toda otra actuación "que la de ser una fiel servidora de las ideas tradicionales de los padres a sus alumnos. Ninguna consideración ideológica, filosófica o política debe desviarlos de esta línea de lealtad". Estas frases tomadas como suenan materialmente parecen negar el derecho de la Iglesia, superior al de los padres de familia, de impulsar en un sentido determinado la educación de sus hijos, hijos de Ella tanto como de los padres. Y si en algún caso el padre de familia pide una línea educadora que contraríe la línea marcada por la Iglesia —me refiero a la Iglesia con potestad de enseñar— el Colegio debe obedecer a la Iglesia antes que al hogar, y aunque contraríe al hogar. Podrá el padre de familia retirar al alumno, pero el maestro católico no podrá cambiar su línea de conducta. Sus palabras, tomadas al pie de la letra, parecerían negar este principio, ya que usted afirma que "ninguna consideración ideológica... podrá desviarlos de esta línea de conducta", y ya que su resumen no menciona en parte alguna los derechos de la Iglesia, que si bien deben ir normalmente de acuerdo con los del Hogar, en caso de conflicto priman sobre ellos.

Además, otra rápida observación respecto a un matiz sobre el cual me permitiría una observación: es que usted habla todo el tiempo del "favor de los padres de familia a los establecimientos particulares, favor que compromete la gratitud de los establecimientos particulares". Creo también que es así, que un colegio debe agradecer a los padres de familia la confianza que depositan en él. Pero creo no menos que los padres deben agradecer el favor del colegio de querer colaborar desinteresadamente con ellos en la educación de sus hijos, facilitándoles abnegadamente el cumplimiento de un encargo harto difícil. Que esta misión es dura, ingrata, lo comprobamos todos los días los que desinteresadamente hemos dedicado a ella nuestra vida.

Perdone, querido don Carlos, estas líneas mal hilvanadas, escritas a media noche después de un día afanoso. Ellas expresan toda la sinceridad de mi pensamiento, la misma "ruda franqueza" con que usted me honra. Quedo esperando su carta en la que le ruego quiera concretarme las quejas justas y amargas de los padres de familia, para corregir yo mis yerros y transmitir sus observaciones a mis superiores. ¡Dios quiera que esta actitud de franqueza ruda cristiana sirva para disipar tantos malos entendidos que nos hacen tanto daño y contribuyen a amargar a los que debiéramos luchar como hermanos contra los enemigos de fuera!

Una vez recibida su carta me tomaré la libertad de llamarlo por teléfono para ir a verlo a fin de conversar más despacio sobre estas materias.

Lo saluda cariñosamente su afectísimo amigo y seguro servidor,

Alberto Hurtado C., S.J.

ASESOR DE LA ACCIÓN CATÓLICA DE JÓVENES

J

Excelentísimo Sr. Dr. José María Caro[2]

Excelentísimo señor:

Perdonará Vuestra Excelencia la libertad que me tomo al escribir en tono quizás demasiado rudo para suprimir un malentendido que parece existe al presente, y que quisiera evitar a toda costa. Vuestra Excelencia ha sido demasiado bondadoso conmigo al encargarme algo tan precioso para un Obispo como es la formación de sus jóvenes en la Acción Católica, y quisiera estar seguro que respondo a esa confianza en forma que no merece reproche.

Vuestra Excelencia me advirtió en tono de broma hace algún tiempo que no llevara todas las vocaciones a los jesuitas. En una segunda ocasión me hizo igual advertencia y di a Vuestra Excelencia todas las explicaciones que me parecieron del caso; pero no deben éstas haber sido suficientes pues el día de su santo me tocó nuevamente este punto. Esto ha coincidido con que varios señores Obispos sé que me han hecho igual crítica y también algunas personas altamente colocadas en el Seminario, lo que me da a entender que se trata de una crítica de fondo sobre la cual se ha hecho hincapié. Más

---

[1] *Archivo Padre Hurtado*, s 64 y 01. El P. Hurtado escribe al arzobispo para dar respuesta a rumores que indican que él solo se preocupa de las vocaciones a la Compañía y descuida las del Seminario o, peor aún, que desvía hacia los jesuitas a los mejores jóvenes que vienen donde él con intenciones de entrar al Seminario. Él se apoya en hechos, y por eso cita los nombres de jóvenes (muchos de los cuales llegaron a ser importantes hombres de Iglesia) a quienes ha acompañado en su decisión de entrar en el Seminario. Al mismo tiempo, expone la rectitud de intenciones que lo mueve a proponer también la vocación a la Compañía de Jesús. En su opinión habría mucho mayor número de vocaciones si más sacerdotes se dedicaran a promoverlas.

[2] José María Caro Rodríguez, cardenal arzobispo de Santiago, es una figura eminente de la Iglesia chilena. Nació en Colchagua, el 23 de junio de 1866. Fue ordenado sacerdote en Roma, el 20 de diciembre de 1890. Desde el año siguiente fue profesor en el Seminario de Santiago. En 1911 fue designado Vicario Apostólico de Iquique y el 28 de abril de 1912 fue consagrado obispo. En 1925 fue trasladado a la diócesis de La Serena y en 1939 a Santiago. Fue el primer cardenal chileno, nombrado tal por el papa Pío XII en el Consistorio del 18 de febrero de 1946. El P. Hurtado siempre recibió el apoyo del cardenal Caro, tanto en su trabajo con los jóvenes como en sus obras sociales. Murió en Santiago el 2 de diciembre de 1958.

aún, algunos sacerdotes han recomendado a un joven que se dirigía conmigo que no me siguiera frecuentando para que no lo llevase a la Compañía. Todo esto contribuye a crear un ambiente de desconfianza y recelo que no puede existir entre quienes trabajan por una misma causa, y que resta energías al trabajo. En esta situación, he querido que mi Prelado conozca exactamente cuál es mi conducta en este punto para que pueda corregirme si obro mal.

Para mayor claridad voy a procurar resumir mi manera de ver y obrar en algunos puntos:

1. Una de mis principales preocupaciones como sacerdote ha sido la de predicar sobre la falta de sacerdotes en nuestra Patria. Publiqué un folleto[3], varios artículos y con frecuencia vuelvo sobre este tema, a pesar de los recelos que esto suscita en algunos padres de familia y jóvenes que creen que ando a la "pesca" de vocaciones.

2. En mi predicación nunca he hecho propaganda especial de la Compañía de Jesús, sino del sacerdocio en general, indicando que se puede vivir el sacerdocio tanto en el clero secular como en el regular. Más aún, los datos que cito de ordinario aluden más directamente a la falta de sacerdotes seculares, y de hecho en Ejercicios que he predicado se han decidido varios jóvenes a entrar al Seminario.

3. Nunca he procurado disuadir esas vocaciones al Seminario ni encaminarlas a la Compañía, salvo un caso en que se trataba de un joven que podía ser un buen religioso, pero habría sido un pésimo sacerdote pues estaba muy expuesto a dejarse llevar por desalientos e impresiones y necesitaba un marco permanente de disciplina alrededor de él.

4. A los que han pretendido entrar a la Compañía les he mostrado honradamente la puerta del Seminario como abierta para ellos. Me ha acontecido, eso sí, de desaconsejar formalmente en no menos de veinte casos la vocación a la Compañía a jóvenes que he pensado no eran para esta vida y en algún caso he llegado a prevenir al Superior que si determinada persona pedía su ingreso al Noviciado creía yo que debía cerrársele la puerta. Cuando he visto una vocación clara a la Compañía la he apoyado.

---

[3] *La crisis sacerdotal en Chile*, Santiago 1936.

5. A los que han visto clara su vocación al sacerdocio, pero no se decidían por el clero secular o regular, les he hecho ver las ventajas que ofrecen uno y otro con entera lealtad y dándome cuenta del deber de lealtad que tengo para con las almas y de la cuenta que he de dar a Dios de mi consejo. Creería cometer un crimen si desviase una vocación del fin al cual Dios la lleva[4]. Me ha acontecido que un joven que ingresó al Seminario, pensé yo que era más para la vida religiosa que para el sacerdocio secular. El tiempo dirá si esta manera de ver era prudente o no. A otro joven que quería ser franciscano y deseaba ir al Seminario a probar, le dije que pensase bien su vocación, pues debería ir al Seminario para ser sacerdote secular o bien franciscano desde el principio, pues entrar al Seminario sin ánimo de quedarse en él me parecía nocivo para el mismo Seminario. A un joven de la diócesis de Concepción que entró para esa diócesis, nunca pensé desviarlo del clero secular como puede atestiguarlo el interesado, a pesar que se ha dicho lo contrario. Eso sí, le aconsejé que entrase para la diócesis de Concepción, pero que hiciese sus estudios en Santiago para tener más medios de formación, pero que dejase la resolución última en manos de su Prelado. No creo haber faltado en esto.

6. Entre los jóvenes que se han dirigido espiritualmente conmigo, están los siguientes a quienes he apoyado decididamente a entrar al Seminario, como pueden comprobarlo los interesados: Roberto Bolton, Ignacio Ortúzar, Fernando Cifuentes, Carlos González[5],

---

[4] En su propio discernimiento vocacional, Alberto Hurtado, más o menos a los 20 años afirma: "Elección de estado. Hay que tener presente primero que Dios asigna un puesto a cada hombre, segundo que en él dará las gracias abundantes y súper abundantes para su salvación, y que fuera de él corre harto riesgo de perderse" (s 37 y 06). En este mismo documento, Alberto realiza su discernimiento, viendo ventajas y desventajas, para él, del sacerdocio regular y diocesano.

[5] Carlos González Cruchaga, primo hermano y ahijado de bautismo del P. Hurtado, nació en Santiago en 1921. Fue ordenado sacerdote el 23 de septiembre de 1944. Recibió la consagración episcopal el 5 de marzo de 1967. Estuvo a cargo de la diócesis de Talca (de la que había sido obispo Manuel Larraín) hasta su renuncia en 1996. Sobre el P. Hurtado ha dicho: "Fue el Director Espiritual de toda mi vida (…). Me ayudó a clarificar mi vocación al sacerdocio y siempre fue la mejor imagen sacerdotal que he conocido (…). Siempre vi [en él] a un hombre de Iglesia. Amor al Santo Padre, a la línea de la Iglesia, a los documentos eclesiales", A. Lavín, *Lo dicho después de su muerte*, p. 446.

Abdón Arredondo, Alfredo Jolly, Raúl Pinto, Fernando Valledor, Pedro Campos, Luis Bascuñán. Además he alentado a los jóvenes Carlos Achondo, Carlos Zamorano, Luis Farré, que aunque no se dirigían espiritualmente conmigo me han consultado con mucha frecuencia. Al Seminario Menor envié este año al niño Sergio Rivas; anteriormente a Fernando Aránguiz y Juan Ugarte, que no perseveraron. A la diócesis de Antofagasta envié a un joven Jung y a la de Ancud a un joven Pereda, que no perseveraron, a los cuales aboné gran parte de sus gastos. Al Seminario de Santiago espero que vaya pronto un joven Rojas. En total, he procurado ayudar a diecinueve jóvenes en su vocación al clero secular, sin contar otros que han fallado antes de su entrada al Seminario, que son bastantes.

7. Es por otra parte una novela la del número enorme de vocaciones que he enviado al Seminario de Marruecos para jesuitas. Hay ahora 21 jóvenes aspirantes al Sacerdocio, en cuya vocación me ha tocado intervenir en los cinco años de mi permanencia en Santiago. Es de notar que en estas vocaciones han intervenido también otros Padres, sobre todo los profesores del Colegio.

8. Elevándose ahora a la tesis, me parece que la Iglesia ofrece a las almas generosas un doble camino para servir al Señor en el sacerdocio, y que el de la vida religiosa no es inferior en perfección al sacerdocio secular, ni menos útil a la Iglesia. Me ha llamado siempre la atención que cuando se habla de la falta de sacerdotes, incluso en las pastorales, se señala únicamente la falta de sacerdotes seculares, como si los regulares no sirviésemos a la Iglesia católica establecida en Chile. La gran benevolencia de Vuestra Excelencia no tomará a mal que yo señale algunos ministerios que ejercemos los jesuitas en beneficio de las diócesis chilenas: educamos a 3.500 niños en nuestros colegios y escuelas, a muchos de ellos gratuitamente; en las iglesias de la Compañía se oyen unas 230.000 confesiones al año y se reparten 300.000 comuniones; los Padres predican unas 190 misiones y Ejercicios cada año; catequizan unos 4.000 niños pobres en sus catecismos; atienden 3 parroquias y cinco iglesias como vicarios cooperadores, sin contar las cinco iglesias de las cuales son rectores. Todo esto sin contar los retiros al clero, colaboración de cuatro profesores en la Facultad de Teología, y hasta hace poco en los Seminarios de Concepción y Ancud; la ayuda que prestan a la Acción Católica, trabajo con alumnos de liceo, instituto nocturno

para obreros, librería católica, Centro Apostólico de misiones, capilla automóvil, policlínicos, atención espiritual de jóvenes, enfermos, etc. Me he permitido recordar estos trabajos porque me parece necesario insistir en que las vocaciones a la Compañía traen una ayuda a la Iglesia en Chile. Todos los jesuitas chilenos, menos nuestro misionero en China[6], están llamados a colaborar a la labor de los señores Obispos de Chile.

9. Si los señores Obispos desean que la Compañía viva en Chile y pueda desarrollar una acción fecunda en el pueblo, es necesario que tenga vocaciones chilenas. ¿Cómo, pues, extrañarse que un jesuita muestre a los jóvenes que se ponen en contacto con él como una posibilidad para su perfección y apostolado el de la misma Compañía? Si no lo hace un jesuita, ¿quién lo hará? Es un hecho que las vocaciones con que cuenta la Compañía no han sido encaminadas a ella por el clero secular ni por religiosos de otras órdenes. Criticar la propaganda de vocaciones a la Compañía por los Padres de la misma Compañía equivaldría a decretar la muerte de la misma Compañía.

10. Me parece que no faltan vocaciones, pues el Espíritu Santo nunca abandona las almas hasta desposeerlas de ministros idóneos; lo que falta es la colaboración del sacerdote a la acción de la gracia. Yo estoy convencido que habría muchas vocaciones al clero secular si hubiese muchos sacerdotes que trabajasen en este sentido. Pero sin ánimo de crítica, creo que son muy pocos los que se preocupan de fomentar las vocaciones. Habiendo más de 300 parroquias a cargo del clero secular y varios colegios ¿cómo es posible que cada año no se ordenen más que diez sacerdotes seculares? En Estados Unidos, donde la Compañía tiene sus Seminarios repletos de novicios, había en 1936: 23.579 seminaristas; en Bélgica el aumento de vocaciones de los dos cleros va paralelo; incluso en los países de misiones no se oponen las vocaciones religiosas al aumento de vocaciones al clero secular: en Indochina para 1.500.000 católicos hay 2.600 seminaristas; en China, para 2.818.000 católicos había en 1936, 6.727 seminaristas, esto es uno por cada 420 católicos. En Argentina la Acción Católica ha llenado paralelamente los

---

[6] Se trata de José Cifuentes Grez, S.J.

noviciados y los seminarios y hasta los conventos de religiosas. Lo que falta entre nosotros es que los sacerdotes comprendamos más nuestra responsabilidad frente al problema de las vocaciones y a la formación sobrenatural de la juventud.

Perdone Vuestra Excelencia mi atrevimiento al permitirme hablar con tanta franqueza a mi Prelado, pero sé que Vuestra Excelencia ama la franqueza, aunque ésta parezca ruda. Es una lástima que tengamos los sacerdotes que gastar tanto tiempo que necesitamos para nuestro trabajo apostólico en deshacer apreciaciones de nuestros hermanos de trabajo. Si mi manera de pensar o de obrar es errónea, ruego humildemente a Vuestra Excelencia quiera tener la caridad de corregirme, servicio que agradeceré profundamente.

Bien sé que es muy humano que algunas personas exageren la actividad de otros y sus trabajos y muchas veces esto se hace con excelente intención, pero no quiero terminar sin recalcar que se exagera mucho el fruto de mis trabajos vocacionales a la Compañía, y que tal vez no se ha tenido en cuenta que el Señor me ha permitido servir también de instrumento para un buen número de vocaciones al clero secular y que espero con todas mis fuerzas seguir trabajando en igual forma: predicando la necesidad del sacerdocio y colaborando con no menor entusiasmo a las vocaciones al clero secular que al regular. Sólo procuraré buscar la voluntad del Señor sobre cada una de las almas que se me presenten, consultándome cuando duden, o invitándolas a ellas mismas a consultar otro sacerdote si el asunto no parece claro.

Pidiéndole una vez más perdone mi atrevimiento,

Beso la mano de Vuestra Excelencia

Alberto Hurtado C., S.J.

4 DE ABRIL DE 1941, SANTIAGO[7]

Señor don Alfredo Concha
Mi querido Alfredo:
Voy a exponerte con toda confianza algunos planes de trabajo
en los que quisiera solicitar tu colaboración: En primer lugar, quisiera pedirte que no nos abandones a los del Consejo Diocesano de
la A.C., pues la Junta Directiva de ésta espera seguir contando contigo en tu carácter de delegado del sector que tenías el año pasado.
Todos los lunes sesionamos a las 10 p.m. y esperamos tenerte entre
nosotros.

Con relación al mismo Consejo Arquidiocesano se me ocu-
rría pedirte dos favores. El primero que si acaso al cambiarse Uds.
de casa se encuentran con algún mobiliario que no les sirva para
la nueva casa, se acuerden de nosotros, pues, la casa del Consejo
está totalmente desmantelada y quisiéramos acomodarla un poco
este año para que sirviera de hogar espiritual a los alumnos católicos de liceos, aspirantes de A.C. y dirigentes parroquiales. el estado de nuestro mobiliario es verdaderamente deplorable. Queremos
además dar vida a la capilla y tener permanentemente el Santísimo
Sacramento con nosotros a fin de terminar todas las reuniones a
los pies del Santísimo y facilitar el espíritu cristiano que debe ani-
mar nuestra obra. Quisiéramos que Jesucristo Sacramentado fuese
realmente el dueño de casa en el hogar del Consejo. ¿No podría la
Sarita hacerse cargo de cuidar de nuestra capilla proveyendo a que
el culto se realice en forma decente, que el Santísimo tenga siempre
su lámpara, que los manteles y paños estén limpios, etc.? Sería ella
como la dueña de casa que hospedaría a Nuestro Señor.

Con toda confianza me he permitido proponerte estos proyectos, contando de antemano con tu buena voluntad caso que los
estimes realizables.

Te saluda cariñosamente tu afectísimo amigo y S.S.
Saludos cariñosos a tu Mamá y Sarita y tía.

Alberto Hurtado C., S.J

---

[7] *Archivo Padre Hurtado*, s 71 y 041.

9 DE AGOSTO DE 1941, SANTIAGO[8]

R.P. Pedro Alvarado S.J.
R. P. Viceprovincial:
Quiero pedirle que me aclare varias situaciones difíciles en el ejercicio de mis ministerios.

1. Vuestra Reverencia me autorizó y me alentó para tomar la obra de alumnos de liceos fiscales y para realizarla desde el Colegio. Yo le previne las dificultades que habría de parte de algunos de los nuestros; y me dijo que la llevara adelante, que si había algún tropiezo le avisara. Es el caso que la obra va tomando cuerpo. Los sábados funcionan en el Colegio tres círculos de estudio, cada uno de los cuales tiene unos veinte jóvenes. Un grupo de dirigentes de uno de los Círculos ha obtenido la formación de un grupo más amplio entre los últimos cursos del Liceo de Aplicación, agrupando unos 250 jóvenes. Es necesario convocarlos alguna vez a reuniones, a las cuales pueden asistir alguna vez unos 60 y quizás 80 jóvenes. He pedido local para hacer una reunión de unos 70 jóvenes y el Padre Rector [Jorge González[9]] me dice que no hay, porque el Salón de Actos está ocupado con clases de canto, y la sala nueva que se ha arreglado junto a la portería está con los libros de la Congregación. Estas reuniones no son semanales, sino de vez en cuando. Se ha quejado el Padre Rector del trastorno que trae a la vida del Colegio el funcionamiento de nuestros círculos. Ya me puso harta dificultad para permitirme invitarlos a tomar desayuno; y preveo que cada vez

---

[8] *Archivo Padre Hurtado*, s 62 y 19. El P. Hurtado, con gran sentido de Iglesia, aceptó asumir como asesor de la A.C., un trabajo que superaba los límites de la labor que tenía la Compañía de Jesús. Esto fue aceptado y alentado por sus Superiores. Pero le trajo problemas prácticos y de relaciones con sus compañeros. En la siguiente carta al Padre Viceprovincial, le comunica las dificultades que encuentra en el Colegio San Ignacio para desarrollar su trabajo con los alumnos de colegios fiscales.

[9] Jorge González Förster S.J., fue rector del Colegio San Ignacio en el período 1940-1944. Nació en Santiago el 23 de febrero de 1908. Fue ordenado sacerdote el 24 de agosto de 1938. Trabajó en el Colegio San Ignacio (1940-1950), fue rector de la Universidad Católica de Valparaíso (1951-1961), rector del Colegio Máximo jesuita de San Miguel, en Argentina (1962-1966), párroco en Puerto Montt (1970-1981). Murió en Requínoa el 8 de abril de 1993.

que haya alguna invitación extraordinaria va a presentarse una seria dificultad. En el fondo no veo que mire con simpatía estas obras que traen algún trastorno a la vida de paz de la Comunidad o del Colegio.

2. Por otra parte, yo veo de tanta trascendencia esta obra de liceos que creo que sería muy grave el no atenderla cuando vemos lo que está haciendo Nuestro Señor porque se desarrolle. Son muchachos, porvenir de nuestra Patria, de familias de clase media, las que más podrán influir en los destinos de Chile[10]. El trabajo que exigen no es mucho, ya que la mayor parte de él es hecho por ellos mismos. Son respetuosos y ordenados.

3. En estas circunstancias, pido instrucciones a Vuestra Reverencia, ya que la obra encuentra dificultades en casa. ¿Seguimos en casa? Se me ocurre una solución que podría ser buena: tener nuestras reuniones en el Instituto Nocturno San Ignacio[11], y aun convertir el Instituto en una verdadera casa de liceanos, que se reunirían allí en las tardes y podrían jugar, cantar, tomar una taza de café, que les serviría la cuidadora. Hacer un verdadero hogar de liceanos y así se daría más vida a esta casa que ahora sólo se aprovecha durante las noches. La Misa y el desayuno continuarían por ahora teniéndose en San Ignacio, sin que fuera imposible pensar que podría después tenerse también en el Instituto. Eso sí, sería necesario que me autorizase a conseguir algunos fondos para arreglar un poco un par de piezas y me permitiera ponerme en contacto con las señoras de la obra Pío X, que atiende a liceanos, para que nos ayuden a financiar esta obra. La casa que la obra Pío X tiene en Agustinas es incapaz para contener los dos grupos. Incluso sería un ideal poder dotar al Instituto Nocturno de una sala gimnasio que sería un complemento del Instituto y de esta obra, y aun quizás del Colegio. Claro está que éstas son proyecciones más lejanas: lo primero sería permiso para

---

[10] En varios textos, el P. Hurtado demuestra mucha esperanza en la clase media.
[11] Este Instituto fue fundado por el P. José Francisco Correa (1874-1944) en 1918. "Funcionó regularmente hasta 1950, con tres preparatorias y dos cursos especializados, comercial e industrial, ambos de dos años. Llegó la matrícula a ser de unos 250 alumnos durante muchos años. Con sus egresados se formó el Centro Social San Ignacio". W. Hanisch Espíndola, S.J., *Historia de la Compañía de Jesús en Chile*, Buenos Aires-Santiago 1974, pp. 221-222.

trasladar la obra al Instituto y para hacer algunos gastos de instalación y ponerme en contacto con señoras vinculadas con la obra de liceos para que ayuden a mantenerla. Y fijar las relaciones de la obra de liceanos con el Padre [Francisco] Delpiano.

4. En general noto que el Padre Rector [Jorge González] me ayuda poco en lo que se refiere a la Acción Católica: para él la obra es el Colegio. Hace poco hubo una concentración de alumnos de colegios, de cuatro colegios, uno de los cuales era San Ignacio, y el Padre no dio permiso a los alumnos para asistir: sólo pudieron hacerlo después de la Misa del Colegio. La otra concentración de colegios católicos de principios de año fue también motivo de serias dificultades. El 15 habrá una tercera y espero que me dé el permiso, después de pelearlo a brazo partido durante varios días... Después dirán que es porque yo aviso a última hora. Este permiso lo estoy peleando hace ya una semana y no logro obtenerlo. Estas concentraciones son unas cuatro al año; y son necesarias y, en todo caso, mandadas por la autoridad jerárquica. Es triste que siendo yo el Asesor, y el Presidente del grupo de colegios un alumno de Sexto Año de San Ignacio, no encontremos facilidades en nuestro propio Colegio[12].

5. El Instituto Nocturno San Ignacio no ha organizado la A.C. El Padre [Francisco] Delpiano dice que el Padre Rector ha resuelto que no se organice. Yo creo que lo principal es falta de voluntad del Padre Delpiano[13]. En Marruecos tampoco se ha organizado un grupo de jóvenes. Nadie me persuadirá que no pueden juntarse cinco muchachones de buena voluntad a quienes ir dando el espíritu de la A.C. dirigidos por uno de los nuestros. Decimos con frecuencia que Roma quiere la A.C.; que el Padre General ha ordenado prestarle toda colaboración, pero me temo que esta colaboración sea más nominal que real, a juzgar por las dificultades que se encuentran.

6. He comenzado a pedir nuevamente para *Arca Seminarii* y tengo conseguida una beca de 30.000 pesos de don Alberto Ruiz

---

[12]   A pesar de los conflictos que vivió el P. Hurtado con el P. González a raíz de su diferencia de criterio, cabe destacar que el P. González hizo una declaración muy favorable al P. Hurtado en su proceso de beatificación.

[13]   El P. Hurtado tenía muy buenas relaciones humanas con el P. Francisco Delpiano, como lo testifica una carta de 1933 (s 62 y 96), publicada más arriba.

Tagle, quien me había prometido dos celdas para la Casa de Ejercicios, pero las cambió duplicando su valor por una beca.

7. Yo desearía vivamente poder hacer una escapada rápida a Buenos Aires en septiembre, para poder estudiar la A.C. argentina, lo que me sería provechoso sobremanera. ¿Puedo hacerlo? En tal caso, escribiría al Padre [Tomás] Travi[14] y trataría de reunir fondos.

8. La A.C. me está pasando 400 pesos mensuales para movilización.

Siervo en Cristo,

A. Hurtado C., S.J.

DICIEMBRE DE 1941, CARTA CIRCULAR[15]

Directivas del Consejo Nacional de la Juventud Católica sobre Acción Católica y Acción Política.

El Consejo Nacional de la Juventud Católica para realizar la labor de formación de sus militantes ha creído del caso recordarles

---

[14] El P. Tomás Travi S.J., nació en Buenos Aires el 2 de junio de 1894. Ingresó en la Compañía de Jesús en 1908. Fue Provincial de Argentina desde 1936 hasta 1946, cuando fue elegido Asistente de América Latina. Acompañó al P. Camilo Crivelli S.J. a Chile cuando este vino en calidad de Visitador (1936-1937). En 1945 y en 1950 el mismo Travi tuvo esta misión (estas tres visitas tuvieron negativas repercusiones para el P. Hurtado). Murió en Roma, en el ejercicio del cargo de Asistente, el 24 de octubre de 1961.

[15] *Archivo Padre Hurtado*, s 70 y 15. La siguiente Carta Circular expresa claramente los criterios del P. Hurtado respecto a la actividad política, que son los que respaldaron su actitud en esta materia tan delicada. Sobre este tema el P. Álvaro Lavín ha hecho una excelente selección de documentos del P. Hurtado en *Aspectos críticos en su ministerio sacerdotal*, Santiago 1981, pp. 146-235. En el presente trabajo nos limitamos a reproducir la siguiente carta, que es bastante representativa del pensamiento del Padre, para evitar muchas repeticiones de los mismos argumentos. Él mantuvo una línea de independencia partidista, al mismo tiempo que alentaba a todos para que contribuyeran activamente al bien social ("la gran política"). Esta sería una de las causas de su alejamiento definitivo de la A.C., porque muchos no pudieron aceptar que él no favoreciera la unidad de los católicos en el Partido Conservador. El texto está tomado de A. Lavín, *Aspectos críticos...*, pp. 18-29.

en diversas ocasiones los principios básicos que deben orientar su vida interior y su actividad, especialmente aquellos que ofrecen mayor dificultad. La A.C. es el ejército de Dios para la conquista del mundo moderno para Cristo, y como ejército en orden de batalla ha de conocer claramente de labios de sus dirigentes cuáles son los objetivos de sus campañas, cuáles los medios con que cuenta a fin de obtener una mayor unidad espiritual en su labor de conjunto y que permita a sus dirigentes contar con la colaboración entusiasta de sus soldados.

Uno de estos puntos de formación que requieren ser más cuidadosamente aclarados es el de las relaciones y distinciones entre la A.C. y la Acción Política.

A.C. y acción política son dos campos distintos: la distinción básica la dan los fines de una y otra. El fin de la acción política es la perfección del Estado. El fin de la A.C. es la perfección de la Iglesia. La distinción es teóricamente fácil, prácticamente difícil. El Sumo Pontífice, en una entrevista a don Ángel Herrera, Presidente de la A.C. Española, le decía textualmente: "Son muy pocos los que captan bien la distinción: ambos conceptos de A.C. y Acción Política son conceptos claros, pero pueden ser al mismo tiempo claros y diferentes: para mí son clarísimos".

Para aclarar estos conceptos en la mente de nuestros militantes, escribimos esta circular recordando al instante la recomendación de la Santa Sede que se enseñe a los miembros de la A.C. la relación y las distinciones de ambos movimientos. Esta circular se basará en los documentos pontificios y de nuestro Episcopado, que son los que tienen la máxima autoridad en la materia; citará en particular la carta dirigida al Episcopado chileno por el actual Sumo Pontífice cuando era Secretario de Estado, sobre las relaciones de la A.C. y la acción política. Gracias a Dios, estas normas han llegado a penetrar en la conciencia de la gran mayoría de los católicos chilenos, pero tratándose de un tema de tan trascendental importancia, no está de más recordar los conceptos fundamentales para que no acontezca que, lo que por sabido se calla, por callado se olvida.

1. La A.C. y la gran política

¿Qué es política? Sin cesar distingue la Iglesia dos conceptos: la gran política o política de bien común y la política de partidos.

La gran política consiste en la colaboración al bien común su-
bordinando a éste los intereses particulares, asegurando así la prosperidad pública (Carta del Cardenal Gasparri a Monseñor Skwi-
reckas[16]). La gran política forma parte de la ética general, es decir,
promueve y defiende la santidad de la familia y de la educación, los
derechos de Dios y de las conciencias.

La Iglesia considera la participación en esta política "como un
deber de justicia y de caridad cristiana" y se esfuerza porque sus
hijos cooperen al bien público, ya en la administración, ya en el
gobierno del Estado (Carta de Su Eminencia el Cardenal Pacelli, 1
de junio de 1934; León XIII: *Cum multa* [*12 de mayo de 1885*]; Pío
XI: Discurso a la Federación Universitaria Católica Italiana [8 de
septiembre de 1929; cf. L'Osservatore Romano del 9 de octubre de
1929]; [Abbé E.] Guerry: *L'Action Catholique*, [Paris 1936] págs.
81-87; Lallement, *Principios católicos de acción cívica*, p. 33).

Un católico, por tanto, no puede desentenderse de la gran política, ni considerar como algo indigno de su fe en Cristo detenerse
en los asuntos temporales, que son el campo propio de la política. "Por el contrario, su carácter mismo de católico exige que haga
el mejor uso de sus derechos y deberes de ciudadano para el bien
de la religión, inseparable del bien de la patria" (Carta *"Paterna"*
a los Obispos de México[17]) "Al interesarse por la política realiza
el católico sus más grandes deberes cristianos, ya que, mientras es
más vasto e importante el campo en el cual se puede trabajar, más
imperioso es el deber correspondiente. Y tal es el dominio de la
política que mira a los intereses de la sociedad entera y que, bajo
este aspecto, es el campo de la más amplia caridad, de la caridad
política, del cual se puede decir que no tiene otro superior si no es el
de la religión. Éste es el aspecto bajo el cual los católicos y la Iglesia
deben considerar la política" (Discurso de Pío XI a la Federación
Universitaria Católica Italiana).

De aquí se deduce que contradice al sentir católico la escuela
apolítica. "No cabe duda que debe ser reprobado el abstencionismo

---

[16] Carta del cardenal Secretario de Estado Pietro Gasparri a monseñor José Skwirec-
kas, por el II Congreso de la Juventud en Lituania, 18 de diciembre de 1928.
[17] Pío XI, Carta *Paterna sane*, 2 de febrero de 1926. Cf. AAS 18 (1926), pp. 175-179.

absoluto, en cuanto que la participación en la política constituye para los fieles, en el sentido ya expuesto, un deber verdadero y propio, fundado en la justicia legal y en la caridad" (Carta de Su Eminencia el Cardenal Pacelli).

Fiel a este concepto, "la A.C., sin hacer ella misma política, en el sentido estricto de la palabra, prepara a sus militantes a hacer una buena política", es decir, "una política que se inspira en todo en los principios del cristianismo, los únicos que pueden traer a los pueblos la prosperidad y la paz; eliminará así el hecho, que a pesar de ser monstruoso no es raro, de que hombres que hacen profesión de catolicismo tengan una conciencia en su vida privada y otra en su vida pública" (Carta al Cardenal Patriarca de Lisboa [Manuel Gonçalves Cerejeira])[18]. Por esto "la A.C. no prohibirá a sus adherentes una participación tan amplia como sea posible en la vida pública; antes al contrario, ella los hará más aptos para llenar las funciones públicas gracias a una severa formación en la santidad de la vida y en el cumplimiento de sus deberes cristianos. ¿No es acaso ella la llamada a procurar a la sociedad sus mejores ciudadanos, al Estado sus más íntegros y más expertos magistrados?" (Carta del Cardenal Bertram)[19].

Por esta razón los católicos que presiden o forman parte de la A.C., como ciudadanos están obligados a usar su derecho de voto. "Faltarían gravemente a su deber si en la medida de sus posibilidades no contribuyesen a dirigir la política de su ciudad, de su provincia, de su nación, pues si permanecen ociosos, las riendas del gobierno caerán en manos de los que no ofrecen sino débiles perspectivas de salvación" (*Peculiari quadam*).

2. La A.C. y la política de partidos

Frente a la gran política hay que situar la *política de partidos*, es decir, la tendencia al bien común tal como la conciben diferentes "agrupaciones de ciudadanos que se proponen resolver las cuestiones económicas, políticas y sociales según sus propias escuelas e

---

[18] Pío XI, *De Actione Catholica in Lusitania ordinanda*, 10 de noviembre de 1933. AAS 1926 (34), pp. 628-633.

[19] Pío XI Carta *Quae nobis* al cardenal Adolfo Bertram, arzobispo de Breslavia, 13 de noviembre de 1928. Cf. AAS 20 (1928), pp. 384-387.

ideologías, las cuales, aunque no se aparten de la doctrina católica, pueden llegar a diferentes conclusiones" (Carta de Su Eminencia el Cardenal Pacelli). "Es natural que la A.C., lo mismo que la Iglesia esté por encima y fuera de todos los partidos políticos, ya que ella ha sido establecida, no para defender los intereses particulares de tal o cual grupo, sino para procurar el verdadero bien de las almas extendiendo lo más posible el Reino de Nuestro Señor Jesucristo en los individuos, las familias, la sociedad; y para reunir bajo sus estandartes pacíficos en una concordia perfecta y disciplinada a todos los fieles deseosos de contribuir a una obra tan santa y tan amplia de apostolado" (Pío XI a la Federación Universitaria Católica Italiana).

Nunca insistiremos bastante en que la A.C. "no debe ser una esclava en las querellas políticas ni encerrarse en las estrechas fronteras de un partido, cualquiera que éste sea" (Carta *Quae Nobis*). "En otras palabras, un partido político, aunque se proponga inspirarse en la doctrina de la Iglesia y defender sus derechos, no puede arrogarse la representación de todos los fieles, ya que su programa completo no podrá tener nunca un valor absoluto para todos, y sus actuaciones prácticas están sujetas al error. Es evidente que la Iglesia no podría vincularse a la actividad de un partido político sin comprometer su carácter sobrenatural y la universalidad de su misión" (Carta de Su Eminencia el Cardenal Pacelli).

"Sólo en momentos de grave peligro tienen los obispos el derecho y el deber de intervenir, es decir, cuando sea necesario hacer un llamado a la 'unión' de todos los católicos, para que, puesta a un lado toda divergencia política, se levanten en defensa de los derechos amenazados de la Iglesia. Pero es evidente que en tal hipótesis no harían ellos política de partidos" (Carta de Su Eminencia el Cardenal Pacelli).

Respecto a los partidos políticos la Santa Sede inculca a los obispos y sacerdotes que se abstengan de hacer propaganda en favor de un determinado partido político. Desea la Iglesia que se inculque a los ciudadanos "la gravísima obligación que les incumbe de trabajar siempre y en todas partes, también en la cosa pública, según el dictado de la conciencia, ante Dios, por el mayor bien de la Religión y de la Patria; pero de tal manera que, declarada la obligación general, el sacerdote no aparezca defendiendo a un partido más que a otro, a menos que alguno de ellos sea abiertamente contrario a la religión".

"Debe dejarse a los fieles la libertad que les compete como ciudadanos, de constituir particulares agrupaciones políticas, y militar en ellas, siempre que éstas den suficientes garantías de respeto a los derechos de la Iglesia y de las almas".

"Es, sin embargo, obligación de todos los fieles, aunque militen en distintos partidos, no sólo observar siempre, hacia todos, y especialmente hacia sus hermanos en la fe, aquella caridad que es como el distintivo de los cristianos, sino también anteponer siempre los supremos intereses de la religión a los del partido, y estar siempre prontos a obedecer a sus pastores cuando, en circunstancias especiales, los llamen a unirse para la defensa de los principios superiores" (Carta de Su Eminencia el Cardenal Pacelli al Episcopado chileno).

3. La A.C. está fuera y por encima de los partidos políticos

Estas normas generales tan claras y tan precisas de la Iglesia sobre la gran política y la política de partidos, en lo que se refiere a los católicos, encuentra todavía precisiones más exactas al referirse a la A.C., a sus dirigentes y a sus socios:

"La A.C., por su naturaleza misma, prepara a los jóvenes asociados para manejar con rectitud las cosas y los asuntos políticos, educando y formando su espíritu en los principios de la Religión católica, de tal modo que resulten aptos y preparados para resolver, guardando el orden debido, aun las cuestiones que se agitan en el campo político" (Carta de Su Eminencia el Cardenal Pacelli).

Todo lo que se ha dicho sobre la distinción entre la Iglesia y la política se aplica al pie de la letra a la A.C., que es la participación de los seglares en el apostolado jerárquico de la Iglesia. "La A.C. se levanta y se desarrolla por encima y fuera de todo partido político. No hace política de un partido ni es un partido político" (Discurso de Pío XI a la Federación de Hombres de la A.C. Italiana) Este mismo principio lo inculca claramente nuestro Santo Padre Pío XII en su Carta como Secretario de Estado al Episcopado chileno: "Siendo participación del apostolado de la Iglesia y dependiendo directamente de la Jerarquía eclesiástica, la A.C. debe mantenerse absolutamente ajena a las luchas de los partidos políticos, aun de aquellos que estén formados por católicos. Por consiguiente, las asociaciones de jóvenes católicos, ni deben ser partidos políticos ni deben afiliarse a partidos políticos; y convendrá, además, que los dirigentes de dichas asociaciones no sean al mismo tiempo dirigentes de partidos o de asambleas políticas, para que no se mezclen, faltando al orden debido, cosas muy diferentes las unas de las otras".

Para salvaguardar hasta el fin esta separación de la A.C. con la política de un determinado partido, cualquiera que éste sea, que es lo que pretende dejar bien en claro la Santa Sede, ordena que, "si pareciere oportuno proporcionar a la juventud una especial y más alta instrucción en materia política, diferente de aquella formación general de la conciencia ciudadana, ella deberá ser dada, no en las sedes o reuniones de los socios de la A.C. sino en otro lugar, y por hombres que se distingan por la probidad de sus costumbres y por la integral y firme profesión de la doctrina católica; quedando además a salvo y claramente establecido el principio que en ningún modo es oportuno que la misma Jerarquía de la Iglesia forme e instruya asociaciones políticas de jóvenes, y sobre todo que ella dirija a los jóvenes católicos de tal suerte que éstos se inclinen a uno más que a otro de los partidos políticos, que den suficientes garantías para la conveniente defensa de la causa y derechos de la Iglesia" (Carta de Su Eminencia el Cardenal Pacelli).

4. La A.C. debe abrir sus puertas a todos los católicos

Una vez sentado claramente este principio de independencia de la A.C. respecto a la política de un determinado partido y después de haber establecido, no en virtud de un principio dogmático sino de un principio prudencial, que los dirigentes políticos no sean a la vez dirigentes de la A.C., procura la Iglesia evitar otro escollo. Es éste el de separar de tal manera la política de partidos de la A.C., que parezca algo incompatible el ser dirigente y aun simple miembro de un partido político y a la vez socio de la A.C.

Este principio lo sienta claramente la Carta del Cardenal Pacelli al Episcopado chileno cuando afirma que "los jóvenes inscritos en las asociaciones de la A.C. pueden, como privados ciudadanos, adherirse a los partidos políticos que den garantías suficientes para la salvaguardia de los intereses religiosos. Traten, sin embargo, de cumplir siempre sus deberes de católicos, y no antepongan las conveniencias del partido a los superiores intereses y santos mandamientos de Dios y de la Iglesia".

Esta misma doctrina ha sido ampliamente expuesta en carta autógrafa del Excelentísimo señor Arzobispo de Santiago, de 14 de noviembre de 1941, que contiene normas dadas al Consejo Arqui-diocesano de la Juventud Católica de Santiago[20]:

"Debe enseñarse a los jóvenes que no hay oposición alguna entre ser militante de la A.C. y ser militante, y aun dirigente, de un partido político al cual, según las normas dadas por la Santa Sede, puedan pertenecer los católicos. Únicamente se ha declarado que, en general, no conviene que los dirigentes de A.C. sean a la vez dirigentes de partidos políticos. Y si pueden ser militantes, pueden actuar como tales en las asambleas de A.C. y de Juventud católica y aun hablar en ellas, siempre que no sea de política de partidos, sin que esto signifique en forma alguna que la A.C. esté unida o se confunda con la política de partidos, como un dirigente de sociedad comercial podría hablar como militante de Juventud o de A.C., sin que por eso se tuviera la sociedad comercial que dirige como unida con la A.C. o confundida con ella. Esta actuación de un militante de A.C. que a la vez lo fuera de un partido político sólo significaría solidaridad con las opiniones políticas y odiosidades de partidos en el espíritu de aquellos que se empeñan en encontrar lo que no hay en tal actuación. La A.C. debe ser la casa común, como lo es la misma Iglesia Católica, de todos los católicos, cualquiera que sean sus opiniones sobre materias discutibles o contingentes. No se ha de pretender cerrar en la A.C. las puertas a los que no se las cierra la Santa Iglesia. En la A.C. es donde se ha de encontrar siempre, no sólo el ideal superior que ha de unir todos los corazones, sino también la sincera caridad que allanará para ello todas las dificultades".

"No es conveniente restringir el movimiento de A.C. sólo a los jóvenes que no trabajen activamente en la política de partidos que están dentro de las normas señaladas por la Santa Iglesia para que los católicos puedan adherirse a ellos. Por el contrario, y ésta es ciertamente la doctrina de la Santa Iglesia, que ha hecho llamado general a todos los católicos a trabajar en la A.C. y que ha declarado tantas veces que la A.C. es parte integrante de la vida cristiana, y a la cual, por cierto, están llamados todos los católicos, creemos yo y el Reverendísimo Asesor Nacional [Monseñor Augusto Salinas] que deben abrirse las puertas de la A.C. en la forma más amplia a todos los católicos que quieran acudir al llamado del Supremo Pastor de

---

[20] El texto completo de la carta se encuentra en A. Lavín, *Aspectos críticos...*, pp. 14-18.

la Iglesia, para unirse con Cristo y trabajar por la extensión de su Reino, cualquiera que sea su opinión política y su figuración en los partidos, siempre dentro de las normas de la Santa Iglesia".

"Si los católicos, divididos tan hondamente, no pueden encontrarse ni siquiera en la A.C., ¿dónde estaría la unidad de la Iglesia? y ¿qué esperanzas habría de contar en las filas de la A.C. con esa muchedumbre de católicos que, dentro de las normas pontificias, sienten la necesidad de trabajar como católicos en un campo en que se combate con la mayor fuerza y eficacia a nuestra Santa Religión y donde, por lo mismo, se encontrarán luchando los más decididos, los más inteligentes o de más vigorosas iniciativas? ¿No es el espíritu de la A.C. llevar el Espíritu de Cristo a todas las actividades humanas? ¿Y quedaría excluida precisamente una de las que más lo necesitan y donde es necesario también luchar por el Reino de Cristo?".

Estas normas tan claras y precisas dadas a uno de nuestros Consejos por el Excelentísimo y Reverendísimo señor Arzobispo de Santiago son la expresión más precisa del derecho que tiene la A.C. de llamar a sus filas a todos los católicos, cualquiera que sea su actividad y sus opiniones sobre puntos contingentes, siempre que estén dentro de las normas de nuestra Santa Madre Iglesia. Y puede la A.C. no sólo llamarlos a sus filas, sino también confiarles cuando lo creyere oportuno cualquier cargo con la única limitación de que no ocupen los puestos dirigentes de la A.C. los que a su vez sean dirigentes políticos; y esto por razones de oportunidad y prudencia.

Es indudable que la aplicación de este principio tan claro ha de pesarse con prudencia para evitar erróneas interpretaciones. *La aplicación de este principio corresponde a las autoridades dirigentes de la A.C.* Abiertamente lo declara en su carta al Consejo Arquidiocesano de Santiago el Excelentísimo y Reverendísimo señor Arzobispo de Santiago: "El juzgar de la oportunidad o inoportunidad de hacer uso del derecho que tiene la dirección de la A.C. de llamar a determinados católicos a participar y a hablar en sus asambleas, corresponde a esa misma dirección de A.C. Puede, pues, si se trata de un movimiento general de atracción hacia la A.C. de los que aún no pertenecen a ella, el Consejo Nacional —salvo el parecer de la Comisión Episcopal[21] (que no es distinto del expresado aquí)—, o

---

[21] Al crear la A.C., "Los Obispos vislumbraron la necesidad de crear un cuerpo representativo de ellos y, por esto, constituyeron la Comisión Episcopal (...). En

el Consejo Diocesano, si se trata de un movimiento restringido a la Diócesis, resolver lo que estime más conveniente en cada caso. Cuando la Jerarquía, consultada oportunamente, manifiesta una determinada opinión o resolución sobre la conveniencia o inconveniencia de aplicar las normas dichas u otras cualesquiera, es natural que todos los miembros de la A.C. la acaten con toda sinceridad y voluntad, ya que la A.C. es, esencialmente, participación en el apostolado de la Jerarquía y colaboración con ella[22]. Obrar de otro modo sería destruirse a sí misma negando o haciendo caso omiso de aquello que es precisamente su razón de ser y su esencia misma".

Las ideas expuestas en los últimos párrafos vienen a completar las normas sobre la independencia de la A.C. respecto a la política de partidos. Se reconoce, pues, el derecho de incorporarse en ella también a aquellos que militan en la política de partidos y se deja claramente establecido el principio de que es a la autoridad propia de la A.C. a quien incumbe aplicar dicho principio. Si en una diócesis determinada pareciere más prudente restringir en parte la aplicación de este principio, es al Consejo Diocesano, en todo aquello que no afecte al movimiento nacional, a quien corresponde hacer dicha aplicación. Cuando se trata de una medida acordada por el Consejo Nacional, no podrá dejar de aplicarse por ningún Consejo Diocesano si no es con la expresa autorización del Excelentísimo y Reverendísimo señor Arzobispo diocesano, o del Consejo Nacional que dictó la orden.

La independencia de la A.C. respecto a los partidos políticos queda más ampliamente garantizada si ésta, en vez de cerrar sus puertas a los que trabajan activamente en política, se las abre

---

1939 se establece la Comisión Episcopal Permanente para la A.C. Esta Comisión pronto se vio abocada a dar respuestas a problemas que de hecho tenían una repercusión a nivel nacional. Por cuanto le incumbía todo lo relacionado con el apostolado de los laicos, debió asumir el rol (*sic*) de ser la voz oficial del Episcopado (...). El 5 de noviembre de 1952, se constituía... la Conferencia Episcopal chilena". Fernando Aliaga Rojas, *La Iglesia en Chile. Contexto histórico*, Santiago 1989, pp. 198-199.

[22] Este era el concepto de apostolado laical que existía en aquella época y que los Papas querían que se difundiera a través de la Acción Católica. Cf. Pío XI, *Encíclica Non abbiamo bisogno* (26 de junio de 1931), en AAS 23 (1931), pp. 285-312; especialmente, p. 294; Pío XII, *Encíclica Summi pontificatus* (20 de octubre de 1939), en AAS 31 (1939), pp. 510-537; especialmente, p. 530.

generosamente a todos, sin preocuparse de cuál sea su color político dentro de las normas dadas por la Iglesia cristiana y preocupándose que ni directa ni indirectamente se vaya propagando partidos dentro de sus locales ni el campo de sus actividades.

5. Participación de los jóvenes en la política activa

Un último problema se plantea en las relaciones de la A.C. y la política: es el de la participación de los jóvenes y especialmente de los alumnos de la enseñanza secundaria en la política activa.

El derecho de los jóvenes de intervenir en política activa está ampliamente reconocido en la Carta de Su Eminencia el Cardenal Pacelli, no menos que en otros documentos pontificios similares. Con todo, no podemos menos de recordar *la conveniencia de que los jóvenes retarden su incorporación a la política activa* hasta tanto no tengan un criterio plenamente formado. La política fácilmente enardece los ánimos, apasiona, divide; y necesita la juventud para esos torneos llevar un caudal amplio de formación espiritual, de vida sobrenatural, de caridad cristiana, de prudencia, que no son fáciles de encontrar en esa edad. Por eso estimamos que, por lo menos, *mientras no haya llegado un joven a la edad que la ley le confiere el derecho de sufragio*, sería, como norma general, más conveniente que se dedicase preferentemente a las actividades de la A.C. sin mezclarse en forma habitual en las luchas partidistas.

Este principio, como bien se comprenderá, vale especialmente para los *alumnos de la enseñanza secundaria*, los cuales, por desgracia, se ven arrastrados desde muy temprano a la política de partidos, gastando en esta actividad la mayor parte de las energías que debieran consagrar a su formación sobrenatural, intelectual, social y cívica. Por esto, la Comisión Episcopal, en varias ocasiones, ha prohibido terminantemente que dentro de los *colegios católicos* se haga propaganda partidista. Desgraciadamente, los alumnos, desde muy temprano, están, de hecho, inscritos en asociaciones políticas. Ha de inculcárseles que no es ésta su mejor escuela, pero si persistieran en su propósito, no por eso han de ser abandonados por la A.C. Precisamente por el mayor peligro en que se encuentran de tener que soportar una actividad superior a sus cortos años necesitan más que otros del influjo sobrenatural y de la sólida formación que sólo la A.C. puede dar.

La consideración del gran número de jóvenes que escapan hoy a la influencia de la A.C. para consagrarse a actividades políticas, nos mueve a estimular el celo de los dirigentes para no dejar abandonados a esos jóvenes que, tal vez, necesitan en forma más urgente que otros empaparse en los principios sobrenaturales que informan la A.C.

6. La crisis de nuestra patria es de valores morales

No nos cansemos de inculcar a los jóvenes que se interesan generosamente por el bien de Chile, oportuna e inoportunamente, esta idea: que nada grande podrán hacer si *primero no se transforman ellos mismos* en cristianos integrales, en hombres que vivan plenamente a Cristo y que aspiren a vivir la vida como viviría Cristo si estuviera en su lugar. Mientras más aspira a dar, mientras más pretende uno que sea su influencia, más necesita recogerse interiormente y más honda ha de ser su formación. Comprendan los jóvenes que *la mejor escuela de la política es la A.C.*, de una política que no busque sus intereses, sino sinceramente los de la Patria, que son los de Cristo.

La gran crisis de nuestra nación es *una crisis de valores morales*; en otros términos, una crisis de cristianismo, y ésta no podrá ser solucionada sino por hombres que tengan la integridad de valores morales que dan una fe plenamente conocida y vivida en todas las circunstancias y momentos. Esos hombres son los que produce una A.C. auténtica como la que aspiramos a poseer en Chile con el concurso leal de todos los Consejos, centros y militantes.

Al terminar esta circular, os deseamos, compañeros de la A.C., unas felices Navidades y que el Redentor Niño os conceda ser apóstoles fervientes de esa Gloria de Dios que cantaron los ángeles y de esa Paz a los hombres de buena voluntad.

Alberto Hurtado S.J., Asesor
William Thayer, Presidente[23]
Sergio Lecannelier R., Secretario

---

[23] William Thayer Arteaga nació en Santiago en 1918. Conoció al P. Hurtado en 1937 y desde entonces se dirigió espiritualmente con él. Fue su colaborador en la A.C., de la que fue presidente entre 1941 y 1942, y en la ASICH. También fue dirigente de la Asociación Nacional de Estudiantes Católicos (A.N.E.C.) y director del Secretariado Interamericano de A.C. Posteriormente, ocupó importantes cargos públicos.

[2 o 3 DE ENERO DE 1942][24]

Casilla 597
Alberto Hurtado Cruchaga, S.J.
Mi querido Jaime:
No tengo útiles para escribir que estas tarjetas, pues voy a bordo del Trinidad, camino a Ancud y no he querido demorar un instante el escribirte en primer lugar para desearte de todo corazón un ¡feliz año! Que sea la coronación de todas tus aspiraciones. Las noticias de tu carta no me alarman; se puede decir que son normales, ya que es muy raro recibir el permiso desde la primera petición. Los padres quieren cerciorarse bien, y hay que darles tiempo para que se les pase la primera impresión, que por muy esperada que sea siempre es muy fuerte. Estoy seguro que si te encuentra firme, decidido, muy motivado en tu vocación y tú continúas respetuosamente exponiendo tus deseos terminarán de allanarse las dificultades porque en el fondo ellos no pueden querer sino tu bien, y siendo cristianos es imposible que se atrevan a oponerse a la voluntad de Dios exponiéndote a verte desgraciado para siempre por su culpa. Es una responsabilidad que los padres cristianos no afrontan una vez que se han cerciorado de la seriedad de la vocación de sus hijos. Por eso, firme!!!

Si tu Papá te trae al Sur ven con él, alégrate en la vista de esta preciosa naturaleza que te servirá para elevarte harto hasta Dios y para hablar con él de corazón a corazón y hacer comprender a tu papá el por qué de tu decisión y cuán espontánea ha sido.

Yo he estado haciendo la vida de gitano errante de parroquia en parroquia. Prediqué los ejercicios al clero de Valdivia, el 4 los comienzo en Ancud, el 11 a los de Temuco y los intervalos los aprovecho para visitar a los jóvenes de A.C. y he encontrado centros maravillosos y un abandono en otras partes que parte el alma. Escríbeme al Obispado de Temuco, donde estaré del 11-16. El 21 en Santiago. Adiós. Sigo pidiendo de corazón por y no te desanimes: Keep your chin up! Un abrazo de tu padre espiritual.

---

[24] *Archivo Padre Hurtado*, s 62 y 84.

Recibí tu carta después de salir de Valdivia, por eso no pude ver a tus parientes... pero ¡no temas!

24 DE ENERO DE 1942, SANTIAGO[25]

Excelentísimo señor Eduardo Larraín Cordovez[26].
Respetado señor Obispo:
Al volver a Santiago después de una larga gira de Acción Católica por el Sur del País, me encontré en San Ignacio con el Padre Morales Delpiano quien creyó cumplir un deber de caridad cristiana advirtiéndome que se decía que yo me mezclaba en política y favorecía a la Falange, y que estos rumores habían llegado hasta Su Excelencia.

Su Excelencia me perdonará que me tomo la libertad de escribirle para rectificar estas apreciaciones, pues pienso que un sacerdote, sobre todo si tiene el cargo que el Episcopado Chileno me ha confiado, necesita confiar con toda la confianza de los fieles. Es del todo infundado que yo me haya mezclado en actividades políticas de cualquiera especie y que jamás haya hecho nada por recomendar o favorecer a la Falange, como tampoco por impugnarla. He procurado cumplir al pie de la letra las normas del Episcopado Nacional sobre abstención del clero de las luchas de política partidista. En mi cargo de Asesor Nacional me he inspirado en las mismas normas y, con motivo del Congreso Eucarístico, tuve que afrontar una situación bien difícil ante algunos que separaban demasiado la A.C. de los que militan en la política de partidos y en todo momento procedí de acuerdo con el Asesor General de la Acción Católica y con Monseñor Caro, el cual tuvo a bien escribirme una carta, que se hizo pública, aprobando mi manera de sentir en este punto y supe

---

[25] *Archivo Padre Hurtado*, s 71 y 12.
[26] Eduardo Larraín Cordovez (1890-1970) era Obispo de Rancagua. Nacido en San Bernardo el 7 de mayo de 1890, ingresó al Seminario de Santiago. Fue ordenado sacerdote el 4 de mayo de 1913. En 1934 recibió el nombramiento de Rector del Seminario de Rancagua, de donde fue hecho Obispo en 1938. Participó en la primera sesión del Concilio Vaticano II. Falleció el 20 de octubre de 1970.

que la Comisión Episcopal aprobó mi actuación[27]. El Consejo Nacional, por inspiración del Asesor, dictó una circular sobre Acción Católica y política que refleja en resumen los documentos pontificios y del Episcopado Nacional sobre este punto[28]. Esta y no otra ha sido mi actividad en los problemas políticos.

Es cierto que soy amigo de jóvenes que militan en varios bandos, a los cuales no me he creído con el derecho de aconsejar en materias políticas. Mis superiores, que conocen exactamente mi actuación, se han preocupado seriamente de que se cumplan las normas de la Iglesia sobre la materia, jamás me han amonestado sobre el particular, a pesar de haber tratado con ellos sobre estas materias.

He querido, Excelentísimo señor, exponerle filialmente estas ideas, abusando de su benevolencia, seguro de que Vuestra Excelencia sabrá comprender el motivo de mi carta.

Aprovecho esta ocasión para saludar respetuosamente a S.S. Ínfimo siervo en Cristo.

Alberto Hurtado C., S.J.

6 DE FEBRERO [1942], IQUIQUE[29]

Mi querido Rodolfo:

Mucho me alegro por tu llegada a Antofagasta, lo que me hizo tranquilizarme, pues por lo menos tuve la seguridad que tu cacharro aéreo no había ido a parar al mar... No deja de impresionar cuando uno siente los vacíos y ve que el avión da sus brinquitos y está uno sobre el azul océano...

Me pides instrucciones. Te sugiero el siguiente plan: cuando tú veas que tu trabajo en Antofagasta está terminando, lo que podría ser muy pronto, pues vamos después con Arturo a terminar el

---

[27] Nueva alusión a la carta de Mons. Caro del 14 de noviembre de 1941, publicada en A. Lavín, *Aspectos críticos...*, pp. 14-18.

[28] Se refiere, naturalmente, a la carta anterior.

[29] s 70 y 110.

trabajo, te diriges a Taltal, sitio que no visitaríamos nosotros, y luego sigues a Chañaral, Pueblo Hundido, Potrerillos, Copiapó, Vallenar, Huasco, Freirina, Serena. Estudia tú mismo allí las combinaciones para ir llegando a estos puntos y avisas oportunamente tu llegada por telegrama, enviado lo antes posible cuando tengas exactamente tu itinerario. El ideal es estar un día en cada punto para alcanzar a reunirse con los jóvenes, y conversar despacio con el Asesor. Les pides los datos de la hoja de informes que te dejé, les hablas de la oficialización y la pones al día, si no lo está; les expones el plan de trabajo para 1942, los invitas cordialmente al congreso de 1942, Santiago,15-16 Agosto; buscas responsables para las campañas, los caldeas en el sentido de la vida interior; procura afianzar el aspirantado y dejar lanzada la idea de un centro de liceanos donde esto exista, la lista de jóvenes que están en Santiago, y de todo esto bien concretamente vas tomando nota para un informe. Me avisas a Antofagasta si crees necesario que vaya yo a algún sitio por ser de especial importancia.

Con Arturo nos vamos por avión el Martes 10 a Antofagasta; allí veremos qué programa nos tienen y seguiremos viaje a Serena, para alcanzar a llegar antes del 22, día en que comienza el retiro del clero; en esa ocasión se reunirán todos los sacerdotes en Serena. Espero encontrarme contigo en Serena; o en el sitio que coincida con el plan que tú me enviarás por avión a Iquique apenas lo hayas terminado y fijado los días. Te envío por vía de curiosidad un plan que nos había fijado Heriberto pinto hace ya algún tiempo: podrá tal vez ayudarte a planear el tuyo. Tan pronto lo tengas planeado todo, junto con escribirme a mí escribe también a Heriberto Pinto, Arzobispado, Serena, por avión... o mándale telegrama anunciándole el proyecto de gira. Yo lo haré desde Antofagasta. Plata te va a faltar. Dile al P. Marambio de parte mía que te dé 500$ que yo le pagaré al llegar. Averigua si puedes conseguir rebaja en ferrocarriles como estudiante. Tal vez para ir a Taltal te convenga hacerlo por auto.

Nada más por ahora, y recibe un cariñoso saludo y abrazo. Affmo. hermano en Cto.

Alberto S.J.

Avísales a los pueblecitos que tú visites y queden en la línea central a Serena, que si no pasamos nosotros a visitar al pueblo, vayan al menos a la estación; ya les avisaré por telegrama cuándo pasaremos por cada pueblo, para poder al menos saludarlos.

12 DE ABRIL DE 1942, SANTIAGO[30]

Excelentísimo y Reverendísimo Dr. José María Caro
Presidente de la Excelentísima Comisión Episcopal

Excelentísimo señor:
Animado del deseo de colaborar en la mejor forma a la labor de la Acción Católica, me atrevo a rogar a Vuestra Excelencia quiera informar a la Excelentísima Comisión Episcopal de mi propósito de alejarme del cargo de Asesor Nacional de la Juventud Católica de Chile que he desempeñado hasta ahora, rogando al mismo tiempo a la misma Excelentísima Comisión Episcopal que, si tiene por fundadas mis razones, quiera estimar la presente carta como la presentación de mi renuncia al cargo de Asesor.

Las razones que me mueven son las siguientes:

1. El temor que la Excelentísima Comisión no estime acertado el criterio con que he procurado organizar y orientar a la rama juvenil, como se ha manifestado en el rechazo de las principales ideas personales concebidas en los Estatutos presentados para su aprobación a la Excelentísima Comisión Episcopal, ideas que me parecían de gran importancia para la buena marcha del movimiento juvenil[31]. Esto no quiere decir en forma alguna que no esté de acuerdo con las aprobadas por la Excelentísima Comisión, y que no esté dispuesto a colaborar con el mayor entusiasmo en su realización mientras ocupe el cargo que ocupo.

---

[30] *Archivo Padre Hurtado*, s 64 y 02.
[31] La diferencia parece radicar en que el P. Hurtado proponía que la separación de la recién creada rama Universitaria de la A.C., no fuera total con respecto a la rama juvenil; y aconsejaba que los universitarios permanecieran en contacto con la rama juvenil, pudiendo desempeñar incluso cargos directivos.

2. Este mismo temor se manifiesta al ver rechazado mi candidato a la presidencia nacional, ya que su nombre indicaba la realización de todo un programa de trabajo y una orientación del movimiento[32]. Los otros nombres propuestos en mi carta[33], como allí lo indicaba, no parecían aptos para realizar esa orientación. ¿Significará la designación de Presidente [William Thayer Arteaga] un desacuerdo ante la orientación propuesta, o una manifestación que manifieste una desaprobación de mi criterio en la elección de las personas que puedan dirigir el movimiento juvenil?

3. He creído entender esto mismo al no ser consultado en estos asuntos de reforma reglamentaria y designación de Presidente, tratándose de algo tan íntimamente relacionado con la marcha del movimiento cuya responsabilidad en gran parte descansa sobre el Asesor, el cual debe estar en todo momento cierto de contar con la confianza de la Excelentísima Comisión Episcopal, cuya representación tiene.

4. Me ha parecido traslucir este mismo temor en el acuerdo tomado en la Comisión Episcopal anterior que recuerda a los Asesores Nacionales y Dirigentes que no verifiquen giras sin autorización de los Excelentísimos señores Obispos y lo hagan en época oportuna. Este acuerdo, me parece comprenderlo, se refiere a un descuido mío en un caso particular durante mi gira al Norte y Sur del país, del cual di las debidas explicaciones. En todos los demás casos pedí oportunamente la licencia al Obispo Diocesano y en el caso aludido la falta de petición se debió a circunstancias totalmente casuales.

5. La exclusión de los casados jóvenes de la rama de los jóvenes, agregada a la separación de los universitarios de la misma, va a

---

[32] Esto se entiende a la luz del párrafo n° 5. El P. Hurtado quería contar con jóvenes casados y universitarios como miembros de la Rama Juvenil de la A.C., para que pudieran ejercer cargos de dirigentes. Su oposición no es a la persona del elegido William Thayer, con quien se entendió muy bien. Sobre estos argumentos el Padre había escrito una carta a monseñor Salinas el 6 de febrero de 1942 (s 64 y 02), que aquí no reproducimos porque es muy larga y trata materias de organización que hoy no resultan interesantes. La carta se encuentra en A. Lavín, *Aspectos críticos...*, pp. 29-38.

[33] No tenemos esta carta, así es que no sabemos los nombres que el P. Hurtado había propuesto.

hacer muy difícil encontrar dirigentes para el movimiento[34]. La razón dada para excluir al Presidente propuesto, Doctor Mardones, por ser casado, me hace comprender que la norma se va a interpretar severamente. Por otra parte, tengo fundados temores para pensar que en la práctica igual interpretación va a tener la separación de los universitarios. En estas condiciones resulta bastante difícil encontrar los dirigentes para un movimiento llamado a tener tan amplias proporciones, como me ha parecido siempre que debe tenerlas. Quizás otro Asesor tenga un criterio diferente y logre con más facilidad encontrar colaboradores dentro del campo estrictamente asignado a la rama juvenil, y no quisiera evitar esas posibilidades que pueden contribuir al éxito del movimiento.

6. Las otras razones son de orden más estrictamente personal, pero tienen bastante peso para mí. El empleo de casados jóvenes y universitarios en nuestro movimiento, que a mi manera de ver es indispensable, va a traer posibilidades de frecuentes rozamientos con las ramas a que pertenecen estos jóvenes y dado mi carácter vehemente, temo no proceder con la debida caridad en estos casos y escandalizar a los jóvenes a quienes estoy llamado a edificar en Cristo.

7. El enorme trabajo que significan estas actividades como Asesor Nacional y Arquidiocesano, unido a los otros trabajos que me han confiado los Superiores de la Compañía, y unido a las preocupaciones que significan las razones arriba expuestas y la menor colaboración que podré encontrar entre personas que sean de mi confianza para poder descargarme de parte de mis trabajos, me parece excesivo. El sistema nervioso se resiente y no lo temo tanto por lo que quebrante la salud, cuanto por el quebranto que acarrea a la vida espiritual, exponiendo así lo que debiera ser el alma de

---

[34] La preocupación principal del P. Hurtado sobre este punto, se basaba en la dificultad que había entonces de encontrar jóvenes bien formados y dispuestos a dirigir los centros de la Acción Católica a lo largo de Chile. Al separar a los universitarios de la rama juvenil de la A.C., se perdía a los dirigentes más preparados. El mismo P. Hurtado expone este argumento en su carta del 6 de febrero de 1942 a monseñor Salinas: "Los mejores centros, en estas circunstancias, son por regla general centros en los cuales hay elemento universitario por ser estos jóvenes más formados, de una mayor inquietud espiritual… En los centros en que actúan suelen hacer el papel de levadura que hace fermentar la apatía de los demás" (s 64 y 07). Este punto se encuentra ampliamente desarrollado en las siguientes cartas.

mi sacerdocio. Esto me hace pensar que he tomado sobre mí una empresa superior a mis fuerzas espirituales y que me parece más prudente, ante Dios, descargarme de esta carga para evitar el detrimento de mi alma y el de los jóvenes que me han sido confiados.

Me he tomado la libertad de escribir esta carta con filial confianza a los Prelados de la Iglesia, que Dios ha puesto como Padres de los fieles, estando ausente de mi espíritu el temor que ella pueda ser mal interpretada. Es la palabra del hijo a sus Padres en la que expone sus temores y les pide su determinación que acatará fielmente. Les ruega, eso sí, considerar el bien de la Acción Católica, de los jóvenes y la propia alma del sacerdote que esto escribe.

De Vuestra Excelencia ínfimo siervo en Cristo.

Alberto Hurtado C., S.J.

16 DE JULIO DE 1942, SANTIAGO[35]

Sr. Presbítero don Benedicto Guiñes
Respetado señor Cura y amigo:
Me atrevo a llamarlo "amigo" porque, además de la hermandad cristiana que nos une y la sacerdotal, tuve ocasión de tener frecuente correspondencia con su señor Padre, hace ya bastantes años y guardo de él muy cariñoso recuerdo.

Dios le pague su alentadora carta con motivo de las críticas a mi libro *¿Es Chile un país católico?*[36]. Creo que han sido muy beneficiosas porque han servido para despertar curiosidad por este problema, han hecho que el libro se lea y espero que hayan despertado

---

[35] *Archivo Padre Hurtado*, s 63 y 67. Benedicto Guíñez era Cura Párroco de Quillón, un pueblo del sur de Chile cercano a Concepción.

[36] En abril de 1941 el P. Hurtado publicó *¿Es Chile un país católico?* Este libro marcó una época. En su dedicatoria, el P. Hurtado escribe: "A la Juventud Católica de Chile, sobre cuyos hombros reside el porvenir de la Iglesia y de la Patria, dedica el autor estas páginas laboriosas pidiendo al Padre de todo bien que suscite entre sus hermanos, los jóvenes chilenos, apóstoles de Cristo, que hagan mejor y más bella la vida en este Chile que nos vio nacer". Precisamente es a los jóvenes a quienes

a muchos la conciencia de su responsabilidad ante los problemas de Chile. Quiera Dios suscitar una generación de apóstoles, tales como usted los sueña en su carta. Con hombres así de una abnegación ilimitada, de un sacrificio integral y heroico reviviría esa fe que languidece en tantos.

La Acción Católica, gracias a Dios, me parece que está trayendo una renovación. Yo estoy en contacto con los jóvenes venidos de partes muy diferentes y me parece que se nota en ellos una inquietud por ser mejores, por conocer más su religión y profesarla sin respetos humanos. En octubre tendremos nuestro Congreso en Valparaíso. ¿No se anima a asistir con algunos de sus jóvenes? ¡Ojalá! Allí tendríamos también ocasión de conversar sobre tantos tópicos que nos interesan.

Lo saluda cariñosamente su afectísimo amigo y hermano en Cristo.

Alberto Hurtado C., S.J.

25 DE SEPTIEMBRE DE 1942, CHILLÁN[37]

Excelentísimo Sr. Dr. Moreira, Linares
Excelentísimo Señor:
Me atrevo a rogarle que haga el sacrificio de hacer el viaje a Valparaíso 10-12 octubre para acompañarnos en el Congreso de Jóvenes. Los jóvenes y el Asesor desean vivamente contar en

---

entrega todos sus sueños de engrandecimiento de la Iglesia. En este libro, expone en toda su crudeza los problemas de Chile. Afirma que una de las causas más importante de ellos es la falta de sacerdotes: "Si no aumenta el número de sacerdotes dentro de pocos años, Chile no será más un país católico". Y en la misma línea, concluye ¿Es Chile un país católico?, con estas palabras tan elocuentes: "Chile necesita muchos y santos Sacerdotes. Los malos necesitan al Sacerdote salvador de sus almas. Los buenos al amigo y confidente... Los pobres y los ricos al padre de sus almas. Roguemos al Señor de la mies que envíe operarios a su mies, pues, la mies hoy más que nunca es mucha y los operarios pocos. A.M.D.G.".
[37] *Archivo Padre Hurtado*, s 70 y 025.

Valparaíso con S.E. para que nos estimule y aliente. Me atrevo a esperar una respuesta de S.E. para hacerle preparar alojamiento.

Yo termino hoy los ejercicios al Clero y paso mañana sábado de regreso a Santiago por Linares en el ordinario 11.05-11.09. ¿Sería posible que si el Asesor o el Presidente de los jóvenes están libres a esa hora pudieran hacer una escapada a la estación para ver algunos detalles del Congreso y aprovechar para saludarles?

Saludo a Ud. con todo respeto

Affmo S.S. en Cto.

Alberto Hurtado C.

13 DE DICIEMBRE DE 1942, SANTIAGO[38]

Sr. Presbítero don Raúl Silva Silva[39]

Mi estimado Raúl:

Recibí su carta del 9, que mucho le agradezco y que sirve para deshacer algún malentendido que puede haberse producido entre nosotros[40], y que me alegraría en el alma de ver cuanto antes totalmente deshecho para trabajar totalmente unidos por la misma gran causa, ya que no debe existir entre hermanos ni la más leve nubecilla que empañe la total confianza. Para contribuir a ese total esclarecimiento me voy a permitir, siguiendo su ejemplo, precisar mis puntos de vista en lo que ha ocurrido[41].

---

[38] *Archivo Padre Hurtado*, s 64 y 18.

[39] Raúl Silva Silva nació en Santiago en 1911. Fue ordenado sacerdote en 1934, y trabajó como director espiritual en el Seminario de Santiago. En 1963 fue consagrado obispo. Murió cn Santiago en 1994.

[40] La carta de R. Silva está publicada en A. Lavín, *El Padre Hurtado, amigo y apóstol de los jóvenes*, Santiago 1978, pp. 120-121.

[41] El Padre Raúl Silva Silva se hizo eco de críticas que se hacían al P. Hurtado en el sentido de que se preocupaba excesivamente de conquistar a los jóvenes con medios naturales y olvidaba promover en ellos la acción de la gracia de Dios. Al mismo tiempo, Silva se sentía molesto por cierta influencia del P. Hurtado entre los seminaristas, que él consideraba excesiva.

Me dice usted en primer lugar: "He sabido por el P. Damián Symon que usted esperaba mi carta, como tal vez hasta ahora". Y prosigue: "Si es así, deseo únicamente que se deslinden las responsabilidades que uno y otro tenemos con respecto a la Acción Católica y a la Dirección Espiritual del Seminario Mayor".

Refiriéndome en primer lugar a lo que me afirma respecto a que el Padre Damián le haya dicho que yo esperaba carta suya, debe existir un malentendido. Yo no he hablado siquiera al Padre Damián de este asunto, ni le he pedido intervención alguna, pero sí me dijo él que le había insinuado a usted que me escribiera. El Padre Damián debe haberse informado de lo ocurrido por el Padre Florencio Infante[42], a quien expuse todas las ideas expresadas en la reunión que tuvimos en el Seminario.

Yo creí, después del cambio de ideas que tuvimos en la segunda charla que di a los seminaristas, que debía informar de lo que allí había sido dicho a quienes más inmediatamente trabajan conmigo en la Acción Católica, a los dos Vice Asesores[43], a los miembros de la Mesa Directiva del Consejo Nacional, y naturalmente a quien me dirige, que es el Asesor General de la Acción Católica [Monseñor Augusto Salinas]. Me movió a proceder así la importancia grande que yo atribuyo a las opiniones tan claramente expresadas de un sector tan importante del elemento eclesiástico, como es el de un grupo grande de seminaristas de mucho prestigio apoyados por su Padre Espiritual[44]. Ahora bien, estas opiniones constituían una condenación clara de la manera de concebir la Acción Católica que tiene el Asesor Nacional de la Rama de los Jóvenes[45], y una crítica de la forma como la lleva a cabo, crítica que se dirige a puntos fundamentales. Yo tenía el deber de cambiar ideas sobre estos puntos con

---

[42] Florencio Infante Díaz nació en 1913. Fue ordenado sacerdote en 1937. Perteneció a la Congregación de los Sagrados Corazones y después pasó al clero secular. Fue vice asesor de los Jóvenes Católicos y asesor de los aspirantes (en la A.C.). Fue capellán del Ejército durante muchos años. Murió en un accidente el 31 de enero de 1998.

[43] El P. Infante y el P. Camilo Lepeley, SS.CC.

[44] De aquí en adelante, al hablar de "Padre Espiritual" el P. Hurtado alude al P. Raúl Silva.

[45] Aquí y en lo que sigue, al hablar de "el Asesor", el P. Hurtado se refiere a sí mismo.

quienes me dirigen o me acompañan en el trabajo para que me indiquen si estoy errado y para que en común podamos sacar elementos constructivos de esas mismas críticas, pues éstas con frecuencia nos descubren nuestros puntos débiles. Las ideas principales que fueron señaladas en esa reunión, como opuestas a la orientación actual dada a la Rama de los Jóvenes, fueron las siguientes:

1. La Acción Católica de jóvenes da una importancia desmedida a la organización, con descuido de los elementos sobrenaturales: mucha carta, mucho tecleo de máquinas y poca oración[46].

2. Confianza excesiva en los medios humanos: propaganda, desfiles, procesiones, que hacen de nuestra Rama algo naturalista y humano, opuesto a la concepción sobrenatural que, según decía Lisandro Urrutia[47], imprime a la A.C. el Asesor de los Universitarios (lo que, dicho sea de paso, indiqué que yo nunca había constatado tal oposición entre las ideas de ambos Asesores, y que por mi parte había yo encontrado siempre amplia comprensión de parte del Sr. [Alberto] Rencoret)[48].

3. La exaltación de Cristo Jefe, Cristo Rey, en lugar del Cristo paciente y humilde, constituye un peligro para los jóvenes, pues infiltra en sus almas el orgullo y desvirtúa la esencia del cristianismo que está en la redención dolorosa. La predicación de las virtudes "heroicas" que hace el Asesor Nacional, ese llamado al heroísmo de la juventud, debiera reemplazarse por el llamamiento a la humildad y mansedumbre (de paso sea dicho, creo que en esto no debe haber más que un malentendido pues las virtudes heroicas son las humildes, y el heroísmo consiste en aceptar la cruz con todas sus consecuencias. Ahora, nadie negará que el Cristo que hay que presentar es el Cristo total).

---

[46] La lectura de otros documentos muestra que esta crítica es injustificada. De hecho, el espíritu de oración ocupaba un lugar fundamental en el plan de formación de la A.C. Él mismo afirma que "la oración es la clave de la santidad" (cf. S 19 y 17; *Un disparo a la eternidad*, pp. 109-120).

[47] Este renunció como Presidente del Consejo Arquidiocesano de los Jóvenes Católicos en marzo de 1942.

[48] Alberto Rencoret Donoso nació en Talca en 1907. Fue ordenado sacerdote el 15 de agosto de 1939 y consagrado obispo en 1958. Gobernó la diócesis de Puerto Montt hasta 1970, cuando renunció y se fue como Vicario General a Linares. Murió en Santiago el 25 de julio de 1978.

4. La concepción del apostolado que tiene el Asesor no le parece exacta al Padre Espiritual: el Asesor parece concebirlo como una invasión; al oírlo hablar, dice el Padre Espiritual, le parece que todo suena a acción, al empleo de multitud de medios, a una invasión, cuando en verdad el apostolado es únicamente poner la red.

5. El uso de medios humanos criticables: como dijo el Padre Espiritual: "las almas no se salvan con patadas de fútbol, sino con la gracia, con esa gracia de la cual no habla el Asesor Nacional".

6. Se indicó también hasta el daño que hacían estas conferencias que turbaban la paz espiritual, alejaban del verdadero recogimiento: "Deberé esforzarme por echar fuera todo lo que usted nos ha dicho esta tarde". Esto parece indicar que el esfuerzo de propaganda que el Asesor ha estado haciendo donde quiera que se le invita a hablar a eclesiásticos, propaganda de la Acción Católica, no sólo en cuanto es oración sino también a su debido tiempo acción, es un esfuerzo mal dirigido.

7. En presencia del Padre Espiritual, al terminar la conferencia se acercaron varios seminaristas al Asesor y le dijeron que su primera conferencia los había francamente escandalizado, que les parecía pelagiana[49], que prescindía de la gracia, que era una acción humana sumamente desorientadora, etc. y todo esto no provocó rectificación de ninguno de los presentes.

8. Esto se agrega a una serie de bromas, cariñosas, sí, pero que encerraban este fondo, y que se le venían haciendo al Asesor desde hace tiempo. "Esa A.C. tan humana, esa confianza en lo humano...". Todo esto parecía cobrar nueva fuerza supuestas las observaciones anteriores dichas en presencia del Padre Espiritual, en ningún momento contradichas por él, más aún apoyadas en la vehemencia de sus observaciones.

9. Como usted comprenderá, un sacerdote responsable ante Dios y ante la Jerarquía de la orientación que dé a las almas de los jóvenes, no podía quedarse tranquilo; y de hecho procuré informarme ante quienes me rodean si efectivamente ellos advierten en el movimiento de A.C. esa orientación que se critica, y si en otros puntos que realmente son defendidos en nuestra Rama, aunque no

---

[49] Por *pelagiana* se entiende la actitud de quienes quieren lograr la salvación por medio del esfuerzo, sin dar cabida a la acción de la gracia.

con la intensidad que se les atribuye, estamos o no errados. Esta crítica debía servir de base para hacer una revisión de nuestros principios y métodos para ver si algo falso se había infiltrado o no. En este sentido he procurado conversar con los Vice Asesores y con algunos elementos dirigentes de nuestra Rama. Esta conversación me parecía además necesaria porque no quiero que se produzca dentro de la Rama una desorientación, sino que haya unidad ideológica en los puntos fundamentales, al menos entre los que dirigen la Asociación, y esta unidad podía verse turbada si estas críticas logran introducirse en el alma de algunos de nuestros jóvenes, lo que es bien posible dada la amistad de nuestros dirigentes con seminaristas que piensan de otra manera. Introducir diversidades fundamentales de criterio no creo que pueda ayudar para la marcha de la Asociación.

Por esto hablé a los jóvenes de mi impresión ante estos conceptos: en una ocasión a los Dirigentes del Consejo Nacional, rogándoles eso sí que guardaran reserva para que estas ideas al ser comentadas no fueran desfiguradas; y en otra ocasión a los miembros del Consejo Arquidiocesano les expuse mi criterio sobre *los medios divinos y los humanos*[50], cómo la primacía la tenían los medios divinos, sin que esto obste al recto empleo de los medios humanos sobrenaturalizados por hacerse en estado de gracia, y por el recto fin que con ellos se pretende[51]. Es posible que alguno de estos jóvenes haya sacado una mala impresión de la formación del Seminario, y si es así procuraré deshacerla, pues por nada del mundo quisiera que ellos fueran a entibiarse en su amor al clero, y en el deseo de abrazar el sacerdocio los que a él fueron llamados. Tan cierto es este mi deseo que posteriormente a estas incidencias he trabajado seriamente por afianzar vocaciones al Seminario, y acabo de tener el consuelo que la madre de un joven poco antes de morir, accediendo a una

---

[50] El P. Hurtado escribió un amplio documento titulado "Medios divinos y medios humanos". Allí aborda el tema y precisa su postura.

[51] En varios textos, el P. Hurtado recuerda la primacía de los medios divinos sobre los humanos, siempre recordando la necesidad de ambos. Así en *¿Es Chile un país católico?*: "El quietismo, que todo lo espera de lo alto, ha sido condenado por la Iglesia, no menos que el dinamismo puramente humano. Contemplación y acción. Oración y trabajo. Medios divinos y medios humanos, todos para la extensión del Reino de Cristo; esa es la actitud tradicional en la Iglesia, la que nos recuerdan continuamente los documentos pontificios".

petición que le hiciera, obtuvo de su esposo que permitiera a su hijo el ingreso al Seminario.

Basten estas ideas para explicarle cuáles son los puntos de vista que he criticado en usted y en el ambiente de esa charla, que espero habrán de aclararse, como me lo indicó bondadosamente el señor Rector del Seminario. El señor Rector [Eduardo Escudero Otárola][52] me ha reiterado que él no ha encontrado nada de qué escandalizarse en mi primera conferencia y al exponerle mis puntos de vista sobre contemplación y acción, sobre *medios divinos y humanos*, me ha manifestado un perfecto acuerdo y me ha dicho que insistirá sobre el recto criterio en estos puntos. No dudo que si nosotros tenemos ocasión de conversar llegaremos también a ponernos de acuerdo a pesar que podamos tener matices accidentalmente diferentes.

Paso ahora a contestar lo que usted me dice: "Reclamo para mí la libertad de dirigir a los seminaristas dentro de las normas que me dicten los superiores jerárquicos". Supongo, Raúl, que no querrá decirme que procuro mezclarme en la dirección espiritual del Seminario, pues usted bien sabe que hay allí en el Seminario un buen grupo de jóvenes que he dirigido espiritualmente hasta el momento de entrar al Seminario: he renunciado sistemáticamente a seguir dirigiendo a ninguno, y de hecho en estos tres últimos años, no he ido al Seminario sino cuando he sido convidado[53]. Si acepté dar estas charlas fue con el ánimo de acortar distancias todo lo posible, pues creo que debe existir la más íntima colaboración entre el Clero secular y el regular. Y si no hubiera sido por las ideas que me fueron objetadas y que me parecen fuera de lugar habría seguido totalmente al margen de los problemas íntimos del Seminario. Espero que con su carta y mi respuesta y la conversación que recientemente ha tenido conmigo Monseñor Escudero cesará todo motivo de ahondar en lo

---

[52] Eduardo Escudero Otárola nació en San Felipe el 22 de febrero de 1891. Estudió en el Seminario de Santiago y en la Universidad Gregoriana de Roma. Fue el primer decano de la Facultad de Teología de la Pontificia Universidad Católica de Chile y luego rector del Seminario de Santiago entre 1939 y 1949. Murió en Punta de Tralca el 3 de febrero de 1949.

[53] Desde su llegada a Chile en 1936, el P. Hurtado hizo clases en el Seminario, hasta 1939.

pasado, y no tendrá usted ocasión ni remota siquiera de pensar que procuro intervenir en los asuntos del Seminario, pues reconozco que cada uno en su cargo requiere la más amplia libertad.

En cuanto al criterio que usted me expone que conviene que los seminaristas ahonden preferentemente en el espíritu de oración y de sacrificio, es algo que nunca lo he puesto en duda; y no habría sido yo quien hubiese ido a sacarlos de ese ambiente si la misma Dirección del Seminario no me hubiese llamado a hablarles de Acción Católica. Ahora bien, al hablarles de A.C. no he querido nunca incitarlos a la acción inmediata, sino que he pensado que así como un seminarista se forma en la oración y en el sacrificio, ha de formarse también en el estudio del mundo en el cual ha de actuar, a lo cual va orientada la moral, la pastoral, las clases de A.C. No me parecía por tanto que fuera inconveniente hablarles de lo que hace la A.C., en la cual ellos habrán de trabajar una vez que terminen su formación: no para incitarlos a un trabajo inmediato, sino para que se animen al trabajo futuro. Como les decía, yo he notado que a algunas almas la ayuda mucho en su santificación el pensar en su apostolado futuro, para el cual han de prepararse con vida interior antes que todo, y también con ciencia[54].

Creo, mi estimado hermano en Cristo, que con su carta, y Dios quiera que también con la mía, queden bien allanadas las asperezas que hayan podido producirse: usted se queja de una intervención mía en asuntos de dirección espiritual del Seminario y verá cuál es mi espíritu en esta materia; yo, a mi vez, he creído ver una censura a la dirección que doy a la Acción Católica, en el cargo que me ha confiado la Jerarquía, y el señor Rector me ha asegurado que tal censura no existe, que está de acuerdo con esos puntos de vista y que los ha esclarecido así a los Seminaristas. Disipados todos los malos entendimientos, procuraré, por mi parte, deshacer la impresión penosa que en algunos haya podido producirse respecto a la orientación del Seminario. La mejor prueba de ello es el interés con que sigo trabajando por las vocaciones para el clero secular, y espero con el favor de Dios que algunos jóvenes que se confiesan y

---

[54] Más arriba, en las cartas referidas a la fundación de la Facultad de Teología puede apreciarse el gran valor que el P. Hurtado otorga a la formación intelectual.

dirigen conmigo vayan allá, no por mi obra, sino por la Gracia de Dios, a la cual, eso sí, he procurado colaborar en la medida de mis pobres fuerzas. Y créamelo, nada más grato para mí que cuando un joven me habla de irse al Seminario o a la Compañía; son dos regimientos del mismo ejército, que pelean por el mismo Jefe y por la misma causa. Se lo digo, no con ánimo de revelar lo hecho, sino de mostrarle la sinceridad de éste mi deseo: he procurado en varias ocasiones pedir limosna para ayudar económicamente a seminaristas en momentos de apuro, y ahora mismo he indicado a dos que si no pueden entrar por falta de recursos, que no se apuren porque la Gracia de Dios no faltará. Si alguna vez, tal vez he sido imprudente al pedir al señor Arzobispo la ayuda de algunos seminaristas para la A.C. ha sido únicamente con el deseo de ayudar a los jóvenes y de fomentar en ellos la vocación al Seminario. Ahora en vacaciones he empujado con todas mis fuerzas a los jóvenes de liceo, que dirijo personalmente, para que vayan, previo permiso del señor Rector y asesorados por el señor Ortega, a pasar sus vacaciones a Punta de Tralca, porque espero mucho de ese contacto con los seminaristas, como lo he comprobado en el contacto con los novicios.

Espero, querido Raúl, que en adelante más unidos que nunca trabajemos por el Patrón. Estos pequeños incidentes sirven para conocer las almas, y aun en lo que criticamos en los otros podemos descubrir algo hermoso: así me ha sucedido a mí al oír las críticas de los seminaristas y las suyas; he visto en ellas el sincero deseo que Cristo reine plenísimamente en nuestras vidas para poder redimir a los demás[55]. Dios quiera que estas ideas se graben bien en mi alma y me sirvan para unirme más al Señor, yo que tengo por vocación una vida más consagrada a la acción. Espero de usted y de sus queridos seminaristas una oración porque el Asesor sea hombre de vida interior.

Le ruego que haga de esta carta un uso cuasi confidencial, pues no quisiera contribuir en ninguna forma a seguir alargando esta controversia que no sirve sino para dividir a los que han de estar profundamente unidos en Cristo.

---

[55] Se nota la buena predisposición para recibir críticas y buscar la verdad en la opinión del otro, de acuerdo con el principio ignaciano de "ser más prompto a salvar la proposición del próximo, que a condenarla" (EE 22).

Le agradece de nuevo su carta y lo saluda con todo cariño, su afectísimo hermano en Cristo.

Alberto Hurtado C., S.J.

12 DE ENERO DE 1943, LAS BRISAS[56]

Mi querido Jaime:

Hoy terminan los ocho felices días que he pasado en La Brisas en compañía de los PP. Salinas, Cádiz, Salas Ramón, Iturrate, Espina, Cox, Muñoz, los dos Hogdson, Arteaga, pero hay que irse para atender un poco la clientela en Santiago, y las obras del tercer piso de la Casa de Ejercicios, que esperamos con el favor de Dios poder inaugurar en Marzo. La vida aquí en las Brisas es de la más apacible y reconfortante tanto para descanso corporal como para elevar el espíritu: pues, la vista es preciosa, la tranquilidad total, y la caridad de los compañeros inmensa.

En Lolol pasamos con Chago Vivanco unos días de bastante trabajo, pero de fruto. La población del caserío de Lolol es de apenas unas 400 personas, y se reunieron para el Congreso unas 3.000, presididas por cuatro Obispos. Muchas comuniones, fervor de la gente, y para nosotros lecciones preciosas de cómo organizar la A.C. campesina, que es uno de los puntos que hemos de emprender este año. Lolol es una tierra católica: del pueblecito y sus alrededores han salido más de 30 sacerdotes y muchas religiosas. El último día te hubieras reído si hubieras visto la caballería de unos 800 huasos y hubieras reconocido a tu Padre espiritual de huaso, tragando tierra como jamás en su vida, porque se les ocurrió a estos huasos echar una carrera de unas 20 cuadras a todo galope en medio de una polvareda que no se veía a cincuenta centímetros de distancia. Chago de speaker, de conferencista, etc… Con él me voy a Magallanes en el Alondra que parte de Puerto Montt el 8 de Febrero, y vuelvo en el Viña del Mar el 2 de Marzo, de manera que para el 18, con el

---

[56] *Archivo Padre Hurtado*, s 62 y 82.

favor de Dios estaré en Santiago. El 18 parto a Puerto Montt, para los ejercicios al clero.

El 2 de Enero tuvimos una Misa impresionante de despedida para los dos Presidentes y compañeros que parten al servicio militar. Resultó muy sentida y me alienta la esperanza que este año podamos iniciar una labor apostólica dentro del Ejército.

Fernando Guerra me ha escrito desde Caldera para que escriba a su Papá, lo que he hecho; Briones estuvo conmigo antes de partir, y espera irse en Enero; Darker tuvo que ir a Antofagasta, pero con esperanzas de volver luego. Hugo Montes, más tranquilo y cree poder arreglar su situación pronto. Recibí carta de Rosselot desde Lima, muy animado pero con dificultades temporales. En fin, tenemos que rogar permanentemente los unos por los otros, porque el Señor nos conserve y nos llene de su amor a él y deseos de hacer el bien a manos llenas. Dame noticias de tu gira. Saluda a Eugenio, Julio, Cristián, al simpático Cura. Recibe un abrazo de tu amigo.

Alberto Hurtado

9 DE FEBRERO DE 1943, PUERTO MONTT[57]

Mis queridos Chicoco, Rodolfo, Guillermo y demás fieles Hermanos en Cristo, y perseverantes en el trabajo de AC.

El hombre propone y el Patrón dispone, a pesar que el diablo se mete para descomponer, pero sin resultado. Yo esperaba estar de vuelta el 15 Febr. en Stgo. en vista de un telegrama de mi Superior ordenándome suspender el viaje a Punta Arenas, pero a última hora llegaron varias peticiones de Punta Arenas, entre otras las de Héctor Correa, Lucio Concha y Raúl Irarrázabal, movidos seguramente por Mons. Giacomini y mi Provincial autorizó el viaje. Tenía ya todo un programa arreglado para visitar Osorno, la Unión, Valdivia, S. José Mariquina (donde el Obispo me había pedido en ciclo de conferencias para los profesores de todo el Vicariato),

---

[57] *Archivo Padre Hurtado*, s 70 y 112.

Temuco y Talca, que he tenido que deshacer. Por teléfono arreglé el asunto pasajes, y en un camión cargado con 17 chanchos auténticos y otro de dos patas... salí piteando para Osorno en un viaje que comencé a las 31/2 a.m. para que no se me escapara el barco. Telegrama a Chago [Santiago Vivanco] que tome el tren de 5 del Sábado, pero éste le llega a las 5 ½ p.m. Se viene en el nocturno. En Osorno, en calidad de bulto en un tren de carga y llega muy campante a Pto. Montt a las 3 p.m. Y henos aquí esperando el Alondra que debió haber salido el Martes a las 8 p.m.... Estamos a Jueves y todavía no llega ¿estará a pique? Si allá vamos nosotros la caridad de Uds., nos tendrá muy presente para empujarnos pronto al cielo!

Aquí nos hemos reunido con el Consejo Diocesano, que ha ganado inmensamente y ahora sí que parece que se pone en marcha: personal nuevo y entusiasta. El centro de liceanos partirá este año. El Sr. Obispo dispuso a ayudarles en todo y creo que hará lo posible para darles una pequeña casa, como también aquí los Padres para nuestro centro parroquial. Tuve reuniones en Frutillar y Octay y han quedado de marchar. En los Ejercicios los Sres. Curas también me prometieron trabajar este año ¡Dios lo quiera!

En Punta Arenas nos espera un programa interesante, como verán por la carta adjunta de Mons. Giacomini. Yo espero estar de vuelta en Santiago el 15 Marzo. Envíenme a Punta Arenas por avión (Argentina) cualquier novedad.

Un favor. Escribí a Aníbal Aguayo presentándole el plano del gimnasio como Administrador de Bienes del Arzobispado. Les ruego atender sus indicaciones si se sirve hacerlas.

Les acompaño los materiales para el calendario de actividades que le ruego a Rodolfo quiera hacer imprimir, previo V° B° de Mons. Salinas, a quien ya lo mostré; pero hay que urgirlo en el Arzobispado para que pueda salir pronto, pues debería estar impreso en los primeros días de Marzo. Uds. verán el número de ejemplares. Creo que tal vez unos 500 o más, para poder enviarlo también a los Consejos y Centros más importantes a fin de que hagan algo parecido para sus actividades. Imprímanlo, no más. Ya pagaremos la cuenta; si no hay otros fondos, yo respondo.

Felicitaciones a Delpiano por la revista ¡que salga y se despache el otro número! Y que Alfredo del Valle saque aunque sea una página de "Formación" para que no se suspenda.

A Pedrito, un abrazo por el reparto.

Supongo que los milicos habrán echado las bases de una acción en el Ejército, que podrán desarrollar este año de conscripción prolongada!!

Al ínclito Arturo Gana, que espero desafiarlo para un match en el gimnasio el 15 de marzo por la tarde, con entradas a $10 para pagar los déficits, que se convertirán en superávit para el refugio, que compraremos, D.m., el 16! Vayan buscando sitio: en serio!!!

A Don *** les ruego enviar esta carta apenas Uds. la hayan leído, para que tenga alguna noticia de su colega que desea mucho tenerlas de él y de su ***.

Al ilustre Hermano Padre *** un abrazo, que recibirán también todos los queridos amigos de la AC que quisiera nombrar, pero que recuerdo muy de veras cada día en la Santa Misa. ¡Que el Patrón nos acerque cada día más a su Sagrado Corazón y nos dé un poquito más de su amor!

Affmo. amigo,

Alberto Hurtado, S.J.

Pdta. Un favor a los militares: No dejen de sacar algunos grupos fotográficos con los jóvenes de AC. que hacen el servicio militar ahora, para iniciar y alentar el movimiento.

3 DE JUNIO DE 1944, SANTIAGO[58]

Sr. Presbítero Pedro Campos Menchaca[59]
Mi querido Pedro:
El Señor te colme de bendiciones este año de gracia de tu ordenación sacerdotal, que será para mí de intenso júbilo pues me

---

[58] *Archivo Padre Hurtado*, s 63 y 63. Las dos cartas que siguen sirven para ilustrar el tema del acompañamiento espiritual que hacía el P. Hurtado a los jóvenes que se sentían llamados al sacerdocio. En este caso se trata de uno que llegó a ordenarse.

[59] Pedro Campos Menchaca nació en 1918. A los 20 años de edad ingresó en el Seminario de la diócesis de Concepción. Fue ordenado sacerdote y desempeñó un

alegrará como propia toda tu labor apostólica. Hoy se ordena en Shanghai Pepe Cifuentes[60] y mañana celebra su primera Misa. ¡Qué hermoso es ver que en campos tan lejanos y aun en batallones diferentes trabajamos todos por el mismo Jefe y en el mismo Ejército! Que el Espíritu Santo te fortifique e ilumine; y haz tú igual petición en favor de este tu amigo que mucho te recuerda en el Señor.

Alberto Hurtado C., S.J.

22 DE JULIO DE 1944, SANTIAGO[61]

Excmo. y Rvdmo. Dn. José María Caro
Venerado y querido Señor Obispo:
No sé cómo agradecer a V.E. su fraternal y bondadosa carta que es para mí un gran estímulo. Nada me alienta tanto como saber que cuento con la confianza y aprobación de V.E., prenda de la bendición de Jesús. ¡Dios se lo pague!
Ahora sí que van los folletos sobre el matrimonio rogando una palabrita de recomendación de V.E. y de recomendación a los novios. Acompaño también las primicias de una campaña litúrgica, impresas por nuestros jóvenes.

De V.R. siervo en Cristo
Alberto Hurtado C.

---

rico ministerio parroquial. Fue rector del Seminario (1947) y rector del Santuario de Yumbel. Renunció por motivos de salud a este cargo y en 1992 fue declarado hijo ilustre de Yumbel. Falleció el 11 de abril de 2001. Su hermano, Mariano José (1905-1982) fue un muy virtuoso sacerdote jesuita, formador de juventudes en el Colegio San Ignacio y apóstol de los mapuches.

[60] José Cifuentes Grez S.J. ("Pepe") nació en 1914 e ingresó a la Compañía de Jesús en 1930. Fue destinado a la misión de China, donde recibió la ordenación sacerdotal. Algunos años después regresó a ejercer su ministerio en Chile. Falleció en Santiago el 31 de agosto de 2005.

[61] *Archivo Padre Hurtado*, s 70 y 036.

27 DE OCTUBRE DE 1944, SANTIAGO[62]

Sr. Don Matías Errázuriz
Respetado Señor:
Ayer tuve ocasión de imponerme de un artículo que Ud. tuvo
la bondad de dirigirme en el Diario El Imparcial, que agradezco,
pues, no dudo que fue escrito con el deseo de contribuir al mejoramiento de la vida de los indigentes por quienes Ud. y yo nos
interesamos.

Lamento sin embargo que su artículo se haya prestado a malas
interpretaciones, pues, han estado a verme varias personas preguntándome porque Ud. se oponía a la idea del Hogar para los indigentes, y preguntándome otros si había desistido de la idea en vista de
tener ya los indigentes la obra que yo proyectaba. Estoy seguro que
esta idea se ha grabado en muchos lectores del Imparcial.

Me he informado cuidadosamente de la obra que realizan los
Padres de Don Orione y creo poderle afirmar que mi proyecto está
encaminado en otro sentido de lo que ellos han realizado hasta ahora. Según mis informaciones tienen los Padres dos asilos uno en
Lo Valdivieso para unas 80 niñitas, habiendo además algunas veces
recibido algunas ancianas; y otro para niños en Cerrillos, con igual
número aproximadamente. Ambas obras son espléndidas, muy necesarias y Dios quiera que puedan seguir prosperando y aumentando sus posibilidades de recepción. He tenido ocasión de visitar

---

[62] *Archivo Padre Hurtado*, s 64 y 20. Esta carta alude al Hogar de Cristo, institución
caritativa que estaba naciendo. En la noche del miércoles 18 de octubre de 1944,
día de frío y de lluvia, el P. Alberto Hurtado encontró a un hombre enfermo y
entumido, que no tenía dónde pasar la noche. Esto lo estremeció. Al día siguiente,
aludió a ello en un retiro que estaba dando esa semana a señoras y señoritas, en la
Casa del Apostolado Popular (calle Lord Cochrane 104). Habló de ello con tanto
dolor, que al fin de su charla unas señoras se acercaron a poner a su disposición
dinero, joyas y propiedades, con la esperanza de que contribuyeran a aliviar el
sufrimiento de los desamparados. El sábado 21, el P. Alberto se reunió con un
grupo de personas para iniciar una obra con ese fin. Así nació el Hogar de Cristo
(Ver s 71 y 002). El domingo 22 de octubre, el P. Hurtado publicó un artículo en
el diario *El Mercurio*, comunicando la creación de esta obra y solicitando ayuda
para su desarrollo (s 10 y 01). En la siguiente carta, el Padre responde a críticas que
hizo Matías Errázuriz al respecto en otro periódico.

personalmente la Piccola Casa de la Providencia en Turín y creo que esta visita es uno de los grandes favores de la Providencia, pues, es una lección vivida de lo que Nuestro Padre Dios hace con sus hijos. No conozco cuáles sean los proyectos de los Padres para el porvenir, pero lo realizado no coincide con mi proyecto.

Yo desearía construir un hogar para los pobres adultos y niños que transitoriamente están sin hogar, sea porque las familias han sido lanzadas a la calle como ocurre tantas veces, sea porque son provincianos que llegan y no tienen donde cobijarse, o porque por su imprevisión están en la miseria. No sería un hogar permanente para ellos, sino la obra sería transitoria: el dar posada al peregrino de que nos habla Nuestro Señor. Junto con el techo se les daría alimento a ellos, y si fuera posible también a otros indigentes que lo necesitan. Según mis conocimientos no existe otro hogar actualmente en estas condiciones. Existió el Hogar de todos que abrió y cerró hace dos años la Acción Católica; la Hospedería San Rafael tiene una finalidad de dar techo a lo que no tienen, y no conozco otra Institución con esta finalidad. El Sr. Arzobispo de Santiago me indicó que tampoco él conocía otra Institución con igual fin. Mi idea nació de un doble hecho: el poder constatar casos de indigencia extrema de gente que no tenía dónde dormir ni qué comer y no tener dónde enviarlos; y el ver que el Ejército de Salvación, protestante, está haciendo esta labor en gran escala, socorrido hasta por católicos muy de línea, siendo así que va descatolizando nuestra patria.

Le ruego no quiera dar publicidad a estas líneas, pues, no quisiera abrir una polémica ya que estoy seguro que no ha sido su intento oponerse a esta iniciativa, pero no he querido callar que el efecto que he constatado en varias personas ha sido el indicado.

Lo saluda con todo respeto su affmo. SS. Y Cap.

Alberto Hurtado C., S.J.

10 DE NOVIEMBRE DE 1944, SANTIAGO[63]

Excelentísimo y Reverendísimo Sr. José María Caro
Presidente de la Comisión Episcopal
Excelentísimo y Reverendísimo Señor Arzobispo:
Ruego a Vuestra Excelencia Reverendísima tenga la bondad
de presentar a la Excelentísima Comisión Episcopal mi renuncia al
cargo de Asesor Nacional de la Asociación de Jóvenes Católicos.
Al pedir a Vuestra Excelencia Reverendísima este favor, quisiera
también rogarle tuviera la bondad de presentar a los Excelentísimos y Reverendísimos señores Arzobispos y Obispos mi profunda
gratitud por la confianza que me han dispensado durante estos tres
años y medio al confiarme la Asesoría de la Juventud Católica, labor de profunda responsabilidad y trascendencia.
De Vuestra Excelencia Reverendísima, siervo en Cristo.

Alberto Hurtado C., S.J.

10 DE NOVIEMBRE DE 1944, SANTIAGO[64]

Monseñor Augusto Salinas[65]
Mi muy querido Augusto:

---

[63] *Archivo Padre Hurtado*, s 64 y 04. Esta vez, por medio de esta breve carta, el P.
Hurtado presenta su renuncia indeclinable, sin exponer los motivos.

[64] *Archivo Padre Hurtado*, s 64 y 08. Junto a la carta oficial, el P. Hurtado escribe a
monseñor Salinas esta carta personal, *al amigo*, explicándole si los motivos de la
renuncia.

[65] Augusto Salinas Fuenzalida nació en Santiago en 1899. Durante su juventud, fue
muy amigo con Alberto Hurtado cuando ambos estudiaban Derecho en la Universidad Católica. En 1923 entró en la Congregación de los Sagrados Corazones. Fue
ordenado sacerdote en 1928 y le hicieron rector del Colegio de su congregación
en Valparaíso. Fue consagrado obispo de Temuco el 26 de noviembre de 1939 y
nombrado Auxiliar de Santiago el 9 de febrero de 1941 y asesor general de la A.C.
Durante este período se produjo una seria desavenencia con el P. Hurtado, lo que

Esta carta al amigo es una explicación de la carta oficial que te acompaño. Por tu intermedio hago llegar mi renuncia del cargo de Asesor a la Comisión Episcopal. El motivo para *la exportación* puede ser cualquiera: exceso de trabajo, salud, etc. Pero el motivo de fondo es el que te voy a exponer con toda sinceridad y con el más íntimo cariño de viejos amigos. Me vengo dando cuenta desde hace tiempo que no cuento con tu confianza "de adentro", con esa confianza total, la única que uno puede aceptar de un amigo a otro amigo, como tú y yo lo hemos sido y como deseo seguir siéndolo. Esa trizadura se viene haciendo más honda, y no quisiera que mi torpeza para interpretar tu pensamiento en la gestión de un asunto tan delicado como la dirección de la Juventud Católica venga a quebrar algo que estimo demasiado, como es tu amistad.

Por otra parte, cada día se hace más honda la división de los jóvenes, división que felizmente no ha llegado a nuestro movimiento, o más bien se detiene a las puertas de nuestra A.C., pero para poder seguir encauzando a la muchachada en estos momentos tan difíciles frente a las corrientes juveniles tan distintas y hasta a las tendencias apoyadas por hermanos en el sacerdocio[66], necesita el Asesor Nacional contar no con la tolerancia del Asesor General, sino con la aprobación total, con la confianza "de adentro" de quien fía plenamente en el criterio y espíritu con que uno procede[67].

Esta carta podría ser mucho más larga, pero estoy seguro que tú no necesitas más palabras para comprender todo lo demás, ya que tantas veces hemos conversado alrededor de estas ideas.

Al presentarte la renuncia te agradezco con toda el alma cuanto has hecho por mí durante estos años, la defensa del Asesor de los

---

motivó la renuncia de este a la asesoría de la A.C. En 1950 fue transferido como obispo a Ancud y en 1958 a Linares. Renunció a su diócesis, por motivos de edad, en 1976. Murió en Valparaíso el 1 de agosto de 1991. Sobre su larga relación de amistad con el P. Hurtado, véase su propia declaración, muy cariñosa, en A. Lavín, *Lo dicho después de su muerte*, Santiago 1980, pp. 452-457.

[66] No es posible afirmar con precisión a qué corrientes se refiere. Posiblemente, alude a la diversidad de tendencias políticas que se daba al interior de los grupos de jóvenes católicos, o también a corrientes menos políticas como la de los *hispanistas*, que estaba ligada al milenarismo.

[67] Más allá de otros temas puntuales, expuestos en las cartas posteriores, el motivo central de la renuncia es la falta de confianza que el P. Hurtado siente por parte de Mons. Salinas.

jóvenes que más de una vez has tomado, y te pido excusas "muy de adentro" por los malos ratos que te he hecho pasar. No necesito decirte que desde los otros puestos en que esté trabajando haré cuanto pueda por seguir apoyando a la Juventud Católica y porque los actuales Dirigentes colaboren con el nuevo Asesor.

Mientras antes pudiera tramitarse la renuncia, sería mejor, pues estos interregnos son muy molestos y perjudiciales para la Asociación. Yo no diré nada de esto a nadie sino a mis Superiores y Director Espiritual para no crear problemas antes de tiempo.

En estas circunstancias creo que sería mejor que me excusaras de aceptar el trabajo para la Semana de Asesores.

Te saluda con el cariño de siempre tu amigo y hermano.

Alberto Hurtado C., S.J.

1 DE DICIEMBRE DE 1944, SANTIAGO[68]

Excelentísimo y Reverendísimo Dr. José María Caro
Mi muy respetado y querido señor Arzobispo:
Con harto dolor hago perder el tiempo a Vuestra Excelencia, con "las cosas del Padre Hurtado". Perdóneme, Excelencia, y reciba las páginas que le acompaño como un desahogo filial y una explicación de mi renuncia.
Bendiga, Excelencia, a su hijo en Cristo[69].

---

[68] *Archivo Padre Hurtado*, s 64 y 05. El P. Hurtado explica al arzobispo que, como reacción a la carta anterior, monseñor Salinas lo había llamado por teléfono y le había dicho que su corazón estaba cerrado para el amigo. Ya no sentía confianza en él e incluso había llegado a pensar que el padre lo consideraba un obstáculo para la realización de sus propios planes sobre la A.C. Podía seguir en su cargo, pero si aclaraba bien su criterio respecto a tres puntos fundamentales: su espíritu jerárquico; la acción política en la rama juvenil de la A.C.; el espíritu de división de esta, lo que provocó hondo dolor al P. Hurtado, que escribió la siguiente carta al prelado para desahogarse y responder a esos cargos tan graves. Por lealtad, envió copia de ella a monseñor Salinas.

[69] Esta primera parte del texto es una página de presentación de la carta más extensa que sigue.

Excelentísimo señor y mi Venerado Pastor:

Con profunda pena escribo estas líneas que habrán de afligir a Vuestra Excelencia recién pasadas las alegrías que le habrá deparado el Congreso de los Sagrados Corazones. Esta carta es una exposición de los motivos que fundan mi renuncia al cargo de Asesor Nacional de la Asociación de Jóvenes Católicos. En la renuncia que envío a Vuestra Excelencia no expongo los motivos: he preferido hacerlo en esta carta más personal, que me permitirá hacerlo con toda franqueza.

Esta renuncia no obedece a un motivo ocasional, sino que la he venido meditando despacio, encomendando el asunto al Señor y pidiendo consejo a dos personas que me merecen confianza por su juicio imparcial, que cercenará lo que pueda haber de demasiado personal en mis apreciaciones.

Desde hace algún tiempo vengo notando una extrema tirantez de relaciones de Monseñor Salinas conmigo. Para saber el motivo procuré conversar con él en varias ocasiones, pero no me dio oportunidad, indicándome en alguna ocasión que no tenía un momento libre, y aun esquivando positivamente las ocasiones que pudieran presentarse para que pudiera yo hablarle. Esto contrastaba con una honda y antigua amistad entre nosotros de más de 25 años[70]. Esta posición trascendió incluso en las reuniones oficiales de Acción Católica, en forma que fue notada por algunos asistentes; y ha coincidido con hechos como el nombramiento de don Vicente Ahumada[71] para Vice Asesor Nacional, del cual no me dijo ni una palabra antes ni después del nombramiento, enterándome yo por la carta que se

---

[70] Efectivamente, la amistad de Alberto Hurtado y Augusto Salinas nació en 1919 en la Universidad Católica.

[71] Vicente Ahumada Prieto fue poco después Asesor de la A.C. Nació en Santiago el 7 de marzo de 1913. Fue ordenado sacerdote el 19 de septiembre de 1942. Trabajó como párroco, Vicario General del Arzobispado, profesor del Seminario de Santiago, canónigo honorario y miembro de la Comisión Nacional de Liturgia. Fue uno de los censores de los escritos del P. Hurtado en su Proceso de Canonización. En su conclusión escribió: "Doy gracias a Dios de haber podido tocar el corazón de un hombre de Dios; hombre de Dios que sólo se guió por la Fe objetiva de la Iglesia, de la Tradición, de la Liturgia, del testimonio de los Santos y de los Santos Jesuitas. Al leer ese testimonio, he recreado una vez más mi fe católica, mi esperanza, frente a la ruina y decadencia de nuestro mundo, y mi caridad para entregar mi vida sólo a Cristo" (26 de junio de 1984). Cf. *Positio*, Volumen II, pp. 725-728.

leyó en nuestro Consejo Nacional. Esta tirantez en un amigo tan sincero debía ser tan honda que ocurrida la muerte de mi hermano [Miguel], el único miembro de mi familia que me quedaba[72], amigo él también de Monseñor, no tuvo ni una palabra personal de condolencia, salvo en firma en un telegrama enviado en común con el señor Obispo de Talca [Manuel Larraín]. Cito incluso este pequeño antecedente para demostrarle a Vuestra Excelencia cuán hondo estimo que sea el resentimiento de Monseñor para conmigo.

La propia declaración de Monseñor fue la triste confirmación de la verdad de mis presentimientos. Viendo que no podía encontrar ocasión para conversar con él, le escribí una carta "al amigo", indicándole mi determinación de renunciar al cargo por no contar con su confianza. Con este motivo me llamó Monseñor y me indicó "que su corazón estaba cerrado para el amigo" y que se daba cuenta que no podría existir la confianza de antes[73]. Me reprochó expresiones mías para con él, dichas a él, que parecían un ataque a su persona cuando él se había visto en la obligación de avisarme algo; me observó igualmente la poca importancia que había dado a algunas quejas respecto a uno de nuestros Dirigentes de quien estaba descontento; una franqueza demasiado ruda en mi trato con él; y aun me insinuó algo especialmente doloroso: que había llegado a pensar que yo lo consideraba a él un obstáculo en la realización de mis planes de Acción Católica. Me indicó que guardaba toda su estima por mi persona y salvaba mis intenciones, de cuya rectitud no dudaba.

Él creía que estas dificultades personales no eran obstáculo a que continuara como Asesor, una vez conocido mi criterio sobre algunos puntos que se me reprochan como Asesor:

a) falta de espíritu jerárquico,

---

[72] Efectivamente, el padre de Alberto Hurtado había muerto en 1905 y su madre en 1937; solo le quedaba su hermano Miguel, recientemente fallecido.

[73] La desconfianza de monseñor Salinas se fundaba en juicios muy negativos acerca del P. Hurtado. Sin embargo, con el tiempo cambiaron radicalmente sus apreciaciones, pues cuando estaba en curso su Causa de Beatificación, declaró: "Estoy convencido de la santidad de vida de Alberto y cada día lo recuerdo en la Santa Misa en calidad de tal"… "Entre los Obispos de Chile existe la opinión de que el Padre Hurtado fue un santo, lo cual por mi parte afirmo con el mayor énfasis" (A. Lavín, *Lo dicho después de su muerte*, Santiago 1980, pp. 450-451).

b) acción política en la Rama de los Jóvenes, no hecha por mí, pero no tomada suficientemente en cuenta,

c) espíritu de división de nuestra Rama frente a la A.C. general. Sentía él mi deseo de retirarme, pero creía tener otro sacerdote que me reemplazara; temía únicamente que se le diera carácter político a mi alejamiento. Este fue en resumen nuestra conversación. Quedó Monseñor de llamarme la semana siguiente para conversar sobre los reproches arriba aludidos, pero hace más de dos semanas de nuestra conversación y no he sido llamado. Y como se acerca la reunión de la Comisión Episcopal he querido escribir con tiempo a Vuestra Excelencia.

En estas circunstancias, mi querido y respetado señor Arzobispo, he creído que debía insistir en mi propósito de retirarme del cargo de Asesor, porque veo que es casi imposible que llegue de nuevo a contar con esa confianza plena, íntegra, "de adentro" del Excelentísimo señor Asesor General. No podría yo quedarme tranquilo si sólo tuviera una confianza a medias: la del Superior que espera que su representante cumpla sus órdenes, pero no la del amigo que ha perdido ya la confianza del amigo. Esta confianza absoluta es necesaria sobre todo tratándose de la Rama Juvenil, que tiene que hacer frente a tantas dificultades. El Asesor ha de poder estar cierto en todo momento que la Jerarquía lo respalda y que se fía plenamente de su juicio, prudencia y lealtad: de lo contrario está temeroso en todo momento que otras personas se interfieran, al conocer el juicio desmedrado que de él tienen sus Superiores, y se rompe la unidad del movimiento. Sin esa plena confianza de la Jerarquía, el Asesor no tiene autoridad ante los otros Asesores, ni ante sus Dirigentes, sobre todo en momentos en que fuera de la Asociación hay una multitud de tendencias opuestas que aprovecharían el menor momento de debilidad para penetrar y dividir nuestras fuerzas.

Ahora bien, esa confianza total de Monseñor para conmigo, según sus palabras, no existe; y yo no puedo contentarme con la sola tolerancia a mi actitud como Asesor, pues aun ésta puede desaparecer a propósito de cualquier incidente. Esta falta de confianza se echa además de ver en la insistencia con que aun ahora, después de tres años y medio de trabajo a sus órdenes, me presenta sus dudas sobre mi falta de espíritu jerárquico y falta de espíritu de unidad. Estos cargos a mi manera de ver son muy graves para todo Asesor, sobre todo para un Asesor de Jóvenes. Puedo estar profundamente equivocado para apreciar mi propia actitud, pero quiero exponer a Vuestra Excelencia con todo respeto mis descargos sobre los puntos aludidos y sobre otras quejas que se me han formulado, rogando a Vuestra Excelencia quiera corregirme si he obrado mal.

1. *Falta de espíritu jerárquico.* Nunca se me ha dicho en qué se ha traducido esta falta. A veces he pensado si podría deberse a la ruda franqueza con que he hablado a los propios señores Obispos de la Comisión Episcopal de mis puntos de vista frente a ciertos problemas de la juventud y de mis temores de ciertas repercusiones de algunas medidas que atañen a la Rama de los Jóvenes, como ser la separación de la Rama Universitaria. Al obrar así he creído que no era falta de sumisión a la Jerarquía *exponer a la misma Jerarquía* la opinión totalmente sincera de quien debía ejecutar esos acuerdos. He creído un deber de lealtad dar a conocer a los señores Obispos las reacciones que había notado y las que creía se iban a producir. En este punto, lo confieso, he sido bien franco y a veces rudo, pero sólo ante mi Superior Jerárquico, pues, ante los Dirigentes y Socios de la A.C. he defendido las órdenes dadas y he tratado de darles fiel cumplimiento. En este punto no recuerdo que se me haya observado una queja concreta. He lamentado también ante algunos señores Obispos no tener ocasión para exponer los puntos de vista del Asesor en los problemas de la Rama ante la Comisión Episcopal. Creo que en esto me ha movido un deseo de lealtad con la Iglesia y no un espíritu de crítica.

2. *Falta de espíritu de unidad*[74]. Este punto fue materia de un largo memorial de los Dirigentes seglares de nuestro Consejo Nacional ante la Junta Nacional, pues la queja recaía sobre todo el movimiento[75]. Se discutió largamente en una sesión de Junta Nacional y tanto el Presidente Nacional como los Dirigentes asistentes nos declararon estar plenamente satisfechos del espíritu de unidad de nuestra Rama.

---

[74] Al P. Hurtado se le criticaba que la Rama de Jóvenes Católicos, asesorada por él, era demasiado independiente del resto de las ramas de la A.C., cf. Carta de Víctor Risopatrón a Fernán Luis Concha del 5 de octubre de 1944 (A. Lavín, *Aspectos críticos...*, p. 41-45).

[75] Este memorial tiene fecha del 5 de octubre de 1944 y está firmado por Víctor Risopatrón Matte (presidente), y el resto de la directiva. Se encuentra en A. Lavín, *Aspectos críticos...*, pp. 41-45.

3. Refiriéndome ahora a esta misma queja por lo que respecta al Asesor, creo haberme interesado con empeño en recibir la orientación central del Excelentísimo señor Asesor General y de la Junta Nacional; aunque confieso que al principio no comprendí el deber de llevar los problemas importantes a la Junta Nacional, estoy contento de haber pedido la aprobación del Excelentísimo señor Asesor General. La vinculación que he procurado tener con la Junta la prueba el hecho que de las 21 sesiones de la Junta Nacional tenidas este año he asistido a 17, y excusado mi inasistencia en 3 casos; he cumplido numerosos encargos de bien común que me han encomendado; he procurado en mis giras servir a todas las Ramas; he predicado los retiros a las Señoras, Niñas y a varios grupos de universitarios.

4. En las reuniones de Junta Nacional me he opuesto, eso sí, a lo que yo he creído exceso de unificación [de las ramas], uniformando demasiado las actividades de las ramas que deben diferenciarse fuertemente según su propio ambiente y sus propios problemas. He creído que el deseo de unir es excesivo, con desmedro de la vitalidad propia de las Ramas, que deben *ser* antes de unirse. He pedido también que los actos comunes se reduzcan al *minimum* dado el enorme recargo de los Dirigentes y dadas las propias actividades de organización, formación, vida interior, básicas para la marcha de la Rama, que consumen un tiempo enorme y no pueden posponerse sin peligro en el momento en que está nuestra Asociación. Esta opinión la he visto ampliamente compartida por otras Ramas de la A.C.

5. Pero al defender estos principios en la Junta Nacional no he creído hacer labor de separación, sino de unidad, ya que he creído que la Jerarquía nos exige esta colaboración de la exposición franca de nuestras opiniones para que la Junta pueda realizar mejor su labor. ¿Es falta de sumisión a la unidad exponer, aunque sea con alguna insistencia, los puntos de vista de la Rama, antes que se tomen las medidas comunes? Yo confieso que esto lo he hecho muchas veces, pero nunca ha sido mi ánimo debilitar la unidad de la A.C., sino acentuar la vida de la misma, que se consigue tonificando las Ramas y para ello se necesita la máxima adaptación del programa de trabajo al propio ambiente de la Rama, y aun de los diversos elementos que componen la Rama. Esto hemos tratado de hacerlo en nuestra Asociación, encontrando alguna oposición al proponerlo, pero siempre con la debida aprobación.

6. *En cuanto al problema político* mi norma ha sido sujetarme a las instrucciones oficiales dadas por la Jerarquía[76]: La A.C. fuera y por encima de los partidos políticos; condenación del abstencionismo; incompatibilidad en los cargos de dirigentes políticos y de A.C.

7. Con inmensa gratitud a Nuestro Señor puedo decir que durante estos tres años y medio no he sido testigo de un solo acto de lucha partidista en el seno de la Asociación. En ella militan jóvenes de las varias tendencias en que están divididos los católicos: se han comprendido; han colaborado y se ha producido en ellos unión en Cristo, que ha de traducirse en acercamiento de los grupos juveniles en que militan. Sin cerrar los ojos a la división política de los católicos se ha abierto las puertas de la A.C. a todos los que han querido trabajar por Cristo.

8. Si se me dice que hay acción política en la Asociación no sabría ni siquiera barruntar en qué sentido se hace. El Presidente es conservador; el Vicepresidente, falangista; el segundo Vicepresidente, no sé qué color político tenga; igual cosa puedo decir del Secretario; el Prosecretario ha salido del movimiento nacionalista; el Encargado de Prensa ha estado en contacto con el grupo que llaman hispanista. Todos ellos se entienden, y he contado con la confianza de todos ellos.

9. *Nuestra Semana Social* ha sido también materia de crítica[77]. El temario y sus relatores todos fueron sometidos a la aprobación del Excelentísimo señor Asesor General. Obedeciendo a indicaciones de él, eliminé algunos nombres en que había pensado, porque me insinuó que estaban demasiado teñidos de aspecto político.

---

[76] Las mismas observaciones las había hecho en la Carta Circular de las Directivas del Consejo Nacional de la Juventud Católica sobre Acción Católica y Acción Política de diciembre de 1941 y, en enero de 1942, a Mons. Eduardo Larraín, cf. más arriba.

[77] El año 1942 —del 3 al 20 de julio—, el P. Hurtado había organizado una Semana de Estudios de los Jóvenes de Acción Católica, sobre diversos temas sociales como "Perfeccionamiento Humano y Justicia Social", la "Situación Moral de Chile", entre otros. Moisés Poblete habló sobre la "Gravitación de la Política Social en la Economía Chilena" y Bartolomé Palacios sobre "El Régimen de la Propiedad y el Justo Precio" y "El Régimen Individualista, sus Bases y su Reemplazo por la Estructura Orgánico-Funcional" (Cf. A. Lavín, *La vocación social del Padre Hurtado*, p. 13).

Nunca había oído que don Moisés Poblete fuera masón[78]; más aún, recuerdo que su gestión en el Seguro Obrero fue ampliamente alabada por el Diario Ilustrado. No sabía que don Bartolomé Palacios estuviera en tela de juicio habiendo su libro sido prologado por el Excelentísimo señor Arzobispo de Concepción y alabado por *L'Osservatore Romano*.

10. *Iniciación sexual*. Se ha afirmado que se ha hecho en nuestra Rama. Por más averiguaciones que he hecho no he descubierto un solo caso, y agradecería en el alma que se me comunicaran los antecedentes para avisar a los interesados.

11. *Faltas de respeto a la Jerarquía*. Es cierto que algún joven ha tenido expresiones menos respetuosas y ha sido inmediata y severamente castigado. No sería sincero con Vuestra Excelencia si no pusiera en su conocimiento que advierto en los elementos juveniles católicos un ambiente de crítica a la Jerarquía; falta de confianza en ella y un cierto desvío que, por más que se corrija exteriormente, tiene raíces más hondas: una prueba de ello es la resistencia de muchos elementos universitarios a incorporarse en la A.C. No quiero extenderme sobre lo que pueda motivar este desvío, pero con toda lealtad debo dejar constancia de ello ante Vuestra Excelencia que me ha encargado una misión de tanta responsabilidad frente a los jóvenes.

12. *Colaboración de los universitarios en la Rama de los jóvenes*. Siempre he creído que es absolutamente necesaria esta colaboración, pues, es el único ambiente en que podremos encontrar dirigentes para nuestro movimiento y así lo expuse a Vuestra Excelencia desde el momento mismo de la separación, y Vuestra Excelencia me autorizó para guardar los Dirigentes que teníamos y aun para buscar otros nuevos entre la Rama Universitaria. Esto debería hacerse de acuerdo entre ambas Ramas y no perjudicar el apostolado universitario de los universitarios, que es irremplazable, y habiendo buena voluntad de parte de los Dirigentes Universitarios, como ahora la hay, no veo ninguna dificultad para que así se

---

[78] Moisés Poblete Troncoso era un conocido abogado y sociólogo. Nació en Chillán en 1893. Trabajó en varios cargos públicos y se le encomendó redactar el Código del Trabajo. Publicó varias obras sobre la materia. En 1943 fue nombrado Vicepresidente ejecutivo de la Caja de Seguro Obrero; ocupó cargos universitarios y ante las Naciones Unidas. El P. Hurtado utiliza mucho los datos de sus publicaciones y, en *Sindicalismo*, le dirige un agradecimiento.

haga. Al principio la Dirección de la Universidad Católica opuso dificultades y entonces recurrí a Vuestra Excelencia, quien me autorizó para obrar en la forma que lo hice. Si suprimimos el elemento universitario entre los Dirigentes de nuestra Rama [de Jóvenes], *la decapitamos*. Por otra parte, es un mito el gran número de universitarios que trabajan en nuestra Rama: los que verdaderamente actúan no pasan de 10; algunos no habrían trabajado en la A.U.C. [Asociación de Universitarios Católicos], y a todos los empujamos a cumplir sus deberes de universitarios.

13. *Permanencia de algunos hombres en nuestra Rama*. No hay ninguna tendencia a retener a los hombres en nuestra Rama al llegar al matrimonio o cumplir la edad reglamentaria; pero veo que nos será absolutamente necesario pedir la presencia de algunos Dirigentes para cargos que requieren estabilidad, prudencia, reposo, sobre todo dada la inmensa carencia de Asesores. Creo que cualquier Asesor habrá de recurrir a Vuestra Excelencia pidiéndole algunos Hombres para la Rama.

14. *Respecto a las vocaciones*, no vuelvo a tocar este punto largamente expuesto a Vuestra Excelencia ya que Vuestra Excelencia tuvo la bondad de aprobar mi actuación, lo mismo que Monseñor [Alfredo] Cifuentes [Arzobispo de La Serena], de quien recibí una alentadora carta[79].

Puedo agregar a Vuestra Excelencia que entre los Asesores, Reverendo Padre [Florencio] Infante, Presbíteros Mario González, Alfonso Puelma, Arturo Martin, Enrique Alvear[80], Raúl Silva, que han actuado en la Asociación, la unión ha sido completa, y rindo homenaje a su amplio espíritu de colaboración.

No me queda, Excelentísimo señor, más que ponerme en manos de la Jerarquía, a cuya dirección para bien de la Iglesia he deseado colaborar con toda mi alma y quiero seguir siempre sirviendo en la medida de mis pobres fuerzas; pero en el puesto de Asesor

---

[79] Más arriba se ha publicado una carta sobre el tema de las vocaciones. Ver Carta a Monseñor José María Caro, del 22 de marzo de 1941 (s 64 y 01).

[80] El Siervo de Dios Enrique Alvear Urrutia nació en Cauquenes en 1916 y fue ordenado sacerdote el 20 de septiembre de 1941. Consagrado obispo en 1963 y nombrado auxiliar de Talca. En 1965 fue trasladado a San Felipe y en 1974, como auxiliar, a Santiago. Murió el 29 de abril de 1982. El 9 de marzo de 2012, el Arzobispo de Santiago, Ricardo Ezzati, abrió oficialmente su causa de canonización.

Nacional de los Jóvenes no podría seguir trabajando sin una amplia y total confianza de mis Superiores en mi criterio, lealtad y buena voluntad, para estar seguro de contar con su apoyo cada vez que sea necesario. Como he creído, por los motivos arriba expuestos, no contar con esa confianza de parte del Excelentísimo señor Asesor General, insisto en presentar la renuncia de mi cargo, y pediría que ésta me fuese aceptada de inmediato, para no perjudicar a la Rama con el mal desempeño del cargo, natural en una situación de inestabilidad[81].

Ruego a Vuestra Excelencia quiera pedir a los Excelentísimos señores Arzobispos y Obispos perdonen los yerros que involuntariamente he cometido, las muchas faltas de prudencia, precipitación y otras con que he perjudicado a la obra que me confiaron; y quiera agradecerles en mi nombre una vez más la bondadosa confianza que me han dispensado durante estos tres años y medio.

Reciba Vuestra Excelencia los sentimientos de mi más respetuosa consideración.

De Vuestra Excelencia siervo en Cristo,

Alberto Hurtado C., S.J.

1 DE DICIEMBRE DE 1944, SANTIAGO[82]

Monseñor Augusto Salinas
Mi querido Augusto:
Como se acerca la fecha de la Comisión Episcopal en la que deberá tratarse de mi renuncia, he escrito una carta a Monseñor Caro, privada, dándole cuenta de lo que la motiva y presentando un

---

[81] Con estas palabras, el P. Hurtado manifiesta su efectivo deseo de dejar el cargo. De hecho, entre los obispos, aún se pensaba en buscar alguna solución que permitiera la permanencia de Alberto Hurtado en el cargo de asesor nacional de la A.C. (cf. Carta de Mons. Salinas al P. Hurtado, del 28 de diciembre de 1944). La Comisión Episcopal Permanente para la A.C. aceptó la renuncia en su sesión del 14 de diciembre de 1944.

[82] *Archivo Padre Hurtado*, s 64 y 09a.

descargo de las acusaciones que se han hecho al Asesor de los Jóvenes. Por absoluta lealtad a ti, te envío una copia para que la conozcas al mismo tiempo que Monseñor. ¡Dios quiera que no se me haya escapado alguna frase menos exacta o que sea el reflejo del amor propio más bien que de la absoluta verdad! Si esto hubiera ocurrido no tengo más que pedirte perdón a ti y al Padre de los cielos[83].

Hablé con Manuel [Larraín] en Talca y me dijo que era mejor que presentara la renuncia.

Te agradecería con toda el alma que si ésta es aceptada, como supongo lo será, lo sea luego, para no perjudicar a la Rama con esa marcha lánguida que no puede menos de dar quien sabe que está en la situación en que yo me siento. No creo que ahora, más que en otra ocasión, pueda recibir interpretación política, y además el momento político, gracias a Dios, no está especialmente perturbado.

Te saluda tu amigo y hermano.

Alberto Hurtado C., S.J.

P.D. Para no perjudicar a la Asociación te mando en hoja separada la proposición de nombramiento de Vicepresidente a cargo de los Aspirantes. Me inclino con toda el alma por Pepe Arellano[84], que sería un Vicepresidente de lujo. Te acompaño también en varios ejemplares el proyecto de reforma del Reglamento de Aspirantes. En otras ocasiones te he enviado los artículos que se reformarían: ahora te envío el Reglamento tal como podría quedar, indicando en forma clara lo que se suprimiría o cambiaría. Estamos casi dos años sin ejemplares del Reglamento y no se han enviado a la imprenta en espera de la reforma.

---

[83] Como se explicó más arriba, en señal de transparencia, el P. Hurtado envió a monseñor Salinas una copia de la carta al cardenal Caro, publicada inmediatamente más arriba.

[84] José Arellano Rivas (1923-1956) se educó durante los primeros años de su vida en el Colegio San Ignacio. A los 14 años se enfermó de tifus. Esto le obligó a cambiarse de colegio, a uno más cercano de su casa. Llevó una vida ejemplar, a pesar de los estragos que fueron causando en él las secuelas de su enfermedad. Fue gran amigo del P. Hurtado, colaborador suyo en la A.C. y después en el Hogar de Cristo. Él mismo lo casó el 24 de mayo de 1951 con Teresa Marín Cerda (1926-1966), con quien constituyó un matrimonio modelo. Murió en 1956, poco antes de que naciera su hijo menor, José Santiago.

31 DE DICIEMBRE DE 1944, SANTIAGO[85]

Sr. don Fernán Luis Concha Garmendis
Estimado Fernán Luis:
Mucho he agradecido su bondadosa carta y sus sentimientos y
los de los demás miembros de la Junta Nacional, al alejarme de ella.
Le ruego quiera usted transmitir mi gratitud a cada uno de los que
lo integran y quiera asegurarles mi recuerdo muy afectuoso ante
Nuestro Señor por ellos y por los trabajos de la Junta Nacional.
A usted y a cada uno de sus abnegados colaboradores en la
causa de la Acción Católica les deseo un santo y feliz año nuevo.
Afectísimo seguro servidor y capellán,

Alberto Hurtado C., S.J.

1 DE ENERO DE 1945, RANCAGUA[86]

Excelentísimo Sr. don Augusto Salinas
Mi querido Augusto:
He recibido las dos cartas que has tenido la bondad de enviarme: la oficial, a nombre de la Comisión Episcopal, aceptando mi
renuncia al cargo de Asesor; y la particular, en que me expones los
motivos que te llevaron a proponer esa aceptación.
Te agradezco en el alma las dos comunicaciones; una, porque
con caridad cristiana tratas de dejar bien puesto al Asesor que se
va, y la otra, por la franqueza con que me has expuesto tu punto de

---

[85] *Archivo Padre Hurtado*, s 64 y 12. El P. Hurtado escribe esta carta al Presidente
Nacional de la A.C. en agradecimiento a sus expresiones de solidaridad. El P. Álvaro Lavín ha publicado 23 cartas de apoyo que el Padre recibió y que son las que
se encontraron entre sus papeles, lo que muestra la alta estima en la que se tenía
su persona y su labor (ver la carta de Concha en A. Lavín, *Aspectos críticos en su
ministerio sacerdotal*, p. 84).

[86] *Archivo Padre Hurtado*, s 64 y 09b. El 28 de diciembre de 1944 monseñor Salinas
envía una carta oficial aceptando su renuncia al P. Hurtado y otra personal, en la

vista. Créeme que siento en el alma haber sido, sin quererlo, causa de tantas molestias y sinsabores para ti durante estos años. ¡Dios quiera que esa impresión de menor respeto al Prelado y de menor estima al amigo vayan desapareciendo en tu ánimo, pues en el mío están muy enteros el respeto a ti y a toda la Jerarquía, en la que veo a Cristo Nuestro Señor gobernándome y enseñándome, y el afecto al amigo a quien debo demasiado para poderlo olvidar!

Te desea un feliz año nuevo, con afecto y respeto tu amigo y seguro servidor,

Alberto Hurtado C., S.J.

4 DE ENERO DE 1945, RANCAGUA[87]

Excelentísimo y Reverendísimo Sr. Dr. José María Caro
Mi querido y respetado señor Arzobispo:
Desde Rancagua, donde estoy dando Ejercicios a los Hermanos Maristas, me tomo la libertad de acudir a molestarlo, conociendo su inagotable bondad, y apelando a su carácter de Padre de nuestras almas.

---

que fundamenta sus críticas (cf. A. Lavín, *Aspectos críticos...* pp. 56-64). En la carta personal enumera abiertamente cuáles son las dificultades: Según él, la causa de "la quiebra de nuestra amistad" es el comportamiento del P. Hurtado de reprocharlo continuamente por no tener opinión propia, por la mala calidad de sus predicaciones, por su falta de una línea definida frente a los jóvenes y por su autoritarismo. Pero los problemas principales que él aprecia son su concepto de obediencia de juicio y su falta de sometimiento y respeto a la Jerarquía. "He notado en ti un concepto del Episcopado bien poco favorable". "¿Podías tú transmitir a los jóvenes la sumisión debida a la Jerarquía si tú mismo carecías de ella?". Respecto a la política de partidos dentro de la A.C., le dice: "No creo que tú hayas hecho nunca nada a favor de ningún partido, pero sí que tu orientación ha permitido que se haga". Acerca de la crítica por falta de espíritu de unidad entre la rama de jóvenes y las demás ramas de la A.C., le dice que hay "iniciativas y actividades desvinculadas" por parte de la Rama de los Jóvenes.

[87] *Archivo Padre Hurtado*, s 64 y 06. El P. Hurtado se desahoga ante el arzobispo de la amargura que le produce escuchar que persisten los rumores acerca de su

Al cesar en mi cargo de Asesor de los Jóvenes se han hecho variados comentarios sobre lo que pudo determinar esta salida. Yo me he abstenido en lo posible de dar explicaciones para no ahondar una división que por nada del mundo deseo que exista, y he calmado a los jóvenes urgiendo su adhesión entera y leal a la Jerarquía, como lo han hecho. Una vez obtenido esto, he salido de Santiago para evitar este tema y he rehusado toda manifestación que se me ha querido dar, negándome a asistir incluso a la Misa que me ofrecieron los Jóvenes, para evitar todo desahogo menos respetuoso que pudiera producirse en alguno[88].

Pero hay un cargo que se está repitiendo con mucha insistencia en contra mía por personas que merecen crédito y que me duele profundamente y me ha movido a escribir a Vuestra Excelencia, pues afecta lo más hondo de mi vida sacerdotal: se dice de mí que carezco totalmente del espíritu jerárquico, que no estimo a nuestros señores Obispos, más aún, se ha afirmado que yo he dicho "que son figurones", que estoy contra el Papa. Yo desmiento totalmente esas apreciaciones, Excelencia; y, si fuera necesario, agradecería a Vuestra Excelencia que abriera información en contra mía para que se adujeran testimonios que confirmen esos asertos: que se pregunte a los Vice Asesores de la A.C. de Jóvenes y a los jóvenes mismos, lo mismo que a quienes tengan algún cargo en contra mía sobre el particular. Estimo tan grave esta imputación, pues un sacerdote que no tuviera respeto por su Jerarquía sería cismático, perturbador de la Iglesia y no merecería ni licencias para confesar y predicar. He procurado trabajar con buena voluntad por la gloria de Dios y sólo pido que se respete mi fama para poder seguir trabajando en ese mismo sentido. Ahora, si el Señor, después de haber hecho yo lo posible por guardar la dignidad del carácter sacerdotal, permite

---

desobediencia. El arzobispo le responderá el 11 de enero, diciéndole que lamenta "profundamente lo que Su Reverencia ha tenido que sufrir con ocasión de la renuncia y de las explicaciones que, por desgracia, se han divulgado poco cristianamente". Espera que la carta que le mandaría monseñor Salinas lo consolaría, y que sus penas se convertirían en méritos ante el Señor. Con mucho gusto presentaría a la Comisión Episcopal su protesta de constante respeto a la jerarquía (cf. A. Lavín, *Aspectos críticos...* p. 67).

[88] Este tipo de actitudes muestra la profunda lealtad del P. Hurtado con la Iglesia y con Mons. Salinas. Fueron momentos muy dolorosos, pero dejaron de manifiesto su madurez espiritual y su inmenso amor a la Iglesia.

que estas opiniones sigan circulando, no me quedará más que decir:
¡Bendito sea Dios!

Ante Vuestra Excelencia hago, pues, solemne declaración de
mi constante respeto por la autoridad de la Iglesia, del Sumo Pontífice, de nuestros Prelados y de veneración por el Episcopado de
nuestra Patria, del cual no tengo conciencia de haberme expresado
nunca con menor respeto.

Perdone Vuestra Excelencia que abuse de su precioso tiempo
y cause a Vuestra Excelencia una pena con esta confidencia, pues
bien conozco el cariño de Vuestra Excelencia para conmigo. Me
atrevería a rogar a Vuestra Excelencia como postrer favor que, si
lo estima oportuno, me haga la bondad de reiterar esta declaración
ante los Excelentísimos señores Arzobispos y Obispos de la Comisión Episcopal.

De Vuestra Excelencia siervo en Cristo,

Alberto Hurtado C., S.J.

17 DE ENERO DE 1945, LLO-LLEO[89]

Sr. Presbítero Pedro Campos Menchaca

Mi querido Pedro:

¡Sacerdote de Cristo! Tu sueño y el mío se han visto realizados.
¡Una Misa, una Confesión, y... morir! decía uno, y no le faltaba razón. Una vez que un hombre ha podido ofrecer el sacrificio divino,
perdonar los pecados, ¿qué más puede esperarse de él? Ya su vida
ha tenido pleno sentido. Eso es lo que ha comenzado para ti; y Dios
te reserva un apostolado maravilloso en una época en que el mal se
derrama por todas partes y el bien también crece en proporción a la
intensidad del mal.

No he podido estar contigo en tu ordenación, pero en espíritu te
he acompañado muy de cerca y he participado en tu alegría por la par-
tecita que el Señor me dio en un momento tan importante de tu vida.

---

[89] *Archivo Padre Hurtado*, s 63 y 63.

En tus oraciones mucho me encomiendo y te ruego en forma especial que encomiendes una obra para los pobres que creo el Señor me está pidiendo [el Hogar de Cristo] ¡Que nuestro sacerdocio sea para gloria de Cristo y bien de los pobres! Ojalá el Señor nos dé a ti y a mí esa bendición.

Besa tus manos tu afectísimo amigo y hermano en el Señor.

Alberto Hurtado C., S.J.

24 DE ENERO DE 1945, LAS BRISAS[90]

Excelentísimo Sr. don Augusto Salinas

Mi querido Augusto:

Con algún atraso, por la distancia de este rincón en que me encuentro, recibí tu atenta del 17, que mucho agradezco.

Una vez producida la aceptación de mi renuncia, me empeñé durante algunos días en tranquilizar en la forma mejor que me fue posible a los jóvenes y procuré dejarlos comprometidos a trabajar con todo entusiasmo y lealtad en la Asociación. Una vez que creí haberlo obtenido me ausenté de Santiago para evitar conversaciones inútiles sobre el tema, obligado de quienes me iban a ver, para olvidar esta incidencia y preparar nuevos trabajos para el año que viene. Tenía el propósito de no volver a remover lo que había pasado, pues no había ningún bien en hacerlo.

De mi silencio me sacó la noticia, varias veces repetida y que circulaba en todos los tonos, de mi falta de espíritu jerárquico,

---

[90] *Archivo Padre Hurtado*, s 64 y 10. El 17 de enero de 1945 monseñor Salinas escribió de nuevo al P. Hurtado, comentándole una carta —que no conservamos— que este había escrito el 4 de enero, desde Rancagua, a Manuel Larraín. En ella el Padre se había desahogado con su amigo diciéndole que le causaba gran dolor oír que monseñor Salinas difundía rumores muy negativos acerca de su actitud ante la Jerarquía. Manuel Larraín quiso que las cosas se aclararan y que los antiguos amigos se reconciliaran, así es que pidió a monseñor Salinas que le escribiera. En su carta, Mons. Salinas le dice le resulta ofensivo que haya creído que esos comentarios vinieran de él, porque es suponerle sentimientos muy bajos (cf. A. Lavín, *Aspectos críticos...* pp. 69-72).

llegándose a atribuírseme las frases que citaba en mi carta a Manuel, con quien quise desahogarme de algo que me dolía demasiado. No sería sincero si no te dijera que me ha dolido mucho esa acusación de "falta de espíritu jerárquico", pues para un sacerdote es tan grave a mi juicio como atribuirle faltas a su voto de castidad, y lo incapacita en no menor grado para trabajar apostólicamente[91]. Me alegro en el alma al leer tu carta en la que bondadosamente me dices que jamás has dicho las palabras que se te han atribuido. Mucho agradezco tu deferencia al querer comunicármelo.

Me dices también en tu carta que esos tres cargos que me hiciste en tu carta anterior los has repetido a los Dirigentes máximos de la A.C. y a los Asesores. No puedo quejarme de ello, pues tú estás persuadido que esos tres cargos son absolutamente exactos y lo haces con la intención de que no se tergiverse la mente de la Jerarquía y tu propia conducta. Con todo, me atrevo a rogarte quieras pensar una vez más sobre lo que a continuación te indico, sin que esta petición tenga otro alcance que una sugerencia sumamente respetuosa hecha a ti en carta confidencial.

No he querido hacerte ningún nuevo descargo sobre los otros cargos que me haces en tu carta anterior, ya hechos verbalmente con anterioridad la mayor parte, porque ellos no atañen tanto a las cualidades básicas que afectan a un sacerdote que quiera hacer labor apostólica: pero sí te ruego revises los motivos en que te fundas para pensar que no tengo espíritu jerárquico. En cuanto a mí, he revisado repetidas veces mi actitud en este punto y en resumen puedo decirte lo siguiente:

1. Mi estima interior sobre la Jerarquía es profunda. Nuestros Prelados son los representantes de Cristo y es esto lo que hemos de ver en ellos: es Su voz la que por nuestros Prelados habla, ordena, aconseja. Otra actitud no es cristiana, y siendo ésta nuestra mirada, ¿cómo no tener un profundo respeto por quienes nos gobiernan en nombre de Cristo?

2. En cuanto a críticas respecto a la actitud de la Jerarquía: no recuerdo jamás haberlas pronunciado. Sólo ante la propia Jerarquía

---

[91] Dramática afirmación sobre la profunda importancia que el P. Hurtado otorga al espíritu jerárquico.

he representado las dificultades que he visto o previsto emanadas de algunas de sus órdenes.

3. Mi criterio de la obediencia de juicio es el de San Ignacio en *"la carta de la obediencia"*[92], que nos leen todos los meses en el comedor para que no olvidemos la enseñanza: esa doctrina la he predicado a mi Comunidad y al Clero. Creo perfectamente compatible con esta obediencia de juicio el que sea filial, franca, valiente, colaboración con el propio Superior, que muestra hasta el fondo del alma del súbdito, el cual siempre acata con alegría, uniendo su voluntad y su juicio al del Superior, la voluntad de éste una vez manifestada.

Si estos motivos te parecen fundados, te harán comprender mejor a este amigo tuyo de formas bastante rudas, cargado de faltas, pero que por nada del mundo quisiera incurrir en el crimen que tantas veces ha condenado, de separarse de la Jerarquía y mucho menos en el de no estimarla o censurarla.

Yo no hubiera querido en ningún momento hacerte perder más tiempo con mis cosas, ni tampoco a otros señores Obispos, que harto más importantes asuntos tienen que los problemas del Padre Hurtado... Si lo hago es porque he querido defender lo único que tengo: mi calidad de apóstol del Señor, elegido por Él para llevar su nombre, y no quisiera incurrir en el crimen de cobardía o de pereza para defender mi derecho de seguir trabajando por Él. Ahora bien, si mi espíritu jerárquico es puesto en duda, debería consecuentemente renunciar a seguir influyendo en el alma de los demás, pues les haré más daño que bien.

Esta carta es respuesta a la tuya. Una vez más mis agradecimientos por haberme querido tranquilizar con tus palabras, y también por la paciencia en leer estas líneas escritas al correr de la máquina y con más de una interrupción.

Te saluda cariñosamente tu amigo afectísimo y hermano en Cristo,

Alberto Hurtado C., S.J.

---

[92] Se conoce con este nombre la carta que San Ignacio envió el 26 de marzo de 1553 a los Padres y Hermanos de Portugal. Cf. Ignacio de Loyola, *Obras completas*, Madrid 1977, pp. 849-860.

24 DE ENERO DE 1945, LAS BRISAS[93]

José Arellano Rivas
Mi querido Pepe:
¡Hombre de múltiples actividades; de Dios en primerísimo lugar, de A.C., que es la obra predilecta del Patrón[94], jefe de familia, enamorado, negociante...! Amplio es el campo de tus actividades, pero para todas te da gracias Nuestro Señor y te las seguirá dando a medida de tus necesidades, como has podido experimentarlo en tu vida. Que no ceses de seguir *buscando antes que nada el Reino de Dios y su justicia, que todo lo demás* —¡hasta el amor!— *vendrá por añadidura,* ¡feliz y bien primeramente amarrado a lo principal! (cf. Mt 6, 33).

Tus aspirantes y la Concentración los tengo muy presentes como todo lo que se relacione con *nuestra* Asociación [de A.C.], ¡que nunca dejaré de sentirla 'nuestra'![95].

Estoy estudiando la J.O.C., preparando unas conferencias y un libro sobre nuestro deber social, educación social, vida social; ¡y llenándome un poco al menos de esta inmensa paz que hace tanto bien!

Yo no sé cuándo iré a Santiago: Será sólo de paso para diligencias del Hogar de Cristo, pero de forma, sólo a mediados de mayo.

Saluda a tu Mamá y hemanitos.

Tuyo afectísimo, amigo y hermano.

Alberto S.J.

---

93 *Archivo Padre Hurtado*, s 71 y 28.
94 Aparece aquí una forma muy característica y cariñosa del P. Hurtado para referirse a Cristo.
95 La afirmación se vuelve relevante al recordar que el P. Hurtado acaba de renunciar como asesor nacional de la A.C. de jóvenes.

3 DE JUNIO DE 1945, LOYOLA[96]

Mi querido Víctor[97]:

Esta mañana, al leer en la santa Misa el Evangelio de hoy, me ha venido un fuerte deseo de escribirte para decirte algo que tengo atravesado entre el pecho y la espalda desde hace tiempo, y que jamás me atrevía a decírtelo, a pesar de la confianza que me has dado, por respetar en forma total tu libertad, como tú has visto que lo he hecho siempre...[98].

Si recuerdas el santo Evangelio de hoy (S. Lucas 14, 16-24), el Señor hizo una cena y los llamados comienzan a excusarse con los pretextos más fútiles desairando así a quien generosamente los había invitado. Esta lectura me trajo a la mente tu recuerdo, pues, si quieres que te diga francamente mi impresión, ésta es que tú *querrías* servir a Cristo, ser generoso con Él, pero que no acabas nunca de decidirte a cortar las amarras, porque éstas son fuertes, justas, santas, bellas, las más bellas en el orden de lo lícito: las del hogar donde uno ha nacido, y en un caso como el tuyo, de un hogar donde todo el cariño se reconcentra en el hijo único. Yo debo pensar en los que el Señor ha confiado a mis cuidados y muchas veces he pensado que tu inconsciente lucha muy fuertemente contra el llamamiento del Señor que te dice HOY, y tú le dices: MAÑANA... y yo me temo que ese "mañana", pueda equivaler a "nunca", como ha resultado verdad para tantos amigos nuestros, incluso para otros que, en el mismo puesto que tú ocupas en la A.C., sintieron un día el llamamiento de Cristo y hoy van por otro camino, honesto, lícito,

---

[96] *Archivo Padre Hurtado*, s 62 y 80.
[97] Víctor Risopatrón Matte S.J., nació en Santiago el 26 de abril de 1922. Estudió Derecho en la Universidad Católica y después ingresó en la Compañía de Jesús, el 28 de junio de 1945. Fue ordenado sacerdote el 2 de febrero de 1956. Entre sus múltiples ministerios, ha sido profesor de colegios jesuitas y capellán de Carabineros de Chile.
[98] Efectivamente, el P. Hurtado esperó mucho tiempo antes de hablar. De hecho, cinco años antes de la fecha de esta carta, el P. Hurtado ya pensaba que Víctor tenía vocación y que la estaba disimulando. A un sacerdote, le escribe: "temo mucho que se pierda definitivamente esta vocación" (s 62 y 71, Carta a Raúl Montes, 25 de marzo de 1940).

pero que no es el que ellos creyeron en un primer momento, y en el que yo siempre he pensado que habrían dado más gloria a Dios, si a tiempo hubiesen marchado generosamente. Después, los oídos se endurecen, los ojos no tienen la finura para percibir y llega uno a creerse no llamado.

Tú has reaccionado violentamente contra una actitud semejante, pero te pido, Víctor, que delante de Nuestro Señor, ante su Cruz pienses si eres sincero con Él al esperar aún más; o si no sería mejor afrontar la dificultad en la forma más valiente que sea posible: fijarte una fecha, hablar con tus padres, quemar las naves y echarte al agua, esto es, en los brazos de Cristo para trabajar por su gloria y por la salvación de las almas[99]. Si tú en tu conciencia crees que la conducta debe ser otra, ten por no dichos mis consejos, pero si la voz de Cristo persiste, tú que has "puesto la mano al arado no vuelvas los ojos atrás", porque ese "no es apto para el Reino de los cielos". "El Reino de los cielos padece violencia y sólo los esforzados lo arrebatan". "El que ama su alma la perderá y el que la perdiere por mí la hallará". "El que quiera venir en pos de Mí, niéguese, tome su cruz y sígame". [cf. Lc 9, 62; 16, 16; 17, 33; 9, 23].

Quizás el Señor espera para bendecir a la A.C. y a otras vocaciones en germen, tu sacrificio. No dudes en hacer en cada momento, hoy mismo, lo que creas delante de Dios que debas hacer. El mañana es muy peligroso.

Esta carta es sólo para ti, y tu confianza para con tu ex-asesor y [actual] Director espiritual es la que me ha dado fuerzas para escribirla. Ruega a Jesús que yo también no ponga obstáculos a sus designios sobre mí. Afectísimo amigo y hermano en Cristo.

Alberto Hurtado C., S.J.

---

[99] Víctor Risopatrón ingresó a la Compañía 25 días después de la fecha de esta carta, el 28 de junio de 1945.

INFORME AL PADRE VISITADOR, TOMÁS TRAVI (1945)[100]

El Padre Hurtado frente a algunas acusaciones

Falta de obediencia

Ratifica su propósito muy entero de obedecer, entendiendo la obediencia como la entiende San Ignacio, y cree que su doctrina es tan actual ahora como lo era en tiempo de San Ignacio.

Respecto a su obediencia en la Compañía, no ha recibido cargos especiales de sus Superiores inmediatos en lo que concierne a la obediencia, y declara estar dispuesto a aceptar cualquier sitio, en cualquier punto que sus Superiores crean más conveniente.

Se le ha acusado de falta de obediencia a las *normas de la Santa Sede*, pero no conoce un caso concreto de esta falta de obediencia. Se ha señalado como la crítica más general: su actitud frente al problema político.

Fondo del problema: La Iglesia en Chile *de hecho* había estado muy ligada al Partido Conservador, el que la defendió en las luchas doctrinarias. Desde la separación de la Iglesia con el Estado [en 1925], las luchas han perdido su carácter religioso para tomar un tinte más bien social: derechas e izquierdas tienen una orientación más bien social que religiosa, sin desconocer que en la izquierda han figurado elementos marxistas y radicales que tienen una orientación antirreligiosa, pero sin que ésta constituya su programa de combate.

Divisiones originadas en la derecha, especialmente en el Partido Conservador, respecto a su posición social hicieron que un grupo, especialmente de jóvenes, desearan formar tienda aparte. El Cardenal Pacelli [futuro Papa Pío XII] envió una carta a la Iglesia de Chile [el 1 de junio de 1934][101] asentando el principio que la Iglesia

---

[100] *Archivo Padre Hurtado*, s 62 y 098. En este documento, el P. Hurtado habla de sí mismo en tercera persona. El P. Tomás Travi era Provincial de Argentina y vino a Chile en calidad de Visitador. Llegó pocos meses después de la renuncia del P. Hurtado como Asesor de la A.C., que había levantado mucha polvareda, así que le pidió un informe sobre ello.

[101] Ver el texto completo en A. Lavín, *Aspectos críticos...*, pp. 137-144. Cf. J. Jiménez Berguecio, S.J., "La carta del Cardenal Pacelli de 1 de junio de 1934, al Nuncio

Católica estaba fuera y por encima de las luchas de partido, que se interesaba en la gran política y que dejaba a los católicos el derecho de formar partidos "siempre que éstos den suficientes garantías de respeto a los derechos de la Iglesia y de las almas". Los Obispos y el clero "deben mantenerse ajenos a las vicisitudes de la política militante... y abstenerse de hacer propaganda en favor de un determinado partido político".

Esta libertad política de los católicos ha sido afirmada en todos los documentos públicos emanados de la Jerarquía y también de los señores Nuncios, incluso el actual, documentos algunos de fecha muy reciente. Sin embargo, el Partido Conservador no se ha resignado nunca a perder su posición de partido privilegiado, obligatorio para todos los católicos porque tendría un carácter religioso más que político, lo que supondría la condenación del Partido Falange Nacional que es su competidor. La razón de este deseo reside principalmente en el carácter social más avanzado de Falange Nacional, que repugna a los principios liberales de la mayor parte de los conservadores antiguos, porque éstos nunca han protestado que haya católicos —y la mayoría lo son— en el Partido Liberal, de iguales tendencias sociales que el Partido Conservador. Para obtener esta condenación los conservadores enviaron a Roma al sacerdote don Daniel Merino[102] y han hecho inauditas gestiones.

Los señores Nuncios anteriores: Monseñor [Ettore] Felici [1928-1938], Monseñor [Aldo] Laghi [1938-1942] y Monseñor [José] Canovai [1942], guardaron al pie de la letra la carta del Eminentísimo Cardenal Pacelli; más aún, Monseñor Laghi me leyó normas precisas de Roma en las que, después de conocidas las gestiones hechas allá por el señor Merino, recomendaban como mejor la situación en que había dos partidos: Conservador y Falange, para que la Iglesia no se solidarizara con los derechos de un Partido. Nunca

---

Apostólico en Chile. Incidencias de su publicación. En homenaje, al cumplirse sus 50 años", en *Anuario de Historia de la Iglesia en Chile*, Volumen 2 (1984), pp. 131-163.

[102] Daniel Merino Benítez nació en Chillán el 31 de agosto de 1886. Estudió en el Seminario de Santiago y en la Universidad Gregoriana de Roma. Fue ordenado sacerdote el 24 de diciembre de 1910. Trabajó en Valparaíso, Tarapacá, Curicó y Santiago. Murió en 1947.

hicieron nada por fundir los partidos, aunque desearon la unión *electoral*. A la llegada de Monseñor [Maurilio] Silvani [1942-1946] las cosas han cambiado y, aunque nunca ha habido un documento que exprese un cambio de actitud, se sabe públicamente que su opinión es muy desfavorable a la Falange, que censura a quienes apoyan a este movimiento y que ha hecho repetidas gestiones para fusionar los partidos, aunque los dirigentes falangistas afirman que el señor Nuncio les ha reconocido el pleno derecho que tienen para existir; más aún, que a ellos y a extraños —como al señor Regules— ha alabado la posición de la Falange, en alguna ocasión extraordinaria. Los señores Obispos aparecen enteramente divididos en este punto: unos condenan a la Falange, otros desean que se continúe en la actual situación de independencia de la Iglesia respecto a la política de partidos.

El P. Hurtado ha seguido en esto la norma invariable de atenerse a las normas oficiales dadas por la Santa Sede y los Prelados, y de secundar cualquier iniciativa que le fue sugerida por Monseñor Laghi. En materia política nunca ha recibido personalmente de la Jerarquía normas que contradigan las oficiales, aunque elementos seglares afirman "que los señores Obispos que valen están por la obligatoriedad del Partido Conservador, y los que no valen, por la liberal". Tal apreciación no puede ser tomada en serio, aunque reconoce que hay diferencia de criterio demasiado manifiesta entre los señores Obispos.

Cargos más concretos contra el P. Hurtado

1. *Es amigo de falangistas*. Respuesta: sí, y también de los otros. Si no pudiera serlo, ¿qué sentido tendría la libertad política de los católicos? En mi actuación como Asesor pedí a conservadores que ingresaran en el movimiento, pues muy pocos eran de Acción Católica; frené el movimiento abstencionista en política, muy dañino a la defensa política de la Iglesia, y hube de ser mal interpretado por ir contra el abstencionismo; he tenido muchas ocasiones de frenar exigencias falangistas; los dos Presidentes Nacionales y los Vicepresidentes que propuse durante mi Asesoría, ninguno fue falangista: conservadores y un liberal. Durante esa época hubo paz política en la Asociación, como fue reconocido por todos, incluso por Monseñor Silvani, quien informó así al Cardenal [Giuseppe] Pizzardo

[Asesor General de la A.C. mundial], el cual envió una carta a la Asociación por haberse mantenido fuera de la política de partidos.

2. *No trabajar por el Partido Conservador.* "Eso es falangismo", me dijo su Presidente, don Fernando Aldunate. "Fracasó el P. Hurtado, pues no produjo *la unión*", dijo don Carlos Aldunate, se entiende la unión política.

3. Respuesta: Creo que no es misión sacerdotal.

4. Se ha opuesto al trabajo de los alumnos secundarios en política. El Episcopado, siguiendo las normas tradicionales, urgió a los colegios católicos a que no permitieran acción política en los colegios, para no perturbar la formación de los alumnos con el trabajo apasionado de la política. Esto fue muy mal interpretado por el Partido Conservador, que envió un *memorandum* en contra mía a los señores Obispos y motivó artículos. Allí están los documentos. El propio Monseñor Silvani me dijo al leer mi libro *Puntos de educación*, en que exponía este punto: "Ésa es la doctrina de la Iglesia"[103].

5. En general, puedo decir que cada uno de los puntos en que he tenido que ver con la política, he procedido con máxima cautela consultando el asunto con la Jerarquía. Las normas sobre esta materia que dio el Consejo Nacional, mientras fui Asesor, fueron cuidadosamente consultadas con el señor Arzobispo y con Monseñor Salinas. Iguales consultas hice a Monseñor Laghi. A Monseñor Silvani no seguí consultándolo porque vi que me daba normas que contradecían lo que abiertamente me decía el señor Arzobispo, como en el caso del movimiento estudiantil que hacía manifestaciones frente a la Embajada Norteamericana en son de protesta, siendo que las normas de la Jerarquía eran mantener a la Acción Católica fuera de la política, incluso internacional.

6. *Actitud social avanzada*: esto se llama falangismo, ¡o comunismo! Me achacan el discurso del Congreso de los Sagrados Corazones, cuyo texto acompaño[104]. Nótese que es tradicional protestar

---

[103] Este tema se encuentra desarrollado en la Carta Circular de la A.C. (publicada más arriba), y en un par de documentos: una carta y un artículo, motivados por la crítica a la postura del P. Hurtado que Agustín Zegers había publicado en *El Diario Ilustrado* (s 64 y 17; s 28 y 11).

[104] Dice el P. Hurtado en este discurso: "Tres palabras parecen remover el mundo contemporáneo y están en el fondo de todos los sistemas que se ofrecen como solución

de toda doctrina social, [tal] como *El Diario Ilustrado* y *El Impar-cial*, en recortes que tengo en mi poder, atacaron a Monseñor Caro por haberse pronunciado sobre estas materias. El P. [José Antonio] Laburu[105] fue igualmente muy atacado y lo ha sido quien ha hablado sobre estas materias; pero ¿acaso no quedó estampada igual queja por Pío XI sobre el silencio de la prensa capitalista y de los patronos sobre su encíclica *Quadragesimo [Anno]*, como lo dice en *Divini Redemptoris*? Agrega don Carlos Aldunate que el Colegio Católico y el Director Espiritual en particular están "disgregando la familia" por estas enseñanzas[106]; pero, ¿qué sentido tienen entonces las directivas de Nuestro Padre General de que se enseñen las encíclicas, las normas de la Congregación [General] XXVIII de que valientemente se exponga la doctrina de la Iglesia?

7. *Indisciplina.* Se dijo que Monseñor [Salinas] había afirmado mi indisciplina; sin embargo, en su carta "jura" no haber dicho las palabras que se le atribuían y que él dice que sabe que no puedo haber hablado con poco respeto de los señores Obispos[107]. En este punto no me remuerde la conciencia. No permití ninguna manifestación de los jóvenes que querían darme una comida, ni siquiera acepté una Misa a mis intenciones por temor de que fuera mal interpretada; todos los jóvenes siguieron trabajando en el movimiento; lo dejé financiado hasta varios meses después y aún ahora vive económicamente de recursos que dejé organizados. El Presidente de los Hombres Católicos [Fernán Luis Concha Garmendis] lo reconoce abiertamente y me dice que puede serme consuelo y hasta orgullo la disciplina y lealtad a la Jerarquía de los jóvenes, al salir yo del movimiento.

---

a los males de nuestra época: colectividad, solidaridad, justicia social. Nuestra Santa Madre Iglesia no desprecia esas palabras, sino muy por el contrario las supera con infinita mayor riqueza y con un contenido inmensamente más revolucionario y elevándose sobre ellas habla de unidad, fraternidad, amor" (s 19 y 28).

[105] El P. Laburu era un eminente profesor jesuita de la Universidad Gregoriana y del Colegio Máximo San Miguel, en Argentina.

[106] Cf. Carta de respuesta del P. Hurtado a Carlos Aldunate del 12 de septiembre de 1939.

[107] Este tema ha quedado tratado en sus cartas a Monseñor Augusto Salinas a propósito de su renuncia como Asesor.

8. *Asunto del sacerdote suspendido.* Vino a mí como sacerdote[108] y me creí en el deber de atenderlo y tenderle una mano para alivio de su alma, pues se encuentra totalmente solo. Hablé con sus Superiores jerárquicos: el Obispo Castrense y el de su diócesis, pidiéndoles le levantaran una suspensión que el Obispo Castrense había impuesto y que me autorizó a decir a su Obispo diocesano que él creía se podía levantar mientras llegaba la respuesta de Roma, pues Roma nada había juzgado. No organicé yo la defensa médica, sino que el propio sacerdote pidió esos testimonios, y los confió a don Carlos Casanueva, quien espontáneamente habló al sacerdote de su situación moral. No fui a la Nunciatura por no tener confianza con el médico. Intervine en favor del sacerdote porque he visto un alma en peligro de perdición eterna si no se le tendía la mano. Más aún, escribí yo al P. [Joseph] Creusen y al P. Restrepo —cosa que no sabe el señor Nuncio— haciéndoles ver el caso de este sacerdote, cosa que he creído totalmente legítima, por estimarlo justo en conciencia.

Resumen

En este problema hay un fondo de política: quisieran que la Compañía apoyara una orientación de política partidista determinada; que no se pronunciara con franqueza en materia social, por parte de otros elementos; por parte de Monseñor Salinas, fue dañosa mi actitud de franqueza que yo creí me permitía mi antigua amistad; respecto al señor Nuncio, lo he visto muy poco porque nunca me ha dado confianza y porque siempre he temido que me coloque ante situaciones que no pueda yo defender abiertamente. A esto se ha juntado ante algunos una situación molesta por las numerosas vocaciones a la Compañía; ante algún otro, mi carácter de religioso jesuita. A todos estos antecedentes hay que agregar ciertamente poca prudencia del que esto escribe, carácter vehemente, apasionado por temperamento, y ciertamente errores que Vuestra Reverencia habrá visto con mayor claridad y de los que espero un juicio suyo para tratar de corregirlos con eficacia, y si necesario fuese, penitencia.

---

[108] No sabemos de quién se trata.

APÓSTOL
DE LOS POBRES

Sra. Rebeca J. de Franke[2]

Estimada Rebeca:

Sus cartas y su telegrama junto con Mimí [Mercedes Peña] me han llenado de alegría al permitirme seguir la vida de las Hogareñas de Cristo y del Hogar. Se ve que el Patrón[3] ha asumido la Asesoría y Presidencia en forma, pues no se explica sin una especial bendición de Dios cuanto está sucediendo. Esos niños "con cara de buenos" que nos van a dar sorpresas muy agradables y de los que saldrán buenos cristianos y ciudadanos trabajadores, quizás un sacerdote o un Presidente de la República.

Cuando uno ve esta democracia real y piensa que hombres como Lincoln y el actual Presidente de la República [Harry Truman] han salido de la más baja esfera social, se anima a esperar milagros semejantes para nuestra raza que tiene muchos aspectos superiores a ésta, aunque en otros esté por debajo.

¡Que Nuestro Señor siga ayudándola a usted y a María Rebeca a quienes tengo muy presente junto a don Guillermo [Franke] que constituye para mí un motivo de aliento y estímulo!

Afectísimo en Cristo,

A. Hurtado C., S.J.

---

[1] *Archivo Padre Hurtado*, s 65 y 41.

[2] Rebeca Julian Saint-Clar nació el 27 de mayo de 1894. Se casó con Guillermo Franke Fischer, con quien tuvo una hija, María Rebeca. La Sra. Rebeca participó en el retiro que dio el P. Hurtado en el que tuvo su origen el Hogar de Cristo. Formó parte del Directorio de este por muchos años. Murió el 23 de mayo de 1993.

[3] Este era el modo característico, extremadamente familiar y cariñoso, con que el P. Hurtado llamaba a Dios.

21 DE NOVIEMBRE DE 1945, WASHINGTON[4]

Sra. Mimí [Mercedes] Peña de Ruiz Tagle[5]

Estimada Mimí:

Las fotos de los cabritos[6] presididos por el querido Arzobispo están siempre delante de mi mesa de trabajo y son una fuente de alegría al pensar lo que ustedes están haciendo por ellos. ¡Que el Señor les dé la incansable perseverancia necesaria en estas obras que son de sacrificio!, y en las cuales hay que tragar un poco de saliva de vez en cuando: pero eso es muy sano.

¿Qué valdría una obra si todo fuera rosas y jazmines?

Ánimo, pues, Mimí. Dése cuenta de todo el bien que el Señor está haciendo por sus manos a sus más pobrecitos y que esto le dé alegría aun en medio de [días] nublados y la anime a santificarse cada día más para que el bien sea más hondo y sobrenatural.

Consígame una foto del Hogar de [la calle] Chorrillos para apreciar el estado de los trabajos. Apure a los contratistas para que pueda inaugurarse en marzo[7].

Saludos a los dos Alfonsos y al resto de su pollada[8] a los que desde luego deseo unas felices Navidades.

Afectísimo en Cristo,

Alberto Hurtado C., S.J.

---

[4] *Archivo Padre Hurtado*, s 65 y 06.
[5] Mercedes Peña Otaegui, a quien siempre el Padre llama Mimí, nació en París en 1898 y se casó con Alfonso Ruiz-Tagle Huneeus. Fue dirigida espiritual del P. Hurtado durante muchos años y activa colaboradora en el H.C. Cf. *Positio*, Volumen II, pp. 454-466.
[6] Modismo chileno para referirse a los niños.
[7] El Hogar de Chorrillos solo se inauguró en octubre de 1946.
[8] Está hablando de los niños.

5 DE DICIEMBRE DE 1945, WASHINGTON[9]

Luis Williamson Jordán
Mi querido Lucho[10]:
Tu noticiosa carta fue recibida [por mí] con alborozo porque
me permitía saber algo del amigo y de la tierra. Veo por ella que tus
cosas caminan sin novedad, pero que estás algo pesimista por Chile.

Yo en cambio al salir fuera del país y pensar en el tipo de hombres que tenemos en Chile me vuelvo cada día más optimista, con
tal que un grupo de nuestra muchachada quiera machucarse con
ganas. La pasta de nuestra gente es de primera. De modo que ¡don
Lucho, a machucarse![11].

Aquí procuro leer, visitar, conversar con gente interesante: en
una palabra, sacarle el jugo al viaje para llevarles una experiencia lo
más completa posible.

Mucho me alegran tus proyectos de trabajo en el Hogar. Ayú-
danos allí, que la obra vale la pena y necesitamos decirle con obras
al pueblo, que comprendemos su dolor.

Te saluda con todo cariño tu amigo afectísimo y seguro servidor,

Alberto Hurtado C., S.J.

14 DE DICIEMBRE DE 1945, WASHINGTON[12]

Sra. Mimí Peña de Ruiz Tagle
Estimada Mimí:

---

[9] *Archivo Padre Hurtado*, s 63 y 64.
[10] Luis Williamson nació en 1903 y conoció al Padre en 1936. Se confesaba con él y
fue colaborador suyo en sus obras apostólicas. Cf. *Positio*, Volumen II, pp. 51-73.
[11] "Machucarse" es un modo chileno de decir trabajar duro; "la pasta" quiere decir
el material del cual está hecho.
[12] *Archivo Padre Hurtado*, s 65 y 07.

Felices Navidades. Que el Niño Jesús le pague lo que está haciendo por Él en la persona de esos Jesusitos Mapochinos[13], que ¡¡no por ser cochinitos son menos Él!! A Él le pediré el día de Navidades por todas sus intenciones, que las tengo muy presentes.

Mañana parto a Canadá hasta principios de enero: hay mucho que aprender en esa tierra de obras, que tiene todas las grandezas del alma francesa sin tal vez todos sus defectos... aunque defectos ¿quién no los tiene?

Sígame dando noticias del Hogar que mucho me alegran. Saludos a los suyos, todos y cada uno, y a todos ¡*Merry Christmas and happy New Year*!

Suyo, afectísimo en Cristo,

A. Hurtado C., S.J.

14 DE ENERO DE 1946, WASHINGTON[14]
[CONDOLENCIAS]

Sr. don Pedro Armendáriz

Mi querido Pedro:

Mi carta se ha cruzado sin duda con la tuya del 14 de diciembre[15]. En la Santa Misa sigo teniendo muy presente el alma de tu Papá, y a cada uno de ustedes, para que el Padre de los cielos se haga cada día más sensible, ahora que no está presente el de la tierra. No te olvides nunca de esa máxima tan hermosa que te he repetido muchas veces: ¡Dios no rompe los vínculos que Él ha creado! Con que, toditos a encontrarse en el cielo.

---

[13] El río Mapocho corre por la ciudad de Santiago, y bajo sus puentes encontraban refugio los niños más pobres. El P. Hurtado salía personalmente en las noches a invitarlos al H.C. En estas líneas expresa el P. Hurtado una intuición básica en su espiritualidad, basada en la teología del Cuerpo Místico: el hermano es Cristo, el pobre es Cristo.

[14] *Archivo Padre Hurtado*, s 71 y 81.

[15] El P. Hurtado ya le había escrito a Pedro Armendáriz para transmitirle sus condolencias, un mes antes. Al dudar que la carta hubiera llegado a su destinatario, se decide a enviarle otra.

No conozco personalmente a fondo a tu niña, pero el ambiente en que vive me encanta, pues esa familia de Pepe Uriarte es algo ejemplar a toda prueba y modelo de vida cristiana ¡ojalá que ahora sí que resulte! Así se lo pido al Señor. Salúdame a tu familia, y a tu futura familia, con la que me ligan tantos vínculos de amistad.

Afectísimo y seguro servidor.

Alberto Hurtado C., S.J.

14 DE ENERO DE 1946, WASHINGTON[16]

Sr. Hugo Montes B.

Mi querido Hugo:

Tu carta me llenó de alegría por las buenas noticias que me das. Espero que te haya ido muy bien en tus exámenes y que estés aprovechando de un *"descanso"* que tanto necesitas para reparar tus fuerzas, evitar un *surmenage* y para aconchar ese batiburrillo de ideas que has ido metiendo en tu cabeza *de omni re scibili...* (de todo lo que se puede saber). Acuérdate lo de San Ignacio y aunque no sea de tu gran devoción ("No el mucho saber harta y satisface el ánima, sino el sentir y gustar de las cosas íntimamente"[17]).

Al madurar despacio, como se puede hacer en la soledad norteamericana (¡no es broma!) he visto con claridad absoluta la necesidad de que penetremos más y más la valiente doctrina social de la Iglesia; y que, sin eufemismos, la revolución de la justicia social seamos nosotros los que la llevemos a cabo... Estoy preparando un libro sobre encíclicas y documentos del Episcopado mundial acerca del problema social y cada día admiro más la valentía y riqueza de la doctrina de la Iglesia.

---

[16] *Archivo Padre Hurtado*, s 63 y 33. Esta carta, si bien está escrita durante su viaje a Estados Unidos, muestra que ya desde entonces el Padre tenía el proyecto de publicar una colección de documentos del magisterio social de la Iglesia. Esto lo materializó en 1948 en el libro *El orden social cristiano en los documentos de la jerarquía católica*.

[17] Es el número 2 de los Ejercicios de San Ignacio.

Ruega por mí para que sea bien de Cristo.
Te abraza tu amigo afectísimo.

Alberto S.J.

P.D. Saludos a los tuyos, a tu Patrón y a Jaime M.

29 DE ENERO DE 1946, BALTIMORE[18]

Sra. Rosario Subercaseaux de Ochagavía[19]
Muy estimada Rosarito:
Cuánto siento que se haya perdido mi carta anterior, que se ha perdido junto con varias otras, pues hoy recibo carta de Carlos González que tampoco recibió mi respuesta, pero sepa que le escribí inmediatamente, como lo hago hoy apenas recibida la suya del 20. ¡Buen ánimo, Rosarito! que las penas pasan luego y luego sale el sol. Déle mucho ánimo a Pancho y no se amarguen por los bichitos que se comieron la cebada... que comida está y el fiel Tubulco se encargará de compensar el banquete de los bichos. Lo peor que les puede pasar es tomarlo demasiado en serio, pues nadie les va a compensar ese dolor. Acuérdese de las jaculatorias que le recordaba yo en Santiago: ¡Contento, Señor, Contento!, ¡Canta y avanza! En este mundo traidor... todo es según el color del cristal con que se mira: escoja un colorcito verde esperanza, que es muy bueno, y échele sus preocupaciones a Nuestro Señor que sabe por qué se las manda.

Para su salud, para su felicidad, para su santificación: aprenda a tomarlo todo con paz, confianza en el Padre de los cielos, alegría... y no demasiado a lo serio.

---

[18] *Archivo Padre Hurtado*, s 65 y 59. Las dificultades en la agricultura, que ha tenido la familia de la Señora Rosario, dan ocasión al P. Hurtado para que la anime a decir desde el fondo de su corazón lo que eran sus típicas expresiones propias ante cualquier circunstancia y su verdadero programa de vida: "Contento, Señor, contento", "Canta y avanza".

[19] Rosario Subercaseaux, casada con Francisco Ochagavía Hurtado (primo de Alberto), era estrecha colaboradora en el Hogar de Cristo.

Yo espero estar allá a fines de marzo. Encomiéndeme porque hoy comienzo Ejercicios. Aquí en Baltimore murió el P. Restrepo: estoy procurando saber algo de su última enfermedad.

Salúdeme a Pancho con un abrazo bien cariñoso, a mi tía Isabel, primos y sus hermanos.

Afectísimo primo,

Alberto S.J.

10 DE ABRIL DE 1946, SANTIAGO[20]

Sr. don Álvaro Riquelme Vargas

Mi querido amigo:

He sentido mucho no saludarlo a su paso por Santiago, no pierdo la esperanza de verlo por aquí con motivo del retiro de Semana Santa que comienza el miércoles 17 a las 8 de la noche y termina el domingo en la mañana; si usted se resuelve a venir, avíseme para reservarle una buena pieza[21]. Tengo especial interés en tenerlo a usted entre los ejercitantes para que veamos planes de trabajo por Nuestro Señor, pues creo que hay mucho que podemos hacer por Él. Me atrevo a repetirle lo que San Ignacio decía a un Sacerdote de su tiempo: Haga cualquier sacrificio por asistir a Ejercicios pues nada en el mundo puede haber más importante que el conocimiento de la voluntad de Dios acerca de nosotros mismos y acerca de todas nuestras actividades.

Aprovecho esta ocasión para darle mi más sentido pésame por la muerte del Dr. Vargas Salcedo a quien tanto estimaba.

Lo saluda con todo cariño su afectísimo amigo y seguro servidor,

Alberto Hurtado C., S.J.

---

[20] *Archivo Padre Hurtado*, s 70 y 049. Esta carta es interesante porque da cuenta de la importancia que el P. Hurtado le daba a los Ejercicios Espirituales, ministerio al cual se dedicó con gran energía desde sus primeros años de trabajo sacerdotal en Chile.

[21] Se trata del retiro de Semana Santa para jóvenes de 1946, publicado en el primer volumen de esta colección, *Un disparo a la eternidad*, Santiago 2002, pp. 33-73.

25 DE NOVIEMBRE DE 1946, SANTIAGO[22]

C. H. Carlos Hurtado Echeverría
Querido hermano Carlos:
Los felicito, de todo corazón, por su resolución de dedicarse a los estudios sociales y por el espíritu de confianza filial con don Pedro, para pedirle que lo envíe donde pueda hacer dichos estudios en debida forma.

La Central de Servicios Sindicales está funcionando bastante bien[23], aunque en forma muy incipiente. Estamos en un momento en que más que Central de Servicios Sindicales parece Círculo de Estudios. Pero por algo se comienza. Espero, con el favor de Dios, que a vuelta de vacaciones podamos comenzar a servir en forma efectiva, para lo cual esperamos tener un secretario permanente ocupado exclusivamente de la Central. A nuestras reuniones asisten patrones, industriales y obreros. Ahora estamos en plena discusión de la sindicalización Agraria, que ya ha comenzado a ser una realidad en Chile.

El Plan de Estudios no me atrevo aún a mandarle desde...[24]. El Plan de trabajo, en sus grandes líneas, es el siguiente: equipos encargados de estadísticas: uno, realidad económica del obrero industrial; otro, realidad económica del campesino; otro, realidad del empleado; otro, utilidades del empresario; otro, legislación sindical y otro, realidades del sindicato chileno. Este es el trabajo en que estamos empeñados de momento. Reuniones se tienen con gran asistencia y gran asiduidad.

En cuanto al trabajo que usted me sugiere, podríamos realizar una colaboración con los trabajos que actualmente hago. Le sugiero las siguientes, que me parecen de bastante importancia: yo comencé en N[orte] A[mérica], una recopilación de todas las cartas pontificias y episcopales que he podido tener a mano sobre materias

---

[22] *Archivo Padre Hurtado*, s 71 y 87. Esta es una carta dirigida a un joven jesuita que está discerniendo lo que quiere proponer como especialización para sus futuros estudios.
[23] Se trata de los primerísimos pasos de la futura ASICH.
[24] La frase, en el original, está inconclusa.

sociales, desde León XIII a Pío XII. Tengo el trabajo bastante adelantado, pero no he tenido tiempo de sacar en limpio y de ordenar en forma de material de imprenta lo que he reunido[25]. Habría que hacer algunas traducciones y recopilaciones, y ordenar en forma limpia lo que hay que publicar sobre dichas materias. ¿Se atrevería usted a "apechugar" con este trabajo de ordenación?

No me diga que sí, sin haberlo pensado mucho y consultado a los superiores, porque sino vería manera de afrontar este trabajo desde aquí.

En cuanto al proyecto del Seminario de estudios Sociales sobre realidad chilena, me parece muy interesante. Cada día estoy seguro que lo que Nuestro Señor nos pide a los sacerdotes del siglo XX es una responsabilidad al problema de santidad y una aplicación de esta santidad a lo social, campo en que se hace más necesaria que en ningún otro la sinceridad de nuestras convicciones sobrenaturales. Por otra parte, la Congregación General última habló tan claro sobre la misión social de la Compañía que no hay caso de quedarse atrás.

Hágame el favor de decirle a los Hermanos Gaete y Fuenzalida que no les he contestado, porque sus cartas no son para contestarlas rápidamente, sino cuando uno tenga tiempo de sentarse y escribir con calma. Pero que las agradezco mucho y que las he saboreado más de una vez.

Cariñosos saludos a los padres conocidos y a la tan querida colonia.

Reciba usted el sincero recuerdo y afectuoso abrazo de su hermano en Cristo.

Alberto Hurtado Cruchaga S.J.

---

[25] Se refiere a *El orden social cristiano en los documentos de la Jerarquía Católica. Recopilados y sistematizados por Alberto Hurtado Cruchaga S.J.*, 2 volúmenes, Santiago, 1948. La presentación de la obra revela su propósito: "Esta 'Exposición Sistemática' quiere ayudar a las almas que tienen 'hambre y sed de justicia', a descubrir la riqueza de las encíclicas y a facilitar su estudio".

ENCARNAR LA DOCTRINA SOCIAL DE LA IGLESIA

P. Viceprovincial, Álvaro Lavín

Mi querido P. Lavín[2]:

¿Será mucha audacia pedirle que piense si sería posible que asistiera este servidor al Congreso de París? Le confieso que lo deseo ardientemente porque me parece que me sería de mucho provecho para ver las nuevas orientaciones sociales y de A.C. y congregaciones[3]. Podría ver cómo enfocan el nuevo movimiento de congregaciones de España (en que florece) y Francia. Esa renovación de ideas que traería para mí este viaje me parecería preciosa. Se trataría de un viaje rápido. Los medios para el viaje creo que podría encontrarlos, de manera que fuera sin costo para la Viceprovincia. Convendría haberlo previsto con tiempo para la organización de todas las actividades. Después de agosto tenemos inmediatamente las vacaciones de septiembre, de manera que no sería mucho el tiempo quitado al Colegio, y podría estar de vuelta en octubre.

---

[1]   *Archivo Padre Hurtado*, s 62 y 21. Esta es la carta con la que el P. Hurtado pide permiso para ir a Europa. Como se ve, su proyecto inicial era mucho más breve de lo que después realizó. En las siguientes cartas se podrá ir apreciando la riqueza que le aportó este viaje. Acerca de su itinerario, ver una exposición muy completa en Mariana Clavero R., *Un punto de inflexión en la vida del padre Alberto Hurtado. Itinerario y balance de su viaje a Europa, de 1947*, en *Teología y Vida*, XLVI (2005), 291-320.

[2]   Álvaro Lavín Echegoyen S.J., nació en Santiago en 1902. Se educó en el Colegio San Ignacio y luego estudió Derecho en la Universidad Católica. En esos años forjó su amistad con el P. Hurtado. Entró en la Compañía de Jesús en 1921, y fue ordenado sacerdote en 1931. Fue prefecto del Colegio, formador de jesuitas, rector de los Colegios de Puerto Montt y de Chillán. El 19 de enero de 1947 fue nombrado Viceprovincial, cargo que ejerció hasta el 29 de septiembre de 1952. Sucedió al P. Hurtado como capellán del Hogar de Cristo, hasta que en 1957 fue nombrado rector del Colegio San Ignacio. De nuevo fue Superior Provincial de Chile (1960-1963), rector del Colegio de Puerto Montt y capellán del Hogar de Cristo. Los últimos años de su vida se dedicó de muchas maneras a servir a los pobres y se encargó de la Causa de Canonización del P. Hurtado, sobre quien publicó muchos libros. Murió en Santiago el 14 de septiembre de 1990.

[3]   Este año el Padre estaba elaborando un proyecto para la Congregación Mariana de jóvenes (cf. *Archivo Padre Hurtado*, s 62 y 101).

Si es audacia, rompa estas líneas sin mayores miramientos.
Afectísimo en Cristo,

Alberto Hurtado C., S.J.

Querido P. Lavín y P. Rector.

Pax Christi.

Va a hacer dos semanas desde mi salida de Santiago, y aunque parezca mentira, no he tenido un segundo libre. El viaje de avión, espléndido. Pudimos celebrar todos los días menos el domingo que lo pasamos volando hasta las 3 p.m. Compañeros, ambiente, espléndido. Con puntualidad matemática llegamos a Londres y al día siguiente, partimos para París, llegando aquí en medio de la Semana Social, que Ud. sabe las ocasiones fabulosas de conversaciones que ofrecen... Parecía una mesa llena de golosinas. Exposición de libros y obras, personalidades de Francia y extranjeros; este año, como nunca: eran casi 5.000 congresales. De modo que, atorado, sacándole el jugo al tiempo, y corriendo de un lado para otro, las piernas ya se me caen...y, con un calorcito de más de 40 grados a la sombra, que me ha hecho botar todos los malos humores y me temo también que los buenos.

En nuestras casas no me pudieron alojar los primeros días porque estaban repletas, de modo que pasé unos días en el hotel con Manuel [Larraín]; ahora estoy alojado en *Études*, como en rue Grenelle (pues en *Études* no hay cocina) y el sábado voy por una semana a la *Action Populaire*.

En el hotel parece que estuviéramos en Chile: los Richard, los Figueroa G.H., los suegros de Lucho Ruiz-Tagle y Sra. de Lucho... y de llapa llegó Indalecio Prieto, que está haciendo la revolución en España a lo P. Roma: Con D. Juan como pantalla, con Franco como

---

[4] *Archivo Padre Hurtado*, s 62 y 23. La carta debió ser escrita en torno al 6 de agosto de 1947.

general y con Gil Robles y Socialistas… esto es la Unidad. Al ir a buscar a Manuel me topo con el Indalecio Prieto, y pienso en que le falta el P. Roma para un plan tan unitario.

Al P. Vice una consulta: Hay tanto, tanto que ver con provecho y utilidad que me siento tentado me permita prolongar un poco el viaje para llegar a Chile en enero, pues me parte el alma no sacarle el jugo a lo que veo y no aprovechar las ocasiones de estudiar que se me presentan. Llegar a mediados de noviembre o en enero, no cambia mucho la figura de mi acción en Santiago, y sí mucho, el provecho que podré sacar aquí. Quisiera pasar un mes estudiando el movimiento Economía y Humanismo, que es de gran interés. Ojalá si alcanza, me conteste por avión antes del 24, día en que salgo para España; si fuera antes del 2 de septiembre, a la Embajada de Chile en Madrid; si después, antes del 1º de Sept., a Colegio Máximo San Ignacio, Sarría, Barcelona… Creo que, con el favor de Dios, el viaje va a ser bien aprovechado. No cuento pormenores porque sería interminable. La semana próxima quisiera anotar impresiones. Sólo puedo decirle que parece que la Iglesia en Francia recibe carismas de Pentecostés, por la variedad e intensidad de los movimientos que están floreciendo en ella.

La carta adjunta para la Sra. Elenita cuya fiesta es el 18. No se olviden de ir a verla. Saludos a toditos… Hermano en Cristo.

Alberto Hurtado

Por aquí anda el P. Benítez… ¡No se le ha visto en nuestras casas!

27 DE AGOSTO DE 1947, LOURDES[5]

Sra. Rebeca J. de Franke
Muy estimada Rebeca:

---

[5] *Archivo Padre Hurtado*, s 65 y 48.

Mucho le he agradecido su cariñosa y noticiosa carta. A la Virgen de Lourdes, ante cuya gruta he tenido la suerte de pasar un par de días le he pedido mucho por Ud., María Rebeca y por las preocupaciones de ambas para que el Señor les permita ver realizados sus santos ideales.

Me he portado muy flojo para escribir porque los días resultan llenos a más no poder, pues hay mucho que aprender en este país destrozado por la guerra pero invadido por el Espíritu Santo que renueva las almas.

¡Que el Señor le permita seguir trabajando por Él y por sus pobres con el mismo cariño y abnegación con que lo ha hecho hasta ahora! A las Sras. Hogareñas, a cada una las he tenido presente a los piés de la Virgen: que el Señor redoble su fuego y su amor a los pobres que son los hijos predilectos de la Virgen.

En pocos minutos más salgo para España. Mi dirección más segura: Action Populaire, 15 rue de Paris, Vanves (Seine).

Saludos a M. Rebeca y a Germán.

Afectísimo en Cristo,

Alberto Hurtado S.J.

10 DE SEPTIEMBRE DE 1947, BARCELONA[6]

Sr. Hugo Montes B.

Mi querido Hugo:

Anoche recibí tu carta y la contesto desde el tren en la estación entre milicos que catalanean[7]. ¡Alabado sea Dios en esta tu prueba[8], como en todo! ¡Dios lo ha querido así, bendito sea! No pierdas nada del valor de tu sacrificio llevándolo con inmensa fe, esperanza

---

[6] *Archivo Padre Hurtado*, s 63 y 34. Esta carta es del día siguiente a la carta privada que el Consejo directivo de la A.C. envió a monseñor Salinas, presentando los descargos a las acusaciones que él le había hecho de forma pública.

[7] Es decir, que hablan en catalán.

[8] Se trata de las dificultades que enfrentaba la Acción Católica Juvenil de la que Hugo Montes era Presidente.

y caridad. Estos dolores complementan la obra del Maestro y el discípulo no es más que Él. No aceptes revolver en tu mente las causas
de tu amargura[9]. Acuérdate que el grano de trigo para fructificar ha
de morir.

La orientación social católica se abre paso con gran fuerza en
Europa y se ensayan métodos atrevidísimos para reconquistar un
mundo que se dan cuenta es *peor* que pagano. Esta noche voy a llegar a Marsella para convivir unos días con sacerdotes obreros santos
y ultra generosos[10]. Ya te escribiré desde una mesa más acogedora
que las rodillas. No te olvides: el yugo del Señor es suave... Apren-
ded de mí que soy manso... ¡haré brotar fuente de aguas vivas!
Afectísimo,

Alberto S.J.

18 DE SEPTIEMBRE DE 1947, ROMA[11]

Sr. Hugo Montes B.
Querido y recordado Hugo[12]:

---

[9] El P. Hurtado se refiere a los tristes desencuentros que hacía poco tiempo habían
ocurrido entre la Directiva de la A.C. y Mons. Salinas.

[10] Durante su viaje, el P. Hurtado quiso conocer a los sacerdotes obreros, conviviendo
con ellos algunos días. A su vuelta a Chile escribió un pequeño documento desta-
cando aquello que había de bueno y de peligroso en este tipo de apostolado social.
En estos sacerdotes existe "una aspiración a volver a descubrir el Evangelio, a dar
un sentido más evangélico, menos burocrático a la Religión... La encarnación en el
ambiente en que el sacerdote ha de actuar, como la levadura, en esa "su" masa concreta. A su nivel, llana y sencillamente, uno de ellos, que encarna sus aspiraciones
justas todas, liga con ellos su comunidad de destino". Pero, advierte el P. Hurtado,
se corre el peligro de "naturalizar totalmente el contenido de nuestro testimonio...
de evacuar lo sobrenatural de nuestro mensaje" (s 46 y 17). El texto completo está
publicado en A. Lavín, *La vocación social del Padre Hurtado*, pp. 122-126.

[11] *Archivo Padre Hurtado*, s 63 y 35. La carta debió haber sido escrita por partes,
pues el P. Hurtado solo llegó a Roma a principios de octubre. El 18 de septiembre
estaba todavía en Francia.

[12] Hugo Montes Brunet, nació en Santiago en 1926. Conoció al P. Hurtado en 1941
y fue su dirigido espiritual y amigo. Estudió Derecho en la Universidad Católica

He esperado carta tuya durante varios días, pero supongo me esperará en París. Hoy, día de nuestra querida patria[13] y día en que debería comenzar nuestro Congreso[14], me he resuelto escribirte. Estoy informado de todas las novedades de nuestra Juventud. Tú que sabes lo que es para mí la Asociación, comprenderás lo que he sufrido; sobre todo al ver que nuestra orientación, en la que tanto confiábamos y que tan excelentes resultados había comenzado a producir, era desautorizada públicamente[15]. Créeme, querido Hugo, que he estado contigo y con todos los dirigentes íntimamente unido, no sólo en el afecto y comprensión, sino en lo que más vale, en la oración; el Señor sabrá sacar provecho de todo[16]. Creámoslo sinceramente, que esto es vivir de fe y "el justo vive de la fe" [Rm 1,17]. Sepamos de lo íntimo de nuestros corazones exclamar con San Pablo: "Oh profundidad de los tesoros de la sabiduría y de la ciencia de Dios, cuán incomprensibles son sus juicios, cuán impenetrables sus caminos. Porque ¿quién ha conocido los designios del Señor?... Porque de Él y por Él y en Él son todas las cosas: a Él sea la gloria por siempre jamás" [Rm 11, 33-36].

Hoy he ofrecido la Misa por Chile en general, y en especial por ustedes. No sé si con las nuevas directivas (conozco los nombramientos de Asesor y Presidente) se realizará el Congreso y por eso no me atreví a mandar cable. Créeme que nunca he deseado estar más en Chile como estos días; y verme imposibilitado: Dios sabe lo que hace, pero me ha costado mucho resignarme.

---

de Chile, titulándose en 1947. Más adelante obtuvo el título de profesor de castellano y en 1995, el Premio Nacional de Educación.

13 El 18 de septiembre es el día en que se celebra la Independencia de Chile.

14 Se refiere al Congreso de la Juventud Católica en Chile.

15 Se refiere a una carta pública del 18 de agosto de 1947, en que Mons. Salinas desautorizaba a la directiva de la Asociación de Jóvenes de la A.C., cuyo presidente era precisamente Hugo Montes (publicada por el Secretariado Nacional de prensa y propaganda de la A.C.).

16 Es notable el hecho de que no caiga en ninguna descalificación a monseñor Salinas, ni en esta carta ni en otras, aunque en su fuero íntimo él lo consideraba responsable de la situación, como se deduce de los párrafos que había incluido sobre él en la versión del Memorial al Papa Pío XII que por fin no presentó (véase el párrafo siguiente). Solo a la autoridad que tenía poder para exigirle enmiendas pensaba plantear el asunto.

Creo indispensable que se informe al Vaticano sobre todos estos asuntos. Convérsalo con Vicente [Ahumada, Vice Asesor Nacional], pero que sea una cosa estrictamente reservada. En efecto, todo lo que he visto en Europa en los movimientos juveniles y especialmente en Roma, conversando no sólo con dirigentes y Asesores de A.C., sino con toda clase de personas; por lo que se ve en la orientación general de la Iglesia, a través de directivas precisas, discursos del Santo Padre, etc., etc., está claro que nuestra posición es lo más ortodoxa y es la orientación fundamental en los tiempos presentes. Tú comprendes que Roma tiene que saber lo que pasa en Chile. Por eso redacten un informe dirigido a Monseñor Armando Lombardi (Secretaría de Estado, Città del Vaticano), que es la autoridad competente en los asuntos relacionados con América Latina y que contenga una breve historia de las dificultades, desde Jorge Gómez, Alberto Rencoret, Padre Hurtado, y ahora[17]. Incluyan la carta pública, el *memorándum* del Consejo Nacional, los dos manifiestos, etc. Hagan recalcar el espíritu con que siempre se han llevado las cosas, sobrenatural, respeto y obediencia a la Jerarquía; tratando de no hacer cuestión de persona, pero sí, haciendo ver cómo estas orientaciones, no sólo en el aspecto social, sino la dirección general de la A.C., conceptos de laicado, etc., hacen que no pueda de hecho existir una A.C. como la quiere la Santa Sede. Esto cuanto antes.

Saludos cariñosos para todos, especialmente Vicente [Ahumada] y Gonzalo [Silva]. Contéstame a París (Rue Linné 27, Paris V).

Mi viaje ha sido magnífico: no te cuento nada, para poder conversar y "copuchar largo y tendido"[18].

En la recepción de la Embajada estuve con el Dr. [Eugenio] Cienfuegos [Bravo] y señora [Rosita Brunet Bunster], muy atentos. Me encargan te salude.

Recibe un fuerte abrazo y la bendición de tu amigo y Capellán,

Alberto Hurtado C., S.J.

---

[17] Esto muestra que las dificultades no eran nuevas ni exclusivas del P. Hurtado, sino que se venían arrastrando desde muchos años atrás, desde tiempos de los asesores anteriores, y posteriormente siguieron.

[18] Una forma muy chilena para decir "conversaremos largamente y con calma".

25 DE SEPTIEMBRE DE 1947, PARÍS[19]

Sra. Rebeca J. de Franke

Muy estimada Rebeca:

Mis felicitaciones más cordiales por su magnífico trabajo del beneficio que, por todas las noticias llegadas, ha sido un éxito grande. ¡Qué consuelo debe ser para usted dar a Cristo en la persona de sus pobres no sólo su tiempo, su dinero, su afecto, sino también el vencimiento íntimo que supone pedir y molestar! Creo que es lo más que podemos entregar y es tal vez lo que Nuestro Señor nos agradecerá al máximo porque es lo que más cuesta.

Y ahora, auto, otro beneficio, cuotas: ¡Alabado sea Dios! Me atrevería a pedirle que no se olvidara de gestionar en la Municipalidad, hablando con los Regidores amigos, que nos *mantengan* la subvención y nos den colecta solos para el año próximo. Yo creo que esto debe hacerse en esta época.

Renuncio a darle noticias mías porque mi vida es como un biógrafo de impresiones[20]: congresos, conferencias, entrevistas, lecturas. Tal vez nunca había tenido unos días más llenos de impresiones aplastantes por lo que significan; son orientaciones que uno aprende, no para admirar, sino para realizar. Siga pues ayudándome con sus oraciones.

Saludos muy cariñosos a María Rebeca y dígale que me gustaría mucho recibir unas líneas de ella con noticias bien personales. A ambas las tengo muy presentes. Saludos a Germán.

Afectísimo en Cristo,

Alberto Hurtado C., S.J.

---

[19] *Archivo Padre Hurtado*, s 65 y 49.

[20] El biógrafo era un modo chileno de referirse al cine. En una carta de la misma fecha, describe sus días en Francia: "Mi vida es como un noticiario de 24 horas, noticiario sobre todo ideológico... y hay en Europa corrientes muy profundas, audaces, generosas que uno no acaba de captar en poco tiempo, y menos aún de valorar y de pensar en su adaptación. Sólo le diré que vivo tan reventado de tiempo como en Santiago, porque me han tocado una serie de empresas interesantísimas, las más a propósito para captar este ambiente" (s 65 y 61).

25 DE SEPTIEMBRE DE 1947, VERSAILLES[21]

P. Viceprovincial, Álvaro Lavín

Mi querido R.P. Lavín:

Le escribo desde Versailles, asistiendo a la semana de Asesores jocistas. ¡Magnífica! La de Asesores locales, 1.200 presentes, en la de federales unos 300. Estuve en el Congreso litúrgico de Lyon. Como ve, le saco el jugo al tiempo y me doy cuenta que estos Congresos lo ponen a uno al tanto de las nuevas tendencias aparentes o subyacentes. Hay mucha tela que cortar. Desde Lyon a París me detuve a ver a José Aldunate: muy contento[22]; hablé con el P. [François] Charmot[23] sobre ideas para juniorado, y con 2 maestros de novicios sobre las nuevas experiencias en noviciados.

El domingo sigo para Roma donde quiero tratar *despacio* de todos los encargos. He gastado bastante tiempo en escribir, porque quiero llevarlo todo escrito para dejarle un memorial al P. General. El plano de Antofagasta felizmente no había salido para Chile, y en cuanto a los encargos creo haber reconstituido bastante fielmente la lista de ellos, a pesar de haberla enviado. ¡Soy bien tonto, paciencia![24].

La salud muy buena, como también la del P. Carlos Aldunate, quien vive en las librerías. Yo he comprado bastante cosas sociales

---

[21] *Archivo Padre Hurtado*, s 62 y 25.

[22] José Aldunate Lyon S.J., nació el 5 de mayo de 1917. Ingresó en la Compañía de Jesús el 31 de marzo de 1933 y fue ordenado sacerdote el 21 de diciembre de 1946. Ha sido formador de jesuitas, Maestro de Novicios, Provincial (1963-1969), Superior del Centro Bellarmino y profesor de la Universidad Católica. En los últimos años se ha dedicado sobre todo a la pastoral popular y a la promoción de los derechos humanos.

[23] Sacerdote jesuita que fue autor de numerosas obras espirituales y pedagógicas. Nació en 1881 y murió en 1965.

[24] El Padre había escrito al Viceprovincial, P. Lavín, el 10 de septiembre de 1947: "Por imperdonable distracción metí en un paquete que envié a Chile todo lo que tenía para Roma: sus instrucciones, temo que el plan de iglesia de Antofagasta, las listas de libros del P. Delpiano y Weigel. Eran tantos los papeles que hice un paquete con todo y lo llevaba en mi maleta, y en Madrid, compadecido, el Hermano Socio me instó a mandar todo lo inútil para el viaje a Chile, y allí fue el paquete. ¡Paciencia!" (s 62 y 24).

que irán llegando. Ojalá no abrieran los paquetes para poder reclamar si algo falta.

Después de Roma iré a Bélgica y luego me instalaré en París, [en la residencia de] *Les Études*, ambiente muy a propósito, si Vuestra Reverencia o el P. General no disponen otra cosa. Iré también unos días a *Economie et Humanisme* de los O. P. [Dominicos]. Para correspondencia a Roma: Pío Latino; París: Études, 15 rue Monsieur.

De Chile, de los Nuestros[25], *sólo* he recibido su carta, de modo que en ayunas a *full* de noticias. Saludazos…

Afectísimo en Cristo,

A. Hurtado S.J.

8 DE OCTUBRE DE 1947, ROMA[26]

R. P. General, J. B. Janssens[27]
Muy Reverendo Padre General:

---

[25] Los NN, es decir, los nuestros, son los jesuitas.
[26] La primera parte del documento, solo se conserva en la traducción del original en francés publicada por el P. A. Lavín (*Su espiritualidad*, pp. 318-320). En la publicación aparece como fecha el 8 de septiembre, lo que debe ser un error, puesto que las audiencias se realizaron en octubre, s 70 y 102.
[27] El presente documento es una pauta, escrita por el P. Hurtado, para preparar las entrevistas con el P. Janssens. En ella, Alberto Hurtado le hace "una previa y precisa explicación de los muchos puntos que desea exponerle detalladamente de palabra en las audiencias" (A. Lavín, *Su espiritualidad*, p. 317). La pauta parece estar incompleta, puesto que la comparación de ella con el informe al P. Lavín, que se publica a continuación, muestra que la pauta coincide con precisión solo con un par de secciones del informe, es decir, el punto I. *Problemas internos de la Compañía* y el punto III. *Mis problemas*. Las entrevistas, de hecho, abordaron los siguientes temas: I. *Problemas internos de la Compañía* (Noviciado, Estudios, Sentido social); II. *Problemas chilenos*; III. *Mis problemas*; IV. *Nuestros jóvenes y las misiones*; V. *Proyecto de un trabajo social*.

Conforme a los deseos de Vuestra Paternidad, teniendo la bondad de ofrecerme una respuesta. Para evitar repetición, omito el *Memorandum*, copiando sólo su explanación.

Viceprovincia Chilena. Permisos y deseos

1° El P. Carlos Aldunate ha sido enviado a Europa para su Bienio de Filosofía. El P. Provincial quería que él lo hiciese en Lovaina, pero no se atreve a pedirlo, estando ya inscrito en la [Universidad] Gregoriana.

El P. Aldunate prefiere también Lovaina, por los tratados que ha de estudiar, la proximidad de la Universidad, y por su salud, no muy fuerte, que encontraría alimentación más sólida en Bélgica. El P. Aldunate lleva una vida religiosa muy seria y tiene un gran espíritu de responsabilidad y de trabajo.

2° Se desea vivamente tener en Chile las Ordenaciones y las primeras Misas de los chilenos. Razones:

a) En nuestra Viceprovincia nunca hay Ordenaciones, ni el Colegio que forma a estos jóvenes ni sus familias han tenido este justo placer. Las Ordenaciones contribuirán a desarrollar las vocaciones.

b) Los padres de los que van a ser ordenados este año son ancianos, enfermos y muy meritorios, y para la Compañía tres de ellos le han dado cada uno dos hijos. Hay varios precedentes en el mismo caso.

3° Personal. Las conferencias de San Vicente de Paul (caballeros) ha ofrecido a la Compañía una Escuela Agrícola en Doñihue, a tres horas. Es una hermosa obra que agrado mucho al P. Travi. Actualmente trabaja en ella el P. Spieker. Vive ahí con un Padre enfermo (P. Luis Gallardo). El P. Viceprovincial querría continuar con ese trabajo si se queda en Chile el P. Spieker y si puede recibir la ayuda de algunos hermanos Alemanes, Holandeses u otros, ¿será posible?

¿Se puede recibir la ayuda de algunos laicos (extranjeros) como el P.B. que acaba de terminar un Bienio en la Gregoriana, o un Padre lituano que está en Bélgica?

4° Colegios. Creo que no se tiene suficientemente el criterio de que los Colegios son para formar una élite. Por lo menos en Santiago estamos desbordados, y creo que lo mismo pasa en Antofagasta, por un número excesivo de alumnos. Se debería hacer una reducción, a base de una selección más estricta.

Se debería pensar en tener algunos Padres para ministerios más especializados: acción social, congregaciones marianas, escritores. Actualmente es imposible, pero habría que crear el criterio, porque si no, se va a pensar en aceptar nuevos Colegios, antes que en preparar para estos ministerios.

No se siente en nuestra comunidad bastante espíritu social. Estamos demasiado rodeados por un ambiente burgués.

Los empleados: Nosotros no tenemos cuidado suficiente de su espíritu, por el pequeño número de Padres y sobre todo de Hermanos: ¿se puede pensar en hacerse ayudar por religiosas?

5° Construcción y ampliaciones.

En Antofagasta se va a construir la iglesia: se pide la aprobación para los planos.

Primeramente el P. Alvarado y después el P. Lavín han pedido permiso para contraer préstamos para continuar el colegio de Antofagasta. Sería necesario tener los permisos para comprar los terrenos en cuanto haya una oportunidad. En la Curia se ha pedido indicar qué recursos hay para pagar las deudas. El P. Lavín ha respondido, pero el P. Travi, al responder, no hace alusión a la pregunta, pensando quizás que las limosnas recibidas para construir la iglesia podrían servir para comprar los terrenos para el Colegio. El P. Lavín me escribe poner en claro este punto.

Permiso para construir una casa de vacaciones muy sencilla, para los estudiantes, en la cordillera. Las familias de algunos de los Nuestros han regalado el terreno y ofrecen una buena parte del dinero para construirla. El clima es excelente. La casa está muy aislada y con fáciles comunicaciones. El cultivo del terreno pagará dentro de algunos años los gastos de su mantención.

Se pide no enviar planos, dado lo simple del trabajo, y el hecho que se querría aprovechar los meses de verano para efectuar este trabajo. Los vecinos, para ayudar, han preparado materiales de construcción.

Casa de Filosofía.

Parece muy urgente tener en Chile una Casa de Formación para los Nuestros, que nos permita tener un grupo de Padres dedicados a trabajos intelectuales, para ejercer alguna influencia en la Universidad y en los medios intelectuales. Si se dice que no habría suficiente personal, ¿por qué no tener a todos los filósofos en Chile y la Teología en Argentina? Pero yo creo que los Superiores están dispuestos a hacer cualquier esfuerzo para formar Padres para la Casa de Filosofía. Hay que tener el permiso para elegir y comprar el terreno.

Donación.

La Sra. Elena Mackenna de Gandarillas ha hecho en honor de la Beata Mariana de Jesús de Paredes, donación de una casa y ha dejado otra suma considerable en su testamento: ¿no podría Vuestra Paternidad testimoniarle su gratitud?[28]

Mis problemas. Mi proyecto de trabajo[29].

1. Se me ha criticado:

I. *Respecto a la vida religiosa*: algunas ideas que no pertenecían al espíritu de la Compañía. Ellas se referían al modo de observar las Reglas, y se resumían en el fondo en las ideas del P. Gagliardi, *"De plena cognitione Instituti"*[30].

1. A mi regreso a Chile, después de la Tercera Probación, expuse a un escolar, que es mi primo, persona muy atormentada por los escrúpulos, las ideas del Padre Gagliardi, aquellas que yo había conversado con Vuestra Paternidad y con el Padre Herman. Mi primo, en un momento de escrúpulos, habla al respecto con el R. P. [Camilo] Crivelli, Visitador, que se alarma, escribe al Muy Reverendo Padre General [Ledochowski], y me somete a algunas pruebas. Puedo asegurarle que en estas ideas no había nada más que lo que acabo de decir a Vuestra Paternidad. El Padre Crivelli quedó siempre con la impresión que yo tenía una mentalidad que no era propia de la Compañía.

2. Se me ha criticado también vivir demasiado al margen de la vida de comunidad. En verdad he tenido demasiado trabajo. He expuesto siempre mi situación a los superiores, pero ellos no me han podido quitar peso de encima: me han animado a guardar el espíritu sobrenatural y a continuar mi trabajo.

---

[28] Entre este párrafo y lo que sigue, probablemente faltan algunas páginas, ver más arriba.

[29] *Archivo Padre Hurtado*, s 62 y 05. A partir de este punto, el documento se conserva en el Archivo. El original está en francés y la traducción es nuestra.

[30] Se trata de una obra del P. Gagliardi (1537-1607), ver más adelante.

II. *En el orden social*: se me ha reprochado tener ideas demasiado avanzadas. Yo puedo asegurar a Vuestra Paternidad que se trata solamente de las ideas de las encíclicas, y nada más.

III. *En el orden político*: de haber favorecido al movimiento de la Falange Nacional. Los conservadores querían a todo precio que yo, como Asesor Nacional de los Jóvenes Católicos, cerrara la puerta del Movimiento a los falangistas. El Presidente del Partido Conservador me dijo una vez: "no hacer política en favor del Partido Conservador es igual a ser falangista". Mi actitud fue siempre la de no hacer distinciones políticas en el seno de la A.C. Ella debe ser la casa de todos los católicos. Siempre he contado con la aprobación de mis superiores en esta actitud, pero no siempre con la de mis hermanos de la Compañía, porque algunos piensan que es necesario luchar abiertamente en favor del Partido Conservador.

Monseñor Silvani llegó una vez a decir a algunos de los Nuestros que [yo] simpatizaba con el comunismo ¡Es inútil que haga profesión de fe ante Vuestra Paternidad! Esta simpatía no tenía otro fundamento que la de recibir a los falangistas, entre los cuales hay excelentes católicos. Yo creo haberles hablado bien francamente acerca de los peligros del comunismo y de la imposibilidad de cualquier colaboración con ese sistema.

2. Mi trabajo actual y mi proyecto para el futuro.

Hasta ahora mi trabajo ha sido la enseñanza de Religión a los alumnos de los cursos superiores del Colegio y del Hogar Catequístico, y antes también en la Universidad; dirección espiritual de los alumnos y de jóvenes; un gran interés por las vocaciones; director de la Casa de Ejercicios, y predicación de unos veinte retiros cada año; durante cuatro años, Asesor General y Arquidiocesano de los jóvenes de la A.C. Dejé este cargo, pero sigo atendiendo los círculos de estudios sociales y de Acción Católica. La obra del Hogar de Cristo (cuatro casas para los vagabundos: alojamiento, alimentación, y escuela cuando se trata de niños), también bajo mi dirección con la ayuda de un directorio laico. Durante casi todo el tiempo me he tenido que ocupar también de construir algunas casas, sin otros medios que las limosnas que ha sido necesario recoger, lo que me ha obligado a quedar en contacto con los bienhechores.

Este trabajo me abruma sobre todo por la diversidad de tareas, me impide renovarme a través de un estudio serio y una vida más recogida. La atención a los jóvenes se vuelve casi mecánica a causa del número. Debo decir que varios de estos trabajos no me han sido impuestos por mis superiores sino que han sido libremente pedidos por mí a causa de las necesidades. Sin embargo, veo claramente que sería necesario dejar una buena parte de estos trabajos, para atender seriamente una tarea.

Ahora bien, siento una inclinación muy fuerte hacia la Acción Social desde mis años de Universidad. Esta idea fue una de las que guió mi vocación.

a) He aquí las razones me llevan a pensar en esto:

- El abandono de las masas obreras, que se alejan cada vez más de Cristo, sobre todo porque ellos no ven bien a los católicos interesarse por sus problemas humanos.

- El llamado urgente del Sumo Pontífice y de la Compañía en sus dos últimas Congregaciones[31].

- El hecho de que en Chile no se hace nada para orientar el deseo de tantos católicos que desean trabajar socialmente y para satisfacer las necesidades de los obreros.

- La necesidad de la Compañía en Chile de tomar a su cargo obras en favor del proletariado. Ella hace un esfuerzo serio en favor de las clases dirigentes; es necesario un esfuerzo similar en favor de los pobres.

- La necesidad de nuestros jóvenes estudiantes, que desean ardientemente vernos más en trabajos sociales. La mayor parte de nuestros jóvenes han entrado a la Compañía en Chile por un ideal de apostolado social.

En cuanto a mi preparación para un trabajo de este tipo, puedo decir que yo no soy un especialista en sociología, pero los problemas sociales me han interesado siempre, y los pocos libros que he publicado han sido dedicados sobre todo a estos problemas.

En cuanto a mi criterio para juzgar los problemas sociales, tengo la pretensión de pensar con toda simplicidad que no es malo: ha estado siempre de acuerdo con el de mis superiores, y en diálogo con especialistas como los Padres Vilain, Aspiazu, d' Ouince,

---

[31] La Congregación General XXVIII, de marzo a mayo de 1938, y la XXIX, de septiembre a octubre de 1946.

Monseñor Civardi, el Canónigo Cardijn, Guérin[32], he visto que sus puntos de vista son los míos y que ellos me han animado a realizar una acción social.

Para realizar este trabajo yo tendría el apoyo de muchos jóvenes que debí tratar en la A.C. y en la realización de los retiros.

b) Los *"incommoda"* que entreveo para emprender el trabajo social son los siguientes:

* La Provincia está demasiado recargada de trabajos como para liberar a un sacerdote.
* Las críticas que se pueden recibir por parte de algunas personas, incluso bienhechores, que podrían hacer daño a la Compañía.
* El bien positivo que yo puedo hacer en los trabajos que estoy haciendo actualmente. En todo caso continuaré ocupándome de vocaciones y de retiros.

He dejado a Vuestra Paternidad juzgar el problema, pero si Vuestra Paternidad juzga que es preferible emprender una acción social, yo someto a Vuestra Paternidad un esbozo de programa:

1. Establecer un centro de estudios y de acción social, en el sentido indicado en la última Congregación [General XXIX], cuyo fin sería:

a) Propagar el pensamiento social de la Iglesia por medio de círculos de estudio, semanas sociales, la publicación de una revista.

b) Hacer investigaciones serias acerca de la realidad social nacional[33], como medio de formación personal y de obtener mejoras en la suerte de los trabajadores.

---

[32] Quienes nombra el P. Hurtado eran verdaderas autoridades en el campo de la acción social católica: Jean Villain S.J. (1892-1982) antiguo director de *Études*, de Acción Popular y del Instituto de Ciencias Sociales de Francia; Joaquín Aspiazu S.J. (1887-1952), René d'Ouince S.J. (1869-1973) y monseñor Luigi Civardi tienen numerosas publicaciones sobre la materia. Joseph Cardijn (1882-1967) fue el fundador de la J.O.C. Georges Guérin, vicario de Clichy, fundó la J.O.C. en Francia en 1926. Villain y d'Ouince conservaron un excelente recuerdo del P. Hurtado. Este decía que era "un hombre de una franqueza y audacia para abordar los problemas unido a un sentido de Iglesia que no es común encontrar". A. Lavín, *Lo dicho después de su muerte*, p. 371.

[33] Esta idea ya la había planteado el P. Hurtado en la Universidad Católica el 5 de junio de 1945: "Aquí convendría insinuar la 1ª conclusión práctica para el universitario católico. Cada uno debe conocer el problema social general, las Doctrinas

c) Preparar dirigentes obreros para que ellos lleven el pensamiento de la Iglesia al seno de las instituciones sindicales.

d) Preparar a los jóvenes patrones en el criterio social.

e) Promover instituciones sociales tales como cooperativas, escuelas profesionales, empresas comunitarias, secretariados sociales, obras que tendrían sus propios dirigentes.

2. El Centro funcionaría en una casa independiente, para que el ambiente social del Colegio no aleje a los obreros, y para tener más facilidades para las reuniones en horarios convenientes para los obreros y los jóvenes.

Hay una casa a veinte metros del Colegio, el Instituto Nocturno San Ignacio, que pertenece a la Congregación de la Santísima Virgen, y que tiene una vida lánguida. Quizás podría transformarse el Instituto en el Centro de Acción Social.

3. La Dirección del Centro estaría a cargo de laicos y el sacerdote tendría en ella un papel de Asesor Eclesiástico. Las razones principales:

a) La falta de personal religioso: la Compañía apenas podría dedicar totalmente un sacerdote, aunque los Padres que se ocupan de acción social podrían estar ligados al Centro; y el desarrollo de esta obra supone un número considerable de gente relacionada al Centro.

b) La mayor responsabilidad de los laicos, por otro lado más necesaria, tratándose de materias sociales y económicas, que son de dominio suyo.

c) Una mayor independencia de la Compañía frente a la dirección económica, a las decisiones que se deban tomar, y a las críticas que se reciban.

4. El Asesor Eclesiástico estaría autorizado para ayudar a los Dirigentes a reunir los medios económicos[34].

Sociales que se disputan el mundo, sobre todo su Doctrina, la doctrina de la Iglesia, debe conocer la realidad chilena y debe tener una preocupación especial por estudiar su carrera en función de los problemas sociales propios de su ambiente profesional" (s 56 y 22).

[34] El documento parece incompleto, puesto que, de acuerdo con el informe al Padre Lavín, la entrevista con el P. Janssens abordó además otros temas que no alcanzan a aparecer aquí.

10 DE OCTUBRE DE 1947, ROMA[35]

P. Viceprovincial, Álvaro Lavín

Mi querido R. P. Lavín:

Aquí me tiene en la Ciudad Eterna, dándole una vez más gracias a Dios y a usted que me han permitido este hermoso y utilísimo viaje. Todo ha salido a pedir de boca, viendo la mano de la Providencia palpable hasta en los menores detalles. A veces me llega a parecer exageración el cuidado paternal de Dios conmigo. Manuel [Larraín] está aún aquí; él partirá el 21 a París, para llegar a Santiago a fines de octubre.

El Padre General fue operado de hernia el día siguiente de haber cumplido su año de generalato, preparándose a la operación con los Ejercicios de año; de manera que cuando llegué a Roma tuve que esperar para verlo. La operación fue muy feliz, y está trabajando en plena actividad. Estos días la Curia ha estado en Ejercicios y sale hoy. El Padre Travi [está] en México hasta fines de octubre.

Al Padre General lo he visto despacio: primero me dio una hora; luego dos horas, y luego me llamó para una tercera conversación. Todo lo que le diga de su bondad, delicadeza y cariño es poco. Se ve que usted y el Padre Alvarado habían preparado bien el camino[36]. Primero le doy cuenta de los encargos y luego le voy a hacer una síntesis de las tres conversaciones, porque todo lo que hablamos creo que le interesará. Usted tiene exceso de discreción para saber el uso que puede hacer de lo que le cuento.

Le doy cuenta primero de sus encargos:

1. Planito de Antofagasta: lo entregué al propio Padre General y hablé sobre él con el Padre Secretario indicándole la urgencia. Quedaron de contestar.

---

[35] *Archivo Padre Hurtado*, s 62 y 26. A continuación de esta carta, se publica el detallado informe sobre las entrevistas con el P. General, dirigido a su superior en Chile, el P. Lavín.

[36] El P. Pedro Alvarado fue el Viceprovincial anterior al P. Lavín. Durante la Congregación General XXIX, que eligió como General al P. Janssens, el P. Alvarado se entrevistó largamente con él y le habló favorablemente del P. Hurtado. Así lo hizo saber él mismo al Padre en una carta autógrafa del 22 de septiembre de 1946.

2. Leonera[37]: todos los permisos y dispensa de enviar planos. Me dijo, eso sí, que no hicieran algo demasiado ligero que fuera fuente de gastos continuos; que ojalá pudiera emplearse como Casa de Ejercicios, pues ese debería ser el espíritu de nuestras "villas": pero éstas son sugerencias.

3. He pedido los planos de Los Leones[38]. Sigo urgiendo su entrega.

4. Refuerzo de personal parece imposible[39]. Sobre el Padre Aranauskas hablé primero con el Padre Asistente de Alemania, que tiene especial encargo de ocuparse de los lituanos: parece que se trata de un hombre, en primer lugar, que no es claro nos sirva de mucho. En segundo lugar, el Padre General, como me lo dijo el Padre Asistente y me lo repitió el propio Padre General, quiere salvar la provincia lituana, para lo cual no hay más manera que ocupar a los lituanos en trabajos con los lituanos dispersos en los varios países, en lo posible en forma de pequeñas residencias. En EE.UU. hay más de un millón de lituanos católicos; en París, muchos, etc. De modo que por lo que respecta a este Padre, confirmando otros informes reunidos de belgas, no creo que valga la pena librar una batalla y *A.M.D.G.* [A Mayor Gloria de Dios] parece que tiene campos más específicos.

En cuanto a alemanes, el Padre Asistente me dijo que era imposible pensar, dado el estado de las provincias. No hay más que una casa con clausura, por tener que servirles mujeres; los Hermanos, trabajando día y noche en la reconstrucción material de las casas, y muchos desgraciadamente no han vuelto de la guerra. Entiendo que esta "no vuelta" se debe a muchas causas, una de las cuales a infidelidades. Respecto al P. [Joseph] Spicker, el Padre Asistente no sabía nada si quedaría o sería llamado, me preguntó cuáles eran las disposiciones del P. Spieker y cuáles sus deseos. Le dije que no los conocía. Hermanos de Holanda, tampoco se puede pensar. De manera que no veo cómo se pueda apuntalar la obra de Doñihue[40].

---

[37] Una casa de vacaciones que por muchos años tuvo la Compañía de Jesús cerca de Santiago.

[38] Se refiere a lo que muchos años después sería el Colegio San Ignacio El Bosque, el más grande que tiene actualmente la Compañía de Jesús en Chile.

[39] Ante la escasez de sacerdotes, el P. Hurtado busca refuerzos en el exterior.

[40] El P. Spieker era director de la "Escuela Agrícola" en Doñihue, al sur de Santiago de Chile.

Yo estoy haciendo gestiones, en todo caso, para obtener otros religiosos, gestiones sujetas a lo que usted hable con don Joaquín, que fue quien me dio el encargo si esta diligencia fallaba.

Mirando nuestro campo, yo me voy inclinando cada vez más a batirnos con lo que tenemos, aunque sea recortando nuestras obras. Una idea que el Padre General me repitió varias veces: no somos la Divina Providencia.

5. Ordenaciones y primeras Misas[41]. Le he insistido mucho al Padre General. Se lo he pedido como un regalo que pide nuestra Provincia; le he dado todas las razones, que son muchas... Me dijo que cuando saliera de Ejercicios el Padre Secretario le preguntaría cuáles han sido sus respuestas en casos semejantes, para no contradecirse. Espero ir esta tarde a la Curia para hablar con el Padre Secretario, y le comunico inmediatamente la respuesta.

6. Visitas al Noviciado. Le expliqué nuestra situación[42]. Me dijo que había recibido carta en el sentido que las visitas eran semanales, lo que le parecía exagerado porque había que enseñar a los novicios a desprenderse de las familias, y, lo que era por lo menos tan importante como lo anterior, enseñar a las familias a desprenderse de los novicios. Que esta era la finalidad de su respuesta, pero que esto no significaba rigorismo para fijar un determinado Domingo al mes, y, que en todo caso el Padre Provincial podía dar las normas concretas que convinieran y acordar las excepciones que fuera necesario: a casos particulares, medidas particulares. Me quedó la impresión muy clara que tanto en esto como en el asunto estudios que yo le toqué, su pensamiento era que sus normas no vienen a estorbar el principio claro de que es el Padre Provincial quien ha de mirar su ejecución; y que el sentido de su respuesta es afirmar el principio antes citado, que no se cumple cuando se tienen visitas con la frecuencia indicada en la carta que se le envió a Roma, y que como norma general, parece bien una visita al mes.

---

[41] Se pedía al Padre General que concediera permiso para que las ordenaciones sacerdotales y las primeras Misas de los jesuitas chilenos se realizaran en Chile, lo que no fue concedido.

[42] El maestro de novicios de ese entonces hacía cumplir con mucha rigidez la norma de que las familias visitaran a los novicios solo una vez al mes. Además, se oponía a que estudiaran más tiempo del indispensable.

7. Préstamos para Antofagasta. Expliqué la situación: no sé si desgraciadamente logre solucionar los permisos, debido a la ausencia del P. Travi, quien tiene los antecedentes. ¡Urgiré!

8. Al llegar, hablé con el Padre Secretario sobre el asunto del Sr. Fábrega y me disponía a hacer las diligencias en la Congregación de Religiosos, pues allí estaba aún pendiente la resolución, según me dijo el Padre Secretario, cuando Manuel Larraín me leyó una carta del Sr. Fábrega a él diciéndole que después de hablarlo con el Sr. Nuncio y con usted había desistido por el momento de entrar en la Compañía, dado el quebrantamiento nervioso que había tenido ante la negativa del Sr. Arzobispo de C. (sic). Le pedía me lo comunicara, suponiendo que yo lo comprendería. En estas circunstancias, me parece mucho mejor que ignore la respuesta negativa del Padre General. Ésta se debió, me dijo él, a los informes tan desfavorables del Sr. Arzobispo y, sobre todo, colegí, al deseo de no ponerse frente a frente al Sr. Arzobispo, después de haber quemado él todos sus recursos gordos para oponerse.

9. Filosofado. Le he hablado con mucha insistencia exponiéndole las razones[43]. Primero: Necesidad de gente capaz de ejercer una influencia intelectual, lo que en Chile será imposible mientras no tengamos casa de estudios superiores: le impresionó. [*Segundo:*] Situación espiritual de Argentina. Le indiqué lo doloroso que era para nosotros hablar de este punto, que podía herir al P. Travi, pero que era necesario conocerlo. Le di muchos antecedentes. Me dijo: "Voy a hacer el abogado del diablo: ¿será suficiente por un motivo pasajero tomar una medida *definitiva?*". Le indiqué que creía el defecto bastante definitivo, por lo menos en lo que había podido verse hasta aquí, por los grupos tan diferentes en Argentina, la formación recibida en espíritu de poca comprensión, el carácter mismo nacional, la experiencia que tenía desde mi juniorado hace 20 años, habiendo salido la mitad de mis compañeros… Me dijo que el principal temor era que nuestro filosofado fuera una casita con el *minimum* de personal: "*quod sufficit et requiritur*"… [lo que basta y se requiere…] que por razones de distancia había debido autorizar

---

[43] Al P. Hurtado le parecía "urgente tener en Chile una casa para la formación de los Nuestros" (s 62 y 04).

varios filosofados: Quito y tres en Brasil, siendo ya nueve en América Latina... Él mismo me sugirió la idea: ¿por qué no podrían ir todos los filósofos argentinos y uruguayos a Chile? Yo le indiqué que me parecía una gran solución y que muchas veces la había oído enunciada en Chile y parecía de justicia. En Argentina hay varias casas de estudios superiores a cargo de los Nuestros y ninguna en Chile. Pero, en definitiva, su carta no había sido tratada todavía, aunque me dijo que sabía que estaba pendiente. Me imagino que la ausencia del P. Travi dificulta la solución del asunto.

10. P. Carlos Aldunate: aceptó sin dificultad su permanencia en Lovaina, aconsejándole —pero sin imponerle— que siga los cursos de la Universidad, pues están pobres de profesores de Filosofía en Eegenhoven, hasta el punto que no tiene a quién poner de Prefecto de Estudios. Podía ir a la Universidad y hacerse ayudar en casa. En la Universidad puede obtener el doctorado en un año, pero él le aconseja dos.

11. Padres Raimundo L[arraín] e Ignacio V[ergara], los esperamos con ansias.

Le acompaño algunos apuntes tomados sin gran preocupación literaria, de las ideas conversadas con el Padre General. Al P. Montes, saludos especialísimos... y que oro muy de veras por su salud, que tanto necesita la Viceprovincia. ¿Qué hay de la vocación de Fisher? Al querido P. Rector, que acabo de recibir su carta, que le agradezco muy de corazón. Junto con las de usted son las únicas recibidas de los Nuestros. Afectísimo en Cristo.

Alberto Hurtado C., S.J.

P.D. Los apuntes de la entrevista se los mando con Manuel [Larraín], que llega en dos semanas. Estoy urgiendo la respuesta de las ordenaciones, pero aún no sale...

OCTUBRE DE 1947, ROMA
INFORME DE LA ENTREVISTA CON EL PADRE GENERAL[44]

I. Problemas internos de la Compañía
Conoce nuestro desarrollo y nos considera en pleno desarrollo. Sus grandes preocupaciones: América Latina y Asia, por motivos diferentes, pero son sus inquietudes centrales.

Le hice ver lo que se ha hecho estos años: vocaciones, construcciones de casas, organización de la provincia y del arca, simpatías de que goza la Compañía fuera, espíritu de familia en el interior, falta de roces...

"Ustedes están cargados sobre toda medida. Acabo de contestar al P. Provincial que me pedía la apertura de un nuevo colegio, enviándole un cuestionario en que le preguntaba: cuántas horas de clase tiene cada escolar, cuántos años de colegio, cuántos escolares están formándose en la Universidad... para hacerlo sentir vivamente hasta dónde están cargados. Hay que tener tiempo para estudiar, meditar, vivir, incluso para estar algunos ratos sin hacer nada...".

"No pueden pensar en tomar obras nuevas sin cerrar otras obras menos necesarias. Es lo que digo en la carta sobre ministerios. Este año en Bélgica se cierra un colegio y una residencia, en Holanda se cambia de rumbo al grupo que trabajaba en una residencia. Ustedes, en cuanto a los colegios, acuérdense de lo que digo en la carta (me leyó) sobre selección de alumnos y finalidad [de los] colegios, que es la formación de una élite de valer: en Bélgica exigimos tales condiciones para pasar de curso, como no las exige ningún otro colegio episcopal ni del Estado. Es tal vez la solución que ustedes pueden tomar, porque no pueden pensar en cerrar colegios, ya que el Episcopado entero me escribiría y si yo no hago caso, se dirigirán al Santo Padre; pero sí, muy severos en las condiciones. El bien espiritual, las vocaciones sobre todo, no están en proporción al número de alumnos, sino a las posibilidades de una influencia personal profunda. Los estudios hechos en Bélgica demuestran que las vocaciones no aumentan con el número de alumnos".

---

[44] *Archivo Padre Hurtado*, s 62 y 27. El P. Hurtado le manda al P. Lavín estos apuntes de su conversación con el Padre General de la Compañía de Jesús, tal como se lo anuncia en la posdata de la carta anterior.

Residencias, si no responden a su finalidad, sí que pueden cerrarse. Tener en cuenta, eso sí, que haya trabajo para los ancianos.

Noviciado. Sobre visitas, lo dicho antes. Sobre estudio: claro está que a los mayores puede dárseles más tiempo de estudio del señalado normalmente. A situaciones extraordinarias, soluciones extraordinarias.

Me pregunta: "¿A qué edad entran los novicios?". De 15 a 24. "Los jóvenes, ¿están capacitados para hacer seriamente el noviciado?". Le doy las razones a favor: ambiente de colegio y de familia. "Pregunto esto, me dice, porque con frecuencia se hace el noviciado con aparente piedad, cumplimiento, pero en el fondo sin madurez suficiente para comprender los grandes principios de los Ejercicios y después viene el fracaso. Las Ursulinas acaban de exigir el Bachillerato a todas sus novicias para expansionar más su acción. Necesitamos gente madura".

"Esto me movió, siendo Provincial, a pensar en pruebas serias para los novicios. San Estanislao fue sirviente realmente. ¿No podrían serlo nuestros novicios? Había un colegio que andaba muy mal en cuanto a servicio; pues bien, acordamos reemplazarlos por los novicios. El problema era: ¿cuál sería la impresión de los alumnos?… Reacción: sorpresa; pero al verlos tan atentos, finos, serviciales, quedaron maravillados. La experiencia del lado de los colegiales estaba ganada. En cuanto a los novicios, el fin era que se acostumbraran a hacer su vida religiosa por sí mismos, se habituaran a buscar maneras de salvar lo esencial, en un cuadro que no es el normal del noviciado, en que todo está reglamentado al máximo. Por eso tenían que levantarse muy temprano: 4:30, acostándose también muy temprano. Y se les decía: 'Ustedes han de ingeniárselas para hacer todo el servicio de sirvientes: camarillas, aseo, comedores, etc., y sacar los ejercicios propios de un jesuita' (no los del noviciado, pues son demasiado para estos casos). Después daban cuenta al Maestro de Novicios y había manera desde el noviciado de habituarlos a una formación personal. La guerra había preparado el terreno. Otros han ensayado ir a las fábricas, y con buen resultado".

Le pregunto: ¿Puede pensarse en extender a otras provincias estos experimentos? "Ciertamente, me dice, siempre que se tenga en vista el fin antes indicado, y que a las fábricas no se mande sino a gente bien capacitada para hacer frente a la experiencia".

Esto me llevó a hablarle del Padre Maestro de Novicios. Le dije: Es un santo, muy piadoso, sacrificado, ejemplar y querido por los novicios como tal; se deseó pedir a Vuestra Paternidad para él la profesión solemne por sus virtudes; pero es poco inteligente y para él pesa antes que nada la fidelidad a los medios empleados, antes que la mirada al fin que debe tenerse siempre en vista; mira más la letra de la Regla que su espíritu (se sonrió maliciosamente aludiendo a mis dificultades con el P. Crivelli sobre este punto); temo que los novicios que forme tengan una aclimatación más difícil a la vida posterior al Noviciado. Por otra parte, es demasiado firme en sus puntos de vista. Ejemplos: visitas y estudios. Creo que convendría que oyera más al Padre Rector del Noviciado [Pedro Alvarado], al que deja penetrar muy poco en las cosas del Noviciado, basándose en el texto de la Regla; pero en el caso concreto, dada su manera de ser, creo convendría que lo oyera más... Me dijo: "Eso depende del Padre Provincial, el cual podría aconsejarle que tomara más en cuenta al Padre Rector".

Estudios. La inmensa importancia que atribuía Pío XI a que el sacerdote tuviera la cultura que tiene un profesional, una cultura abierta, amplia, para la cual no basta nuestra sola formación. Hubo un tiempo en que la Compañía de Jesús enseñaba toda la cultura de su época y era la época en que éramos en verdad sabios e influyentes; ahora estamos muy lejos de ello y no podemos resignarnos a carecer de esa cultura.

¿Le parecería bien, Paternidad, que nuestros juniores que tengan estudios avanzados completen cursos universitarios y obtengan títulos? Y con una expresión de fuerza acentuada: "Pero claro, Padre". Se levantó y fue a buscar la carta que acaba de dar sobre el bienio[45], la cual en su espíritu valía, *mutatis mutandis*, para los estudios universitarios. Le expliqué que esto nosotros sólo podríamos hacerlo en el juniorado, por hacer la filosofía fuera [de Chile] y estar muy recargados en tiempo de maestrillo.

(Esto me hizo recordar la conversación con el P. Charmot, quien me decía que en Francia todos los juniores capaces de hacerlo

---

[45] Muy probablemente se refiere a *El fomento de la vida interior*, del 27 de diciembre de 1946, que dirigió a toda la Compañía.

sacan título universitario, siguiendo en el juniorado el programa de estudios universitarios. Los que no pueden hacerlo, se acomodan al programa, pero sin exámenes. Me incitaba mucho a que nosotros ensayáramos una *ratio* con humanidades modernas[46], pues comprendía que era una tragedia que tuviéramos una formación al margen de lo que iba a ser la formación que nosotros damos en los colegios... En cuanto a la excepción de seguir el griego a todos los de mayor edad, el Padre General veía la dificultad que era predestinarlos a no obtener el grado, dadas las exigencias de la nueva constitución de estudios).

Sentido social. Fue el punto sobre el cual me habló tal vez con mayor vehemencia, y cuando supo que acababa de escribir sobre esto, me preguntó: "¿Cuántos días se queda en Roma? ¿Por qué no me sugiere algunas ideas para una carta que quiero escribir prontamente a la Compañía sobre este tema?"[47], muestra, todo esto, de su inmensa humildad. Me pidió el libro varias veces[48], pues dijo le interesaba. "Preparo una carta, pues me llama tanto la atención la falta de sentido social de la gente que formamos y la nuestra de los que los formamos. Nuestros Padres en... que sujetándose a la ley pagan los salarios mínimos, sin fijarse que no corresponden al precio real de la vida: ¡¡no hay derecho!!". Entonces yo salté: Entre nosotros es el gran pecado; creo que si mañana hubiera una revolución los sirvientes estarían contra nosotros; no creo que los que entran a nuestro servicio ganen espiritualmente... "Pues hay que hacer cualquier sacrificio en este sentido. En Bélgica, cuando era Provincial, llegamos a pagar a cada sirviente lo que nos costaban dos escolares: unos 35.000 francos al año. Los presupuestos de nuestros colegios estaban horriblemente en tensión. Hay que llegar allá, aunque esto cueste el que las cabezas de los Rectores blanqueen antes. No podemos prescindir de este deber. Esta carta sobre el sentido social la voy a escribir como preparación de ánimos para lo que veo que tengo luego que pedir a la Compañía: es necesario preparar los espíritus".

---

[46] Por *ratio* se entiende un plan de formación.
[47] Salió a la luz el 10 de octubre de 1949.
[48] El libro del P. Hurtado *Humanismo social*, que había sido publicado recientemente.

"Yo creo que ustedes en América están demasiado bien. Cuando leía las cartas del P. Charles diciendo que nosotros carecíamos de todo en Europa, yo me decía: '¿Pero qué le pasa al buen P. Charles? ¿Qué estará viendo en América?'. Porque lo que es nosotros no estábamos tan mal. Él no había conocido la miseria de la guerra, por eso le parecía miseria nuestro relativo bienestar de ahora. Yo creo que estamos bien, por eso escribí siendo Provincial a Norte América: 'Por favor, no nos envíen más socorros, porque estamos bien, envíenlos a Alemania'".

"Tenemos que adquirir conciencia de los vínculos humanos. Cuando bajo de un tranvía me pregunto: ¿Por qué, si no es por la costumbre o el respeto humano, es que no doy las gracias al maquinista? ¿Me doy cuenta que ha llevado toda nuestra vida en sus manos y que una ligera distracción puede ocasionarle veinte años de cárcel? ¿Pienso que el carbón con que nos calentamos cuesta la vida de millares de obreros? ¿Por qué se quejan tanto de falta de carbón ahora, si no es porque los mineros dicen a sus hijos: 'por nada bajes a la *mina*: ése no es oficio humano'? Al poco tiempo están tuberculosos. En Bélgica los maquinistas de expresos están muy mal pagados, cada uno de ellos tiene su línea que sabe de memoria, pero está comprobado que no pasan de los 50 años. Esa trepidación daña su corazón. Cuando oigo hablar de huelgas, agitadores, me pregunto: '¿Pero es huelga por agitación o por necesidad?'. He preguntado a mis hermanos cuánto gastan: no son gastadores, no tienen auto; cuando me indican su presupuesto modesto, yo digo ¡cómo puede vivir un obrero! Esto tiene que hacer usted, estudios objetivos, que nadie podrá objetar, para darlos a conocer".

"Por eso creo tanto en la necesidad del sindicato, cueste lo que cueste y a cualquier precio hay que obligar a los patrones a que acepten el sindicato: si no, los obreros no obtendrán nada, porque en general no hay lealtad, ni honradez. Vea, en una mina de carbón se sustituyó el trabajo al día por el trato[49]; los obreros trabajaron con toda energía. Pues bien, cuando hubieron llegado al máximo de la producción, límite que se puede mantener durante ocho días,

---

[49] En el trabajo "a trato" el salario del obrero no es fijo, como en el trabajo por día, sino que varía de acuerdo a la producción, es decir, la cantidad de carbón extraído.

pero no durante ocho meses, sustituyeron el trabajo al trato por un salario al día, pero poniendo como minimum de rendimiento el que los obreros habían dado como maximum. Y en esta campaña inhumana las autoridades oficiales están contra el obrero con frecuencia. Ejemplo, el de los obreros que han sido examinados y aprobados como perfectamente sanos y que dos días después son descubiertos teniendo cavernas en ambos pulmones. Los nuevos instrumentos de trabajo, favorecen la producción, pero matan al operador, de donde necesidad absoluta del sindicato".

"Es lástima que entre ustedes, por lo que oigo, parece que los Obispos mismos tienen una mentalidad muy distinta... ¿El Partido Conservador es permeable a estas ideas?". No lo creo, Paternidad, hay un movimiento favorable, pero no creo que penetren muy adentro dadas sus reacciones ante lo social, que explico. "Vaya, me dice, creía que podía ser más favorable el cuadro por la impresión que me dejó la visita del Dr. [Eduardo] Cruz Coke[50]". Se espantó cuando le dije lo que habían recibido nuestros jóvenes como respuesta por su campaña sobre el lujo, campaña que le impresionaba tan favorablemente[51].

"Lujo ha de estar ausente de nuestra vida. Nuestras villas antes no eran lujo, porque al menos en Europa servían para mantener el

[50] Médico, miembro del Partido Conservador. Siendo joven, fue activo miembro de la Asociación Nacional de Estudiantes Católicos (A.N.E.C.). Fue ministro de Estado y candidato presidencial.

[51] La Juventud de la A.C. publicó un manifiesto el 25 de junio de 1946, llamando a poner en práctica la doctrina social de la Iglesia y fustigando duramente a los católicos que se dedicaban a un "criminal derroche" en fiestas sociales, modas y juegos, insensibles al dolor y la miseria de muchos. El Manifiesto provocó una fuerte reacción. Sin embargo, el 1 de mayo de 1947 la directiva de la A.C., encabezada por el Presidente Hugo Montes, los Vicepresidentes, José Arellano, Miguel de la Cerda, Alfredo Matte y Julio Silva y el vice asesor Nacional, P. Vicente Ahumada, publicaron un segundo Manifiesto en términos parecidos, afirmando que el anticomunismo era estéril si no se ponía en práctica la enseñanza social de la Iglesia y seguían los católicos en una vida de "derroches y gastos absolutamente superfluos". El asesor general, monseñor Augusto Salinas, en carta difundida el 18 de agosto, tomó partido contra el Consejo Nacional. Les reprochó su intervención en materias doctrinales, la falta de caridad de su lenguaje, su falta de firmeza contra el comunismo y, como consecuencia de todo esto, la desorientación que producían. El Consejo se vio obligado a presentar su renuncia, aunque el 9 de septiembre envió a monseñor Salinas una carta respondiendo a los cargos que les había hecho.

Colegio. Ahora son lujo y por eso vamos abandonando el que cada casa tenga su villa. Está bien una casa de campo para la Provincia y jóvenes, que durante el año pueda servir como Casa de Ejercicios". Entonces le pregunto: ¿El criterio de la Compañía sería que nuestras casas fueran facilitadas con generosidad para Ejercicios y otros movimientos? "Claro, me responde: son para hacer el bien".

II. Problemas chilenos

Está el Padre General bien el tanto de nuestra situación y me llamó la atención cuán bien la conocía. Leyó cuidadosamente mi *memorandum* y lo corrigió él mismo en algunos puntos de lenguaje, aconsejándome que lo pasara a la Secretaría de Estado y una copia al Padre Leiber[52].

En cuanto a política: por nada cambiar la posición que le dije había tomado de prescindencia de partidos y de recibir a todo el mundo. Le llamó extraordinariamente la atención que algunos de los Nuestros pudieran opinar en otra forma en materia política. Le conté [la] actitud del Padre Abdón [Cifuentes] y se tomaba la cabeza con las manos. Él mismo se refirió espontáneamente a la incomprensión de varios Obispos.

III. Mis problemas

Las críticas que me hizo el Padre Crivelli, se las contó a él el propio Padre Crivelli el año 1938 para demostrarle el espíritu de Lovaina. "Exagera el Padre Crivelli. Así pienso yo, y así pensaba el Padre [Carlos] Van der Vorst, entonces mi Provincial, me dice. Me acuerdo como si fuera hoy cuando hablamos del Padre Gagliardi en Lovaina y las restricciones que le hice a su tercera manera de observar las reglas, pero por lo demás no hay nada que observar. Esté tranquilo, hijo"[53].

---

[52] El P. Robert Leiber (1887-1967) jesuita alemán, era secretario particular del Papa Pío XII. Había sido consejero suyo desde los tiempos en que había actuado como nuncio en Berlín y Múnich y siguió como tal durante todo su pontificado. Era profesor de Historia de la Iglesia en la Pontificia Universidad Gregoriana y había sido colaborador de Ludwig Pastor en su historia monumental acerca del pontificado.

[53] En los años treinta, se puso de actualidad el pensamiento del P. Achille Gagliardi, precisamente cuando Alberto estudiaba en Lovaina. Un documento del P. Hurtado,

Me referí a la crítica que se me hacía de vivir fuera del ambiente de comunidad, y le dije: depende del gran trabajo que tengo. Cierto, *"vous êtes chargé outre mesure...*[usted está cargado desmesuradamente...]. Hay que dejar algo, para hacer las cosas con profundidad".

Le expuse entonces mi proyecto de trabajo: fundar una especie de Acción Popular combinada con Economía y Humanismo, como indico en otra página[54]. Me alentó mucho.

Al exponerle mi proyecto y los *pro* y los *contra*, me dijo: "Yo no soy su Provincial y es él quien debe resolver, pero pienso que debería usted dejar el colegio y los otros trabajos y dedicarse de lleno a esta labor social. Si su Provincial lo presenta, se lo aprobaré de pleno, pues es de importancia capital. ¿No hay otros allá que puedan hacer este trabajo?". No creo, Paternidad. El P. F. (sic) se formó en estas materias, pero no creo que vaya a dedicarse. El P. Lavín se interesó por estos problemas, pero es Provincial... Y ayudas no creo que pueda esperar muy intensas por lo recargadísimos de trabajo que están todos, pero sí creo que los que trabajan en esto podrían estar vinculados en un equipo. Mi intento ha sido sólo —le dije yo— conocer el estado de ánimo de Vuestra Paternidad ante estos problemas, pues comprendo que debo presentárselos a mi Padre Provincial, pero como sé que van a despertar críticas, recelos e incluso van a provocar acusaciones quizás hasta a Roma, quería estar seguro de cuál era el pensamiento de Vuestra Paternidad si mi Provincial aprueba el plan de trabajo. "Ánimo, me dice, usted tiene un alma grande, láncese y esté dispuesto, si es necesario, hasta a salir de Chile, pero todo vale la pena ante la tarea que reclama solución urgentísima: por eso las dos últimas Congregaciones [Generales] han urgido tanto este punto".

"Me parece muy bien que este trabajo no se realice en el mismo Colegio, pues el ambiente del Colegio no es el más a propósito

---

Plan de vida espiritual según el espíritu de la Compañía (s 59 y 01), aborda el tema. Lo escribió en Bélgica, teniendo como inspiración la obra *De plena cognitione Instituti,* que había comentado con su Instructor, el P. Herman, y con su Superior, el P. Janssens (cf. s 62 y 05). Cf. más abajo, la introducción al capítulo ??, pp. ?? y J. Castellón, *Diarios Espirituales del P. Hurtado,* CEI, Cuaderno 118, Santiago 1999, pp. 19-24.

[54] Cf. s 62 y 31.

para los obreros…". Le gustó mucho la posibilidad de una casa en la vecindad, en la que pudiera haber oficinas, comedor, empleados, parecía incluso pensar en dactilógrafas… porque al hablarle de si era preferible dormir en esta casa o en el colegio, creía que en el colegio, para evitar peligros reales dada la convivencia con dactilógrafas, evitar habladurías, etc.

"Es importantísimo que la dirección de esta obra sea de seglares, para evitar responsabilidades y para dar responsabilidades a quienes deben llevarlas. Estos asuntos económico sociales son el campo propio seglar. El sacerdote sería el formador, consejero y ayudador. Escoja bien a sus colaboradores: ¡gente probada!".

¿Algún consejo o advertencia tendría que hacerme, Paternidad?

Pensó un rato. "Va a trabajar en una labor difícil, por tanto, no exasperar a los adversarios. Hay momentos en que uno siente el deseo de aplastarlos con una paradoja… Es inútil. Hay que preparar el terreno antes que nada, sin eso no se consigue lo que se pretende. Mi carta sobre el sentido social es para preparar el terreno para lo que quiero pedir. La mejor manera de preparar el terreno es la exposición sin comentarios de los hechos: encuestas, realidades. No se exalte: las ideas entran lentamente. Dominio de sus nervios, para eso, sueño y descanso…". Le recordé lo que me había dicho en Lovaina: "Puede levantarse a las 4 hasta que se comience a sentir rabioso"[55]. "Sí, me dice, por eso en Lovaina en el tercer trimestre llamaba al Ministro y le decía: ni una advertencia más a los estudiantes: usted está con su espíritu tenso, yo también y ellos también; las observaciones los irritarán sin hacerles fruto. Cuando veo los status de ustedes me da miedo: ¿cuándo y a qué hora descansan?".

"Trabajar con paz, tranquilamente; no quiero decir que sin abnegación, que la necesitará muy grande, pero con paz. Dentro de 20 años más, cuando necesite usted un trabajo más tranquilo, verá usted que ha hecho algo, pero poco…".

---

[55] El P. Janssens había sido rector del P. Hurtado en Lovaina, por eso frecuentemente hacen referencias a sus conversaciones en Lovaina. Queda claro que al menos en sus tiempos de estudiante, Alberto Hurtado se levantaba a las cuatro de la mañana.

Solicité permiso para ir un tiempo a Economía y Humanismo, de los Padres Dominicos, a fin de conocer sus métodos de investigación social, permiso que me concedió inmediatamente. Le pregunté si me permitía trabajar un tiempo como obrero de fábrica en Francia, ya que en Chile me sería difícil. Me dijo: "Creo que sacará poco resultado en Francia, porque las condiciones son tan diferentes". Le insistí en la necesidad de conocer el sufrimiento obrero en forma más experimental. "No veo claro el provecho para usted, me dijo, pero le dejo libertad para que usted resuelva. Ahora, si usted quiere hacerlo en Chile, eso sí que creo que le sería provechoso... Aunque claro, sería un escándalo, pero si su Provincial lo aprueba, por mí no hay dificultad".

IV. Nuestros jóvenes y las misiones

Le expuse lo consolador que era ver el gran número de peticiones para las misiones. Muchos escolares se dirigen directamente al Padre General, temerosos de la negativa del Padre Provincial, pero eso supone desconocimiento de las necesidades de la Provincia. El Padre General dijo comprender bien la situación; él contestaba y pedía informes para no desalentar a los interesados. Aconsejaba el envío de uno que otro como tributo simbólico al espíritu misionero, pero veía que no podía hacerse más. Recuerda sus grandes preocupaciones: América Latina y el Asia. (Esto me hace acordar de lo que decía el Obispo de...: después de mi diócesis, es América Latina mi mayor preocupación, y por eso ofrecía fundar un seminario a cargo de los Padres jesuitas en España, que podría tener unas mil vocaciones; o bien seminaristas que él formaría por cuenta [de los] Obispos [de] América Latina. ¿No podría hacerse algo semejante para [la] Compañía de Jesús?

V. Proyecto de un trabajo social[56]

Quiero exponer a Vuestra Reverencia filialmente las ideas que tengo sobre un trabajo social y sobre los modos que se me ocurren de realizarlo.

---

[56] A partir de aquí, el P. Hurtado expone al P. Lavín su propio proyecto de trabajo social. Este documento se completa con el discernimiento de su misión social, que presentará pocos meses más tarde, en febrero de 1948, al mismo P. Lavín.

Toda mi vida, desde el Colegio, he sentido inclinación especial por la acción social, pero el trabajo tan atrayente y, por la gracia de Dios, fructuoso en medio de jóvenes orientado más especialmente a la dirección espiritual, me ha tomado estos años. De ninguna manera he pensado ni por un instante en desentenderme de la dirección espiritual de los jóvenes, de los Ejercicios, ni de la preocupación vocacional, orientaciones que me parecen definitivas para mi vida, cualquiera que sea el trabajo que me ocupe, pero sí desearía dejar totalmente el Colegio para realizar el plan que le someto:

Intensificar el trabajo social en forma de llegar a constituir el primer núcleo del *Coetus* de estudio y acción social de que habla la última Congregación [General[57]]. Las razones que me mueven a hacerle esta petición son las siguientes:

1. El abandono de las masas obreras, que cada día se alejan más de Cristo, sobre todo porque no nos ven a los católicos interesarnos bastante en sus problemas humanos.

2. El llamado urgente de los Papas (cf. especialmente *Divini Redemptoris*[58], en que dice a los sacerdotes: como en tiempo de guerra se abandona todo lo que no va estrictamente orientado a la defensa de la Patria, así ahora déjese de mano todo lo que no es fundamental para la salvación de los obreros. En discurso recientísimo (septiembre de 1947) ha vuelto a decir: no esperéis más orientaciones, pero realizadlas[59]. Es el tiempo de la acción, consigna que nos

---

[57] La Congregación General XXIX de la Compañía de Jesús se reunió entre el 6 de septiembre y el 23 de octubre de 1946. Por primera vez, el apostolado social fue materia de un Decreto, el 29. "Un reconocimiento explícito y una firme aceptación del apostolado [social], así como de la organización de los trabajos que supone, nunca había sido tocado por una Congregación (...). En cada provincia de una región o asistencia, debería instalarse un 'centro' de acción social y estudio; habría que destinar a ellos hombres talentosos (...). La finalidad de estos centros sería formar líderes sociales y 'unir a la clase trabajadora con Cristo y la Iglesia'. Todos los otros ministerios de la Compañía podrían y deberían ejercitar en ellos el apostolado social. Algunos escolares jesuitas deberían ser instruidos explícitamente en la doctrina social de la Iglesia; esta enseñanza sería parte de su programa de estudios". John W. Padberg, S.J., *The General Congregations of the Society of Jesus. A Brief Survey of Their History*, en *Studies in the Spirituality of Jesuits*, Volumen VI (enero-marzo 1974), p. 69.

[58] Encíclica de Pío XI del 19 de marzo de 1937. Cf. números 60-63.

[59] A los hombres de la A.C. italiana reunidos en la Plaza San Pedro. Cf. AAS 39 (1947) pp. 425-431.

ha repetido a los chilenos con gran energía, refiriéndose sobre todo a la acción social). A este llamado se juntan los de la Compañía en sus dos últimas Congregaciones; en la carta del Padre General actual sobre los ministerios[60]. Y en forma más personal el consejo que me daba de proponerle a usted abandonar todo el resto, a pesar del inmenso trabajo de la Compañía en Chile y de la escasez de operarios, a pesar del bien positivo que puedo hacer en otros campos, y a pesar también de las posibles críticas a la Compañía porque uno de los jesuitas se dedica a este ministerio: "A pesar de todo me inclino a pensar, me decía, que usted debería abordar este trabajo". Sus palabras, bien claramente me lo dijo, no eran una voz de orden, sino una respuesta a una consulta: la determinación de mi trabajo depende inmediatamente del Padre Viceprovincial.

3. El hecho de que en Chile no hay obra alguna destinada a orientar a tantos católicos que desean trabajar socialmente; ni tampoco que se preocupe de formar a los obreros en el terreno social, salvo los grupos que forma el Padre [Jorge] Fernández y quizás algún otro sacerdote.

4. La necesidad de que la Compañía en Chile se encargue seriamente de la redención proletaria. Ella hace un esfuerzo serio en el apostolado educacional y en los ministerios inmediatamente sobrenaturales; hace falta que intensifique su acción social.

5. La necesidad de nuestros escolares que desean ardientemente la intensificación de un apostolado social. La mayor parte de nuestros jóvenes ha decidido su vocación por una convicción de responsabilidad social en sentido amplio. Creo que una intensificación de un apostolado social aquietaría incluso a muchos jóvenes que suspiran hoy por las misiones.

En cuanto a mi preparación para este trabajo, puedo decir que no soy un especialista en sociología, pero sí un aficionado de muchos años a estos problemas, como lo demostraba mi biblioteca de seglar y el tema de los dos últimos trabajos que he preparado para la imprenta. En cuanto a mi criterio para juzgar los problemas sociales me atrevo a pensar, con toda sencillez, que es recto. Al hablar con

---

[60] Carta a toda la Compañía del 22 de junio de 1947, con ocasión de la canonización de Juan de Britto y Bernardino Realino.

especialistas como los Padres Vilain, d'Ouince, Aspiazu, Civardi, Cardijn, Guérin he visto que sus puntos de vista son los que yo siempre he estimado justos. Esta manera de ver se opone a la de muchos chilenos, pero veo claramente que el pensamiento del Papa y de los dirigentes sociales de Italia, Francia, Bélgica, España va también por este camino. Es verdad que mi temperamento es apasionado, lo que me da una fuerza para la acción y me ofrece un peligro de cometer imprudencias, pero, después de todo, estas imprudencias son más bien desahogos en grupos íntimos, pero no creo dejarme llevar de ellas en mis trabajos.

Otra ventaja que yo veo a mi consagración a este trabajo es la ayuda de tanta gente con la que he tratado en la A.C. y en Ejercicios que están pidiendo un movimiento social, como usted ha podido verlo. Lo poco que he hecho hasta aquí en este sentido lo he realizado más bien lanzado por ellos que por propia iniciativa.

Los inconvenientes para tomar este trabajo son los que expuse al Padre General y a que aludí más arriba: gran recargo de trabajos en la Provincia que dificultaría desligarme del colegio; el bien positivo que puedo hacer en el trabajo de colegio, pero refiriéndome a este punto le confieso que ha llegado un momento en que el número de personas que atiendo, sobre todo jóvenes de fuera, daña mucho la calidad del trabajo, pues se ha convertido en una atención oficinesca; y finalmente las críticas que podría recibir la Compañía al vernos lanzados en este trabajo, pero a este punto alude tan claramente la carta del Padre General a los Provinciales sobre el comunismo, diciendo que no ha de ser motivo cuando se trata de un bien real.

Abandono a Vuestra Reverencia la resolución de este asunto, pero si el proyecto en principio le pareciera aceptable, podría tal vez tomar forma en esta manera: Creación de un Centro de Estudios y Acción Social, cuyo fin sería:

a) Divulgar el pensamiento de la Iglesia mediante círculos de estudio, semanas sociales, publicación de una revista.

b) Realizar investigaciones serias sobre nuestra realidad social, como medio de formación personal de universitarios y secundarios y para obtener una mejoría en la suerte de los trabajadores.

c) Preparar dirigentes obreros que actúen en el campo sindical; preparar el criterio social de los patrones jóvenes.

d) Promover instituciones sociales como cooperativas, escuelas profesionales, secretariados sociales, etc.

La dirección del Centro estaría en manos de seglares, de los cuales yo sería solamente Asesor o Capellán. Las razones para dar esta responsabilidad a los seglares son las siguientes: La falta de personal jesuita que pueda consagrarse a este trabajo, pues veo difícil que Vuestra Reverencia pueda consagrar varios Padres. También, la mayor responsabilidad de los seglares en un terreno que es su campo propio (asuntos económico sociales). Y finalmente la mayor independencia de la Compañía en temas tan discutidos. El Padre General piensa que es absolutamente necesario dejar la responsabilidad en manos seglares.

El Centro no debería funcionar en el Colegio para evitar el encuentro diario de elementos obreros en el ambiente de vida más cómoda que visita el Colegio: los obreros parecen necesitar un ambiente más obrero, y también para que puedan tener independencia para las reuniones que a veces deberán prolongarse a horas no cómodas para la comunidad. Se me ocurre que deberíamos arrendar una casa en la vecindad, a menos que pudiera consagrarse a esta obra el local del Instituto Nocturno, y aun quizás construir el terreno que tiene en [la calle] Vidaurre. La obra bien merece la pena. Si yo quedara desligado del Colegio, me atrevería a consagrarme seriamente al Instituto… Sobre este punto, conozco las dificultades y sé que son grandes, pero he querido hablarle a tiempo por si a usted le parecen aceptables mis ideas a fin que pueda planear con tiempo. En esta obra deberíamos hacernos ayudar por varios empleados permanentes para intensificar el trabajo.

Hace mucho tiempo que doy vueltas en mi cabeza a un proyecto de trabajo social. He barajado muchas ideas, descartado muchas, consultado bastante… y después de rezar y meditar he llegado a las conclusiones que arriba le expongo. Si Vuestra Reverencia después de leer mi proyecto me dice: "Muy bonito, pero le doy la Quinta División [del Colegio]", créame que quedo igualmente contento, pues será la voluntad de Dios. Perdone estas líneas mal hilvanadas que escribo a medianoche antes de que se vaya Manuel [Larraín]. En carta aparte van otras materias.

Afectísimo en Cristo.

Alberto Hurtado C., S.J.

13 DE OCTUBRE DE 1947, ROMA[61]

Sr. D. Alberto Díaz Alemany

Mi querido Alberto:

Desde estas tierras tan llenas de recuerdos te envío un cariñoso saludo, pidiéndole a tanto Intercesor admirable que ha santificado Roma, que te sea propicio.

He estado haciendo gestiones —que te ruego mantener en privado— para llevar a Chile una comunidad de religiosos italianos que van a trabajar con los pobres abandonados. Fueron fundados por Don Guanella y su labor es admirable.

El Superior de Argentina es el Padre Carlos de Ambroggi (vive en Instituto San José, Avenida Emilio Castro 6351, Liniers, Buenos Aires), hombre de 40 años. El P. General, se llama Luigi Alippi (via Tomasso Grossi, 18. Como. Italia), casa de Roma tiene como dirección: Vía Aurelia Antica, 96. Roma.

Y aquí viene el clavito. Es necesario obtener del jefe de la Sección Consular que autorice a los cónsules de Buenos Aires y de Roma o Génova para expedir los pasaportes a los dos padres aquí indicados. Ojalá lo hiciera por cable, porque el p. de Argentina debería ir cuanto antes a Chile, enviar luego su informe por aéreo y partir inmediatamente el P. General desde Italia. Este nuevo favor de Alberto será también una ayuda a la labor de caridad en favor de los más pobrecitos.

Yo estaré en Italia hasta el 27 de este mes; luego parto para Francia, y estaré en París hasta el 1° de febrero. Mi dirección será, 15 rue Monsieur, París VII. El 15 de Febr. D.m. espero estar en Santiago.

Te saluda con todo cariño tu amigo affmo. y SS.

Alberto Hurtado C., S.J.

---

[61] *Archivo Padre Hurtado*, s 64 y 42. Durante estos días, realizó varias gestiones para traer a Chile a los religiosos de don Guanella, tal como lo testifican varias cartas (cf. s 64 y 43 y s 64 y 44).

18 DE OCTUBRE DE 1947, ROMA[62]
AUDIENCIA CON EL PAPA PÍO XII

MEMORIAL PRESENTADO AL SANTO PADRE

Santísimo Padre:

Con espíritu de filial confianza me permito someter a Vuestra Santidad algunas observaciones sobre la situación social de Chile, mi país de origen, animado por los llamados de Vuestra Santidad a una acción inmediata que sea la obra de todos los hijos de la Iglesia. En mi opinión, el mayor peligro está en que parecemos no darnos cuenta del peligro. Creemos estar todavía en un país profundamente católico y pensamos que las agitaciones sociales son el efecto únicamente del oro ruso y que la propaganda protestante no es sino resultado del dólar americano. Los sacerdotes y aun los Obispos, no parecen darse bien cuenta de la inmensa tragedia que nos va a tomar desprevenidos.

1. Situación social de Chile

Ante todo, se nota una diversidad muy grande en las condiciones económicas y humanas. La aristocracia y la nueva plutocracia llevan una vida fácil. Ella es propietaria sobre todo del campo: el 50% del terreno agrícola es propiedad de menos de mil personas. El pueblo, en general, está en la condición de un subproletariado. Los ranchos en que vive son espantosos. El R.P. Lebret, O.P.,

---

[62] *Archivo Padre Hurtado*, s 62 y 02. El 18 de octubre de 1947 el Papa Pío XII recibió en audiencia privada al P. Hurtado (en *Aspectos críticos en su ministerio sacerdotal*, p. 128, se señala erradamente que esta audiencia fue el 8 de octubre. La fecha de la audiencia fue el 18, como se puede ver en la página 1 de la edición de *L'Osservatore Romano* del Domingo 19 de octubre de 1947). El texto que se publica corresponde a la versión que, de hecho, presentó el P. Hurtado al Papa Pío XII, versión que antes había revisado y corregido con el Padre General. Además se conserva en el Archivo la versión anterior que había preparado como borrador (s 62 y 01). El texto original está en francés, y presentamos una traducción que se basa en la publicada por el P. Lavín. El P. Hurtado sintió mucha consolación al ver bendecidos sus proyectos y se sintió muy alentado (cf. s 62 y 29. El texto de la carta de monseñor Domenico Tardini, del 10 de noviembre de 1947, en *Positio*, Volumen I, Documentos, p. 261).

Director de *Économie et Humanisme*[63], en su reciente visita a Chile, declaró que no había visto en parte alguna del mundo habitaciones semejantes. Es muy frecuente encontrar un promedio de ocho personas en piezas de nueve metros cuadrados; y a veces ¡hasta se encuentra a siete personas en una cama!

En el campo, el régimen es casi feudal: grandes fundos en los que trabajan obreros que, en su mayor parte, no tienen ninguna oportunidad de llegar a ser propietarios. Los salarios son muy bajos.

La preparación intelectual y profesional del pueblo deja mucho que desear; el 28% de los adultos es analfabeto. De los 900.000 niños en edad de ir a la escuela, 400.000 no van. Según el estudio de un Ministro de Salud Pública, un 50% de los niños muere antes de llegar a los nueve años.

Los obreros son fuertemente solicitados por los marxistas. Los comunistas controlan el 80% de los obreros sindicados, y los socialistas el 20%. La masa obrera de las ciudades profesa gran fidelidad al movimiento obrero, hoy desgraciadamente de inspiración marxista. *No existe ni una sola organización obrera importante de inspiración católica.*

En el campo, los trabajadores han sido menos solicitados por el marxismo, a causa del régimen patronal, pero los sindicatos empiezan a organizarse, a pesar de la oposición de los patrones y de la mayoría de los católicos, y muy pronto el campo tendrá el sello marxista.

La dificultad más seria en este avance social proviene del hecho que el pueblo tiene la íntima convicción que sólo puede esperar de los marxistas las verdaderas conquistas sociales, las que desproletarizarán las masas. No ven un interés sincero en los patrones ni en la mayoría de los católicos para cambiar su situación miserable. El clero, aun los Obispos, aparecen al pueblo como demasiado ligados al capitalismo.

---

[63] El P. Hurtado pasó entre el 1 y el 16 de noviembre de 1947 en *Économie et Humanisme*, en unas Semanas de Estudio (s 65 y 79). Se conservan las notas de su conversación con el P. Lebret.

Las actitudes sociales de los católicos parecen orientadas más bien a impedir el avance comunista que a desproletarizar las masas. De ningún modo se ve un esfuerzo para hacer pasar al terreno de las realizaciones las enseñanzas de las Encíclicas, y hasta en la exposición de estas doctrinas se es demasiado "prudente", a fin de no alejar las clases dirigentes. La clase obrera sube sin nosotros, y se da cuenta de ello. Los jóvenes de Acción Católica han tenido algunas actitudes sociales, pero han sido criticados por varios Obispos y considerados como sospechosos de simpatizar con los comunistas, debido a esto[64].

Los Obispos son piadosos, preocupados del bien espiritual de las almas, pero la mayoría parece no darse cuenta de los reales movimientos de la masa. El ambiente que los rodea les hace pensar solamente en el peligro comunista. Me permito señalar que el Arzobispado de Santiago ha sido gobernado desde hace más de 40 años por Arzobispos santos, pero ancianos, cuya falta de dirección personal se hace sentir en la capital, con repercusiones en todo el país.

2. Situación religiosa

Casi todos los chilenos son bautizados, pero su conocimiento y su práctica religiosa son muy pobres. Una carta colectiva de los Obispos ha reconocido que, debido al reducido número de sacerdotes, 4.000.000 de chilenos quedan fuera de la acción de la Iglesia, siendo la población de 5.000.000.

De los 900.000 niños en edad escolar, 700.000 no reciben enseñanza religiosa en la escuela, y la mayoría tampoco en su casa. La mitad de las uniones matrimoniales no ha sido bendecida en la Iglesia. Recorriendo el país de un extremo a otro, como Capellán nacional de los Jóvenes de Acción Católica, no pude encontrar ni una sola Parroquia en que del total de la población vaya a la misa dominical el 10%, lo que significaría tal vez el 25% de los que están obligados a asistir. Y los que no frecuentan la Iglesia son sobre todo los obreros… Hay una favorable reacción en los medios intelectuales, fruto de la enseñanza secundaria y superior católica.

---

[64] Primera alusión evidente en el memorial a la situación de los jóvenes de la A.C. señalada en el párrafo anterior.

La Acción Católica pierde terreno cada día y, si no se remedia, morirá pronto. Las causas de esta decadencia son sobre todo las muestras de falta de confianza en los laicos y el constante cambio de orientaciones.

El clero es bueno, pero poco numeroso: no hay sino 900 sacerdotes chilenos y 800 extranjeros. Estos últimos años ha habido un promedio anual de 24 defunciones y solamente 14 ordenaciones en el clero secular.

Si se viese a la Iglesia más comprometida en la solución de los problemas humanos, se podría realmente esperar que hubiese más vocaciones, porque en realidad puedo atestiguar que la mayor parte de las vocaciones de estos últimos años han sido suscitadas sobre todo por el hecho de su responsabilidad social.

Los medios populares pueden aún ser ganados porque subsiste un fondo de sentimiento cristiano que persevera. Sería necesario que ellos llegasen a creer que la Iglesia se interesa en los problemas humanos. Si esto no se logra, la frialdad religiosa podría cambiarse en odio.

La separación de la Iglesia y del Estado, y la instrucción de la Santa Sede respecto a la separación de la Iglesia de los partidos políticos han tenido una influencia purificadora frente a los no católicos.

3. Situación política

Un elemento muy importante para juzgar el problema social chileno y el alejamiento de la Iglesia de la clase obrera, ha sido la actitud política de los católicos.

Para defender la Iglesia del liberalismo laicizante fue organizado el Partido Conservador, para bien de la Iglesia y del país. Como consecuencia de la separación de la Iglesia y del Estado, la lucha religiosa cesó. Casi simultáneamente comenzó una lucha social, como consecuencia de la toma de conciencia de las masas obreras. Ahora bien, los dirigentes del Partido Conservador quisieron, a toda costa, que su partido siguiese siendo considerado como el único partido católico y, en este sentido, lograron tener el apoyo de varios Obispos y de una porción considerable del clero. Los dirigentes del Partido Conservador han sido los defensores de los intereses patronales; en su mayoría pertenecen a la clase de los más ricos y de los católicos más destacados, de modo que, para el país, Partido Conservador era sinónimo de partido católico.

Un grupo de jóvenes católicos, tomando conciencia de las doctrinas sociales de la Iglesia, se juntaron en un movimiento —Falange Nacional— en el seno del Partido Conservador. Después de algunas experiencias, una de las cuales fue la presentación como candidato a la presidencia de la República de don Gustavo Ross, símbolo de la extrema derecha capitalista, ese grupo formó un Movimiento aparte.

Los conservadores han empleado todos los medios para que la Iglesia condene a la Falange, enviando delegaciones a Roma y acosando con sus peticiones a los Obispos, y muy especialmente al Excelentísimo señor [Maurilio] Silvani[65] [Nuncio Apostólico], que era muy favorable a la tesis de los conservadores.

Entre los Obispos, las opiniones han estado muy divididas, queriendo algunos condenar a la Falange, y otros no tocar el punto. Estas críticas han dolido mucho a este grupo de católicos sinceros, fieles hijos de la Iglesia, que buscan servirla en el campo social, en el que su testimonio es casi el único. En algunas actitudes prácticas, la Falange ha ido más allá de lo deseable. La influencia de este movimiento ha aminorado mucho la actitud de los últimos Gobiernos chilenos, que han sido de izquierda, y, al mismo tiempo, ha demostrado al país que la Iglesia no estaba ligada a un solo partido.

4. Algunos problemas urgentes

Me parece que el más grave es la pérdida de confianza en la Jerarquía de parte de muchos. Le reprochan falta de comprensión del momento social y no se cree en su dedicación por el proletariado.

El comunismo es un peligro extremadamente grave, pero existe la tendencia de combatirlo por medios más bien negativos,

---

[65] Maurilio Silvani nació en Alessandria (Italia), el 24 de agosto de 1882. Estudió en el Seminario de Alessandria y en Roma. Recibió la ordenación sacerdotal el 17 de junio de 1905. Fue doctor en Teología (1908) y en Derecho Canónico (1910). En 1915 ingresó en el servicio diplomático. El 13 de septiembre de 1936 fue consagrado obispo. Fue nombrado Nuncio en Chile el 23 de mayo de 1942 y ejerció esta función hasta 1946, cuando fue trasladado a Viena. Murió en esta ciudad el 22 de diciembre de 1947.

favoreciendo la formación de grupos de asalto que pueden llevarnos a una lucha sangrienta. Y al contrario, se teme lanzarse a la difusión de la doctrina [social de la Iglesia] y de la acción social. Para llegar mejor al pueblo, sería necesario facilitar la asistencia a misa en los barrios obreros. Sería también necesario hacer un llamado a la confianza en los laicos, para que ellos realicen una acción social.

5. Una gracia especialísima
Los llamados de Su Santidad han movido a un grupo de católicos laicos que me han pedido les ayude para realizar la acción social en plena sumisión a la Jerarquía y fuera de la política de partidos. Su fin concreto sería preparar dirigentes obreros, a fin de que ellos lleven el pensamiento de la Iglesia al seno de los sindicatos, con los métodos de la Acción Católica de Trabajadores Italianos; preparar a los patrones jóvenes en la doctrina social; hacer investigaciones serias sobre la realidad nacional, como medio de formación personal y con el fin de conseguir un mejoramiento en la suerte de los trabajadores, y propagar estas ideas por medio de círculos de estudios, Semanas Sociales, Revista.

Esta tarea va a ser ardua, pero con la bendición de Vuestra Santidad, se luchará con la confianza de trabajar por el advenimiento del Reino de Dios en esta América que hay que guardar para Cristo.

Muy humildemente a los pies de Vuestra Santidad, hijo en Jesucristo.

Alberto Hurtado Cruchaga S.J.

22 DE OCTUBRE DE 1947 ROMA[66]

Sra. Mimí Peña de Ruiz Tagle
Estimada Mimí:

---

[66] *Archivo Padre Hurtado*, s 65 y 14.

Aún no he recibido su carta que me anuncia dirigida a París, pero sí dos a Roma. He estado atareadísimo y por eso no he podido escribirle, pero lo hago aunque sea tarde para aprovechar el viaje de Mons. Larraín que sale mañana para París y en dos semanas estará en Santiago. Muchas gracias le doy al Señor por el ánimo que le da para trabajar en el auto: ya verá Ud. como Dios bendice la obra. No se desaliente, ni tampoco se preocupe mucho. Haga lo que buenamente se pueda y déjele al Señor el darse el lujo de hacernos el regalo de un excitazo para sus pobres. Está Ud. haciendo una obra que es agradabilísima al Señor, porque toda ella es para sus pobrecitos. A ver si cuando vuelta en Febrero está ya techado el pabellón nuevo para los adolescentes… ¡Animo, orar y trabajar y descansar!

Hoy he pasado desde las 8 a las 1 y 1/2 visitando la Comisión Pontifica de Asistencia Social: este año han salido a vacaciones de 30 días por su cuenta: 800.000 niños, no crea que hay un error en los ceros. En sólo Roma tiene 600 restaurantes para los pobres, etc… Es algo maravilloso. Llevo toda la documentación y muchos proyectos. Mañana voy a visitar las obras de asistencia en los alrededores de Roma. Hace poco visité una casa de Colina, verdadera república de los niños, admirablemente bien organizada, sobre el principio de que el niño paga todo lo que consume, y gana por todo trabajo que hace. Creo que tenemos muchas experiencias que podemos adoptar con fruto.

Estuve con el Santo Padre que bendijo el hogar con inmenso cariño y todas sus colaboradoras. La semana proxima estaré de nuevo en Francia donde espero quedarme de asiento en la casa de 15 rue Monsieur, hasta el 1° de febrero (París VII).

Desde París le escribiré más largo porque tengo que escribir largo al P. Provincial esta misma noche y es ya tarde.

Saludos a todos los de su casa en cada uno de los cuales pienso con frecuencia y con mucho cariño, a Poncho muy especiales y que ¡buen ánimo! A las buenísimas señoras hogareñas que cada día las tengo muy presente en la Misa de la mañana y en mis pensamientos de cada rato, pues, están ligadas a una empresa que no es común y por la cual sufrimos y trabajamos con mucho cariño. Qué no se desalienten, pues, el Señor bendice la obra.

Afectísimo seguro servidor y capellán,

Alberto Hurtado C., S.J.

Agradezca a Elena Vizcaíno sus cariñosos saludos y dígale que la tengo muy presente. Que perdone mi ausencia de cartas por falta total de tiempo. Felicite a *** por sus trabajos.

17 DE NOVIEMBRE DE 1947, PARÍS[67]

Sra. Marta Holley de Benavente
Estimada Marta:
Mi vida de vagabundo me había impedido escribirle hasta ahora, pues deseaba hacerlo con relativa calma. Los días que vivo aquí son tan ricos y tan plenos como uno difícilmente puede imaginárselo: congresos, sesiones de estudio, charlas que se prolongan hasta muy tarde, viajes, ordinariamente de noche para aprovechar el tiempo. Hay un renacimiento espiritual en Francia y en Europa en general, inmenso, reducido eso sí a grupos pequeños, pero de una profundidad cada día creciente. Frente a los movimientos de mucha riqueza que se enfrentan al cristianismo, la riqueza de éste se acrece más, y la generosidad de la juventud es sin límites. Anoche he terminado una semana de estudios con cinco reuniones largas diarias devoradas por los asistentes[68]: la única palabra que se oía al terminar era ésta: ¡lástima que esto no dure un año!
Aterrizando en Chile, comienzo por bendecir al Señor que tan bien la ayudó para el número pasado de la Revista [del Hogar], que me gustó mucho. ¡Adelante que Él comienza la obra, Él es quien la prosigue y quien la termina junto con nosotros, de manera que jamás podemos temer por el éxito de una obra que Él nos haya encomendado! Mucho espero del número de Navidad, pues, repartido a tiempo a toda la guía del teléfono, tocará muchísimos corazones para bien de los pobrecitos. Créame que después de ver lo que estoy viendo en Europa estoy más convencido que nunca de la necesidad

---

[67] *Archivo Padre Hurtado*, s 65 y 79.
[68] Se refiere a la Semana de Estudios realizada en La Tourette, cerca de Lyon, organizada por *Economía y Humanismo* de los Padres Dominicos.

de entregarse entero a Cristo en sus prójimos. Como me decía un eminente Asesor de A.C.: "Las masas comenzaron a alejarse de la Iglesia cuando comenzaron a pensar que Ella se desinteresaba de sus necesidades materiales". El cristiano sabe que la Iglesia es Madre y como madre ha de cuidar de las necesidades todas de cada uno de sus hijos, sobre todo de los más necesitados. Usted que es madre lo sabe perfectamente.

Por diversas noticias que me llegan, las Monjitas no saben cómo agradecer a Ricardo [Benavente, su marido] todo lo que está haciendo por ellas: ha sido la Providencia personificada. ¡Bendito sea Dios! Él, que ve aun lo oculto, sabe que a más de todo lo que hace, desea aún hacer mucho más.

Estoy en perfecto acuerdo con sus observaciones sobre esos puntos más delicados de la marcha de nuestra obra. Con el favor de Dios yo creo que el año próximo se podrán solucionar. El criterio que usted indica, me parece el criterio justo. Eso sí que no todos piensan igual y hay que esperar hasta que la luz se haga también para los otros[69].

Con el P. [Jean] Daniélou, que vive también en esta casa[70], le hemos estado recordando: espero que muy pronto volveré a ver a *Madame* Izard, pues, cuando fui a su casa estaba en el campo; pero ella ya me ha enviado recado por medio del P. Daniélou. El Padre es uno de los jesuitas jóvenes de mayor valor en Francia, universalmente apreciado.

Ruegue a Dios que aproveche al *maximum* esta ocasión tan cargada de responsabilidades que Él me ofrece de visitar Europa en estos momentos. Me quedo aquí hasta febrero, Dios mediante, para aprovechar más el viaje y poder dar más. Salúdeme muy

---

[69] Estas afirmaciones no se comprenden al no conocer la carta de Marta Holley al P. Hurtado.

[70] Jean Daniélou s.j, famoso teólogo y cardenal, nació en Neuilly-sur-Seine en 1905. Ingresó en la Compañía de Jesús y fue ordenado sacerdote en 1938. Se dedicó a la enseñanza de la Teología, a la investigación y a la publicación de importantes obras teológicas. Participó activamente en el Concilio Vaticano II. Fue consagrado obispo el 19 de abril de 1969 y el Papa Paulo VI lo hizo cardenal. Falleció en París el 31 de mayo de 1974. El P. Daniélou vivía en *Les Études*, la residencia jesuita dedicada a los escritores, Alberto Hurtado permaneció dos meses en ella.

cariñosamente a Richard y a los niños en cuyas preocupaciones de exámenes la acompaño, como en todas las otras.

Alberto Hurtado S.J.

P.D. Muy de acuerdo en no sacar la revista en el verano. Hay que descansar y ¡dejar descansar!

17 DE NOVIEMBRE DE 1947, PARÍS[71]

Sra. Rosario Subercaseaux de Ochagavía.
Estimada Tito:
Espero que haya recibido las mías de Roma. Al llegar a París me encuentro con la suya del 6 de noviembre.

En Roma estuve con mucha frecuencia con los suyos y no necesito decirle todo lo cariñosos que fueron conmigo hasta el último momento. Usted y Pancho salían a cada paso en la conversación. A su Mamá la encontré bien y a su Papá espléndidamente. El mes romano fue una gracia del cielo, pues, vi y oí cosas sumamente interesantes que me han animado mucho para seguir íntegramente en la línea comenzada. En este sentido las palabras de aliento del Santo Padre y de Nuestro Padre General han sido para mí un estímulo inmenso[72]. En cuanto a su pregunta sobre la independencia de la Iglesia, estoy totalmente de acuerdo con su manera de pensar. Hemos de orar mucho porque venga la luz en este sentido y para que los hombres todos vean en la Iglesia el primado de la caridad, el esfuerzo permanente por realizar el amor de Cristo. Y mientras tanto esforzarnos cada uno más en la vía de la caridad, de la comprensión. Sólo una inmensa caridad salvará el mundo. Ojalá pudiéramos tener con las almas algo de esa inmensa comprensión, mansedumbre, ese saber esperar de Dios…

---

[71] *Archivo Padre Hurtado*, s 65 y 63.
[72] Se refiere al respaldo que le dieron para sus proyectos de trabajo social.

¡A reposar un poco! Y tómelo con harta alegría, pensando que es esto y no otra cosa lo que Dios le pide para este verano. Paul Claudel dice tan hermosamente en *L'anonce fait à Marie*: "¿Por qué atormentarse tanto en buscar, cuando es tan sencillo obedecer?". Es el camino de santidad de Santa Teresa: entregarse a Dios en lo chico de cada día... Del mañana cuidará su inmenso amor de Padre.

Por la Mimí he sabido todo lo que usted la ha ayudado en la rifa[73]. Estoy seguro que va a resultar muy bien, a pesar de los dolores de cabeza que se van a llevar.

Mi vida ha sido de perfecto gitano: gracias a Dios que viajo con un *minimum* absoluto de bultos y que puedo dormir sentado en cualquier parte, de modo que no me aproblemo. La vida está dura y escasa en todas partes: no hay nada que se parezca ni de lejos a la abundancia chilena, pero sin embargo hay menos miseria que en Chile, pues la pobreza más o menos todos la comparten. Esta es una experiencia de todos los países que he recorrido. Yo no viajo sino en tercera, de modo que me codeo con la gente más sencilla. Las terceras de Europa de ahora representan un *standard* de cultura y relativo bienestar equivalente a nuestras segundas. Nuestro abundantísimo subproletariado chileno no existe ni siquiera en Montecasino después del bombardeo que no dejó piedra sobre piedra. Animémonos a cambiar las cosas en el hermoso Chile, aunque nos cueste muchos dolores de cabeza o de pies.

Saludos muy cariñosos a Pancho, a mi tía Isabel y primos cuando los vea. Cuídese y *keep your chin up*!! [mantenga su frente en alto].

Afectísimo primo,

Alberto S.J.

---

[73] Era uno de los medios comunes para reunir dinero para el Hogar de Cristo.

17 DE NOVIEMBRE DE 1948, 15 RUE MONSIEUR, PARÍS VII[74]

Dr. D. Luis Williamson J.
Mi querido Lucho:
Supongo que has recibido las mías anteriores, que han sido varias; de lo contrario no lo achaques a olvido mío, sino al correo que aún deja bastante que desear. Tus noticias las he encontrado interesantísimas y me han permitido ir siguiendo paso a paso los acontecimientos de Chile. Dios por encima de todo, y de todos los hechos saca bienes. Miremos con harta fe el porvenir y que por nada se trice el entusiasmo para seguir trabajando por Él, pues hay tantísimo que realizar en Chile. Cada día me convenzo más que el terreno está preparado para un profundo trabajo social que devuelva a las masas alejadas la conciencia de que la Iglesia es su Madre y está dispuesta a tomar su defensa y a elevar a los humildes.

Yo escribo muy poco, por que creo que lo mejor que puedo hacer por ustedes es llenarme bien de experiencias para poderlas transmitir a mi vuelta. En realidad es tanto, tanto, lo que hay que aprender que una vida entera es poco para asomarse a tanta ventana como se abre sobre horizontes nuevos. Problemas teológicos, morales, sociales, movimientos de juventudes, litúrgicos, libros interesantes, etc. Y Dios ha permitido en mí el vicio de la curiosidad de todas estas cosas de modo que el día se me pasa volando. En los primeros días de febrero me tienes de nuevo en Chile. Mucho ruego por Manuel Revanal. Dios quiera que tus santos deseos se vean realizados. El misal latino espero llevártelo. Te lo buscaré en París. Yo espero no moverme de esta casa hasta la fecha de la partida. Así es que escríbeme a esta dirección. Tuyo affmo. amigo y SS.

Alberto Hurtado

---

[74] *Archivo Padre Hurtado*, s 70 y 038.

17 DE NOVIEMBRE DE 1947, PARÍS[75]

Sra. Rebeca J. de Franke

Muy estimada Rebeca:

Esta última temporada ha sido especialmente vagabunda, pues salí de Roma a fines de octubre, deteniéndome un día en Turín para volver a ver ese milagro estupendo de la Piccola Casa de la Providencia atendida por ¡3.000 monjas! de 15 comunidades diferentes, de las cuales 3 son contemplativas, que no hacen sino orar por la obra[76]. Ya le contaré de esto; luego, pasé una semana trabajando en Economía y Humanismo con los Padres Dominicos, días muy llenos; viaje rápido a Bélgica para estudiar la Liga de Campesinos Católicos, los Sindicatos Cristianos, la J.O.C., vuelta a Economía y Humanismo, cuyas sesiones de estudio terminaron anoche y junto terminar corriendo a la estación; tomo el tren para París y después de toda una noche de viaje llego hoy a encerrarme por un tiempo en mi pieza, pues las experiencias acumuladas son demasiado numerosas y hay que asentarlas, madurarlas, anotarlas[77]... Tengo en mi mesa el programa de trabajo para estos dos meses y medio que me quedan y da para un año. ¡Alabado sea Dios!

Bendigo de todo corazón al Señor por lo que Él va haciendo en su alma: esa aspiración a la tercera manera de humildad que puso en su espíritu en los últimos Ejercicios, es de Él, y como venida de Él

---

[75] *Archivo Padre Hurtado*, s 65 y 50. Después de una noche en tren, el P. Hurtado llega a París a las 7:00 a.m. Una vez instalado, ese mismo día escribió cinco largas cartas. El P. Hurtado permaneció en la residencia Les *Études* desde el 17 de noviembre de 1947 hasta el 20 de enero de 1948, fue un tiempo de estudio para reflexionar "toneladas de experiencias interesantísimas" acumuladas en los congresos, semanas de estudio y entrevistas que había realizado durante los meses anteriores (cf. s 65 y 78).

[76] La *Piccola Casa* de Turín, fue fundada en 1832 por San José Cottolengo (1786-1842). Hasta hoy alberga numerosos enfermos, y vive de la Providencia.

[77] Esta noticia es muy reveladora porque permite conocer el contexto en que el P. Hurtado escribió una serie de textos de gran profundidad, entre los que se cuenta el *Siempre en contacto con Dios*, escrito publicado después de su muerte en *Mensaje* IV, 31 (1954) pp. 269-273. El conjunto de esos escritos fue publicado por el Centro de Estudios de la Universidad Católica, con el título *La búsqueda de Dios. Conferencias, artículos y discursos pastorales del Padre Alberto Hurtado, S. J.* Introducción, selección y notas de Samuel Fernández Eyzaguirre, 3ª edición, Santiago 2005.

hay que recibirla con la confianza plenísima de que Él irá dando las fuerzas para realizar el ideal que Él mismo le ha propuesto. Como enseña la Iglesia, jamás pide Dios algo para lo que no estemos capacitados, y cuando nos parezca que nos faltan las fuerzas, no nos faltarán ciertamente las que necesitamos para pedir la fuerza. Esa tercera manera de humildad quiere decir sencillamente que *mi vida es Cristo* [cf. Gal 2, 20 - Flp 1, 23], que no tengo otra aspiración que su Voluntad, y como Él escogió el dolor para redimirme lo escogeré yo también siempre que no vea que Él me pide otro camino[78]. Es más bien una disposición general de nunca negarle nada, aunque cueste.

Este año ha sido para usted bien lleno de ocasiones de realizar este mismo ideal de abnegación en las mil ocasiones que le ha presentado en el Hogar de Cristo. Es gracias a estos sacrificios que la obra se hace, y por eso están esas Monjitas de [la Piccola Casa de] Turín orando y sacrificándose para que el bien se realice en toda su plenitud. El trabajo que usted ha tenido que llevar en el año ha sido duro; no tema, pues, descansar plenamente en el verano, para poder recomenzar *Ad Maiorem Dei Gloriam*, como decimos los jesuitas.

A María Rebeca que espero encontrarle en París un bonito Misal en francés y pregúntele si le busco otro para Germán [Eguiguren, su marido]. Me gustaría mucho tener noticias de ella, pero las que usted me da son muy hermosas tanto de ella como de Germán. ¡Que Dios los bendiga a ambos!

Ojalá que entusiasmara a Eugenio [Brown] para que comenzáramos cuanto antes el otro pabellón, pues los Padres van a llegar a ocuparlo y no estará listo[79]... Dígale que no se aproblema; que el Hogar es DE CRISTO. Él pagará las deudas. La impresión que tengo de estos padres es óptima (pero le ruego que no diga nada a ninguna de las señoras, pues no quisiera que la noticia se supiera hasta que yo llegue, para evitar cualquier dificultad).

---

[78] De acuerdo con San Ignacio, la tercera manera de humildad se da cuando "siendo igual alabanza y gloria de la divina majestad, por imitar y parescer más actualmente a Christo nuestro Señor, quiero y elijo más pobreza con Christo pobre que riqueza, oprobrios con Christo lleno dellos que honores, y desear más de ser estimado por vano y loco por Christo que primero fue tenido por tal, que por sabio ni prudente en este mundo" (EE 167). Cf. *Un disparo a la eternidad*, pp. 281-290.

[79] Se refiere a los padres Siervos de la Caridad.

Saludos muy cariñosos a María Rebeca y a Germán. Afectísimo seguro servidor y capellán,

Alberto Hurtado C., S.J.

P.D. Me permito abusar de su benevolencia acompañándole estas cartas a Señoras Hogareñas[80].

17 DE NOVIEMBRE DE 1947, PARÍS[81]

Sra. Mimí Peña de Ruiz Tagle
Muy estimada Mimí:
Al llegar a París tengo el inmenso agrado de encontrarme con su carta del 31 de octubre en la que me dice no haber recibido otra carta mía de septiembre. Espero que con posterioridad a su carta le haya llegado alguna otra, pues estoy seguro de haberle escrito varias veces, aunque no sabría decirle cuándo ni dónde, porque con la vida que llevo no sé dónde tengo la cabeza. Anoche estaba en una reunión hasta las 7 en La Tourette a media hora a pie de L'Arbresle, a una hora en tren de Lyon… termino a esa hora, como de carrera, a la estación próxima, luego a Lyon y toda la noche viajando para llegar a París a las 7… Llevo una vida de gitano, pero riquísima en experiencias, como jamás me lo habría imaginado a pesar de conocer despacio estas viejas tierras de Europa. Me parece estar ante una mesa llena de golosinas que uno no sabe por dónde comenzar. Tal es la variedad de problemas y de soluciones, de ensayos generosos por buscar la verdad y realizarla. Esto es lo que motiva mi relativo silencio, pues los días se me hacen un suspiro. En los tres últimos que pasé en La Tourette con los Padres Dominicos de Economía y Humanismo tenía delante de mí una serie de manuscritos, libros en preparación de estos buenos Padres, cada uno de los cuales quería hacerme conocer

---

[80] Es decir, en el mismo sobre envía cartas a otras colaboradoras del H.C.
[81] *Archivo Padre Hurtado*, s 65 y 15. En esta carta el P. Hurtado subraya la necesidad de cuidar la paz del corazón, porque "la tranquilidad interior no se paga con nada".

sus publicaciones. En realidad su bondad ha sido inmensa, como lo es igualmente la de los Padres de Les Études dónde acabo de llegar para instalarme hasta mi partida hacia el 1 de febrero.

Por sus cartas veo que el niño Peugeot se porta muy difícil y le da más trabajo que todos sus otros hijos[82]... Lo único que le pido es que lo tome con calma aunque saquemos 50.000 pesos menos, mire que la tranquilidad interior no se paga con nada, y usted la necesita para poder seguir trabajando con los suyos y con el Hogar que es tan suyo como los Ruiz Tagle Peña. ¡Que Dios la bendiga por todo lo que está haciendo y le dé fuerzas para llevar con energía esta última etapa del año! Felizmente vienen luego las vacaciones que las ha de aprovechar como Dios manda y olvidarse de todo lo de Santiago para recobrar sus fuerzas. Le escribo a las 5 en un día frío y ya obscuro y pienso con cierta nostalgia en esos hermosos días de noviembre, llenos de luz y sol, días de mes de María de Santiago[83]... Pero es necesario de tiempo en tiempo encerrarse a pensar y repensar para hacer un bien más hondo, más intenso y más extenso.

No deje de saludarme muy cariñosamente a los suyos. Hágame el favor de leer esta carta a Elena y dígale que la considere como dirigida también para ella, de cuyas actividades en pro del Hogar tengo noticias por usted. Igual cosa dígale a la Jola, de cuyas intenciones mucho me he acordado. No le nombro a las otras personas del Hogar porque la lista sería interminable, pero de cada una de las abnegadísimas colaboradoras de esa Obra, que es tan de ellas, estoy continuamente acordándome en todas partes, en especial en el *Memento* de la Misa, que por esto me resulta muy largo[84].

Me encomiendo en sus oraciones y le ruego una vez más que salude a Alfonso, Poncho, Eliana y León, Carmen, Mónica, Marisa...

Su afectísimo seguro servidor y capellán,

Alberto Hurtado C., S.J.

---

[82] Se trata de la rifa de un automóvil de marca Peugeot.

[83] Dos años antes, desde Washington, escribe "Siento nostalgia del Mes de María" (s 65 y 58). Este mes se celebra en Chile desde el 8 de noviembre hasta el 8 de diciembre.

[84] *Memento* se le llama a la parte de la Plegaria Eucarística en que se reza por los diversos miembros de la Iglesia.

26 DE NOVIEMBRE DE 1947, PARÍS[85]

Sr. Don Luis Williamson J.
Mi querido Lucho:
No te imaginas cuánto siento que no te hayan llegado mis cartas, pues si tú me has escrito 5, yo te he enviado 6, pues, antes de
recibir la primera tuya te había escrito para darte el pésame, y luego
he contestado cada una de las tuyas que he agradecido profundamente y me han tenido al corriente de acontecimientos que no debía
ignorar y que sigo con el mayor interés. Por eso lo que ocurra, ojalá
me lo sigas comunicando. ¡Yo pido al Patrón cada día mucha luz,
mucha caridad y mucha grandeza de alma para que todos busque-
mos el bien de la Iglesia!
Del misalito no me olvido y espero llevarte uno bien a tu gusto. Las noticias que me das también del Hogar y de cada uno de los
amigos me llenan de inmensa alegría, pues tú sabes cuán vinculado
está un sacerdote a los que, por algo será, llama sus hijos espirituales. Salúdamelos a todos los que me nombras en tus cartas y cuantos
se acuerden de este cura.
Después de tres meses de correteo por Francia, España, Bélgica, Roma, procurando ver, estoy de cabeza en esta casa de Les
Etudès procurando asimilar, pensar, ordenar, concluir lo que pueda
servir para nuestro Chile. Las impresiones se amontonan, pues el
momento es interesantísimo. Acabo de terminar la lectura de un
libro apasionante: "Los católicos franceses en el siglo XIX"[86] por
Guillemin, que explica muchos antecedentes de la actual descristia-
nización de Francia: en la lucha social, la mayor parte de los católicos influyentes se colocaron al lado de la burguesía. Abandonaron
al pueblo en su lucha, a pesar de toda la confianza que este pueblo
les demostró. Es un libro amargo, "la hora de las confesiones".
Felizmente ahora el esfuerzo por reconquistar al pueblo es
profundo y sincero. La misión de París y la de Francia se extiende

---

[85] *Archivo Padre Hurtado*, s 70 y 037.
[86] Henri Guillemin, *Histoire des catholiques francais au XIXe siècle (1815-1905)*,
Genève 1947.

cada día más y más. Espero que ésta te llegue sin falta. Pido al P. Lavín que de su mano te la ponga en sobre. Salúdame a todos los amigos, y dile a Manuel Larraín, si lo ves, que me escriba.

Afectísimo amigo y seguro servidor,

Alberto Hurtado

9 DE DICIEMBRE DE 1947, PARÍS[87]

Sra. Rebeca J. de Franke

Muy estimada Rebeca:

Gracias a Dios que termina un año más de vida bien empleada, puede usted decirle al Señor con toda sinceridad y humildad. Ha sido gracia de Él llamarla a su servicio, como la llamó a la vida, pero no sería honrado si no reconociera esta gracia. Al mirar para atrás el camino recorrido, no sólo insista en las deficiencias e imperfecciones, sino también en lo que Él le ha permitido hacer, y en el motivo al cual ha consagrado su vida: buscarlo a Él en sus prójimos, servirlo y amarlo en los demás comenzando por su hijita, el recuerdo siempre querido de su esposo, su familia, y luego sus pobres, aquellos en los cuales la fe nos lo muestra siempre presente.

Mientras más pienso en la pobre Europa amargada, empobrecida, desalentada para el trabajo, al menos en algunos países, más claramente veo la misión nuestra de católicos[88]: dar testimonio de Cristo en este mundo triste, testimonio de nuestra alegría que se funda en nuestra fe en Él, en la bondad del Padre de los cielos, testimonio de una inquebrantable esperanza y de una honda caridad. Esto y nada más: pero es bastante para salvar el mundo. Estoy leyendo una hermosa [carta] pastoral del Cardenal Suhard: *Essor ou déclin de*

---

[87] *Archivo Padre Hurtado*, s 65 y 51. Usando los términos del arzobispo de París, el P. Hurtado dice que la misión de los cristianos consiste hoy en "encarnarse, comprometerse en lo temporal para dar testimonio de Cristo". Él piensa que el H.C. responde a ello. Es su modo de sentir con la Iglesia (cf. EE 352-370).

[88] Europa venía saliendo de una horrible guerra.

l'Eglise[89] (me imagino que está en Santiago, en todo caso la llevo), y su lección, repetida hasta el cansancio, es que el católico tiene la misión de *"s'incarner, s'engager dans le temporel pour rendre témoignage du Christ..."* ["encarnarse, comprometerse en lo temporal para dar testimonio de Cristo"]. Estas palabras uno las oye ahora repetidas hasta el cansancio: son el programa para los tiempos actuales.

Felizmente la obra en que usted está empeñada a eso tiende. Le digo esto para invitarla a mirar aun desde un punto de vista no sólo inmediatamente humanitario, sino bajo el punto de vista del sentir íntimo de la Iglesia, esta obra que responde tanto a lo que el mundo necesita. Por eso, a pesar de las dificultades, cansancios, repugnancias, pequeñez propia ¡adelante, con la gracia de Dios!

Me parece muy bien lo que están haciendo para hacer agradable el Hogar: mientras más atrayente, mejor. Ojalá que todo esto lleve a los obreros a un sentimiento cada vez más hondo del respeto que se deben a sí mismos, al ver el respeto con que se les trata.

Ojalá que apure a Eugenio para que comencemos sin tardanza la obra de los adolescentes. Van a llegar los Padres a hacerse cargo de la obra y necesitamos tenerle la casa. De los medios Dios cuidará como siempre.

Yo espero llegar allá el 7 de febrero, de modo que espero saludarla en la Chacra. Saludos a María Rebeca.

Alberto Hurtado C., S.J.

9 DE DICIEMBRE DE 1947, PARÍS[90]

Sra. Elena H. de Vizcaíno
Muy estimada Elena:

---

[89] Esta Carta pastoral fue escrita para la cuaresma de 1947. Emmanuel Célestin Suhard (1874-1949), consagrado obispo en 1928 y nombrado cardenal en 1935, asumió la Arquidiócesis de París en 1940 y fue un gran pastor. La carta fue editada en Chile con introducción del P. Hurtado (Colección Estudios Sociales).

[90] *Archivo Padre Hurtado*, s 65 y 34. Esta señora se sentía impedida para seguir trabajando en el H.C. El P. Hurtado le dice que la imposibilidad de un trabajo

Hace algunos días había recibido por carta de Mimí noticias de su salud quebrantada y desde entonces he redoblado mis oraciones, y me aprontaba hoy a escribirle, cuando en el preciso instante me llega su carta del 26 desde Quilpué, que le agradezco mucho.

Hay un sólo punto en su carta en el cual no estoy de acuerdo: El Hogar, esos niños… pertenecen al pasado. No, Elena, son presente, más presente que nunca. Hasta ahora usted los ha ayudado con su trabajo, sus lecciones, su cariño, ahora los seguirá ayudando con su cariño, su paciencia, su oración, su deseo muy sincero de seguirles haciendo el bien. Hay un dogma sumamente consolador, es el de la comunión de los santos. Él nos enseña que no hay ninguna de nuestras acciones que carezca de un valor social. Jamás merecemos solamente para nosotros mismos, pues todas nuestras acciones tienen un valor social profundo. Al hacer el bien, al sufrir con paciencia, al orar, siempre aprovechamos a los demás, a la Iglesia entera, a la militante de la tierra, a la que aguarda en el purgatorio, alegramos a los justos del cielo, y en especial socorremos a quienes están más íntimamente vinculados a nosotros. De manera que usted sigue trabajando por el Hogar con igual no sólo cariño, sino con la misma o mayor eficiencia que antes.

En los momentos de soledad y silencio prolongados que tendrá en Quilpué hágase muy amiga del *"Dulce Huésped del alma"*[91], del que nunca la deja sola; y es sobre todo en esos momentos cuando nos hace bien recordar que en lugar de "Yo", debemos decir "Nosotros", pues, como decía San Pablo: "Vivo yo, ya no yo, Cristo vive en mí" [Gal 2, 20].

Las noticias del Hogar son muy halagadoras, pues la obra continúa con todo entusiasmo[92]. Al pensar en ella piense, llena de

---

físico en favor de los niños no es obstáculo para seguir sirviéndolos, porque muy eficaces son también "su cariño, su paciencia, su oración, su deseo muy sincero de seguirles haciendo el bien". Nuestra fe en la comunión de los santos implica que toda acción buena "tiene un valor social profundo".

[91] El *"Dulce Huésped del alma"* es un título del Espíritu Santo.

[92] En una catra de esta misma fecha, el P. Hurtado le escribe a Mimí Peña: "Me parece que veo al Patrón, contento que conversa con la Virgen acerca de Chile, de las injusticias de las miserias, de los odios, pero le dice, mira Madre, lo que hacen esas Señoras, míralas cómo se han asoleado, míralas cómo no sólo dan dinero y tiempo, sino que hasta mendigan por mí, ¿no estaré contento yo de ellas? Y la Virgen aprueba, acepta y se alegra ella también" (s 65 y 16).

agradecimiento a Dios, que esa obra es su obra, pues Dios que la ha enviado al mundo sin pedirlo usted, sin buscarlo tampoco usted la escogió Él para trabajar por esos hermanitos tan necesitados. Cada vez veo más claro que lo que Dios nos pide en esta hora de tanto dolor en el mundo es que no nos cansemos de amar a los demás, de alegrar sus vidas: El mandamiento del amor es el que guarda más actualidad en este mundo de tantos odios. Eso he podido verlo estos días, en que por pasiones bajas se han efectuado aquí actos de sabotaje como hacer descarrilar un tren, ocasionando más de 20 muertos y 40 heridos. Fuera de Cristo es difícil encontrar ese amor hondo y sacrificado.

A principios de febrero estaré por allá. Espero encontrarla del todo restablecida, con el favor de Dios.

La saluda con todo aprecio su afectísimo seguro servidor y capellán,

Alberto Hurtado C., S.J.

7 DE ENERO DE 1948, PARÍS[93]

R.P. Carlos Aldunate[94], S.J.
Mi querido Padre Carlos[95]:

---

[93] *Archivo Padre Hurtado*, s 62 y 59. La carta está fechada el 7 de diciembre de 1948, cosa imposible, puesto que en diciembre de 1948 el Padre Hurtado se encontraba en Chile. Debe ser del 7 de enero de 1948, puesto que el Congreso de moralistas aludido concluyó el 6 de enero de 1948.

[94] Carlos Aldunate Lyon, S.J., nació el 16 de mayo de 1916. Ingresó en la Compañía de Jesús el 19 de marzo de 1932. Fue ordenado sacerdote el 23 de diciembre de 1944. Su ministerio lo ha ejercido como formador de jesuitas, rector del Colegio San Ignacio (1960-1965), rector de la Universidad del Norte, en Antofagasta (1966-1970) y rector del Colegio San Mateo, en Osorno (1971-1977). Desde entonces se ha dedicado a dar Ejercicios Espirituales y a trabajar en la Renovación en el Espíritu.

[95] Esta hermosa carta del P. Hurtado es una de las que más se ha difundido después de su muerte. Ella advierte contra una manera inadecuada de promover el

He recibido las dos últimas suyas, hace unos cuatro días, la primera, y en estos momentos, la segunda. Siento que parece que no podré verlo antes de partir, pues, el viaje será el 20 de París a Londres: ese mismo día sigo a Irlanda, el 25 iré a Oxford, el 26 Londres, y el 27 partida a Chile, vía Lisboa: tres días en Lisboa; cuatro en Río, dos en Buenos Aires, a menos que tenga que cambiar la fecha de mi partida de Buenos Aires pues me convidan para los Ejercicios del [Colegio] Máximo. Dejo este asunto en manos del P. Lavín, pues no quisiera exponerme en San Miguel a decir imprudencias y no conozco bastante el ambiente, y estimo que cosas que entre nosotros en Chile son normales, tal vez no lo sean allá.

Ayer estuve con [su hermano] José en Paray[96]. Él me había escrito que quería verme y si yo no podía ir él vendría; pero lo visité a la vuelta del congreso de moralistas de Lyon. Lo encontré muy bien, muy contento; con un espíritu muy amplio, muy espiritual, muy equilibrado: en fin, me llenó de gusto. Y sobre todo, muy abierto, comunicativo. En Paray ha caído muy bien, como me lo dijo un amigo francés. José es de los que necesita ánimo, pues, no se da cuenta él de todo su gran valer y tiende a deprimirse. Creo que hay en él una esperanza.

El Congreso de moralistas, interesante; bastante en las líneas generales, poco aterrizaje en conclusiones inmediatas, pero deja en el alma el fruto de los grandes principios mirados desde otros puntos de vista que tiene uno también que considerar, aunque la mayor parte, no, con la exclusividad con que los miran por aquí. Hay un

---

compromiso social, que no se preocupe de transmitir los fundamentos cristianos: "Esto los va a dejar a corto plazo sin dirigentes auténticamente cristianos, sino con hombres de mística social, pero no cristiano-social". Por otra parte, es ejemplar la actitud del P. Hurtado ante la crítica fraterna: tiene una gran humildad para recibir las correcciones, pero es igualmente claro para plantear sus propios puntos de vista. Recuerda asimismo que si la crítica no se hace con el debido cuidado puede ser destructiva. El P. Hurtado, que era una persona muy sensible, confiesa lo que él había sufrido a causa de la crítica.

[96] Al respecto escribió José Aldunate: "Estando yo en Paray-le-Monial, y viajando el P. Hurtado por Europa, me fue a hacer una visita, rasgo que aprecié mucho porque representaba para el P. Hurtado un dispendio de tiempo precioso y de energía: Paray-le-Monial se encuentra bastante retirado de las vías ordinarias de comunicación, unos 200 km. al norte de Lyon. Nunca me escatimó el P. Hurtado su tiempo". A. Lavín, *Lo dicho después de su muerte*, p. 357.

afán excesivo de renovación: miran únicamente al obrero comunista que conquistar, su idealismo, su mística, sus virtudes naturales… y tienden a olvidar los valores reales de la Iglesia, la visión tradicional; la comunidad cristiana que cultivar y alimentar sobrenaturalmente con espiritualidad más tradicional. Hay una crisis de amargura, de resentimiento, de afán excesivo de novedades: peligrosa en principio, pero que creo se irá resolviendo sola, porque por encima de todo hay mucho espíritu, mucho deseo de servir a la Iglesia, y una abnegación realísima como se demuestra en los trabajos que emprenden. Por otra parte, la Jerarquía es muy comprensiva, está cerca del clero, no los ahoga, sino que los deja respirar y expresar lo que tienen entre pecho y espalda. Se han dado cuenta muchos sacerdotes de la inmensa apostasía obrera por falta del cumplimiento de la justicia y caridad y esa visión los absorbe. Creo que incluso en la nueva orientación de la A.C. demasiado *"engagée"* [comprometida], hay un peligro, pues se está descuidando demasiado la formación sobrenatural; esto los va a dejar a corto plazo sin dirigentes auténticamente cristianos, sino con hombres de mística social, pero no cristiano-social… Es mi impresión, en que me confirmo cada día más: ¡Qué difícil es el problema que tenemos adelante!

Oigo en todas las reuniones de asesores, moralistas, sociales… demasiadas críticas contra la conducta de los teólogos, moralistas… que nos han precedido. Me parecen injustos, en su afán de generalización; pero, por otra parte, me parece un hecho muy difícil de evitar para el que está viendo toda la inmensa gravedad del problema que tienen delante.

Las observaciones que me hizo en la primera carta las he meditado muy despacio estos cuatro días, sobre todo en los viajes, pues proceden de un hombre tan sensato como usted y fruto únicamente de amor fraternal[97]. Procuraré no olvidarlas, y para eso guardaré su carta, para recordarlas, si caigo en la tentación de olvidarlas. A fin de obviar a esa dificultad he pensado, desde el primer momento, que caso de trabajar en actividad social mi actuación no sea en ningún caso técnica, pues en ella no tengo ninguna especialidad ni

---

[97] La defensa que hace de sí mismo para legitimar su opción de dedicarse al campo social es una clara ilustración de que la verdad no está reñida con la humildad. Y aprovecha la ocasión para exponer su pensamiento acerca de la crítica fraterna.

competencia, sino animador de un grupo seglar, los cuales, bajo su responsabilidad iniciarán una labor de estudio de teoría social, de investigación de realidad nacional; luego reuniones de políticos, intelectuales, moralistas para conversar, madurar estas ideas; y, finalmente la escuela de preparación de dirigentes obreros para la acción sindical dentro de estos mismos principios.

Claro que hay muchos peligros, que el terreno es difícil... ¿Quién no lo ve? Pero ¿será ésta una razón para abandonarlo aún más tiempo...? ¿Y si no hay otros más preparados que puedan o quieran hacerlo? Y yo siento una vocación antigua, controlada por mis superiores ¿no será del caso, con las debidas cauciones, de hacer lo que pueda? ¿Que alguna vez voy a meter la pata?[98] ¡Cierto! Pero ¿no será más metida de pata, por cobardía, por el deseo de lo perfecto, de lo acabado, no hacer lo que pueda?

Por otra parte, si bien no soy un técnico, y ni en esto ni en lo que he hecho hasta aquí he procurado nunca dar soluciones técnicas, principio para mí muy definido, dentro del campo católico ¿estoy tan totalmente falto de toda preparación para iniciar una labor de *animación* social? Mi vida universitaria, de A.C., mi contacto con los jóvenes, la preocupación social que siempre me ha perseguido, los viajes... creo que me capacitan para una labor de *animación* social. El ideal es que pudiera tener una formación más técnica, ¡claro! ¿Mi falta de criterio? ¿Mi apasionamiento? Durante estos seis meses de calma en Europa he repasado mi actuación social, sobre todo frente a los acontecimientos de este tiempo y, francamente, no la considero imprudente. Mis predicaciones las más criticadas, las he repensado; son generalidades, demasiado generales y dentro de la doctrina evangélica y pontificia más tradicional. Podrá discutirse de una media docena de ejemplos; del traje comprado en *Vestex*[99], de alguna frase un poco fuerte... Yo pregunto, ¿quién en 11 años de predicación abundante, con poco tiempo para prepararse no tiene más cosas que puedan reprochársele?... Haga el balance de un ministerio largo y resuma todo lo que me censuran en concreto...

---

[98] "Meter la pata" es una forma coloquial para decir "equivocarse".
[99] Una famosa tienda comercial chilena de entonces.

En cuanto a lo que me dice de *Humanismo Social* trasmitiéndome el testimonio de un buen amigo: estoy muy de acuerdo en la redacción descuidada (¡no soy escritor!); quizás algunos datos que no concuerdan. Yo agregaría otras críticas: mucha falta de originalidad; demasiada citación; no es obra de aliento; es vulgarización. Ciertísimo. ¿Libro muy apurado? Hasta cierto punto: en los retoques de redacción, sí, pero en "apreciaciones apresuradas", no creo: lo vengo pensando y preparando más de dos años[100]. Es el fondo de lo que he predicado durante este tiempo. Pero me detengo en esto porque este juicio me revela algo parecido a lo que veo aquí con respecto a la crítica de lo que se ha hecho en Francia hasta aquí: falta de perspectiva. El juicio continúa: "Creo que urge y es de suma importancia que caigamos en la cuenta que para hacer obra social necesitamos un buen equipo de gente preparada y dedicada a esto exclusivamente —¿quién lo duda?— si no, daremos palos de ciego y agudizaremos las prevenciones de muchos católicos, los afirmaremos en sus posiciones verdaderamente erradas, no tendremos el prestigio ante el clero... Nos contentaremos con cualquier cosa y hecha de cualquier manera. Esa no es; no puede ser la manera de trabajar que concibió San Ignacio".

Este enfoque de las cosas, que es común, por lo menos en cuatro o cinco de los Nuestros con quienes he discutido varias veces de puntos parecidos, a mi manera de ver tiene varios inconvenientes, que los someto al juicio del profesor de psicología:

1°) Es juzgar según un principio abstracto, general, un caso concreto sin ver sus circunstancias. Esas normas, claro está, son muy válidas, puede ser que el libro juzgado merezca en absoluto esa apreciación. ¿Pero ha pensado quién lo ha escrito, en qué condiciones de actividades, de tiempo, de preparación? Lo que sería válido para un escritor de *Études*, ¿lo es para un hombre que tiene diez cosas a la vez? Dirá: entonces, ¿para qué escribe? Porque cree que a pesar de todo hay un público al cual aún esa manera imperfecta, pobre, sirve

---

[100] Efectivamente, uno de los manuscritos preparatorios de un capítulo de Humanismo Social fue pronunciado en la fiesta del Sagrado Corazón, en la Universidad Católica, el 5 de junio de 1945, es decir, dos años antes de la publicación del libro. Cf. *Un disparo a la eternidad*, pp. 92-97.

y aprovecha. De hecho los libros que he escrito anteriormente se han agotado todos, y alguno ha llegado a cuatro ediciones, con más de 30.000 ejemplares. Este mismo, de hecho, se ha difundido rapidísimamente y según me dicen con fruto. En consecuencia me parece que tanto un libro, como el trabajo concreto de nuestros Padres en Chile, trabajo bastante chapucero en los detalles habrá que juzgarlo: *Hic et nunc*, en las circunstancias que se realiza.

2°) La expresión de tales juicios a mi manera de ver debería ser la siguiente: el juicio del valor objetivo de la cosa debe ser exacto para el que juzga, esto es, debe uno procurar ver claro el valor de todo lo que es materia de juicio. Ese juicio absoluto debe condicionarse luego en el ambiente concreto de la acción del tiempo, circunstancias, público, reacciones, etc. Si se juzga la acción nociva, por ejemplo la publicación de libros improvisados, avisar oportunamente al Superior para que evite que se repitan determinados actos. Pero en todo caso, salvo en la hipótesis que a juicio del que critica, dichas observaciones tengan remedio, abstenerse de hacerlas al interesado. Creo que un espíritu demasiado crítico puede crear un clima de achatamiento en torno suyo, un verdadero complejo de inferioridad, impedir una acción que en concreto habría sido útil, a pesar de las deficiencias que tiene. Cada vez veo más claro el terrible complejo de pesimismo, debilidad, timidez, insignificancia que se apodera de tantos de los Nuestros y los impide realizar a la medida de su verdadero tamaño. Aquí mismo veo a Padres geniales, chupados de susto... Entre nosotros, usted ha visto, ¡qué desproporción entre lo que podrían producir y lo que producen! Hombres, como el P. [Rafael] Román[101], muertos de miedo del juicio de los Nuestros. Yo comienzo a experimentar en carne propia, y es tal vez por esto que me he detenido tanto a analizar su carta, la dificultad inmensa para la acción: al principio predicaba improvisando, ahora voy con harto susto y usted ha visto que paso el verano entero preparando mis pláticas. Uno tiene al menos la suficiente luz para ver lo pobre de lo que uno produce, la incapacidad de crear, de renovar... Cuando estos sentimientos se comienzan a presentar es cuando el hombre necesita aliento *a full*, sobre todo de sus hermanos.

---

[101] Sobre el padre Román, ver carta a Manuel Larraín, septiembre 1934.

La caridad nunca debe hacer olvidar "los principios objetivos", pero debe siempre llevar a ver el cuadro en que el hombre actúa, y debe mover a poner todo en acción para descubrir lo bueno que hay en cada uno, aquello que lo hace útil para algo. Yo le tengo terror a los espíritus demasiado *"listos"*, pues los considero atómicos… Mi corta experiencia me muestra cada día más la necesidad de dar ánimo; y creo que una explicación del hecho que se acerque a mí bastante gente en busca de aliento, es el optimismo que procuro despertar en él. En el P. [Gustavo] Weigel[102] esta cualidad es aún mucho mayor, y por eso llega tan adentro. Igual cosa se diga del P. [Juan María] Restrepo[103]… En cambio temo que los peritos para un diagnóstico muy exacto, pero desgraciadamente obscuro… como suelen ser los que podemos dar si miramos sobre todos los defectos, reales, no hagan más que alejar y desalentar a la gente.

Estoy totalmente de acuerdo con el crítico y con usted en la necesidad de que formemos gente para hacer obra de especialización y esta es la primera razón que nos debe mover al [Colegio] Máximo[104]. Creo también que tendremos que tender a reducir más que a extender nuestras actividades, para hacerlas más en intensidad. Pero mientras esto es posible, ¡paciencia!

Respecto a su última carta sobre problema social, yo veo cada día más claro el siguiente enfoque: Hay un hecho mundial, querámoslo o no, de ascensión popular. Así como hay el descubrimiento de la radio, cine… y no sacamos nada con discutir de sus inconvenientes, hay el hecho de la ascensión humana que va a realizarse, poco antes, poco después, en todas partes. Se realizará con nosotros o sin nosotros; pero se realizará. Nosotros, como realistas, no

---

[102] Gustavo Weigel S.J., nació en Buffalo, Nueva York, en 1906. Entró en la Compañía de Jesús en 1922 y fue ordenado sacerdote el 11 de mayo de 1929. Obtuvo el Doctorado en Teología en la Universidad Gregoriana de Roma en 1938. Fue profesor de Teología Dogmática en la Universidad Católica de Chile entre 1937 y 1948, siendo Decano desde 1942. En este tiempo publicó *El cristianismo oriental* (Buenos Aires 1945) y *La psicología de la religión* (Santiago 1945). Fue amigo del P. Hurtado. Murió en 1964.

[103] El P. Alberto Hurtado sentía gran admiración y amistad por el P. Restrepo. Sobre él, véase la nota a la Carta a Manuel Larraín del 5 de noviembre de 1934.

[104] Por esos años se aspiraba a fundar en Chile un Colegio Máximo de Filosofía para los jesuitas.

podemos cerrar los ojos y oponernos; y como cristianos no podemos desinteresarnos, porque una ascensión humana es lo más cristiano que puede concebirse, es la realización de la fraternidad cristiana; y porque está interesado el porvenir humano y eterno de tantos hombres. Salgamos, pues, al frente de este hecho con la franqueza, resolución, con que se hace frente a algo cuando se quiere de veras... Como los ingleses hicieron frente a la guerra. ¿Adónde hemos de llegar? A darles la mayor participación *posible* en los bienes que Dios ha dispuesto para todos. ¿Por qué caminos llegar? Por los que la prudencia aconseje; por los que una técnica esclarecida vaya señalando, que son tan distintos para cada país. En algunas partes convendrá inclusive favorecer la entrada y ventajas del capital para dar trabajo, aun intereses altos... en el campo convendrá quizás pasar por una época de paternalismo ilustrado... Sí, con tal que la mente muy sinceramente quiera llegar, lo antes posible, a la mayor suma de bienes posible a todos.

Para Chile tengo la impresión, no más que impresión, que el campo no está maduro para el sindicalismo, pero que esta conquista no puede *de facto* retardarse y que sería lástima que encontrara en nosotros una oposición, esto es que se hiciera contra nosotros. Una época de paternalismo bien intencionado, pero con ánimo de hacer madurar al obrero y de capacitarlo para que pueda tomar cuanto antes su tamaño natural, se impone, me parece. Lo que no es cristiano es que no hagamos nada porque el campesino no adquiera su tamaño natural, tamaño de hombre completo. Y lo triste sería que esta conquista se hiciera por otros que por nosotros.

Rompa, le ruego, estas páginas, porque no quisiera dejar consignado por escrito pensamientos que requieren mayor madurez, y que no tienen otro alcance que el de una conversación que hubiera deseado tener con usted si hubiera habido tiempo. ¿Se le ofrece algo para Chile?, ¿para sus padres?

Saludos a todos los amigos de por allá, muy especiales al P. Hayen, P. Merten, Padres Dhanis, Malevez, Bergh. Le acompaño el nombre del teólogo que yo he descifrado por Ackermans. Le ruego hacerle llegar mi carta, pues ha sido muy cariñoso.

En unión de oraciones. Afectísimo hermano en Cristo,

Alberto Hurtado C., S.J.

NUEVOS IMPULSOS
EN SU APOSTOLADO

P. Viceprovincial Álvaro Lavín.

R. P. Viceprovincial:

Le dirijo estas líneas con el fin de exponerle algunos puntos de vista acerca de los trabajos que me ha confiado, o pueda confiarme la obediencia.

Una primera consideración, fruto de madura reflexión, es que creo debo a toda costa limitar mis actividades y reducirlas a un terreno más homogéneo. Antes de mi viaje había llegado a la conclusión que *la calidad de mi trabajo* sufría enormemente por tener que atender una clientela excesivamente numerosa: la dirección espiritual se había convertido en un visiteo sin sentido, al cual no daba yo lo que necesitaba por el exceso de personas que me visitaban y por las varias ocupaciones de que me sentía responsable. En las circunstancias en que estaba antes de partir, mi vida espiritual se resentía y no menos mi vida intelectual, pues carecía totalmente de tiempo para leer y renovarme[2].

Comprendo que hay dos orientaciones de trabajo posibles. Una centrada en mi labor en el Colegio: clases, dirección espiritual. Otra que tiene como trabajo principal: acción social y dirección espiritual de jóvenes.

Después de pensar hasta dónde podrían llegar las fuerzas me atrevo a proponerle el siguiente plan:

En el colegio: la clase de Religión de un curso en sus dos secciones, por ejemplo Sexto Ano; plática semanal a los alumnos, Ejercicios a los mayores y atención especial de un grupo selecto a base de un círculo de estudios, conferencia de San Vicente y dirección espiritual. Pero no tendría la responsabilidad de la dirección espiritual de los alumnos, y las clases quedarían reducidas a la mitad de las actuales.

---

[1] *Archivo Padre Hurtado*, s 62 y 33. Poco después de regresar de Europa, el P. Hurtado pide al Viceprovincial que le aclare la misión que le encomendará. Desea saber cuál será el centro de su actividad: el Colegio o el trabajo social. Él manifiesta claramente su inclinación personal a favor del trabajo social, exponiendo las razones favorables y contrarias a ello, pero deja la decisión final al Superior.

[2] Nueva insistencia del valor de la vida espiritual, la formación y el estudio.

Con jóvenes: labor de dirección espiritual, Ejercicios, retiros de perseverancia (si logro la ayuda de otro Padre, como diré luego), y la acción económico-social con un grupo de futuros patrones y de obreros, como luego especificaré.

Seguiría asesorando el Hogar de Cristo; y si desea, las Maestras.

Razones en pro y en contra de mi trabajo en el campo social.

En pro.

1. Ocuparme como sacerdote de los obreros que son la gran mayoría de los chilenos[3], de una inmensa influencia en su porvenir, y postrados hoy día en una situación extraordinariamente dolorosa. Desinteresarse de ellos me parece semejante al sacerdote y al levita que pasan junto al herido, sin ocuparse de él [cf. Lc 10,31-32].

2. El abandono en que están de parte de los hombres de iglesia. En el terreno económico social apenas si se encuentra algún sacerdote.

3. El peligro inmenso de que el comunismo se apodere totalmente de la masa obrera. De hecho la gran mayoría sindicalista está hoy día controlada por el comunismo. Aún llegamos a tiempo, pero dentro de poco, será muy tarde[4].

4. Me parece que el trabajo, como lo he planeado, dirigido a elementos selectos de los futuros patrones y de la clase obrera, es un trabajo típicamente ignaciano: es trabajar con multiplicadores. Los formados serán levadura en la masa.

5. El llamamiento insistente del Papa: "Como en tiempo de guerra se abandonan todos los trabajos no ordenados directamente a la defensa de la Patria, así ahora —salva la debida atención pastoral— diríjanse todos los esfuerzos a la salvación de la clase obrera" (*ad sensum, Divini Redemptoris*)[5]. Últimamente en público y en

---

[3] El P. Hurtado sutilmente insiste, con razón, que su trabajo por los obreros no es la dedicación a un grupo particular y específico, sino la preocupación por la mayoría de los miembros de la Iglesia.

[4] El P. Hurtado no quiere actuar reactivamente. En muchos textos insiste en que no hay que ser "anti", y en Humanismo Social recuerda que: "El católico es social, no por anticomunista, sino porque es católico".

[5] Cf. *Divini Redemptoris*, 60-63.

privado decía: No pidan más principios: ¡a obrar! Es el tiempo de la acción. Como decía Monseñor Lombardi[6]: uno de los grandes pecados de los católicos chilenos: el abandono de la clase obrera. Si el comunismo es realmente el mayor peligro ataquémoslo en primer lugar, pero ataquémoslo en su terreno.

6. El llamamiento de la Compañía. Recuérdense los textos de las dos últimas Congregaciones Generales. La última ordena constituir un *coetus* de estudio y acción social. En sus cartas a América Latina el R. P. General actual, *lo primero* que pide es: acción social, aunque nos llamen comunistas por hacerla. En su carta sobre el comunismo, para los escritores, recuerda a los Provinciales que han de formar el criterio y organizar obras en el terreno social. Él me anunció que la próxima carta sería sobre el sentido social; en la carta sobre los ministerios, uno de los cuatro trabajos típicos de la Compañía es el trabajo con los proletarios[7].

7. Respecto a mi persona: inclinación constante desde mis años de universidad. En mi acción en Ejercicios, Acción Católica, predicación, ha sido la nota social una idea dominante. Son los mismos jóvenes a quienes tanto he predicado esta idea los que más me urgen a realizarla, y a no abandonarlos en su acción.

Me encuentro rodeado de muchos elementos que me pueden ayudar, y los que se me oponen, creo, son menos de lo que parecen. Enemigos serios no creo tenerlos. Sólo alguna gente amiga de cuentos.

8. Después de mi informe al Santo Padre sobre la situación de Chile, Su Santidad habló en tres ocasiones distintas con el P. Leiber refiriéndose a la falta de sacerdotes en Chile y el P. Leiber le dijo tres veces al Santo Padre: "Habrá sacerdotes en Chile cuando los que allí trabajan estén más comprometidos en la acción social", y el Santo Padre asintió a esta proposición en tres ocasiones. Tal vez por esto el P. Leiber le ha dicho varias veces al P. Cifuentes[8]: "Al P. Hurtado deberían dedicarlo a Acción Social".

---

[6] Monseñor Armando Lombardi era Consejero de la Secretaría de Estado.
[7] Estas cartas están citadas anteriormente.
[8] El P. José Cifuentes, S.J., se encontraba en Roma estudiando en la Universidad Gregoriana, donde el P. Leiber era profesor.

9. El P. General, a quien propuse largamente el punto, con sus *pro* y sus *contra* me decía: "Yo no soy su Padre Provincial, pero me parece que debiera dedicarse a este trabajo de preferencia a los otros, por su extrema importancia". A él le expuse mis deficiencias, sin embargo me alentó extraordinariamente.

Razones en contra.

1. La escasez de personal, que parece exigir una concentración de las fuerzas en las obras ahora existentes.

2. El bien positivo que puedo hacer en la dirección espiritual en el Colegio y cultivo de vocaciones de alumnos, y fomento de la vida espiritual en el Colegio.

3. Las críticas que harán a la Compañía los que piensan diferente al ver la acción social realizada por el grupo que yo asesoraría.

4. Posibles dificultades con la Jerarquía que querrá un control de estas actividades.

5. Mi falta de preparación técnica en estas materias, y tal vez cierta imprudencia o vehemencia de carácter.

En mi sentir, pesan más las razones a favor que las en contra. A ello se une que el P. General después de conocer todas estas razones en contra dio también mayor peso a las positivas. Para obviar hasta donde sea posible el peso de estas razones en contra he propuesto:

a) No desentenderme totalmente del Colegio y continuar con una labor de dirección espiritual de jóvenes.

b) La ayuda de seglares y sacerdotes competentes y técnicos.

Cuál sería el trabajo social

Círculos de formación de futuros patrones: clases e investigación de realidad social chilena.

Curso de dirigentes obreros que serían futuros dirigentes de acción sindical, cooperativa, etc.

Promoción de servicios sociales por grupos de seglares a medida que puedan constituirse sólidamente.

Revista de formación económico-social.

Reuniones de vulgarización una vez consolidado el grupo.

Cómo actuar

La obra sería dirigida por seglares, bajo su responsabilidad económica e ideológica. Yo sería el animador espiritual y el propulsor[9].

La obra funcionaría en casa aparte, cercana al Colegio. Espléndido sería el poder transformar en esta obra (en la sección obrera), el actual Instituto Nocturno San Ignacio. Tendría empleados permanentes. Yo continuaría viviendo en San Ignacio.

Relaciones con la Jerarquía

No preveo dificultades. No se trataría de crear obra nueva, sino de desarrollar más ampliamente, dentro de sus líneas iniciales, la obra social que dirijo desde principios del año pasado[10], sabiéndolo el señor Cardenal y Monseñor Salinas, quienes quisieron confiar a nuestro grupo responsabilidades que entonces no pudimos aceptar. No sería por tanto una fundación nueva.

Tengo además una carta de mucho aliento para esta obra firmada por Monseñor Tardini, a nombre del Santo Padre, que me fue dada expresamente, por si se presentaban dificultades. Creo que tal carta sería muy bien recibida del Sr. Nuncio[11].

Finalmente, como lo consulté a Monseñor Lombardi, Monseñor [Gabriele] Garronne (Arzobispo Coadjutor de Toulouse) y a Monseñor [Alfredo] Ancel (Arzobispo Coadjutor de Lyon), tal obra cae de lleno en el campo de la libre iniciativa seglar que no requiere sino un control ideológico indirecto de la Jerarquía: velar que no haya errores.

---

[9] Es de notar, la activa participación de los laicos en lo que les es propio. El trabajo específico del P. Hurtado en la ASICH sería sobre todo la formación y la animación.

[10] Naturalmente, se refiere a la ASICH.

[11] Reproducimos el párrafo central de la carta: "El Sumo Pontífice ha tenido con su lectura [del memorial] una confirmación de la grave situación religiosa, moral y social de Chile y por eso quiere alentar calurosamente el propósito que le ha expuesto de ayudar al generoso grupo de católicos seglares que se propone desarrollar un vasto plan de trabajos sociales según los principios de la doctrina católica, bajo la dependencia de la jerarquía eclesiástica y con plena sumisión a ella, apartado completamente de la política de los partidos".

Perspectivas vocacionales

Esta obra me permitiría, en un terreno no discutido, consolidar una acción espiritual con jóvenes universitarios, empleados, obreros y alumnos de últimos años de Colegio: alrededor de círculos y trabajos sociales. Desligado de la Acción Católica creo que tal vinculación es especialmente apta, sobre todo si se la acompaña de un trabajo de Ejercicios y retiros.

Desligado de tal trabajo no veo alrededor de qué obra voy a agrupar a los jóvenes. Prescindir de los jóvenes y dedicarme a solo alumnos del colegio (las dos actividades con intensidad son imposibles) me privaría de lo que hasta aquí ha sido mi mayor campo de actividades vocacionales. He querido recordar los nombres de aquellos que han entrado al Noviciado o al Seminario indicando si son alumnos del Colegio, o bien son jóvenes de otros colegios o ex alumnos tratados fuera del Colegio:

Jóvenes o ex alumnos tratados fuera del Colegio:

Enrique Álvarez - Jaime Larraín - Carlos Martinson - Héctor Pericó - Renato Poblete - Rubén Rodríguez - Guillermo Marshall - Julio Ocampo (retiro [en] Antofagasta) - Guillermo Balmaceda - Miguel Contardo - Santiago Marshall - Alejandro Marín - B. Picardo - Miguel Squella - Gonzalo Errázuriz - Jorge Castillo - Leonel Ibacache - Juan Barrios - Carlos Hogdson - Ernesto Varas - Benjamín Vergara - Raimundo Barros - Gregorio Donoso - Alejandro Lamas - Ivo Trohel - Guido Bacquet - José Donoso - Carlos Hurtado - Enrique Vergara - Gerardo Claps - Aníbal Fuenzalida - Gonzalo Larraín - Caupolicán Valenzuela - Joaquín Errázuriz - Segundo Órdenes - (joven de Los Andes, y el coadjutor ?? del último retiro de Semana Santa) - Juan E. Rodríguez - Guillermo Díez - Víctor Risopatrón - Jaime Correa - Mario Zañartu - Raimundo Larraín.

Al Seminario: R. Bolton - Ignacio Ortúzar - B. Piñera - Morán - M. Rojas - Fernando Cifuentes - R. Pinto - P. Castex - Darío Silva - F. Cruzat.

Del Colegio: Jorge Morales - Miguel Iturrate - Gerardo Domínguez - Horacio Larraín - Sergio Villegas - Juan Ochagavía - M. Ossa - R. Baeremacker - Rafael Sánchez - Hernán Larraín - Alfonso Vergara - Emilio Vergara[12].

---

[12] Sería desproporcionado intentar una reseña de cada uno de estos sacerdotes.

Los alumnos que he tratado del Colegio han recibido, mucho más que los jóvenes de afuera, la influencia del P. [Raúl] Montes[13] y maestrillos.

Al comparar lo que he podido, con la gracia de Dios, conseguir en ambos campos creo que ha sido mucho más profundo el bien entre los jóvenes que entre los niños. Me siento más capacitado, más inclinado, a jóvenes que a niños, en forma que pienso que si con niños puedo hacer como 20, con jóvenes sería como 100.

Sugerencias para el trabajo vocacional

En el Colegio el P. [Raúl] Montes, P. [Mariano] Campos[14] atenderían con el fervor con que lo hacen. Sugiero que además venga a San Ignacio el P. Joaquín Barros quien podría tener clases, entre otras de religión en Quinto, dirección espiritual y trabajaríamos ambos en Casa de Ejercicios y Liga de Perseverancia. Si él se animara ojalá tomara también una obra tipo Congregación Mariana con elementos escogidos de liceos.

Objeciones que se me hacen

Vuestra Reverencia me indicó que se me censura (y se responsabiliza al Hogar de Cristo) mi desinterés por las vocaciones y por las limosnas para la Compañía. Me permito responder.

De los jóvenes que ahora hay en el Noviciado creo haber tratado por lo menos unos ocho: no tengo la lista completa a mano.

---

[13] Raúl Montes Ugarte S.J., amigo del P. Hurtado, fue educador de varias generaciones en el Colegio San Ignacio y por muchos años Procurador de la provincia. Nació en Santiago en 1908. Ingresó en la Compañía de Jesús el año 1926, siendo ordenado sacerdote en 1939. Se dedicó a la enseñanza en el Colegio San Ignacio. Trabajó junto al P. Hurtado en obras sociales con alumnos del Colegio. Desde 1951 trabajó en la Universidad Católica de Valparaíso. Falleció en Santiago el 26 de octubre de 1992.

[14] Mariano José Campos Menchaca nació en Concepción el 22 de abril de 1905. Ingresó en la Compañía de Jesús el 23 de abril de 1920. Fue ordenado sacerdote el 23 de diciembre de 1933. Fue enviado al Colegio San Luis de Antofagasta y luego al Colegio San Ignacio de Santiago, donde fue rector (1937-1940), profesor y director espiritual. En los últimos años de su vida pasó largas temporadas entre los mapuches. Aprendió su lengua y escribió libros sobre ellos. Falleció el 12 de julio de 1982. Su hermano Pedro, sacerdote de la diócesis de Concepción, ya ha sido mencionado anteriormente.

Me refiero a los de ahora, pues la queja es de los últimos años. Creo además que es natural que, fuera de los caminos de la gracia de Dios, un operario no sea instrumento tan numeroso de vocaciones después de algunos años como lo fue al principio por muchas vocaciones: su influencia gastada, la novedad perdida, menos contacto psicológico con los jóvenes, peso muerto de mucha clientela que atender que no es vocacionable.

En cuanto al aspecto limosnas, es cierto que no he puesto ahora el interés que puse para reunir limosnas para el noviciado, pero esto se debe: 1°) a que el instrumento está gastado y con muy mala reputación en el terreno de pedir... [2°] Luego, a que no hay una obra de construcción de ese tipo que impresione como una necesidad imprescindible; [3°] a que si siguiera pidiendo se me cerrarían todas las puertas... Pero esto no quiere decir que me haya desinteresado. En estos últimos dos años he trabajado en atender a la Sra. Elenita; he animado a la Anita Errázuriz que se dirige conmigo, he conseguido una cuota para Antofagasta 100 o 150.000 pesos, corro con los gastos de mantención de la Casa de Ejercicios, pago del parrón de Marruecos, del frigidaire (unos 70.000 pesos); atiendo a don Juan de Dios Correa, y sigo con la carga de atención de enfermos, etc., bienhechores.

En cuanto al Hogar de Cristo: creo que realiza una obra netamente cristiana, de ésas que necesita la Iglesia en nuestro tiempo. No es demasiado el tiempo que me toma, y nunca [he hecho] la búsqueda de limosnas en forma que yo las solicite personalmente.

Alberto Hurtado C., S.J.

19 DE FEBRERO DE 1948, CALERA DE TANGO[15]

P. Gustavo Weigel, S.J.
Mi querido Gringo:

---

[15] *Archivo Padre Hurtado*, s 62 y 55.

El 8 regresé a Santiago y a los pocos días supe por el P. Provincial la noticia de que usted no volvía. Para qué decirle lo que he sentido esta determinación. Los demás aún no la saben, salvo don Carlos [Casanueva, Rector de la Universidad]. Usted ha sido para mí apoyo en los momentos difíciles. Siempre que tenía tristeza, depresión, a cualquiera hora que fuera, su pieza me estaba abierta, aun a medianoche. En las críticas y ataques usted fue siempre el buen amigo que no sólo de palabra, sino aun por la prensa sacó la cara. Jamás le he pedido un servicio que me lo haya negado pudiendo hacerlo... En fin ¡para qué recordar estas cosas! Y lo que ha hecho usted conmigo lo ha hecho con todos, desde los mozos del colegio, los chiquillos, oficinistas; a quienes ha podido servir, ha servido. Y si otros no saben lo que esto le costaba, yo sé si lo sé, pues usted más de una vez tuvo confianzas conmigo, que se agradecen aún más que los servicios. Sólo le puedo decir, Gringo, que la impresión que habrá cuando se sepa la noticia va a ser muy grande. Esta pasará ante la fuerza de las cosas, pero el recuerdo suyo quedará como una bendición para todos los que lo han conocido. He pensado estos días si tiene usted enemigos, y no me viene a la cabeza un solo nombre. Muchos dicen: "El Gringo es raro, es original", pero nadie guarda una amargura con usted porque a nadie ha hecho sino bien. Perdóneme si le hablo así.

No sé si en algo le puedo servir. Me imagino que desgraciadamente no lo veremos por aquí al menos muy luego, a no ser que venga a arreglar sus cosas, lo que me alegraría por verlo, pero me apenaría por todo lo que traería de renovados dolores, por el choque afectivo que traería en muchos. Sea que venga o no, dígame en qué puedo servirlo por aquí, porque seguramente tiene muchas cosas que arreglar, pues por lo que entiendo usted salió de Chile sin sospechar nada de su no vuelta. Incluso si tiene algún problema económico con alguien a quien usted ayuda, dígamelo para procurar arreglárselo.

En Europa me encontré con el P. [John] Courtney Murray[16], con el P. Thurston Davis y otros con quienes lo recordamos mucho. [Roberto] Manubens, en Valencia, lo saluda cariñosamente.

---

[16] John Courtney Murray S.J., nació en Nueva York en 1904. Fue ordenado sacerdote en 1933. Obtuvo el Doctorado en Teología en la Universidad Gregoriana de

Yo aún no sé lo que será de mí. Hablé con el P. General sobre dedicarme a trabajo social y me alentó mucho, a pesar de haberle expuesto yo todas las dificultades reales. Eso sí, me dijo: pero "esté preparado para salir de Chile". Al Santo Padre presenté un informe bien realista. Tal vez Manuel [Larraín] le habrá enterado de todo lo que oímos y conversamos sobre nuestros asuntos... El P. Lavín se inclinaba a dejarme más en el Colegio. Yo le dije que no podía seguir como el año pasado, pues no era vida humana sino atención tipo boletería de ferrocarril. Le pedí que pensara bien, que si me dejaba en el Colegio me desligaría de todo trabajo con jóvenes, pues es imposible simultanear ambas cosas. Yo le he propuesto quedar sólo con apologética de Sexto, las pláticas en la división y la atención de un grupo chico al que atendería en círculo de estudios y Conferencia San Vicente, pero dejando de ser Padre espiritual con responsabilidad general. Me dedicaría en tal caso preferentemente a jóvenes y a la labor social con círculos para universitarios y escuela de dirigentes obreros que se prepararían para una labor sindical. Espero respuesta.

Las dificultades políticas pasan por un período de calma, el que en Chile reina en todo verano. Yo no he visto a casi nadie, pues llegué el 8 y el 9 me vine a Calera para completar mis apuntes y luego para hacer Ejercicios que comenzamos antes de ayer.

No sé cuál sea su dirección. Voy a preguntársela a Campitos [el P. Mariano Campos], de modo que no sé qué amigos tenga cerca. En todo caso cuando vea a su hermana y a su cuñado y a sus dos simpáticos sobrinos, los saluda con todo cariño; a tía Agnes, a Carlos Eyzaguirre y Elena, y a todos los conocidos que estén por esas tierras. Y para usted, mi muy querido Gringo, un abrazo afectuoso de su amigo y hermano que lo recordará siempre con afecto de honda amistad.

Alberto Hurtado C., S.J.

Roma en 1937. Se dedicó a la enseñanza en Woodstock College, Maryland, y fue director de la revista *Theological Studies*. Famoso teólogo de Estados Unidos, hizo importantes aportes en materia de libertad religiosa y del diálogo con los no cristianos. Asistió como perito al Concilio Vaticano II. Murió en 1967. El P. Hurtado se había encontrado con él en Versalles.

24 DE FEBRERO DE 1948, CALERA DE TANGO[17]

R. P. Viceprovincial, Álvaro Lavín
Mi querido R.P. Viceprovincial:
Creo que si alguna vez debiera dar Ejercicios a los Nuestros, una plática sería consagrada a "Sentirnos de la Compañía", esto es a no considerar la Compañía como algo extrínseco a nosotros, de lo cual uno se queja o se alegra, sino como algo de lo cual formamos parte íntima: una especie de cuerpo místico en pequeño. Esta idea yo la creo y la vivo a fondo, por eso no se extrañe si me permito exponerle algunas ideas que se me ocurren a propósito de nuestros trabajos en la Viceprovincia. Se las sugiero filialmente.

I. Desde hace tiempo me impresiona el estado de abandono de los juniores en lo que se refiere a su orientación intelectual[18]. Desde hace años no tenemos ningún profesor de verdadera formación humanista, sino que han estado entregados en manos de maestrillos de óptima voluntad, que hacen todo lo que pueden, pero no pueden mucho, a pesar de su talento, por su escasa formación[19]. Esta impresión se me hizo mucho más viva cuando conocí en Roma al P. [Manuel María] Espinoza Polit, que desde hace 25 años por lo menos vive consagrado a los poquísimos juniores ecuatorianos. Es tal vez el humanista más acabado que he conocido. Un lujo y un orgullo para la Compañía. Él me insistía tanto en la necesidad de darse entero a los jóvenes en ese momento trascendental de su vida. En el

---

[17] *Archivo Padre Hurtado*, s 62 y 34. Esta carta es una manifestación del amor del P. Hurtado a la Compañía de Jesús. Las sugerencias expresadas aquí coinciden con las que expone al Padre General de la Compañía en un informe privado, que le había sido pedido, que está firmado el mismo 24 de febrero. De este modo, junto con expresar sus preocupaciones al Padre General, se las manifiesta de modo independiente, a su superior, el Padre Lavín (cf. s 62 y 07).

[18] En la formación de la Compañía, el "juniorado" (*junior*, más joven) es la etapa siguiente al Noviciado. En otras palabras, los juniores son los más jóvenes en cuanto jesuitas propiamente tales, porque son quienes recientemente han hecho sus votos definitivos de consagración a Dios en la Compañía de Jesús.

[19] Los "maestrillos" son jesuitas en formación, dedicados a un período de práctica pastoral.

noviciado y juniorado conocerán a la Compañía sobre todo a través de los hombres con quienes actúan. ¿No debería esto movernos a darles *sin más demora* un sacerdote de real valer consagrado a su formación? Quizás usted tiene pensadas otras soluciones concretas, pero yo me atrevo a sugerirle la siguiente: consagrar al Padre [Jorge] González[20].

Razones a favor:

1. Es un humanista de harto vuelo, y en sus estudios, si no me equivoco, fue el aspecto humanista en el que más brilló. Gran inteligencia, horizontes amplios, ejercicio fácil de palabra. Buen religioso, equilibrado, muy sensato en sus "ideas". Virtuoso, como se ha demostrado en la adaptación a todos los cambios que ha tenido.

2. A su valor intrínseco para el cargo, une el no ser indispensable en San Ignacio donde está, pues no tiene ningún trabajo en el que no pueda ser reemplazado. Clases de filosofía, división. Podría venir a San Ignacio el Padre [Arturo] Gaete[21], que lo haría muy bien. Los trabajos en el Ministerio y en la orientación pedagógica de la Provincia podría atenderlos fácilmente desde Marruecos.

3. Aún creo que andarían mejor Marruecos y San Ignacio con el cambio indicado. Marruecos, por las razones arriba dadas; San Ignacio, porque inconscientemente hay una rivalidad entre quienes son "del Padre [Antonio] Lorenzo" y quienes son "del Padre González", incluso entre los Nuestros; además, porque esta dualidad de prefecturas se presta a inconvenientes, como de hecho se han producido y los maestrillos y profesores jesuitas citan una serie: porque en el trabajo de "formar equipo" entre los que actúan en el colegio se obtendría un resultado mucho mayor si hubiera un

---

[20] Nótese las palabras tan elogiosas que usa el P. Hurtado, a pesar de las dificultades que había tenido con el P. González a raíz del uso de las dependencias del Colegio San Ignacio (cf. Carta al P. Alvarado del 9 de agosto de 1941, más arriba). Es típico del P. Hurtado mantener las diferencias, por hondas que ellas sean, en un plano que no afecta el aprecio por la otra persona.

[21] Arturo Gaete Urzúa, S.J., nació el 28 de julio de 1924. Ingresó en la Compañía de Jesús el 20 de abril de 1942. Fue ordenado sacerdote el 21 de junio de 1953. Ha sido durante muchos años formador de los jóvenes jesuitas y profesor universitario de filosofía. Falleció en Santiago el 28 de febrero de 2007.

equipo homogéneo centrado alrededor del Padre Rector y Padre Prefecto, en el cual más bien estorbaría una personalidad fuerte y que no tiene un campo bien definido de actuación; porque, también para vocaciones, más ayudaría el Padre Gaete que el Padre González. Las clases de ciencias que daría a los juniores el P. Gaete podrían ser arregladas fácilmente. Habría este año un grupo de maestrillos en San Ignacio, como nunca, que conviene aprovechar al *maximum*.

4. El P. González me parece que ha hecho experiencia como Superior, experiencia desfavorable y concluyente; en cambio su vocación clara parece ser la de profesor.

En mi proposición las razones contra la permanencia del P. González en San Ignacio son meramente secundarias: las primarias son el bien para los juniores.

Razones en contra:

Hacer un cambio luego, podría parecer precipitado. De parte del P. González: aunque es tan inteligente no es hombre que sea aficionado a seguir cultivándose; lee poco, me parece. Quizás porque no ha hallado su terreno.

II. Vida espiritual de nuestros maestrillos de San Ignacio. Entre los actuales como entre los pasados, muchos se quejan de haber cortado casi totalmente su vida de Ejercicios Espirituales durante el Colegio. Algunos me han hablado con mucha energía en el sentido de que, después de haber representado varias veces su situación, no se ha puesto remedio, lo que parece insensibilidad —dicen ellos— de parte de los superiores a su vida espiritual.

Esto nos plantea el problema del volumen de nuestro colegio[22]. ¿Podemos atender el alumnado que tenemos? Yo estoy convencido que nuestro esfuerzo debería ir consagrado a una selección, mucho más selecta, y para ello deberían establecerse claramente las condiciones de ingreso y permanencia y paso de curso en el Colegio. Ante la inmensidad de peticiones que recibimos tendríamos una manera natural de solucionarlas. Algo parecido a lo que hace la Universidad

---

[22] El Catálogo de la Viceprovincia chilena de ese año indica que el Colegio San Ignacio tenía 824 alumnos.

Católica en la Facultad de Medicina. Hay tantas vacantes y pasarán los que reúnan las condiciones establecidas. Igual cosa se diga para el paso de curso a curso. Reglas bien estrictas de selección crearían un espíritu de estudio, de seriedad, etc., mucho mayor; prestigiarían más al Colegio; lograríamos influir más realmente en el medio universitario; y nos permitirían tener un colegio *a la medida de nuestras posibilidades*.

Además del reglamento de selección hay otra serie de problemas internos que deberían ser estudiados en lo que respecta a colegios. Fin de nuestra educación bien concreto, métodos, castigos, obras de piedad y apostolado, Acción Católica "y/o" Congregaciones [Marianas], etc. Yo me permito sugerir que Vuestra Reverencia designe una comisión que estudie estos problemas en la forma más concreta posible. Sus conclusiones podrían ser discutidas en una reunión de profesores de la Viceprovincia. Tendríamos normas precisas que ahorrarían muchos rompecabezas a los maestrillos.

En materia de profesores seglares yo creo [que] debería ir pensando el Padre Prefecto en la búsqueda de un cuerpo de profesores seglares que fueran verdaderos colaboradores de la obra del Colegio: hombres cristianos íntegros. Hoy miramos casi exclusivamente a la formación intelectual, aunque no vayan nunca a Misa. Comprendo la dificultad del problema, pero no lo creo insoluble, para quien está persuadido que el problema existe y tiene solución. Con nuestros profesores seglares debería poder formarse una verdadera familia por la intimidad y por el cultivo espiritual.

III. Volviendo a la vida espiritual de los Nuestros. ¿No podría encargarse de la plática de comunidad a Padres que las tomaran con verdadero interés y prepararan algo que interesara a la comunidad? Si estamos afirmando la primacía de los valores espirituales, ¿tomamos los medios para obtener que [las pláticas] salgan lo mejor posible? Yo creo que tomadas en serio y distribuidas con tiempo, ganaría la formación espiritual de la comunidad.

Algo parecido dígase de las predicaciones en la iglesia. Nuestra iglesia va decayendo mucho… Si el Prefecto de Iglesia con el Padre Rector planearan los actos que se van a tener y pidieran desde principios de año la colaboración de los Nuestros, no solamente por una lista puesta en el comedor, sino por medio de *una conversación* en que se haga ver lo que se quiere y el sacrificio que se pide, estoy seguro que todos colaboraríamos a la medida de las fuerzas. Dígase esto para Mes de María, Sagrado Corazón, misas de cada domingo, confesiones en la iglesia, etc. Es problema de *organización en equipo*, más que de simple imposición. De la buena voluntad de los Nuestros cuando se la solicita en debida forma, no dudo.

IV. Uno de los medios que podrían estudiarse para facilitar la vida espiritual de los Nuestros que trabajan en colegios y la posible colaboración de otros en ministerios sobre todo con pobres, es el de terminar [con eso de] si los alumnos van o no a Misa los domingos al Colegio. *En el hecho* el número de domingos que van en total, es muy escaso: si tomamos en cuenta las vacaciones, excepciones de última hora, etc. creo que los últimos años no han ido veinte domingos. Y cada domingo no va la mitad del Colegio, dadas las dispensas que se conceden. Ante este *hecho*, ¿vale la pena seguir guardando una solución que impide la libertad de muchos de los nuestros que podrían organizar mejor su tiempo? Creo que en un Colegio de Barcelona de los Nuestros no van a Misa los domingos. Si le interesara el punto haría rápidamente una encuesta entre nuestros colegios del extranjero. Yo pienso que el muchacho debe ir el domingo con su familia a Misa, ojalá a su parroquia o a una asociación de la que él forme libremente parte. Esta solución incorporada en un colegio *de selección real* en las condiciones de admisión y permanencia me parece mucho más educativa. Tenemos que aspirar a mejorar nuestro alumnado y a hacer más humana la vida de los Nuestros.

V. ¿No podría conversar Vuestra Reverencia con Monseñor Salinas para dar una solución práctica al problema [de la] Congregación Mariana y Acción Católica de los alumnos? Que al menos para nuestro Colegio valga la libertad que nos reconoce el Santo Padre de tener "verdaderas Congregaciones", adheridas "colectivamente" a la Acción Católica.

VI. Problema mozos. Creo que tenemos una tremenda responsabilidad moral ante los mozos y ante nuestros alumnos por los criados que tenemos. Ante los mozos, porque sus condiciones de vida humana son muy deficientes: dormitorios, falta de baños calientes, falta de sala de recreo, falta de educación, falta de respeto a ellos y de ellos a la Iglesia (no hay más que ver cómo van a Misa con delantales de trabajo, sucios... como quien va a limpiar la despensa), falta de moralidad entre ellos —como mucho se rumorea y como difícilmente puede dejar de ser de otra manera—. Nuestros alumnos ven esta situación, la comentan, y toda formación social que demos a nuestros jóvenes queda desvirtuada por nuestras realizaciones.

Sé que el problema es bien complejo. Yo le propondría la designación de una comisión que estudiara la situación real y propusiera medidas bien concretas. Así lo hizo el Padre Provincial de Irlanda, apenas nombrado Provincial. Tengo en mi poder las conclusiones muy interesantes de los consultores. Quizás serían linda materia para ser leídas en un caso de conciencia, pues plantean el problema de conciencia.

A priori se me ocurren varias soluciones, una de las cuales sería desligar totalmente al Hermano [Ángel] Lou y al Padre [Víctor] Delpiano de su atención; buscar un hombre tipo Hugo Herrera para atenderlos. ¿Por qué pensar que no vamos a encontrar lo que se encuentra en todos los liceos...? Incluso se puede pensar en la solución: Monjas para la cocina y kindergaarten o preparatorias, que nos aliviaría tanto, y a la cual solución no hay ahora en Roma la oposición que había en tiempo del P. Ledóchowski, pero esto merecería ser estudiado y discutido por quienes consagren tiempo a ello.

VII. En una palabra, yo creo que dada nuestra escasez inmensa de fuerzas y las necesidades angustiosas de apostolado, de falta de medios, etc., necesitamos *planificar* —según la palabra de moda— mucho más, para estudiar soluciones más técnicas, para aprovechar mejor nuestras fuerzas y hacer economía de gastos generales en todo sentido. Y al escribir estas líneas me viene a la mente el pensamiento: aun para las compras de víveres, ¿no habría manera de hacerlas en conjunto para nuestros colegios con la ayuda de técnicos amigos?

Perdone mi "simpleza" al exponer como nuevos problemas que usted ha repensado veinte veces buscándoles soluciones... Al hacerlo ahora quiero decirle que comparto sus preocupaciones, pero que soy optimista para las soluciones, pues cada día creo más en la buena voluntad de los Nuestros, siempre que se haga un llamado a su generosidad.

VIII. Iba a poner punto final y me viene otro punto a la cabeza: Ejercicios de comunidad. Los de este año del P. Sergio han sido sencillamente desastrosos: sin ninguna idea. Los del año pasado del Padre [Juan] Zorrilla, fueron "palabrería" interminable. Los del Padre [Jorge] Saravia[23] "poquita cosa", pero menos malos... Me cuesta hablarle de este punto, porque, ¿qué derecho tengo yo para hacer estas críticas? Pero las hacen todos los jóvenes... e irán perdiendo la estima de los Ejercicios, estima de la primacía de lo espiritual, y el tiempo de Ejercicios que debiera ser alimento para el año. Teniendo en cuenta estas experiencias, ¿no podría con tiempo planearse cómo resolver este punto?

Y ahora sí que pongo fin a estas líneas pidiéndole perdón por el tiempo que le he hecho perder. Afectísimo en Cristo.

Alberto Hurtado C., S.J.

17 DE MARZO DE 1948, SANTIAGO[24]

P. Gustavo Weigel, S.J.

Mi muy querido Gringo:

Ayer recibí su carta, ésta sí que como deseaba recibirla: noticiosa, hablándome de usted, pues la primera era un apunte de encargos. Que Dios se la pague, pues lo que más puede agradecer uno en la vida es la confianza de amigo.

Aquí me preguntan todos los días por usted y he procurado en lo posible seguir el mismo procedimiento suyo de no dar otro motivo que le han pedido enseñe teología en Woodstock, Colegio Máximo de gran importancia; que había sido un regalo demasiado grande para nosotros el tenerlo aquí varios años y que era el momento en que a usted le tocaba escribir y producir, aprovechando

---

[23] Los Padres Zorrilla y Saravia pertenecían a la Provincia Argentina: el primero residía en Montevideo, Uruguay, y el otro en Córdoba. No se puede asegurar con certeza quién es el P. Sergio al que se refiere.

[24] *Archivo Padre Hurtado*, s 62 y 56.

las cualidades que Dios le había dado… y para eso habían querido los Superiores de Norte América consagrarlo a un trabajo de enseñanza de los Nuestros con mayores posibilidades de tiempo para escribir, etc…. Con todo, a los amigos como a Cristián, René, Inés que me han preguntado con seriedad y creyéndolos con derecho a saber algo más les he insinuado lo que hay, para evitar que ellos hagan cavilaciones, pues todos han sospechado que hay algo más, echándole algunos la culpa a influencias de la Curia. Les he dicho abiertamente que no hay nada de eso, sino que les he dicho que ha sido asunto entre los Provinciales. "¿Ha habido algo de Chile, del Provincial de aquí?". "Sí", les he dicho. "Lo que ustedes pueden suponer, pues ninguna queja seria en sentido alguno ha tenido ninguno de los Superiores del Gringo, sino lo que ustedes y yo llamamos 'cosas del Gringo'; eso y nada más. Eso es todo". Pero, me objetan: "¿Y todo el bien que ha estado haciendo, esas almas que no irán a otro sino a él, esa cantidad de jóvenes que quedarán realmente huachos[25]…?". A eso les he dicho: "Tanto como ustedes, eso lo veo yo, y lo siento". Pero ahí están los hechos. Estamos ya tan acostumbrados a tener que aceptar cosas que no acabamos de entender; y he tratado luego de alentarlos y recordando lo que usted habría hecho, de hacerles sentir un poco del cariño que usted les habría dado con tanta mayor generosidad, espontaneidad y profundidad. "A sus huachos" les he pedido que si en algo puedo servirlos que vengan con confianza… y varios vienen. Haré cuanto pueda por ayudarlos, siempre que usted me alcance de Dios algo de lo que Él le dio a usted: esa caridad de adentro, que es la que más he admirado entre sus cualidades, más aún que el talento, pues éste es un don más gratuito aún, pues la caridad supone correspondencia de uno.

En la Comunidad ha habido la sorpresa y el dolor que no sé si usted imaginará, pues el cariño que ha habido siempre al lado suyo, sin que muchos lo manifestaran, ha sido y sigue siendo muy grande. Por delicadeza nadie ha querido remover más, pero en frases muy sinceras he oído desahogos en este sentido, lamentando hondamente su ausencia.

---

[25] En Chile, un modo de decir "huérfanos".

El P. Lavín me leyó la carta que le había escrito a usted. Lo que yo he llegado a sacar en limpio de lo ocurrido es esto: En carta a Roma, escribió proponiendo el caso, indicando los motivos en *pro* y en *contra*. Los en *pro*, que usted se puede imaginar; y los en *contra*, únicamente la influencia que pensaba tendría en la formación de los jóvenes jesuitas, una conducta diferente de la tradición que se quería marcar a la Viceprovincia. Esta influencia, [que es] mayor por las cualidades de usted. Los datos que confirmaban esta posición no [eran] otros que "las gringadas": comidas fuera, traje, cosas de este tipo. La respuesta de Roma fue en el sentido de los hechos posteriores. Entonces... carta del P. Lavín a su Provincial, y...

Tiene usted razón al pensar que sabe lo que voy a escribir, y así es, pues me duele tanto volver sobre esto, pues sé la herida que tiene que causar a usted cada palabra expresando un juicio sobre su conducta aquí que, si bien difería en algunos puntos externos de la manera de muchos, no estaba animada sino por la caridad y el deseo de hacer el bien. Lo esencial en su vida en Chile fue esto: darse a fondo y sin descanso, los otros puntos respondían a la manera de ser de cada uno, que en usted como en mí no suelen ser los de todos.

Ante este dolor grande no hay más que apartar la vista, o levantarla arriba. A los que aquí quedan procuraré seguir echando aceite y Dios quiera que pueda reemplazarlo a usted en aquello de "tomar su mano y ponerla en la mano de Dios", que usted me leyó alguna vez, y que, como usted, aprenda a no pedir nada, sino únicamente a dar. Usted me lo enseñó y trato de caminar por ahí. ¡Dios quiera que lo logre!

El Cardenal escribió al P. General para decir cuánto lamentaba su ausencia, y todo el bien que había hecho. Entiendo que igual cosa acordó la Facultad de Teología, en sesión de ayer. Pronto recibirá carta de ellos. De los chiquillos y jóvenes se verá muy luego asediado de cartas... Si en ellas hay algo que usted habría deseado hacer por ellos y en lo que yo puedo ayudarle, dígamelo para hacerlo. A la Raquel la he visto varias veces y la estoy confesando: está muy afectada. Le vendría muy bien recibir unas palabritas suyas. En particular querría una orientación de usted a propósito de su trabajo en Noticias Católicas. Esta carta la he tenido que interrumpir; me fui con ella a Colina, sin poder proseguirla y ahora la continúo desde Marruecos, donde he venido para los Ejercicios de Semana Santa.

Con Arsenio he estado varias veces; hace unos diez días, le di el hábito a la Luz, en las Carmelitas. Después de Semana Santa le enviaremos una maleta con sus cosas a Baltimore, trabajo hecho en común con Cristián y Eugenio que han estado fuera de tiro durante este tiempo. Con Cristián conversé un día largo, ya supondrá usted cuál fue el tema.

Las incidencias de la Falange están más tranquilas, pero subsiste el malentendido de fondo y queda una inmensa amargura en los jóvenes. Al conversar con ellos les he visto turbados profundamente, desorientados y algunos inquietos aun en su fe. La Nunciatura calla. Han llegado muchos informes según entiendo, y el Sr. Nuncio a varios les ha pedido informe. En el Partido Conservador ha habido revuelo respecto a la manera de apreciar la represión anticomunista. Horacio Walker ha insistido sobre todo en las medidas positivas de reforma social; la tendencia de Joaquín Prieto, a quien acompañaba Sergio Fernández y Julio Pereira, pedía antes que nada medidas represivas: ponerlo fuera de la ley, y sacar a los comunistas de todos los puestos públicos[26]. Ha habido largo debate en la prensa; se citó al Directorio General del Partido y después de 7 horas de reunión se acordó un voto casi unánime ¡que da la razón a los dos!

Con Manuel [Larraín] estuve en Talca, pues fui a darle el retiro al clero[27]. El pobre ha sufrido mucho, pues incluso su clero no lo comprende. Trataron algunos sacerdotes de manifestarle su adhesión en alguna forma, y un sector no quiso adherirse. Felizmente esto no ha trascendido, lo supe por ellos, pues esto sucedía en pleno retiro. Felizmente él está muy tranquilo y con el ánimo muy firme. Pancho Vives[28] está muy afectado. La verdad de lo sucedido a él fue,

---

[26] La Ley de Defensa de la Democracia, aprobada en septiembre de 1948, tuvo, precisamente, características represivas.

[27] Se conserva el manuscrito del esquema del retiro y del Principio y Fundamento.

[28] Se refiere a la renuncia de Francisco ("Pancho") Vives a la Universidad Católica. Francisco Vives fue un gran educador social, uno de cuyos discípulos fue Eduardo Frei Montalva. Nació en Santiago el 8 de julio de 1899. Fue ordenado sacerdote el 23 de diciembre de 1923. Trabajó en la Universidad Católica como bibliotecario (1924-1939), director de la *Revista Universitaria*, profesor, vicerrector académico (1929-1935) y prorrector (1935-1950). En 1950 se le alejó de este cargo sin consultarle. Fue nombrado párroco de Santa Ana, en Santiago. Falleció en Santiago el 24 de octubre de 1969.

según él me lo dijo, que le pidieron la renuncia; no renunció, sino que le dijeron que era mejor que renunciara. El [Instituto de] Humanidades está con interventor de la Curia, el Sr. Molina... Como usted ve, los tiempos son bien difíciles... ¡Vaya preparándome un huequito por allá, por si estiman mejor que [me] vaya a estudiar! El P. General, al aprobar mi plan de trabajo social, me dijo: "Esté preparado para tener que salir de Chile".

Me olvidaba de contarle las gestiones para nuevo Decano de Teología. Don Carlos [Casanueva] pidió al P. [Ramón] Echániz[29]. Éste se ha resistido exponiendo su falta de preparación, ignorancia de lenguas modernas, falta de bienio, etc. Don Carlos ha insistido. El P. Lavín escribió a Roma para que resuelvan, indicando que [en] caso de que quedara el P. Echániz convendría que lo acompañara el P. [Julio] Jiménez[30] para que lo ayude en el trabajo. Respuesta de Roma: que conviene que aceptemos el decanato y que para ello envía el P. General a un Padre americano, ¿¿nombre?? no me acuerdo, para decano. Nueva carta del P. Lavín: que no se ha pedido un decano, pues no podría un Padre recién llegado ser nombrado decano... y ahí estamos, ¡esperando!

Pongo punto por ahora, esperando escribirle muy luego. Comienzo Ejercicios con más de 170 inscritos[31], a pesar de los avisos de la Acción Católica que ha organizado Ejercicios especiales "según el verdadero espíritu de la Acción Católica, obligatorios para los de la Acción Católica....".

---

[29] Ramón Echániz S.J., nació en Azcoitía, España, en 1897. Ingresó en la Compañía de Jesús y fue ordenado sacerdote en 1927. Enseñó Teología Fundamental en la Universidad Gregoriana de Roma (1932-1936). En 1937 fue enviado a la Facultad de Teología de la Universidad Católica de Chile. Fue Decano de ella y miembro del Consejo Superior de la Universidad (1948 1959). Entre 1944 y 1949 fue rector del Colegio San Ignacio. En 1970 regresó a España y murió en Loyola el 14 de noviembre de 1974.

[30] Julio Jiménez Berguecio S.J., nació el 18 de junio de 1908. Ingresó en la Compañía de Jesús, siendo ya sacerdote, el 24 de marzo de 1936. Publicó varias obras teológicas e históricas. Enseñó por muchos años Teología en la Universidad Católica y en el Seminario. Murió en mayo de 2003.

[31] Entre el 26 y el 28 de marzo 1948, el P. Hurtado predicó el retiro de Semana Santa a un grupo de jóvenes en la Casa de Ejercicios de Marruecos (hoy Padre Hurtado). La plática introductoria de este retiro está publicada en *Un disparo a la eternidad*, pp. 149-151.

Por favor envíeme su respuesta: la Curia [de la provincia chilena] prohibió al Hogar de Cristo publicar avisos pidiendo limosnas... Estimo que tal prohibición es improcedente po[32]...

19 DE ABRIL DE 1948, SANTIAGO[33]

Eminentísimo Sr. Cardenal, Dr. J. M. Caro
Eminentísimo Señor Cardenal:
Dos motivos me mueven a escribir a Vuestra Eminencia: El primero indicarle cuánto he lamentado que el hecho de haber respondido a algunas preguntas de un reporter de Ercilla hayan podido causar alguna molestia en el ánimo a Vuestra Exelencia[34]. Nada hubiera querido tanto como evitar a Vuestra Exelencia cualquier sinsabor, teniendo que soportar tantos en su cargo de Padre de tantas almas. Si respondí al reporter lo hice porque consideré en ese momento que podía tal vez con mis declaraciones suavizar asperezas. Su intento primero fue reportearme sobre acción sindical, a lo que contesté que le rogaba no conversáramos por ahora sobre ese tema, pues, no era aún más que un trabajo en proyecto. Luego me llevó al terreno de los movimientos europeos de acción sacerdotal, afirmándome él que si en Chile se trabajara en ese sentido no habría problema del comunismo. Le insistí mucho en que el espíritu de la Iglesia Chilena era el mismo: amor abnegado al pueblo, pobreza de sus ministros, aliento de sus Obispos, documentos oficiales tan alentadores, como los más avanzados del Episcopado Francés. Me referí en forma muy especial a la labor de Vuestra Exelencia de toda su vida por el pueblo: creí con esto ayudar a deshacer

---

[32] Hasta aquí la carta, que está incompleta.
[33] *Archivo Padre Hurtado*, s 64 y 23.
[34] Una entrevista en la revista Ercilla acerca de la ASICH, molestó en la curia de Santiago. El P. Hurtado escribió disculpándose al arzobispo y al obispo Augusto Salinas (s 64 y 24). El mismo día, el arzobispo le respondió afirmando que: "Acepta plenamente sus excusas y que no tiene ningún inconveniente en que dé su conferencia" (cf. A. Lavín, *Su vocación social*, p. 97).

un malentendido. No volveré en adelante a aceptar un reportaje sin previa autorización de Vuestra Exelencia.

El segundo motivo de mi carta es preguntar a Vuestra Exelencia si puedo aceptar una invitación que me han hecho los alumnos de Leyes de la Universidad de Chile para dar una conferencia en el aula magna de la Facultad de Leyes. El tema sería social: aún no lo he fijado antes de saber si Vuestra Exelencia aprueba el proyecto.

Reitero a Vuestra Exelencia mis respetos. Siervo en Cristo,

Alberto Hurtado C., S.J.

14 DE JUNIO DE 1948, SANTIAGO[35]

Héctor Valdés Phillips[36]

Mi querido Héctor:

Mucho sentí no verte cuando viniste a verme con Anita, pues tengo un deseo enorme de conversar contigo para saludarte y tener noticias tuyas, ya que hace tanto tiempo que no tengo el gusto de verte.

Todos los datos que puedas darme sobre construcción de poblaciones de emergencia serán preciosos, y te ruego que cuando tengas un ratito libre me llames por teléfono a fin de organizar una conversación. El plan es construir una verdadera población de cien casas con capilla, dispensario, cooperativa, lavandería; en materiales sólidos y reducida cada casa a una primera pieza con miras a un crecimiento futuro. Estas casas se arrendarían al principio y luego se venderían cuando la gente estuviere capacitada. Junto a esta obra, pensamos reunir a aquellos que dispongan de algunos recursos para

---

[35] *Archivo Padre Hurtado*, s 70 y 145. Héctor Valdés Phillips, destacado arquitecto de la Universidad Católica, presidió el Colegio de Arquitectos de Chile, entre 1971 y 1975, y recibió el Premio Nacional de Arquitectura.

[36] Héctor Valdés Phillips nació en 1918. Estudió Arquitectura en la Pontificia Universidad Católica. Durante muchos años practicó su profesión y fue enseñante en la universidad. Fue presidente del Colegio de Arquitectos (1971-1975). En 1979 recibió el Premio Nacional de Arquitectura. Falleció el 30 de septiembre de 2016.

construirles por su cuenta casitas que sean de su propiedad desde el comienzo, reduciendo al mínimo los gastos generales pues economizaríamos los gastos profesionales.

Sobre este punto ya conversaremos despacio cuando tengamos ocasión de vernos. Te ruego saludar cariñosamente a Anita y tú dispón de tu afectísimo amigo y seguro servidor

Alberto Hurtado C., S.J.

24 DE JUNIO DE 1948, SANTIAGO[37]

Sr. Hugo Montes Brunet

Mi querido Hugo:

Muerto de vergüenza estoy por lo "rotuno"[38] que me he portado contigo, pero tú conoces de sobra mi vida y sabes los mil y uno *traqueteos* en que me veo envuelto y que me dejan imposibilitado para poder escribirte una larga y noticiosa carta.

Me alegro, en el alma, de las noticias que me das de tu vida, de tus trabajos, y de tus actividades[39]; sobre todo de la contemplación a la que Dios te va llevando.

Cada día estoy más persuadido que el camino iniciado es el único sólido para una influencia cristiana. El olvido de Dios, tan característico en nuestro siglo, creo que es el error más grave, mucho más grave aún que el olvido de lo social[40].

---

[37] *Archivo Padre Hurtado*, s 63 y 37. Hugo Montes se encontraba en Madrid.
[38] Un modo coloquial para decir "mal educado".
[39] Se refiere a un cambio de vida de Hugo Montes que, de una vida muy activa, pasó a una más académica, aprovechando una beca que le permitió iniciar estudios de literatura.
[40] "El olvido de Dios, tan característico en nuestro siglo, creo que es el error más grave, mucho más grave aún que el olvido de lo social". El P. Hurtado siempre consideró el trabajo social como consecuencia y proyección de una vida de plena entrega al Señor y a la Iglesia. A los jóvenes pedía en primer lugar una conversión a Cristo. No se ha de ver, por lo mismo, en esta frase tan significativa un cambio de pensamiento, sino una insistencia muy madura de lo que siempre pensó y predicó (Hugo Montes).

Nuestro siglo es eminentemente "el siglo del hombre". Buscando las virtudes activas, hemos perdido el sentido de sacrificio y de la resignación; sin embargo esto tiene un valor eterno que nada podrá reemplazar.

Ojalá, pues, mi querido Hugo, que te empapes de calma, de adoración. Esta última palabrita es la que más quiero recalcarte: *adoración*. Tratar de palpar la inmensa grandeza de Dios, algo de lo que se ve en el Antiguo Testamento y que una explicación excesivamente dulzarrona nos hace olvidar a veces. Es absolutamente necesario el intimar con Cristo, el sentido de una fraternidad con Él, pero que nada nos haga olvidar la distancia infinita que nos separa; que si Él nos llama sus hijos no es porque tengamos derecho, sino por un gesto de su infinita bondad.

Te recomiendo mucho que saborees oraciones como el Gloria de la Santa Misa, la *Sequentia* de Pentecostés y otras por el estilo. Ojalá llegues a connaturalizarte con la vida litúrgica en su sentido más pleno, con el canto de los salmos, con la adoración eucarística. Lo que más te deseo —te lo repito una y mil veces— es que vuelvas con mucho espíritu de adoración, con mucha paz interior, con una gran disposición a ser un instrumento de Cristo. En esto está la santidad. Ninguna definición tan hermosa de oración he encontrado como la del P. Charles: "Orar es conformar nuestros quereres con el querer divino, tal como Él se manifiesta en sus obras".

Mucho me gustaría que si el tiempo y los recursos te lo permiten, hicieras una escapadita a Francia para ver ese inmenso campo de evangelización popular. Yo creo que no se hace este movimiento sin un influjo especial del Espíritu Santo. Me parece que sus iniciadores están muy llenos del Espíritu del Señor y que su acción no es más que un desborde espiritual interno.

Por otra parte, el sacrificio tan intenso que realizan es imposible si no procediera de un amor muy firme a Jesucristo.

Después de haber saboreado unos meses de calma, estoy en plena actividad. La ASICH, gracias a Dios, prende y muy rápidamente. Fijadas nuestras posiciones en la "Declaración de Principios" nos hemos entregado a la tarea de organizar sus diversas secciones; desde luego, la sección de Seminarios Económico-Social fue inaugurada el 9 pasado por Manuel Larraín. Las adhesiones aumentan día a día.

Se discute en el Congreso un proyecto de ley de "Defensa de la Democracia"[41] y en el articulado despachado por la Cámara se contienen algunas disposiciones que matan la libertad sindical. La ASICH levantó su voz de protesta y ésta fue publicada en impresos especiales ya que la prensa se opuso a su inclusión.

Revista "Ercilla" coopera a la difusión de nuestra organización sindical y al respecto me hizo una entrevista que después publicaron con algunos errores, pero con una magnífica buena fe[42].

En Valdivia ya comienza a andar un movimiento semejante y espero, con la ayuda de Dios, llegar a esas tierras para tomar contacto con los dirigentes; en Valparaíso hay posibilidades de otro tanto.

En suma: nuestra ASICH se mueve con muy buenos vientos y excelentes horizontes; el personal de que se dispone es magnífico y muchos de ellos luchadores de primera fila.

Todos estos traqueteos míos se aumentan ahora con el proyecto de habitaciones de emergencia que empieza a caminar, como cuerda anexa del Hogar de Cristo. El buen espíritu de los colaboradores es magnífico y creo que esta idea será realidad hermosísima a fines de año. Pensamos construir poblaciones de emergencia para la gente más pobre. Primero se les arrendará y luego éstos empezarán a amortizar cuotas hasta cubrir el valor de una de las casas.

Por otra parte, y para los menos pobres, pensamos construir casitas que desde el primer momento serán de sus poseedores. Ellos contribuirán con pequeñas cuotas a manera "de pie" y el resto se amortizará según sus posibilidades.

---

[41] El presidente de la República, el radical Gabriel González Videla (1946-1952), había triunfado en las elecciones en representación de una coalición que incluía al Partido Comunista. Este colaboró activamente a su elección y recibió algunos ministerios. Sin embargo, luchas internas hicieron que en abril de 1947 el presidente echara a los comunistas del gobierno. El partido reaccionó llamando a masivas manifestaciones callejeras. El presidente respondió expulsando a los comunistas de todos los cargos públicos y planteó dejarlos al margen de la ley. Esto provocó acaloradas discusiones en todos los grupos políticos. La ley finalmente fue aprobada en septiembre de 1948.

[42] Fue publicada el 13 de abril de 1948 (cf. 9, 14). El hecho de que el Padre Hurtado concediera la entrevista a esa revista produjo molestia al arzobispo de Santiago y a monseñor Salinas; el Padre les escribió (s 62 y 23 y s 62 y 24) diciéndoles que le había parecido lo mejor, pero que ya que no era de su agrado, no volvería a conceder este tipo de entrevistas sin autorización expresa del Arzobispado.

Sobre política: acaba de realizarse la elección de la Junta Ejecutiva del Partido Conservador y ha triunfado ampliamente la corriente del Dr. [Eduardo] Cruz Coke, quien en las últimas incidencias anticomunistas del Congreso (discusión Ley Defensa de Democracia) ha tomado, junto con Horacio Walker, una posición más constructiva y menos anti.

La Acción Católica muy tranquila, aunque dormida. No hay incidencias, pero sí mucha languidez. Hay tantos problemas que no se les enfoca, por parte de nuestra muchachada, en forma que corresponda a la gravedad de ellos.

Dios nos dé hombres de vida interior que los encaren con serenidad y con verdadera justicia.

Te saluda con todo cariño tu afectísimo amigo,

Alberto Hurtado C., S.J.

16 DE OCTUBRE DE 1948[43]

Mi queridísima Hermana María del Carmen de los Sagrados Corazones:

Bendito sea Dios por el paso al cual la invita y por la preparación que se ha dignado darle con dolores de varias clases. Son regalos muy finos del Corazón de Cristo, quien a los que ama quiere hacer semejantes a Sí, configurándolos a su Pasión. Los dolores todos pasan, las alegrías también pasan, todo pasa, sólo el Amor no pasa. De manera que, amar a Cristo con toda su alma y por Él subir hasta el conocimiento y amor del Padre en el Espíritu Santo. De las tres virtudes teologales, la caridad es la más perfecta, la que nunca fenece.

Cuando leía su carta me parecía estar leyendo las cosas que el Señor permitió a otra Hermana suya, Teresa del Niño Jesús, que tuviera. Son esos los caminos por el cual el Señor perfecciona a los seres que ama. Todos esos pasos están en el plan de Dios para su bien.

---

[43] *Archivo Padre Hurtado*, s 70 y 066.

Tome su vida espiritual con inmensa paz y alegría. Haga un esfuerzo por vencer su natural timidez y cerrazón y abrir su alma, en lo cual no hay debilidad, sino filial confianza en Dios que la gobernará por medio de quienes a puesto para que tengan cuidado de su alma en el convento. Si no siempre se encuentra comprendida, no importa: es natural, pero Dios ve su intención y su espíritu recibirá luces de Él.

Ahora que el mundo está a punto de comenzar una nueva guerra es más necesario que nunca aplacar al Señor y ofrecer nuestras expiaciones para obtener la anhelada paz. De manera que si algún día le pesa mucho la Cruz, mire a Cristo y al dolor de sus hermanos y eso le dará ánimo.

¡Que Dios la bendiga! Encomiende al señor las vocaciones tan escasas… mientras la mies es cada día más numerosa.

Affmo. En Cto.

Alberto Hurtado

NOVIEMBRE DE 1948, SANTIAGO[44]

Señorita Enriqueta Morel H.

Muy estimada Enriqueta:

Un grupo de jóvenes ha organizado la Acción Sindical y Económica Chilena (ASICH), que realiza un movimiento de inspiración cristiana en el terreno sindical.

Gracias a Dios, los resultados que obtiene el nuevo movimiento, son consoladores. En poco tiempo hemos logrado organizar los primeros núcleos de la Acción Sindical Obrera y de la Acción Sindical de Empleados. Además de estos grupos, existen varios seminarios de estudios económico-sociales, formados por profesionales y universitarios que estudian la realidad económico-social chilena y preparan reformas que pueden ser presentadas al Parlamento.

---

[44] *Archivo Padre Hurtado*, s 70 y 013.

Además de estas actividades, la Acción Sindical está colaborando activamente en la organización de Cooperativas de Viviendas, que habrán de dar techo a empleados y obreros que hoy día sufren seriamente la escasez de casas.

Toda esta labor exige un inmenso esfuerzo de quienes quieran hacer realidad el pensamiento cristiano en el terreno social.

La ASICH necesita afrontar mensualmente un gasto no inferior a $20.000, que ha de ser cubierto por los que comprenden plenamente el ideal cristiano en el terreno social y, quieren, aunque les cueste sacrificio, llevarlo a la práctica. Espero contar con la doble colaboración de su trabajo personal y de su cuota, para este movimiento.

Le incluyo una solicitud de la ASICH. La Secretaría del movimiento está ubicada en Alonso Ovalle 1441, teléfono 64606.

Esperando tener el gusto de recibir su respuesta y de poder conversar personalmente con Ud., la saluda su Affmo. Amigo y S.S.

Alberto Hurtado C. S.J.
Capellán

[ENERO DE 1949], MARRUECOS[45]

Sr. Hugo Montes B.

Mi querido Hugo:

Aprovecho una escapada a Marruecos para escribirte y preguntarte noticias acerca de tu vuelta. Has podido apreciar el contraste entre las mentalidades francesa y española. Qué distinta en cuanto a tolerancia, libertad, concepción de la vida y ¡qué ricas ambas! Creo, eso sí, que nuestro universitario tiene un alma más cerca de la francesa que de la española. Acabo de leer en *Études* de julio

---

[45] *Archivo Padre Hurtado*, s 63 y 38. La carta no tiene fecha, pero debe ser poco anterior al 22 de enero de 1949, en que el P. Hurtado cumplió 48 años, y posterior a agosto de 1948, por la alusión a *El orden social cristiano*. El destinatario estudiaba en Madrid y regresó a Chile en abril de 1949.

de 1948 un artículo de Archambault, que te recomiendo, sobre la mentalidad del joven de hoy[46]. Los problemas que allí describe son los nuestros.

Creo que estamos pasando en Chile por un momento de desinterés por todo, como no lo había visto en otras épocas. Sin embargo, el campo propicio como nunca para sembrar. Si los testimonios de cristianismo auténtico se multiplicaran tendrían un arrastre inmenso. El sector auténticamente obrero nos ofrece posibilidades inmensas si le hacemos plena confianza y le damos formación cristiana. Los pocos que veo en la ASICH muy buenos. El peligro para la ASICH ahora sería el de un crecimiento demasiado rápido; sin base sólida. La piden de Temuco, Concepción, Valparaíso, Talca, Puente Alto, etc., pero falta quienes se "consagren" al movimiento para orientarlo. ¡Gente responsable! Habitaciones obreras es el clamor y podemos mucho en esta materia, pero siempre lo mismo: ¿dónde encontrar la gente que "se consagre a servir"? El criterio de la necesidad de dinero, de matrimonio pronto, y por tanto de recibirse luego, ahoga muy pronto los ideales generosos de los 18 a 20 años.

La vida interior de nuestra juventud, como fenómeno colectivo, está en baja grande por lo que puede apreciarse del exterior: poca gente en las iglesias, escasos retiros, actos de piedad menos frecuentes. Hay desorientación; y pensar que la vida es tan breve para hacer algo por Dios y ayudarlo en su obra. Cuando yo pienso en mis casi 48 años, pienso: luego, a lo más quedan 12 Pascuas en la tierra[47]. Hay, pues, que tomar en serio a Cristo y su obra.

Salieron dos tomos con documentos de la jerarquía sobre doctrina social[48]. Ojalá me compres los libros sociales y religiosos nuevos de valer y le pases la cuenta al P. Marín Triana, Plaza Santa Bárbara 10, Madrid.

Saludos muy cariñosos de tu amigo afectísimo y hermano.

Alberto Hurtado C., S.J.

---

[46] Paul Archambault, *Nos Enfants aux Prises avec le Monde moderne*, pp. 3-15.
[47] En realidad, el P. Hurtado, a partir de 1948, alcanzó a celebrar en esta tierra solo cinco Pascuas más.
[48] Se refiere a: *El orden social cristiano en los documentos de la Jerarquía Católica*, 2 volúmenes, apareció el 31 de julio de 1948.

1 DE ENERO DE 1949, SANTIAGO[49]

Señor Jacques Maritain[50]
Estimado señor Embajador:
¿Puedo decirle una vez más "gracias" por los momentos inolvidables que usted ha tenido la bondad de hacerme pasar en Roma en compañía del Obispo de Talca, Su Excelencia Manuel Larraín, a fines de 1947? Guardaré siempre el recuerdo de esas conversaciones con usted, con Raissa [su mujer] y [*Mademoiselle*] Vera, en las que hablamos de todo lo que toca los intereses de la Iglesia, que son los nuestros en cuanto cristianos.

Una polémica reciente respecto de su "ortodoxia", en dos artículos y luego en los periódicos, me ha dado la ocasión de escribirle. Su antiguo ¿"amigo"?, el Sr. Luis Arturo Pérez, retomó una vez más sus argumentos: tesis e hipótesis, tolerancia, Lammenais-Maritain, Sillonismo[51]. Pero esta vez fue providencial, yo creo, porque el Padre jesuita Julio Jiménez Berguecio, un brillante profesor de la Facultad de Teología de Santiago, cansado de una falta a la verdad y a la caridad tan continuada, escribió un artículo definitivo —espero— contra los argumentos que se repiten continuamente en los países de América Latina, por ignorancia más que por mala fe[52]. Se repiten siempre las mismas ideas, basadas en palabras tomadas de aquí, de allá, sacadas totalmente de su contexto. Tal fue el caso del último artículo del Sr. Pérez: él lo citaba a usted sin dar nunca

---

[49] *Archivo Padre Hurtado*, s 64 y 26.
[50] Jacques Maritain (1882-1973), francés, fue uno de los grandes pensadores católicos del siglo XX y uno de los mayores exponentes del neotomismo. Al final del Concilio Vaticano II, el Papa Paulo VI le entregó, de manera simbólica, el mensaje a los hombres de ciencia e intelectuales. Desde 1945 hasta 1948 fue embajador de Francia ante la Santa Sede. En 1971 se hizo miembro de los Hermanitos de Jesús.
[51] Doctrina de raíz católica que promovía el trabajo social en favor de los obreros, a base únicamente de la democracia, pero al margen de la autoridad de la Iglesia y orientada por una interpretación particular del Evangelio. Tuvo muchos adeptos y fue condenada por San Pío X, en 1910, en su carta *Notre charge apostolique*.
[52] Cf. Julio Jiménez Berguecio, S.J., *La ortodoxia de J. Maritain. Ante un ataque reciente*, Talca 1948. Mons. Luis Arturo Pérez L., *Estudio de Filosofía Político-Social*, Santiago 1948.

referencias de los libros de donde tomaba sus argumentos. El Padre Jiménez se dio el trabajo de enfrentar todos los textos, ponerlos en su contexto y demostrar de modo totalmente claro cuál era vuestra verdadera posición. He leído muchos artículos y publicaciones defendiendo vuestra postura, pero pienso que, en lo que respecta a las dificultades esgrimidas en América Latina, ésta es la más seria. Como alrededor de esta polémica hay en el fondo motivos políticos de parte de los que lo atacan a usted, un grupo de católicos chilenos trató de impedir la publicación del artículo del P. Jiménez, llegando incluso a pedir al Padre General de la Compañía que la impidiera. Todo esto no sirvió sino para mostrar aún más el valor de la defensa, porque cuanto más se jactaban que los Superiores de la Compañía por orden de Roma habían prohibido este artículo, éste aparecía con todos los permisos. Espero que esta noticia pueda alegrarlo, sabiendo que hay hombres de estudio que lo comprenden en este país donde usted ha sido atacado tantas veces, y sobre todo porque hay sacerdotes y laicos que juzgan con justicia el espíritu tan calurosamente cristiano que anima toda su filosofía.

Le adjunto el artículo del P. Jiménez y en el caso de que le interese conocer la polémica, yo le enviaría los documentos que pudieran serle útiles.

Le ruego, querido Sr. Embajador, que presente mis saludos a *Madame* Maritain y a *Mademoiselle* Vera. Con mis mayores sentimientos de respeto,

Alberto Hurtado Cruchaga S.J.

6 DE MARZO DE 1949, SANTIAGO[53]

Muy estimada Rebeca:

Le ruego que no dé ninguna importancia a la carta de Gladys y no piense en dar ninguna explicación, pues, no hay la más remota

---

[53] *Archivo Padre Hurtado*, s 65 y 54.

falta de parte de Ud. sino de ella, que ha procedido sin tino ni delicadeza al escribirle como lo hizo. Ud. la ha sabido disculpar.

Yo aprovecharé esta experiencia, que me confirma en el mismo
defecto que, con frecuencia he notado en ella, para tratar que no se
produzca otra vez. Desgraciadamente todos caemos repetidas veces
en falta que no es congénita.

No le había escrito antes porque recibo su carta al comenzar
mis ejercicios y al salir de los míos tuve que predicarlos a los Padres
del Saint George.

¡Que Dios la bendiga y le dé fuerzas y gracias a Ud. y a María
Rebeca como se lo pide su affmo. SS. y Cap.

Alberto Hurtado C. S.J.

23 DE MARZO DE 1949, SANTIAGO[54]

Muy estimada Inés:

Acabo de recibir su cariñosa carta del 19 y doy gracias a N.
Señor que ha querido dejarla para trabajar A.M.D.G. sobre esta tierra. Para gozar del Señor tendrá la eternidad, pero para sufrir un
poco por el Señor, no mucho tiempo, de modo que bien puede uno
resignarse de que la partida se prolongue. El Señor ha escuchado las
oraciones de los suyos que quieren tenerla a su lado.

Apenas pueda llegaré por allá para saludarla.

A Fernando y a su hija un recuerdo cariñoso de su affmo S.S.
y Cap.

Alberto Hurtado C.

---

[54] *Archivo Padre Hurtado*, s 70 y 052.

5 DE JUNIO DE 1949, SANTIAGO[55]

P. René Voillaume
Mi querido Padre Voillaume[56]:
Pax Christi
Su carta me ha dado una inmensa alegría, y no solamente a mí sino que también a mis amigos, a los obreros, a nuestros Padres de la Compañía de Jesús, también al Nuncio de Su Santidad [Mario Zanin[57]], a quien he comunicado sus proyectos, como también a algunos de nuestros Obispos. El campo está preparado para la tarea, que será inmensa y muy fructuosa. Los trabajos emprendidos en Chile tendrán mucha resonancia en los países vecinos. Chile es el país más aventajado desde el punto de vista social: su legislación es la más adelantada (en teoría, por lo menos), y se puede encontrar una mentalidad abierta en un grupo bastante importante.

Su proyecto de viaje es de gran importancia, y quiera Dios que sea lo antes posible. He encontrado un amigo que está dispuesto a pagarle el viaje y que se interesa por conocer su estilo de vida, con la esperanza de compartirlo. La mejor época para venir a Chile es a partir del mes de septiembre hasta diciembre. Después viene el verano, y todos se desplazan. ¿No podría venir a Chile este año?

En cuanto a los trabajos que se debe enseñar a los Hermanos que vendrían a Chile, los de metalurgia son los mejores, pero en

---

[55] *Archivo Padre Hurtado*, s 64 y 53. Los originales de las cartas al P. Voillaume están en francés; presentamos una traducción nuestra.

[56] René Voillaume, sacerdote, fundó en 1933 la congregación de los Hermanitos de Jesús y fue su primer Superior General. Su carisma es dar testimonio de Jesucristo en el mundo, inspirándose para ello en Carlos de Foucauld. Cf. R. Voillaume, "El Padre de Foucauld y sus pequeños Hermanos", en *Mensaje* 9 (junio de 1952), pp. 296-306.

[57] Mario Zanin nació en 1889. Fue ordenado sacerdote el 3 de julio de 1913 y luego rector del Seminario Mayor de Feltre. Trabajó en la Sagrada Congregación de *Propaganda Fide* y más tarde se incorporó al servicio diplomático de la Santa Sede. El 21 de marzo de 1947 fue designado Nuncio en Chile, labor que ejerció hasta 1953, cuando fue trasladado a Argentina. Falleció en Buenos Aires el 4 de agosto de 1958. No se debe confundir con Lino Zanini, sacerdote que trabajó en la Nunciatura algunos años antes.

cualquier especialidad se encuentran excelentes oportunidades. La industrialización avanza rápidamente.

Le ruego que salude a todos los Hermanos, en particular a los que vendrán a Chile. Se les espera aquí con los brazos abiertos. Le envío por correo ordinario algunos libros para el Hermano Jean. Le ruego que le diga que el español que se habla aquí es el mismo de España, solamente con algunos matices de pronunciación, como los que hay entre Francia y Canadá.

Espero noticias suyas con gran alegría. Buenas y santas fiestas de Pentecostés. Hermano en Jesucristo,

Alberto Hurtado C., S.J.

JUNIO DE 1949, SANTIAGO[58]

Anita y María Lecaros Campino
Muy estimadas Anita y María:
Vengo a pedirles consejo en mi apuro. Aún quedan muchos niños debajo de los puentes y tirito al pensar cómo tiritan ellos… El Hogar está lleno y duerme mucha gente en los corredores sin cama, envueltos en una frazada… Quisiera comprar catres por valor de $ 41.000 (60 catres dobles)… Estoy tentado de comprarlos y pagarlos en la confianza de Dios. Si voy a la cárcel ¿me ayudarán a salir?

Las saluda con todo respeto y cariño este curita que les debe tantos favores.

Afectísimo seguro servidor y capellán.

Alberto Hurtado C., S.J.

---

[58] *Archivo Padre Hurtado*, s 70 y 28.

29 DE JULIO DE 1949, SANTIAGO[59]

Jorge Délano F.[60]
Director-Propietario de *TOPAZE*
Distinguido señor:
He visto con profunda sorpresa en la revista de que usted es
Director, número 879, algunas afirmaciones que usted me atribuye,
y que son completamente inexactas:
1. "Hurtado Cruchaga afirma que la comunión del Papa no
vale sino para Europa, y no se puede aplicar en otras partes".
Jamás he hecho tal declaración.
2. Hurtado Cruchaga "lo dice para una revista que no es órgano sino flauta del clero"... No sé cuál sea esa revista, pues no he
hecho declaraciones para ninguna revista; si alguna ha tomado mi
nombre, no puedo de ello responder.
Respecto al resto del artículo, injurioso para la Compañía de
Jesús, y en particular para los dos jesuitas a los que alude, no me
corresponde hacer algún desmentido, pues se trata de apreciaciones
personales del Redactor, que lamento, pues no creo hayamos dado
pie a ellas. Lamento especialmente ser mezclado en controversias
políticas en las que, como sacerdote, jamás he participado. Por igual
motivo lamento la última intervención a la que *Topaze* quiere mezclarme en el párrafo "A Roma por todo".
Siento verme obligado a hacer estas rectificaciones, que dejo
entregadas a su caballerosidad.
De usted atento y seguro servidor,

Alberto Hurtado C., S.J.

---

[59] *Archivo Padre Hurtado*, s 64 y 27. La siguiente es una carta que envía el P. Alberto
Hurtado a una revista política, respondiendo a acusaciones infundadas que se le
habían hecho. Como dice más adelante [Carta al sacerdote Julio Mienvielle, del
19 de septiembre de 1949 (s 64 y 28)], la revista publicó los desmentidos del P.
Hurtado en el número siguiente.
[60] Jorge Délano Frederick nació en Santiago en 1895. Siendo muy joven comenzó a
trabajar en las revistas *El Peneca* y *Corre-Vuela*, firmando con el seudónimo Coke.
Se dedicó al género de la caricatura política en *El Diario Ilustrado* y en *La Nación*,
alcanzando mucho éxito. En 1931 creó la revista *Topaze*, publicación de aguda
sátira política. En 1964 recibió el Premio Nacional de Periodismo. Murió en 1980.

19 DE SEPTIEMBRE DE 1949, SANTIAGO[61]

R. P. General, J. B. Janssens
Muy Reverendo Padre General:
Pax Christi
Acabo de recibir la carta de Vuestra Paternidad del 8 de septiembre, que me he apresurado en leer con una inmensa alegría.
He leído varias veces la Instrucción y me parece que no hay nada que quitarle ni nada que agregarle. Deseaba de todo corazón una carta de este tipo, y he encontrado en la Instrucción una a una todas las ideas que yo habría querido ver en la carta. Están expuestas en ella con inmensa ponderación.

Perdóneme, mi Muy Reverendo Padre, que le diga también que muchos en la Compañía, sobre todo los jóvenes, esperan una orientación semejante. Me parece notar en ellos una inquietud: nuestra vida les parece a veces demasiado aburguesada. Ellos desean una pobreza y una austeridad no solamente jurídicas, sino también real; incluso ellos desearían estar más cerca de la clase obrera por su género de vida y por una mayor consagración de sus ministerios a los obreros y a la clase media. Ellos encontrarán un estímulo en la carta de Vuestra Paternidad, como sin duda lo encontraron en las últimas palabras de Vuestra Paternidad en la carta acerca de los Hermanos Coadjutores.

Yo no sé, sin embargo, si algunos podrían creer que es una novedad en la Compañía el trabajo permanente con los pobres. Podría ser interesante una alusión a una bella página del P. Polanco (que el P. [Cándido] Dalmases[62] me dio a conocer) donde dice que Nuestro Santo Padre Ignacio y los primeros compañeros habrían querido consagrarse enteramente a los más pobres, pero que tuvieron que cambiar de opinión por la prudencia de los prudentes de aquel siglo.

Podría ser también que se sugiriera en el número 10 la idea que le he escuchado a Vuestra Paternidad, que los nuevos *experimenta*

---

[61] *Archivo Padre Hurtado*, s 62 y 10. El original está en francés; presentamos una traducción nuestra.
[62] Este gran historiador jesuita fue compañero de estudios de Filosofía del P. Hurtado en Sarriá (1927-1930).

no son una novedad en sí, sino que conservan la idea matriz de San Ignacio, de tener una experiencia real de novicios; siendo que los actuales *experimenta* se encuentran tan suavizados por las circunstancias.

Aprovecho la ocasión que me ofrece Vuestra Paternidad para darle cuenta de mis actividades. La obra para los más pobres, el Hogar de Cristo, sigue su camino. En estos cuatro años ha dado alojamiento y alimento a más de 400.000 vagabundos. En esta cifra las mismas personas están incluidas varias veces. Además de los albergues, hay una escuela-granja, una escuela práctica para la recuperación de los adolescentes vagabundos también. Este año se comenzará una escuela económica para las mujeres más pobres del vecindario, y algunas casas para obreros. Me permito de adjuntarle a esta carta una recensión de los trabajos del Hogar de Cristo.

La miseria en varios millares de subproletarios en Chile es tan extrema que el Delegado de *Caritas*, que vino a buscar una ayuda para los pobres de Alemania, manifestó sus escrúpulos de pedir en un país donde la miseria es mucho mayor que en Europa. Los senadores italianos que vinieron este año en una misión, dijeron al Cardenal que la América del Sur, en su opinión, a causa de la miseria, estaba mucho más expuesta al comunismo que Italia.

Después de mi visita a Vuestra Paternidad en 1947, he comenzado con la aprobación del R.P. Viceprovincial un trabajo parasindical, con el estilo de las Accli [Acción Católica de trabajadores italianos], para formar dirigentes en favor de la acción sindical. Gracias a Dios, se desarrolla bien. No he encontrado dificultades de parte de los Obispos. El Nuncio me ha animado. Las dificultades vendrán sin duda cuando haya que sostener algunos derechos de los obreros. El "anticomunismo" de algunos católicos es ciego y feroz.

El R.P. Viceprovincial me ha encargado también la Congregación de la Santísima Virgen, para los antiguos alumnos y para los jóvenes en general, con un cierto temor de que yo no tenga bastante fe en la Congregación. Me he consagrado de todo corazón a la Congregación, comprendiéndola en el sentido de la carta de Vuestra Paternidad.

Es difícil tomar trabajos tan importantes de manera simultánea. Tengo además por lo menos otras seis ocupaciones normales… pero el buen Dios da su gracia.

Me excuso por quitar el tiempo de Vuestra Paternidad con mis asuntos personales.

Bendígame, mi Muy Reverendo Padre.

De Vuestra Paternidad, servidor en Nuestro Señor,

Alberto Hurtado C., S.J.

19 DE SEPTIEMBRE DE 1949, SANTIAGO[63]

Presbítero Julio Meinvielle (Buenos Aires).

Distinguido señor:

Con profunda extrañeza he visto en *Presencia*, 12 de agosto de 1949, que recientemente llega a mis manos, algunas afirmaciones suyas en que aparece mezclado el suscrito: "Los Padres Hurtado y Jiménez Berguecio en lugar de hacerse eco de esta santa intransigencia (de la Iglesia para mostrar la perversidad del comunismo) *se esmeran en aminorar su importancia*. Esas *declaraciones* aparecen publicadas… en *Ercilla*".

Puedo decirle:

1. Que no he hecho ninguna declaración a *Ercilla*. La revista, bajo su exclusiva responsabilidad, alude a la explicación que yo di en el púlpito de San Ignacio del decreto de excomunión[64]. No hay, pues, tales "declaraciones". Cuando la revista *Topaze*, a que usted alude, me atribuyó "declaraciones", envié una rectificación que usted debió conocer, pues a ella se refirió el número siguiente de la misma revista.

2. Es talmente gratuita su afirmación que el suscrito "se esmera en aminorar" la importancia del decreto de excomunión. La explicación que di de él desde el púlpito, coincide plenamente con el comentario del *Osservatore Romano* y con la que dieron los Obispos chilenos que a él se han referido. Igual afirmación puedo hacer

---

[63] *Archivo Padre Hurtado*, s 64 y 28.

[64] Se refiere al decreto del Santo Oficio del 1 de julio de 1949 publicado en *Acta Apostolicae Sedis*, 2 de julio de 1949, p. 334.

respecto al P. Jiménez Berguecio. Por su parte, el Presbítero Sr. Hamilton desmintió como absolutamente calumniosa la opinión que a él le atribuía la revista *Ercilla*.

Estas opiniones que usted nos atribuye revisten especial gravedad sobre todo en el ambiente en que usted supone que vive el clero chileno, "que ha visto perderse la generación de sacerdotes que creían en la Palabra de Dios y en el poder del maléfico... que vive en el aflojamiento intelectual, que ha sustituido el alimento de la Verdad por la novedad... que se han trocado en vehículo de confusión en lugar de antorchas de verdad". Me creo autorizado por el derecho sagrado a su reputación que tiene todo hombre, y más aún un cristiano tratando con otro cristiano, a pedirle que corrija cuanto hay en ellas de inexacto. No es mi ánimo entrar en polémicas, que sólo sirven para ahondar divisiones y resquebrajar más la herida caridad, sino que me contento con entregar mi protesta ante su conciencia de sacerdote.

Lo saluda su hermano en el sacerdocio y servidor,

Alberto Hurtado C., S.J.

P. René Voillaume.
Mi muy querido Padre Voillaume:
Pax Christi
Su carta del 4 de octubre me ha dado la inmensa alegría de saber más próxima la fecha de su viaje y de la Fundación en Chile. ¡*Laus Deo*!

El Cardenal lo espera con los brazos abiertos y hay varios Obispos (entre los cuales Monseñor [Manuel] Larraín, Obispo de Talca, buen amigo del Sr. [Jacques] Maritain)[66] que querrían tenerlo

---

[65] *Archivo Padre Hurtado*, s 64 y 54.
[66] De hecho, el propio Maritain promovió la venida de esta congregación a Chile.

en sus diócesis... Pero usted será quien decida el lugar. Cada vez más veo la oportunidad de la Fundación en este país tan marcado por el problema social, y donde una estabilidad política bastante grande y una raza abierta y generosa ofrecen un terreno propicio para una acción obrera católica, sinceramente católica y sinceramente social. El clero joven, muy bueno, ve claramente los problemas como ustedes los ven en Francia. Son muy generosos y desean comprometerse a fondo con una vida sobrenatural evangélica y social.

En cuanto a la fecha del viaje, lo antes que usted venga mejor, porque tenemos un verdadero deseo de tenerlo entre nosotros. Usted podría poner su viaje después del 15 de junio. Como le decía, cuanto antes mejor. En cuanto a detenerse en Brasil, no habría ninguna dificultad, sea a la ida o al regreso. Creo que le conviene bastante viajar con Air France, porque tenía —y supongo que eso continúa— una diferencia apreciable de precios para los franceses, a quienes se les permitía pagar con francos franceses. En ese caso, yo le haría llegar a París, por medio del P. [Jean] Villain, unos 160.000 francos, que ya he podido reunir. Considerando el precio del viaje en avión, creo que convendría más que el Hermano Jean viniera para quedarse un buen tiempo. ¿No sería posible que usted viniera con todo el equipo desde el principio? En este caso le ruego que me escriba para buscar dinero y una casa provisoria. En todo caso, no habrá ninguna dificultad en cuanto al hospedaje para usted y sus compañeros. Para que usted se dé cuenta de la situación de Chile bastará muy poco tiempo, porque usted tendrá todos los medios de información a su disposición; si usted quiere viajar a las minas, eso puede hacerse en tres días hacia el norte y tres días hacia el sur. Pero si usted está con muchos compromisos, en diez días puede conocer bien la situación, e incluso en menos tiempo si tiene demasiados compromisos.

Le ruego que me escriba fijando la fecha de su llegada y diciéndome las dificultades que usted pueda prever para tratar de ponerle remedio con la ayuda del buen Dios.

Mis saludos cariñosos al querido Hermano Jean, al Hermano Vasque y a toda la Comunidad. Le ruego que siga recordándose de este país que tiene tanta necesidad de ayuda espiritual. Los mejores deseos en Nuestro Señor.

Alberto Hurtado Cruchaga S.J.

P.D. Si usted no tiene demasiados compromisos, acabo de enterarme que la diferencia de precio del barco en relación al avión, es muy considerable.

29 DE NOVIEMBRE DE 1949, SANTIAGO[67]

Señora Rebeca J. de Franke,

Estimada Rebeca:

La ausencia de párrafos en la prensa, está haciendo disminuir las entradas notablemente. Para el asunto diarios, aunque a Ud. le parezca lo contrario, Dios le ha dado a Ud. una gracia de estado que es necesario seguir ejecutando.

Cada vez que Ud. se ha hecho a un lado de la prensa, se paraliza la publicación de parrafitos que son un llamado permanente a la caridad.

Le ruego, por eso, con toda el alma que, a pesar del inmenso sacrificio que esto le significa, vuelva a tomar la prensa.

La Martita Holley está tapada de trabajo con el volante de Navidad, el ropero y otra serie de pequeñas ocupaciones que le han ido cayendo.

En nombre de Dios y de los pobres, le pido la gran caridad de volver a la prensa.

Respecto al encargo que me hizo, he hablado en varias partes, pero sin resultado alguno. Los internados están llenos. En San Ignacio hay una lista de más de cien personas esperando hueco.

No desespero de seguir haciendo gestiones, pero no quiero tardar en decirle el mal éxito que he tenido hasta ahora.

La saluda con todo cariño y respeto, su Afmo., S.S. y Capellán

Alberto Hurtado Cruchaga, S.J.
Capellán Hogar de Cristo

---

[67] *Archivo Padre Hurtado*, s 65 y 55.

17 DE DICIEMBRE DE 1949, SANTIAGO[68]

Mi querido P. Enrique:

Mucho he agradecido su carta, tan cariñosa que me ha dado una inmensa alegría. Se puede diferir en puntos de "táctica" pero se está muy unido en el espíritu fraternal y en la sinceridad de un mismo ideal profesado con igual amor.

Lo felicito por su oración escolar que no es la más frecuente y es tan necesaria.

Es una de las que requiere mayor abnegación por la continuidad de la obra y por el tiempo que demora a veces en crecer la semilla.

Mucho lo recuerdan los mayores. Hay entre ellos almas muy hermosas. Hay unos 25 de 6° que van a pasar a la Congregación de jóvenes y un grupito semejante en número de los de 5°, que forman un Servicio de Cristo Rey, como fruto de ejercicios.

El mes de María toda la reunión y cada año parece más hermoso en Chile y en San Ignacio este año ha tomado especial brillo. El P. Cox lo está predicando con mucho celo. En la última semana él tendrá un triduo para los congregantes caballeros y jóvenes que queremos hacer con especial preparación. Ayer un extranjero al ser reporteado en la radio señaló como su gran sorpresa en Chile el lleno de las Iglesias.

Vengo llegando de Sewell: ministerio precioso de obreros: el domingo había unos 3.000 en misa. Cuanto fervor, buena voluntad y generosidad. El campo obrero es tierra que puede ser ganada siempre que vamos a él con generosidad, sinceridad y afectividad... obras de amor como dice ¡San Ignacio más que palabras!

Saludos muy cariñosos a todos los teólogos especialmente a los futuros sacerdotes PP, Jaime, Williams y a Don Vicho.

En unión de oraciones. Affmo en Cristo,

Alberto Hurtado C., S.J.

---

[68] *Archivo Padre Hurtado*, s 70 y 047.

A vuelta de vacaciones vendrá el fundador de las religiosos Obreros Contemplativos de la fábrica a fundar en Chile. El P Voillaume es un Santo: su fundador.

25 DE MAYO DE 1950, SANTIAGO[69]

P. Viceprovincial, Álvaro Lavín S.J.
Reverendo Padre Viceprovincial:
Pax Christi
Quisiera darle rápidamente cuenta de las diversas actividades que me tiene confiadas:

1. Residencia de Jesús Obrero[70]
Fuera de las pequeñas incidencias de que hemos hablado varias veces, todo marcha normalmente. Falta aún instaurar las consultas, las pláticas de comunidad y los casos de conciencia, a pesar de que en la práctica todo esto se realiza, pues el ambiente es muy sano y de conversaciones de interés. Esta deficiencia se ha debido al poco tiempo que paso en casa. Trataré de poner pronto remedio.

La escuela marcha bien. 630 alumnos de matrícula y 580 de asistencia media. El cuerpo profesoral satisface. El P. [José] Garrido espera financiarla. Urge, con todo, la venida de las Monjas, pues el P. Garrido está demasiado tomado por la escuela con desmedro de la Parroquia [Jesús Obrero]. El financiamiento sería más fácil, y la atención espiritual más intensa. No me hago ilusiones que puedan ir las [monjas]del Hogar. ¿Valdría la pena intentar con las españolas de que le hablé? En Santiago he hecho otras diligencias sin resultado.

La parroquia, bien, pero falta más la actividad del Párroco, que no puede darla mientras no se desentienda de la escuela. El P. Juan

---

[69] *Archivo Padre Hurtado*, s 62 y 040.

[70] Esta Residencia se constituyó oficialmente el 6 de marzo de 1950 y el Padre fue nombrado Superior (aunque siguió residiendo en San Ignacio). Estaba situada en la calle Germán Yunge 3861.

[Swoboda[71]], admirable en su actividad constante y sacrificada. No creo que se pueda pensar en proseguir las obras.

La casa parroquial: los trabajos costarán, para dejarla habitable, unos 700.000 [pesos], de los cuales se han pagado 215.000. Las terminaciones serán muy sencillas, dentro del tipo de Marruecos.

La población callampa[72]. Hay ofrecimiento de un sitio para servicio religioso. Pienso que debería hacerse un galpón grandecito que sirva para los oficios religiosos, escuela, reuniones, policlínico, y junto a él, una pieza para que pueda dormir de vez en cuando un Padre; y dos piezas para una familia que cuide. Tengo para esto 28.000 pesos y el P. [Raúl] Montes ayudaría con dinero, y con gusto trabajaría en la obra, incluso diciendo la santa Misa. Un grupo de almas buenas se va reuniendo que iría con gusto a consagrarse al servicio del barrio, incluso quizás llegando a vivir allá. Las alumnas del Instituto de Educación Familiar atenderían un servicio de educación familiar.

Una nueva población se creará en la Parroquia, de que le hablaré al tratar del Hogar de Cristo.

Las misiones callejeras del P. [Alfredo] Waugh se prosiguen y desea hacer un movimiento de consagraciones al Sagrado Corazón. La brigada, a cargo también del Padre, espera tener local propio en el nuevo sitio con fondos que buscará el Padre Waugh.

La contabilidad la lleva cuidadosamente el P. [Luis] Gallardo[73]. Falta hacer la cancelación total de las deudas primitivas a fin de traspasar todo lo económico, en forma exclusiva, al P. Procurador [Gallardo], y que la cuenta bancaria esté a su nombre. Todavía está a nombre del P. Garrido.

---

[71] Juan Swoboda S.J., nació en Gleiwitz, Alemania, en 1899. Ingresó en la Compañía de Jesús, ya ordenado sacerdote el 26 de julio de 1932. Llegó a Chile en 1939. Trabajó un tiempo en la parroquia Jesús Obrero de Santiago, y durante muchos años en la ciudad de Puerto Montt. Falleció en 1978.

[72] Nombre que se da en Chile a poblaciones marginales o favelas.

[73] Luis Gallardo Almonacid S.J., nació en la isla de Puluqui, en el sur de Chile, el 15 de septiembre de 1912. Ingresó en la Compañía de Jesús en 1927 y fue ordenado sacerdote en 1945. Trabajó en Valparaíso, Doñihue, Putaendo, Santiago y por último en Arica. Murió el 10 de agosto de 1969.

El financiamiento de nuestra casa está en manos de la Providencia. He visto que los gastos ordinarios teóricos, serían de unos 16.000 pesos mensuales, los que más o menos se reúnen, pero los gastos reales son de unos 25.000 pesos mensuales, para mantener la Iglesia y Casa Parroquial en la que viven y comen 10 personas. Hay, pues, unos 10.000 pesos mensuales que deben llegar de limosna.

Títulos: hay que arreglar los títulos del sitio en que está la Parroquia para que sea donación y figure a nombre de la Compañía. Está por hacerse. Igualmente hay que arreglar la situación jurídica del sitio que ocupa el teatro, pero no ha sido posible dar con los interesados. La venta de la casa no avanza. Gestionaré con otro corredor.

Teatro: no da utilidad hasta ahora, pues, no atrae por lo mal acondicionado.

2. Congregación Mariana[74]

Es para bendecir a Dios el ver lo que se va obteniendo. Al acto religioso semanal acuden unos 100 congregantes, en su mayoría jóvenes. Después del desayuno se reúnen una media hora para la lectura de Santos Padres. El sábado hay un círculo de estudios al que vienen unos 25 jóvenes para comentario del Evangelio: la reunión se prolonga un par de horas. Se han iniciado los retiros mensuales con más de 100 personas de asistencia. Han pedido que sea más largo y que termine con Misa de medianoche, comiendo en el Colegio. La reunión de mayor espíritu me parece la de los sábados. Apostolado específico de la Congregación, el de la cárcel, a la que va un grupo de unos 6 congregantes. Los demás tienen trabajo en la A.C., en el Hogar, o en la ASICH, o conferencias de San Vicente. El paso que se va dando es que estiman la Congregación. A ella ha llegado un

---

[74] Desde que el P. Hurtado dejó su trabajo en la Acción Católica, el P. Travi insistió al entonces Viceprovincial, Pedro Alvarado, que lo encargara de promover la Congregación Mariana. Sin embargo, él se resistió a ello "por estar recién salido de la Rama de Jóvenes [de la A.C.] y evitar que pareciera una revancha de la Compañía contra la A.C. A fines del año pasado [1946], al ver que habían transcurrido dos años desde mi salida y al constatar el desbande de los jóvenes no tomados por la A.C. le propuse al R. P. Alvarado el proyecto de iniciar ahora la Congregación Mariana" (s 62 y 101). Así ocurrió.

grupo muy interesante de antiguos dirigentes de la A.N.E.C. [Asociación Nacional de Estudiantes Católicos], de gran valor.

Deficiencias. No hay ningún colaborador, salvo el P. [Víctor] Delpiano, que acepta reemplazar en la predicación y atención de los congregantes. Falta la acción del P. [Francisco] Dussuel a cargo de la música y coro, que mucho lo piden los congregantes, pero rara vez toca; en cuanto al coro no ha hecho nada. En general los ex alumnos nuestros que van son escasísimos: es más bien gente de afuera. Si cada uno se propusiera ayudar a la Congregación ¿no se conseguiría bastante?

Creo que el P. [Andrés] Cox sería un colaborador muy a propósito y que podría irse preparando para tomarla luego.

3. Instituto Nocturno San Ignacio

Este año ha dado un gran paso adelante por contar con la colaboración del P. [Ruperto] Lecaros y Hermano [Ángel] Lou. El P. Lecaros[75] ha planeado una orientación más técnica y se ha consagrado al Instituto con gran entusiasmo. La matrícula es de 250 y de obreros especializados en su mayoría, muchos de los cuales vienen de muy lejos, aun de Puente Alto, El Salto, etc. Lo hecho este año comprueba las posibilidades inmensas de una escuela industrial para obreros. El ideal sería aprovechar las clases y gabinetes del Colegio San Ignacio, a los cuales se les daría el pleno aprovechamiento. No faltarían profesores y sobrarían alumnos. Tendría la entrada por [calle] Vidaurre. Algo semejante se hace en España en el ICAI. Esto responde plenamente a la carta de Nuestro Padre General sobre apostolado social.

4. Centro Social San Ignacio

Cuenta ahora con 200 socios, de los cuales unos 50 frecuentan casi diariamente el centro. Hay entre los socios un grupo excelente, de gran abnegación, de mucho cariño por la Institución y

---

[75] Ruperto Lecaros Izquierdo S.J., nació en Valparaíso en 1915. Estudió Derecho en la Universidad de Chile y luego ingresó en la Compañía en 1943. Enseñó en el Colegio San Ignacio y fue subdirector del Instituto Nocturno San Ignacio. Fue ordenado sacerdote en 1953. Trabajó en Santiago, Arica y Valparaíso. Falleció el 10 de junio de 1981.

por la Compañía. Es admirable lo que se sacrifican después de su trabajo, hasta medianoche por llevar adelante su obra. En años anteriores había predominado casi con exclusividad el deporte, pero han logrado interesarse por el espíritu, como en tiempos del P. [José Francisco] Correa. El año pasado hubo dos retiros en Marruecos, y este año hay buen número inscrito para otro. Los domingos van a la Misa de la Congregación unos 15. Hacen obras de caridad, principalmente en la cárcel y con los socios. El año pasado repartieron de sus fondos más de 7.000 pesos a socios enfermos. El 21 de mayo se reunieron 103 alrededor de la mesa.

Deficiencias. Falta más atención espiritual[76]. Yo voy una vez por semana. Se quejan los vecinos de que se quedan con la radio hasta muy tarde. Se los he advertido, pero es muy difícil corregir el defecto por el hecho de estar solos, sin posibilidad de control.

5. Patronato San Estanislao

Es una lástima que no hayamos podido reunirnos regularmente, ni interesar a los directores en las obras. Causa: falta de tiempo. Su acción se limita a proveer de fondos para el Instituto y Congregación. Quisiera pedirles unos 60.000 pesos para Velásquez.

6. Colegio San Ignacio

Tengo dos círculos de estudio: uno con alumnos de Cuarto y otro de Quinto y Sexto, obras auxiliares de la Congregación. En el primero hay unos 10 alumnos, y en el segundo, unos 20. Buen espíritu, pero se echa de ver en forma clarísima la falta de formación religiosa del hogar, y de algo más que clases de religión. Es impresionante ver lo lejos que se está del Evangelio. El trato con estos niños me ha convencido que no debería darse "Ejercicios de San Ignacio" a los de Cuarto: no entienden nada, y se habitúan a un disco que después no apreciarán[77]. Conferencias religiosas y "paseos espirituales", pero no más. En la primera doy las pláticas.

---

[76] Aquí, como en varios otros lugares de los informes, se aprecia la preocupación del P. Hurtado por la atención espiritual, especialmente sacerdotal, de las obras que estaban bajo su cargo.

[77] En otra carta, se queja de la falta de seriedad de los alumnos para enfrentar los retiros.

7. Casa Ejercicios

Desgraciadamente poco movimiento por falta de quien atienda y promueva Ejercicios. Ha ido decayendo por la razón dicha. En Semana Santa hubo 180 jóvenes con excelente espíritu. Propongo que se nombre a un director efectivo. ¿Tendría tiempo el P. [Marcos] Arancibia, o el P. Benjamín [Vergara]? Dejar en este cargo al P. Rector y a mí, es matar la obra, porque ninguno de los dos puede hacerlo. Eso sí, es imprescindible que el que sea nombrado tenga carácter suficiente para defender las cosas de la Casa de Ejercicios que constituyen una tentación permanente para el Noviciado de servirse de ellas. Hay muy buena voluntad en los superiores del Noviciado, pero no ha habido continuidad en el cuidado, que ha estado a cargo de un estudiante o novicio. Deja cada año la Casa un déficit de unos 30.000 [pesos] más el gasto de completar y renovar lo destruido. El Director de la Casa de Ejercicios debería organizar tandas a base de los días libres de nuestros Padres de las varias casas: los de Chillán han señalado sus posibilidades, y así podría tener vida próspera. El ideal sería tener un Padre consagrado sólo a los Ejercicios y su trabajo rendiría gran número de vocaciones... más que toda la apostólica.

8. Vocaciones

Hay varios jóvenes preocupados, pero pocos resueltos. Gabriel Hermosilla, que habló con Vuestra Reverencia, desea venirse el 20 de junio. Mario Castro "querría" entrar desde hace 15 años para Hermano; parece decidido, pero temo al último momento. Se le prometió ayuda económica para su madre. Es muy serio, piadoso. Creo sería muy buen Hermano Gustavo Serrano, Adolfo Pallavicino, Enrique Prieto, Mario Rencoret, todos ellos universitarios, piensan en el problema y dicen desearlo. El capitán Enrique Courbis estudia la congregación por la cual decidirse. Falta un Padre que dé tiempo al problema. Un Padre en la Casa de Ejercicios, y otro en la dirección espiritual y Congregación Mariana se imponen como necesidades primordiales.

9. Atención a varios bienhechores

Señalo en especial a la Sra. Elena, de la cual nos hemos desentendido bastante. El P. Provincial prometió recomendar seriamente a los predicadores de Ejercicios la imitación de Beata Mariana[78]. Esto no se ha hecho. Tengo en mi poder novenas y algunas vidas de la Beata. Yo hago lo que puedo en Ejercicios y confesionario por dar a conocer lo que significa una consagración a Dios en el mundo, que es el espíritu de la Beata. Creo que se impone la celebración seria, con entusiasmo, de un triduo en honor de la nueva santa que será canonizada el 9 de julio.

Sra. Sara Ossa no suele pedir grandes favores, pero habría que estar pronto a ayudarla por lo mucho que quiere hacer.

En general somos poco atentos con las familias de bienhechores y antiguos alumnos: idas al cementerio, por ejemplo.

10. Hogar de Cristo

El P. Alvarado [Rector del Colegio San Ignacio] me ha reprochado que no suelo dar cuenta a los Superiores de las actividades del Hogar, por lo cual la Compañía se interesa menos. La causa es la misma siempre: falta de tiempo.

Actualmente el Hogar tiene un directorio de caballeros muy eficiente que se reúne cada martes a las 9 a. m. en San Ignacio y que llevan *en forma efectiva* la responsabilidad; desean llevarla. Son muy deferentes con el Capellán, pero no son palos blancos[79]. Hay un directorio de señoras, sin cargos especiales, pero que con gran abnegación atienden las casas, reúnen el dinero, organizan la colecta, beneficios y que tienen inmenso cariño por el Hogar.

Ha sido recientemente aprobada la reforma de Estatutos que deja la designación de Capellán en manos del Provincial de la Compañía, el cual puede también remover a su arbitrio a cada uno y aun a todos los directores.

Hogar de Colina: Trabaja muy bien la Comunidad de Padres Siervos de la Caridad con dos Padres y un Hermano. Este año han

---

[78] Se refiere a Mariana de Paredes y Flores, santa ecuatoriana, de Quito, cuyo nombre religioso era Mariana de Jesús (1618-1645). Tuvo directores espirituales de la Compañía de Jesús. En 1639 fue admitida como terciaria franciscana. Pasó el resto de su vida en su casa, dedicada a la oración. Murió con fama de santa, en 1645, y su devoción se extendió rápidamente. Fue beatificada en 1853. El Papa Pío XII la canonizó el 9 de julio de 1950.

[79] Una forma chilena de indicar personas que actúan por cuenta de otro.

ido también cuatro religiosas de la Sagrada Familia, y el año próximo irán dos más para hacerse cargo de la Escuela. El Hogar cedió a los Padres la propiedad de Colina con la obligación de realizar la obra con los vagos; si cesaren, vuelve a nosotros la propiedad. Hay 56 niños. El Hogar les da mensualmente 20.000 [pesos] para ayudar a su financiamiento. Está construyendo un nuevo pabellón que costará unos 2.000.000 pesos, por lo menos. La Sra. Sara Ossa ayudará con 1.000.000 de pesos. Javier Errázuriz deja en herencia al Hogar de Cristo, su fundo, y si su madre fallece antes que él, la mitad de su herencia, esto es unos 15.000.000 pesos.

Hogar de Tocornal[80]: Está arrendado a la Obra de las Empleadas Domésticas, cuyo capellán es don Bernardino Piñera. Canon: 5.200 pesos.

Hogar de Velásquez: El pabellón de mujeres ha aumentado su capacidad hasta 120, y como muchas madres vienen con niños resulta que duermen en él hasta 150 personas. En el de hombres hay otros 150, más los numerosos hospedados —a veces hasta 50— que deben dormir en los pasillos por falta de sitio. Se ha construido ahora para ellos un pabellón de emergencia. El nuevo pabellón ha sido destinado más bien a niños, en vez de adolescentes como fue la idea primitiva. A él van los que vivirán después en Colina. Esperamos tener este año unos 60. Queda aún un grupo de adolescentes. Varios de ellos este año fueron al servicio militar, y otros se irán ocupando y algunos casando. Cuando está lleno llegan a dormir en Velásquez más de 400 personas. Este año han sido contratados dos profesores para los niños, a fin de que el P. [Salvador] Moreno, que tiene demasiadas responsabilidades, pueda consagrarse más a la labor espiritual y a ejercer una acción de control general.

Nuevo pabellón de adolescentes. Espero fundadamente que los herederos de don Jorge Hurtado Vial lo construyan en su recuerdo. Él manifestó deseos de hacerlo la víspera de su muerte. Estaría destinado a adolescentes de 13 a 16 años, más o menos, y acompañado de talleres profesionales. El primero, para la mueblería, cuyos trabajos puede usted ver en la biblioteca del Colegio San Ignacio, se

---

[80] Tocornal y Velásquez son los nombres de las calles en que están situados esos hogares.

comenzará a construir luego. El nuevo pabellón tendrá capacidad para 150 adolescentes. Podrá ser atendido por las mismas religiosas y por nuestros Padres. Creo que al construirse podría pensarse seriamente en la nueva escuela apostólica para coadjutores.

Casa de educación familiar. Deseamos a toda costa iniciarla este año para cumplir el compromiso con la Srta. Sara Covarrubias. Costará aproximadamente 1.000.000 pesos y de ella se hará cargo el Instituto Familiar: tendrá clases de costura, cocina, tejido, lavado, servicio doméstico, etc.

Sociedad el Hogar Obrero. Ha sido recibida con inmenso entusiasmo. El directorio está formado por gente muy respetable. El capital de 10.000.000 de pesos ha sido suscrito casi por entero. El Hogar de Cristo aportó a él 3.500.000 pesos en terrenos (4 cuadras en Cerrillos; 2 cuadras en [calle] 5 de abril esquina Amengual; 5.000 m² en [calle] Ruiz Tagle al llegar a Chorrillos). Acaba de cerrar contrato por 9 hectáreas más en 5 de Abril esquina Amengual, donde podrá edificarse una población de 700 a 800 casas, a unas 6 cuadras del actual Hogar de Cristo y dentro de nuestra Parroquia. La nueva población será muy decente. Tendrá su iglesia, escuela, etc. El Presidente de Hogar Obrero está tramitando una ley que nos permita tener crédito bancario, lo que nos haría posible una construcción inmediata. Las casas se venderían por cuotas mensuales y se tomaría un seguro para garantizar el pago en caso de cesantía y en caso de muerte.

Casa central del Hogar de Cristo. Ha sido una providencia la compra de esta casa. Costó 2.400.000 pesos. Sólo se adeuda una cuota de 300.000 pesos que vence en noviembre [de] 1950; la secretaría, tesorería, Hogar Obrero, dulcería, tienda, y piso que arriendo para mis actividades están concentrados y de fácil atención en su sitio tan céntrico. Hay el proyecto, cuando haya dinero, de hacer aquí un edificio de varios pisos para renta. Creo que sería el sitio ideal para reservar una sección para el *"Coetus"* de escritores y Padres que dirigieran obras sociales, los cuales podrían vivir en San Ignacio y atender al público en forma expedita sin perturbar la vida del colegio y guardando plena vida de comunidad.

Obras para obtener recursos. La dulcería deja libres unos 15.000 pesos mensuales. Hasta ahora no ha entrado dinero, porque ha gastado mucho en la compra de maquinaria eléctrica. La tienda calculo que nos irá a dejar unos 60.000 pesos. La lavandería daba unos 50.000 pesos, pero fue necesario cerrarla al abandonar [el Hogar de calle] Tocornal. No pierdo la esperanza de que pueda abrirse en un local anexo a la Educación Familiar. Tendremos además una renta por el capital invertido en Hogar Obrero que fluctuará de 350.000 a 500.000 pesos anuales.

Financiamiento. Los gastos mensuales fijos del Hogar de Cristo suman unos 100.000 pesos; hay que agregar por lo menos 1.000.000 [de] pesos en construcciones; y unos 400.000 pesos que es necesario gastar cada año en reponer material de ropa, etc. Creo que el presupuesto anual debe andar cerca de los 3.000.000 [de] pesos.

Entradas: subvención fiscal, 100.000 pesos; subvención municipal, 85.000 [pesos]. Arriendos, unos 200.000 pesos; dulcería y tienda, esperamos unos 150.000 pesos; coronas de caridad, unos 200.000 pesos; colecta anual, unos 250.000 pesos; beneficios, unos 150.000 pesos; para el año próximo esperamos recibir la renta de nuestras acciones en Hogar Obrero, de 350.000 a 500.000 pesos. Esto significa 1.500.000 pesos más o menos. A él hay que agregar las fundaciones y donaciones extraordinarias.

Donaciones importantes pendientes: Saldo por recibir de venta de terreno donado por Srta. Sara Covarrubias, unos 600.000 pesos; de venta terreno donado por Miguel Covarrubias, 1.500.000 de pesos, destinado a habitaciones obreras; legado de la Sra. Josefina Zilleruelo de Prado, 1.000.000 de pesos; ofrecido por la Sra. Sara Ossa de C., 1.000.000 de pesos; Fundación Jorge Hurtado Vial, cuyo monto no ha sido fijado, pero espero sea subido. Legado a cargo Sr. Castillo U., 100.000 pesos; Legado a cargo Jorge Vives E., 30.000; Legado a cargo José Barros C., 10.000; Legado Sr. Frías, creo 20.000; Saldo Sra. Matilde Merino, 30.000; Saldo Braun Guevara, unos 30.000; A. Margozzini, 20.000.

Construcciones importantes por emprender. Casa de adolescentes. Talleres profesionales. Casa de Educación Familiar. Terminación del pabellón en Colina. Poblaciones obreras.

La necesidad más urgente. Un Padre que se vaya interesando e interiorizando en la marcha de todo lo relacionado con el Hogar de Cristo. Sugiero al P. José Aldunate, muy equilibrado, de gran criterio, y el cual sin duda, al permanecer en Santiago, se vinculará con alguna obra. ¿Por qué no interesarlo en ésta que tanto cariño ha captado para la Compañía?

11. Acción Sindical y Económica Chilena (ASICH)

Es el más difícil y tal vez el más importante de todos los trabajos que Vuestra Reverencia me ha encargado. El P. General, al proponerle estos planes, me decía: "*Si yo fuera su Provincial sacrificaría todo lo demás por esta obra*"[81]. Es la más ingrata, porque encuentra comprensión en muy pocos; aprobación, pero no entusiasmo en la Curia, y algo parecido entre muchos de los Nuestros; desconfianza franca en un grupo del clero; y escasísima ayuda económica. Entre los mismos obreros y empleados hay que luchar con su apatía, su inercia y su falta de espíritu de organización.

A favor de este trabajo milita el hecho de que está en juego el porvenir espiritual y material del sector más numeroso de la población, de los más alejados de la Iglesia —como tantas veces lo han dicho los Papas— porque no han visto a los católicos interesarse por sus problemas humanos; porque es una vergüenza que sus condiciones de vida miserable no nos muevan a practicar lo que Cristo aconseja en la parábola del Samaritano; porque el porvenir del país hoy pertenece a los gremios, como lo estamos viendo, y por tanto el porvenir de la Iglesia y de las almas está ligado a la recta solución de los problemas de justicia social a través de la organización gremial; porque en Chile hoy, si no lo tomamos los jesuitas este trabajo, temo que tardemos muchos años antes de que lo tomen otros; porque, al obrar así, continuamos la antigua tradición de valentía social de la Compañía desde tiempos de la Colonia, y que en nuestra época han renovado los Padres [Fernando] Vives, [Jorge] Fernández y otros, que son los que han formado a los pocos que hoy se ocupan del problema obrero. Hombres como Clotario Blest[82], que ocupa

---

[81] cf. s 62 y 27.

[82] Clotario Blest Riffo nació en 1899. Fue seminarista en Santiago y en Concepción hasta 1920. Estudió Teología, Derecho y Química. Desde muy joven debió trabajar para sostener a su madre viuda. En 1925 fundó la Unión Central de la Juventud Cristiana. Su guía espiritual fue el P. Fernando Vives, S.J. (el mismo del joven Alberto Hurtado). En 1935 fue elegido Secretario General de la Liga Social de Chile. Fundó la Federación de Trabajadores del Estado, que en 1943 se convirtió en la Asociación de Empleados Fiscales (ANEF). En 1953 fue elegido Presidente en el Congreso de fundación de la Central Única de Trabajadores (CUT), cargo que ejerció hasta 1961. En sus últimos años se dedicó a la lucha por la defensa de los derechos humanos. Murió en la enfermería de la Iglesia Recoleta Franciscana, el 31 de mayo de 1990.

hoy el sitio más importante en el campo gremial, confiesan que lo deben todo al P. Vives y P. Fernández. Esta tradición es la que confirma la última carta del P. General y le da nuevo impulso. Por otra parte los jóvenes anhelan un movimiento social justo y valiente, y lo esperan de nosotros y se sienten confortados al vernos junto a ellos. Las posibilidades de fruto en este trabajo son inmensas... ¡Si lo comprendieran nuestros Obispos le consagrarían sus mejores hombres! El Sr. Nuncio [Mario Zanini] me ha alentado muchísimo; en la Secretaría de Estado de la Santa Sede igualmente, Mons. Tardini me dio una entusiasta carta en este sentido; y recientemente la Comisión Episcopal reconoció oficialmente el movimiento ASICH[83], y declaró que quería canalizar a través de él todas las energías de acción sindical. Hizo confianza al Asesor, y declaró que un movimiento de esta naturaleza es autónomo en su organización y actividades, dependiendo de la Jerarquía en sus actitudes doctrinales. Esta declaración ha sido un paso de gran alcance.

Organización de la ASICH. Tiene a su frente un Consejo Central integrado por 5 miembros de cada uno de sus tres departamentos. De este Consejo es Presidente Ramón Venegas, y en su ausencia Clemente Pérez Pérez. Capellán, el que suscribe.

Departamento Obrero. Comenzó en forma muy promisoria y superaba mucho al de Empleados. Desgraciadamente, falta un sacerdote que le pueda dar tiempo y un propagandista con cualidades de organizador. Acabamos de desahuciar a Luis Fredes que desempeñaba este cargo. Es excelente, con ideas claras, pero sin dinamismo. Tenemos en Santiago un centenar de Asichistas obreros, algunos de verdadera preparación y de toda confianza; entusiastas por su movimiento hasta el martirio. Acaban de asesinar a un Asichista celoso propagandista. La acción del grupo obrero ha sido más bien de formación, de alguna conquista y de solución técnica a problemas gremiales, especialmente pliegos de petición.

El movimiento está totalmente dirigido por obreros. Hay un grupo de "auxiliares", universitarios que hacen clase en los núcleos obreros en formación y que se reúnen todas las semanas a preparar sus clases en común, y luego van a los núcleos. El movimiento

---

[83] En septiembre de 1950. Cf. *Positio*, I, Documentos, p. 305.

obrero en Santiago no hemos querido orientarlo como movimiento de masa, al menos, al principio.

Algo se ha podido hacer, aunque poco, por la formación espiritual de nuestros Asichistas obreros. Les doy una clase cada semana de "Doctrina", principios cristianos de nuestro movimiento. Iniciaremos esta semana un círculo de Evangelio, y un grupo ha hecho Ejercicios. Un movimiento periódico de retiros y Ejercicios sería el gran remedio de penetración en el campo obrero. Tenemos todo para ello, pero falta el hombre...

En provincias podríamos recoger una cosecha inmensa e inmejorable si tuviéramos más asesores. En Iquique, cuando fui invitado por el Sr. Obispo [Pedro Aguilera Narbona] logramos fundar la ASICH, incorporándose a ella el 50% de los dirigentes sindicales de la provincia; sindicatos como Schwager tienen sus 5 dirigentes católicos... Casos como éste hay bastantes. ¡Qué inmensa fuerza podríamos tener si hubiera sacerdotes consagrados! El momento no puede ser más propicio, ahora que el comunismo está semiatado; ésta sería nuestra hora para dar testimonio de justicia y reconquistar la confianza de la clase trabajadora.

Departamento Empleados. Al principio dormido, pero tiene un gran propagandista al frente, Manuel Naranjo, quien dejó el Ejército para consagrarse entero a la acción sindical. Tiene elementos de gran valer y hemos conseguido obtener que sindicatos de empleados tengan todo su directorio formado por Asichistas, o al menos por católicos. En la última concentración de empleados particulares logramos obtener dos dirigentes en el Consejo Superior de la Confederación de Empleados Particulares y se ofreció a Roberto León, Asichista, el puesto de Maas, de Presidente de la Confederación, puesto que rechazó porque vio que estaría muy solo. En el gremio de bancarios tenemos casi el 50% de los dirigentes. La ASICH es allí una fuerza que pesa.

Departamento Económico Social. Está formado por un grupo de profesionales jóvenes de gran valer, tales como Gustavo Lagos, Omar Saavedra, Manuel Atria, Francisco Pinto, Javier Cox, Raúl Varela, etc. Estudian los problemas técnicos de los distintos departamentos y aun preparan proyectos que puedan presentar en las confederaciones y, esperamos, en el Parlamento. En el último Congreso de la Confederación de Empleados Particulares los tres proyectos aprobados, y por unanimidad, fueron preparados por el Departamento Económico Social de la ASICH: proyecto de reforma de la empresa, de inamovilidad de los empleados, y de reforma de la seguridad social.

Tribuna Sindical. Es publicación quincenal. Está bien, hasta donde puede estarlo dados los medios. Saca 3.500 ejemplares. Es apreciada en los medios sindicales. En la Curia me hicieron al principio algunas observaciones, pero no han insistido y aun parece que comprenden que tiene que ser un órgano de batalla. *El Imparcial* nos ha hecho sugerencias para sacarla quincenalmente como suplemento de su diario. Se discute la proposición por temor de parecer mezclados en política, aunque sería la redacción bajo nuestra entera responsabilidad.

Escuela Sindical. A más de los cursos que, dos veces por semana, se dan en el local central de la ASICH y de los que se dan en los núcleos, se ha organizado este año una la Escuela Sindical para Dirigentes. El resultado ha sido pobre: hay apenas unos 20 alumnos. Las causas: falta de un hombre capaz al frente (ahora ha sido designado Arturo Montes, joven abogado capaz y dinámico); y el errado criterio de algunos dirigentes del Mosich (de que luego le hablaré) que quisieron reservar los cursos sólo para nuestros dirigentes.

Ahora iniciaremos un nuevo curso abierto a todos los dirigentes gremiales cualquiera que sea su ideología. Será la mejor fuente de formación y atracción. Para el reclutamiento se ha ideado un sistema de propaganda. Funciona en el Instituto Nocturno San Ignacio.

Financiamiento de la ASICH. Tropezamos con dificultades muy serias, a pesar que nuestro presupuesto es muy reducido. Por el momento unos 15.000 pesos mensuales, aunque necesitaríamos un *minimum* de 25.000 pesos. Nuestra gente ayuda con verdadero sacrificio, pero habría mucho más que hacer. Creo que tendré que ponerle el hombro seriamente si no queremos que se descalabre un movimiento tan promisor. Se pidió ayuda a la Jerarquía, pero hasta aquí no hemos obtenido nada.

El Mosich. A mediados del año pasado tomó forma un deseo antiguo de vincular a todos los movimientos gremiales de inspiración cristiana. Después de muchas reuniones en que se barajaron fórmulas muy diferentes se llegó a un acuerdo entre los siguientes movimientos: ASICH, Unión Social Obrera (USO); Departamento

Sindical del Partido Conservador; Departamento Sindical de la Falange; Departamento Sindical del Movimiento Social Cristiano; UNCEOFICH, movimiento de empleadas (P. [Luis] Yáñez) sindicato de empleadas de servicio doméstico. Estos diversos movimientos tienen un consejo coordinador para aprovechar mejor los servicios comunes: prensa, escuela sindical, oficina jurídica, de colocaciones, etc.; se comprometen a establecer contacto para las elecciones sindicales y para las campañas gremiales. Funciona en el local de la ASICH. Por ahora los resultados son escasos, pero hay un paso dado y una posibilidad de acercamiento cuando lo pidan circunstancias concretas.

"El sindicalismo"

He mandado a la imprenta, Editorial Pacífico, los originales del libro que aparecerá, espero, en un par de meses[84].

Academia de Visitadoras Sociales

El año pasado acepté, con su aprobación, la asesoría de la Academia. La forman unas 60 visitadoras. Tienen muy buen espíritu. El martes próximo empiezo un ciclo de charlas sobre sindicalismo, a las cuales han invitado las visitadoras de las diferentes escuelas. Pronto abrirán en el local contiguo a la Secretaría del Hogar de Cristo una oficina de orientación para los pobres: desocupados, enfermos, tramitaciones. Será una obra que vendrá a completar las de la ASICH y Hogar de Cristo.

12. Peticiones

Al terminar este resumen de actividades quiero insistir a Vuestra Reverencia en la necesidad de que alguno o algunos Padres vayan tomando contacto con el trabajo que Vuestra Reverencia me ha encargado. De lo contrario va a morir con la persona, y la partida ¿quién sabe cuando será? Por algo insiste tanto el Señor: *"Velad y orad, porque no sabéis el día ni la hora"* [Mt 25, 13]. Para la ASICH creo que sería un excelente colaborador el P. José Aldunate, tan ponderado y con un criterio tan seguro. El Departamento Económico Social se haría de un hombre extraordinario. Si no entra alguno de

---

[84] Esta obra fue publicada con el título *Sindicalismo, historia-teoría-práctica*, Santiago 1950.

los Nuestros, esta obra de tanta gloria de Dios y de tanto porvenir se nos va a ir de las manos. Estoy gestionando en la Curia la designación de un Vice Capellán para los obreros y creo poder sacarlo. Para el Hogar de Cristo, el mismo P. Aldunate, o el P. Raúl Montes, el cual, aunque está muy recargado, creo que sería también un hombre muy apto.

Para la Congregación Mariana, el P. Andrés Cox, y mientras tanto, servicios ocasionales de los Padres Ramón Cifuentes y [Francisco] Dussuel. Para el Instituto Nocturno un buen maestrillo que continúe la obra del P. [Ruperto] Lecaros, que es muy de alabar. Para el Hogar de Chorrillos Vuestra Reverencia verá lo que puede hacer.

Ruego a Vuestra Reverencia que perdone este largo informe, que me ha servido de examen de conciencia. De Vuestra Reverencia siervo en Cristo,

Alberto Hurtado C., S.J.

27 DE JUNIO DE 1950, SANTIAGO[85]

Muy Reverendo Padre General, J. B. Janssens S.J.
Pax Christi
Muy Reverendo y muy querido Padre General:
Me atrevo a dirigirme a Vuestra Paternidad para hablarle de algunos puntos que me parecen importantes para nuestra Viceprovincia.

---

[85] *Archivo Padre Hurtado*, s 62 y 014. En esta carta escrita al Padre General con mucha confianza, el Padre se refiere a varios aspectos del trabajo de la Compañía en Chile, y termina aludiendo a su propio caso, preguntando cómo puede recuperar su reputación en Roma. El Padre General le respondió poco después que no se preocupara, porque su fama en la Curia no solo era buena sino excelente. El original está en francés: la traducción es nuestra.

1. *Colegio en Los Leones.* Se trata de nuevo de comenzar los trabajos del nuevo Colegio[86]. Los Padres [Jorge] González y [Raúl] Montes quieren a toda costa la construcción. Las razones a favor son las siguientes: necesidad de un segundo colegio en una ciudad tan grande; excelencia de la ubicación; promesa de la nueva construcción hecha al Consejo Municipal y a las familias que han comprado el terreno vendido por nosotros[87].

Razones en contra:

a) No hay personal. Estamos sobrecargados desmedidamente. Las obras no escolares no tienen ninguna continuidad porque son únicamente personales.

b) ¡Otro Colegio! Que va a embarcar todas las fuerzas de la nueva Viceprovincia en educación, sin dejar ningún lugar a las obras científicas, sociales, espirituales y misioneras.

c) Un Colegio para los muy ricos, a base de acciones. Nos damos bastante cuenta en Chile de la crisis de la aristocracia, y más bien de la nueva plutocracia, sin ideal sobrenatural, amando solamente el confort y la entretención... ¿Y nosotros vamos a unir nuestra suerte a la suya? Y así, en los dos últimos años no ha sido posible terminar los retiros con los alumnos por falta de seriedad. ¡Ha habido que interrumpirlos! Las familias numerosas, las verdaderas familias cristianas, tendrán que enviar a sus hijos a otra parte por falta de dinero.

d) El Colegio Filosófico relegado hasta fecha indefinida, a causa del nuevo colegio; y nos falta tanto una casa de estudios para un trabajo más científico y para una influencia seria.

e) A estas razones de fondo se puede agregar que no hay ninguna posibilidad económica. El plan mínimo para un internado, a juicio de los Padres González y Montes, cuesta por lo menos 20.000.000 de pesos chilenos. En la mejor de las situaciones se podrían obtener 6.000.000 de la venta de terrenos y de los amigos. ¿El resto? ¡¡Es una aventura!! Una aventura que podría tener para nosotros las consecuencias del Colegio de La Habana para la Provincia

---

[86] Este Colegio finalmente se inauguró y se llama hoy San Ignacio El Bosque. Es el que tiene mayor número de alumnos entre los Colegios jesuitas que hay en Chile.

[87] Al parecer, algunas familias compraron parte de un terreno a la Compañía en el entendido que esta construiría un nuevo colegio en ese lugar.

de León. ¿Justificación de la aventura? El compromiso de la Compañía con el Consejo Municipal y las familias. Pero si no se puede mantener la palabra, con qué fin tratar un imposible; además, las familias que esperan el colegio no son más que seis u ocho, que han hecho un magnífico negocio con la compra y han ganado un 100% en el negocio: ellos comprenderán perfectamente si se les explica.

f) Yo veo además que el P. González y el P. Montes quieren hacer triunfar la tesis del nuevo colegio de una manera disimulada. No se trata sino del internado para San Ignacio, pero con la esperanza de crear un nuevo colegio que muy pocos de nuestros Padres desean.

En este estado de cosas yo creo, Muy Reverendo Padre, que la aprobación para el nuevo colegio sería muy peligrosa. Es también la opinión de la mayoría de nuestros Padres y de los hombres más prudentes.

2. *Últimos votos del Padre Garrido*. Al P. José Garrido, entrado a la Compañía hace 25 años, le han postergado sus últimos votos. Se ha visto en la práctica que le era imposible a causa de su salud hacer la Tercera Probación; incluso fue dispensado por el Muy Reverendo Padre Ledóchowski. El Padre Viceprovincial ha pedido, con la aprobación unánime de los Consultores y con unos informes muy favorables, los votos para él. Se los han rechazado e incluso se le ha recomendado salir de la Compañía. El Padre Viceprovincial insistió todavía dos veces, y se ha continuado a rechazárselos; incluso el P. Travi en su última visita le habló acerca de salir de la Compañía, ignorando la dispensa de hacer su Tercera Probación.

Se ha creado la nueva Residencia en gran parte para ver si el P. Garrido es capaz de llevar una vida comunitaria. He sido designado superior. Puedo decirle a Vuestra Paternidad que el P. Garrido es un ejemplo de vida regular, obediente, celoso, espiritual, amando a la Compañía y siguiendo en todo la vida de Comunidad. Además, es visto con gran estima por todos en la Viceprovincia a causa de sus trabajos entre los más pobres. Me he atrevido a escribir esto por si mi testimonio puede servir para dar más luz a propósito del P. Garrido.

3. *¿Se puede recuperar la reputación en la Curia Romana?* No osaría escribir esto si no estuviera seguro que Vuestra Paternidad

conoce mis sentimientos, pero a veces me viene a la cabeza la idea de que las informaciones "contrarias" que llegan a Roma quedan y pesan para siempre y que es muy difícil deshacer su influencia. En el caso del P. Garrido he visto un ejemplo; y en el mío un segundo. El P. Travi, cuando era Provincial de Argentina, recibió algunas informaciones respecto de mis "ideas peligrosas", que no eran otras que las del P. Gagliardi[88]. El P. Crivelli me atacó a propósito de ellas; yo le di todas las explicaciones, y me dijo que había quedado satisfecho. Años después escribió al Padre Provincial diciéndole que yo no era alguien que tuviera el espíritu de la Compañía. Le escribí una vez al P. Schurmanns y me respondió que yo no observaba la vida común, cuando yo creía actuar siempre con la plena aprobación de los superiores, e incluso en su último viaje el P. Travi ha hecho comprender al Padre Provincial que él tenía sus dudas respecto de mí[89]. Yo hablé con él, y él no me dijo nada. ¿Qué hay entonces? Son cosas que quedan en lo vago, es una influencia pesada, y no es muy agradable saberse sospechoso por parte de los superiores.

Digo todo esto a Vuestra Paternidad sin la menor amargura; trato de trabajar con todo mi corazón por la gloria de Dios y por la Compañía, y sé que Vuestra Paternidad conoce mis defectos y también mis intenciones; pero creo que la misma pregunta: "¿Se puede recuperar la propia reputación en la Compañía?", es algo grave para muchos jesuitas. Vuestra Paternidad que nos ha dado tan bellas instrucciones, ¿no podría darnos una palabra de estímulo a toda la Compañía?

---

[88] Ver, más arriba, los documentos referentes a las entrevistas del P. Hurtado con el P. Janssens.

[89] El Viceprovincial chileno, Pedro Alvarado, parece haber hecho mención al P. Hurtado de las críticas del P. Crivelli, porque el 29 de diciembre de 1940 escribió de manera reservada a Roma. Poseemos solo la respuesta que le envió el P. Schurmans, Vicario General de la Compañía (del 6 de septiembre de 1941). El Vicario le confirma que habían quedado aprensiones contra él debido a los informes recibidos, pero no porque se le considerara un mal religioso: "Al contrario, se le estima verdaderamente como un excelente jesuita. Pero quedó la impresión que usted tenía sobre la vida espiritual y la formación religiosa algunos principios que no son en absoluto exactos; que por insistir demasiado unilateralmente sobre la necesidad de actuar por convicción personal y por espíritu filial, desconocía un poco el valor de la tradición, de la disciplina religiosa, de las observancias exteriores" (el original está en francés).

4. *Fundación de San Ignacio como colegio gratuito.* Gracias a Dios, acaba de firmarse un testamento que nos permitirá realizar el ideal de San Ignacio y que Vuestra Paternidad nos recomendaba tanto. Los ingresos bastarán para transformar el Colegio en un colegio gratuito.

5. *Informe de mis trabajos.* Acabo de dirigir al P. Travi un informe de todas mis actividades, puesto que algunas son discutidas en Chile. El Padre Viceprovincial, el Cardenal y el Nuncio me animan mucho, pero se encuentran algunas críticas. A Mayor Gloria de Dios.

Perdóneme, Muy Reverendo Padre, por esta carta.

Servus in Christo

Alberto Hurtado C., S.J.

30 DE JUNIO DE 1950, SANTIAGO[90]

P. Viceprovincial, Álvaro Lavín, S.J.
Pax Christi
Amadísimo en Cristo R.P. Viceprovincial:
Mañana parto a Puerto Montt, pero antes no resisto decirle dos palabras sobre el futuro Colegio de Los Leones[91]. Mientras más lo pienso, veo claro que es totalmente imposible salir adelante con esa obra. Gastaríamos todo lo que pueda sacarse de la venta de los sitios y quedaríamos paralizados por muchos años haciendo el ridículo y sin prestar ningún servicio efectivo a aquellos que podrían esperar algo de nosotros. Cuando pienso cuántas son las personas que han comprado sitios por el futuro Colegio, creo que éstas no pasan de cinco o seis a las cuales se les pueden dar las explicaciones del caso y quedarían perfectamente conformes. Por lo demás, nadie está obligado a lo imposible y todos deben evitar el ridículo en las actuaciones.

---

[90] *Archivo Padre Hurtado*, s 62 y 43.
[91] Como ya hemos dicho, actualmente es el Colegio San Ignacio El Bosque.

Me impresiona mucho ver el fracaso de nuestros ex alumnos, a los cuales no se les encuentra en ninguna actuación si no es en el deporte y a algunos en el Movimiento Tradicionalista; fuera de esto no sé dónde están los ex alumnos. Usted ve que en la Congregación Mariana brillan por su ausencia, viniendo en cambio gente de otros colegios y de otros ambientes. En estas circunstancias urge intensificar la acción espiritual en nuestros colegios y no extenderlos más. Me doy cuenta que el ambiente no es favorable en la Viceprovincia a extenderse en nuevos colegios, sino más bien a concentrar nuestra actuación. Sé que varios han escrito a Roma en este sentido, y yo también lo he hecho.

A su vuelta conversaremos más despacio, pero mientras tanto no he querido dejar de enviarle estas líneas.

Lo saluda con todo respeto su afectísimo hermano en Cristo,

Alberto Hurtado C., S.J.

16 DE JULIO DE 1950, SANTIAGO[92]

P. Viceprovincial, Álvaro Lavín, S.J.

Amado en Cristo. R. P. Viceprovincial:

He quedado muy preocupado por lo que se dijo en la reunión de sacerdotes que tuvo Vuestra Reverencia acerca de la doble orientación que existe en nuestra Viceprovincia. Una de estas orientaciones —francamente repudiada por los Padres— desprecia la vida de colegios; sólo admira las obras sociales; vive al margen de la obediencia; no ha podido ser sojuzgada por los superiores, más aún desprecia la voz de los superiores, siendo inútil cuanto han hecho por llevarla a cordura; sólo escucha la voz de sus mentores, gente que ellos estiman "calificada", sin tener, en cambio, ninguna consideración a quienes ellos estiman anticuados, aunque sean superiores.

---

[92] *Archivo Padre Hurtado*, s 62 y 044.

Esta orientación —de existir— tendría consecuencias gravísimas, pues está totalmente al margen de la obediencia, supone orgullo y juicio propio, introduce el cisma en la comunidad y el desprecio de la autoridad, algo gravísimo en la Compañía. Por eso comprendo que el P. [Pedro] Alvarado las dos veces que ha aludido a este punto lo haya hecho con las palabras más fuertes que le he escuchado y durísimas.

El P. Alvarado y Montes expresamente aludieron a mí como inspirador de esta tendencia, y me parece que —sin pasarme de listo— tal creencia estaba en la mente de varios de los Padres graves de la Viceprovincia. Esto me ha hecho entender por qué siendo el P. Alvarado Rector de [la casa de estudiantes jesuitas de] Loyola fuera tan extraordinariamente parco en permitir invitaciones para que tratara con los jóvenes, actitud en que me hizo caer en la cuenta la pregunta de un junior: "¿Por qué, Padre, no se nos permite que lo invitemos?", pregunta que yo trasmití al propio P. Alvarado. Entonces no di importancia al hecho. Esto me hace comprender también la observación del P. Travi: "Usted introduce novedades"; y esto me aclara también lo que Vuestra Reverencia me dijo: "Usted sabe que el P. Travi no se fía de su actuación".

Para mí, como Vuestra Reverencia comprenderá, esto es de gravedad suma. Hace años el P. Crivelli puso reparos serios a mi criterio sobre la observancia religiosa, y aun llegó a escribir, en carta que yo leí, "que no podía nombrar Consultor a quien no tenía el espíritu de la Compañía"[93]; el P. Schurmans, a quien escribí desahogándome sobre este punto, me escribió que se quejaban de mi falta de vida común. Ambas observaciones no me hicieron mucha impresión, porque estaba bien cierto que el criterio que había expuesto sobre la observancia religiosa era el que había recibido nada menos que de nuestro actual P. General; y que en cuanto a las faltas a actos de comunidad estaban aprobadas por el propio P. Crivelli y sancionadas por mis superiores inmediatos y me daban ellos aliento para continuar en un trabajo que requería ese ritmo de actividades.

Pero las observaciones de ahora nacen de quienes me conocen, me han mirado siempre con benevolencia y de cuyo criterio

---

[93] Nueva alusión al problema en torno a la doctrina del P. Gagliardi.

yo hago gran caudal por estimarlo recto y bien inspirado. Ellos han empleado un lenguaje de inusitada vehemencia para referirse a esa nueva tendencia y a sus mentores. Y yo pienso, además de las palabras claras que ambos tuvieron, si no soy yo ese mentor ¿quién podrá ser? La gravedad de estas acusaciones motivó sin duda que el P. Visitador, a pesar de haberle pedido su Reverencia que no lo hiciera, creyera necesario removerme de mi cargo de Consultor.

Esto me ha movido a pedirle, querido P. Viceprovincial, quiera ayudarme en forma particular sobre este punto, pues estoy comenzando a pensar que mi influencia entre los jóvenes es perniciosa y, sin quererlo, estoy haciendo un grave daño. Sin embargo, cuando analizo mis intenciones las creo rectas; y cuando pienso lo que he hecho o dicho —salvo las fragilidades ordinarias de la lengua, principalmente en un carácter impulsivo— no sé a qué actitudes mías puedan referirse dichas observaciones. [Respecto del Colegio,] he hablado frecuentemente del peligro del número sin selección; de la dificultad de hacer dicha selección cuando se depende del pago, lo que nos haría desear un colegio fundado; hablando con Padres graves, he lamentado el aumento de número de los colegiales más allá de nuestra capacidad; he expresado el temor de que se tomen obras nuevas sin que las actuales tomen consistencia, pues, así como van, son personales y destinadas a morir con el que ahora las dirige; he expresado que mayores esperanzas residen en una clase media, de suyo empeñosa porque se juega su porvenir, que en una clase alta, que —como clase— muestra flojedad y desinterés por los ideales; he hablado de la necesidad que tiene la Iglesia de atender al obrero organizado en que reside una gran fuerza para el porvenir; he manifestado la conveniencia para nosotros de contacto más personal con el pobre, y por eso he propiciado la experiencia del trabajo de fábrica como apta para Chile, recordando las palabras de Nuestro Muy Reverendo Padre General. Cuando en grupos de Padres se ha hablado de falta de fondos para emprender ciertas obras necesarias, por ejemplo, para aumentar el sueldo de los mozos, he dicho que bien podrían obtenerse simplificando nuestro tren de vida. Estas y otras ideas de este tipo he repetido varias veces, principalmente ante los Padres, más que ante los jóvenes, aunque no he dejado de acentuar en Ejercicios los grandes principios que están subyacentes a estas ideas. Pero, ¿no son éstas directivas de nuestros Padres

Generales y Congregaciones? Yo creo que cada una de estas ideas está en algún documento de Roma. ¿No es nuestro deber hacerles eco y ambiente? El trabajo de colegios en cuanto tal jamás creo haberlo criticado; he trabajado trece años en ellos con alegría y aun ahora, que estoy liberado de colaborar, he aceptado todos los trabajos que se me han insinuado, sin excusarme a ninguno que recuerde: retiros, pláticas, círculos, trato con niños, etc.

Esto supuesto, parece que debe existir en mí una falta de criterio crónica e inconsciente, lo que es muy grave; y sus efectos lo son aún más, puesto que están destruyendo la unidad de nuestra Viceprovincia. Por esto quisiera pedir a Vuestra Reverencia que rogara a los que tienen críticas en contra mía que las precisaran en forma concreta, como única manera de llegar a entenderlas, para poder corregirme. Y si mi corrección, por un defecto temperamental crónico, fuera imposible le ruego muy sinceramente que me aleje de donde pueda hacer daño, sea eliminándome totalmente del Colegio San Ignacio y concretándome a mi Residencia, sea trasladándome a otra casa, incluso colegio, o bien a otra Provincia, pues el mal parece a los Padres, gravísimo, y yo debo de ser su principal instigador.

Esto se junta al hecho que —como Vuestra Reverencia sabe— encuentro dificultades entre externos, a las que hasta ahora no había dado importancia por creerme apoyado por mis superiores, pero según decía benévolamente el P. [Víctor] Delpiano "se me entiende mal"; y parece que mal me entienden muchos de afuera, los jóvenes y aun Padres tan graves como el P. Alvarado y otros.

La línea de principios que he sostenido creo que es la única que, en conciencia, puedo sostener y creo que debo luchar por ellos, como lo he hecho hasta ahora, a pesar de encontrar incomprensiones que siempre han existido para tales principios y que Nuestro Padre General nos previene existirán entre nosotros; pero si los superiores estiman que debo observar otra conducta, estoy como siempre dispuesto a obedecer, siempre que se me señalen claramente los errores y se me precise la línea de acción. Si se trata de una deformación crónica mía preferiría, Reverendo Padre, que me quitara, pues comprometo cada día la Iglesia a la que sólo quiero servir.

No puedo dejar de decirle que las críticas hechas me han dolido hasta lo más hondo, por lo que ellas suponen y por venir de quienes vienen que me conocen y me aman. A Vuestra Reverencia toca el ingrato deber de avisar con franqueza, y a mí el mucho más grato de obedecerlo como a Cristo.

De Vuestra Reverencia siervo en Cristo,

Alberto Hurtado C., S.J.

21 DE NOVIEMBRE DE 1950, SANTIAGO[94]

Mi querido Arturo:

Mucho he gozado con su carta y con las flamantes fotos que me acaban de llegar. Veo por ellas que su salud está buena gracias a Dios.

Noticias de aquí tendría muchas que darle si tuviera tiempo para escribirle despacio, pero estoy topado de trabajo como siempre, y además en pleno Mes de María que estoy predicando en San Francisco lleno de gente como siempre y con esa piedad popular que tanto impresión. Anoche estuve allá con un grupo de maestrillos porque creo les hace bien.

Esto sólo para Ud.: La situación de Ramón Ángel difícil: sus doctrinas excelentes pero hay dureza en la aplicación y sobre todo en el trato con sus colegas. Temo cambio; pero no aluda esto.

La ASICH bien. Hernán Troncoso quedó de permanente en Concepción full time. En el campo de los empleados hemos tenido victorias muy hermosas. El grupo obrero muy compacto, pero le falta expansión.

Le he enviado mi libro sobre Sindicalismo. No deje de enviarme los Subterráneos de Dios que me interesa mucho conocer. Si aparece algo verdaderamente notable en la línea mía que Ud. conoce no deje también de enviármelo. Para el pago o bien me manda la cuenta o si fuera fácil, conseguir algunas intenciones de misas e indicarme el numero de ellas para yo celebrarlas aquí y así hacer el

---

[94] *Archivo Padre Hurtado*, s 62 y 089. Carta dirigida al P. Arturo Gaete Urzúa S.J.

pago sería aún mejor. Tal vez el Gringo podría hacerme este nuevo favor. Dígale también a él que espero me envíe su tratado sobre la Iglesia que me interesa mucho. En su ausencia y teniéndolo a él muy presente he bendecido los matrimonios de varios de sus amigos; Cristián, Eugenio; Lucho pascal, y Sergio Guzmán.

En Jesús Obrero estamos instalados en la nueva casa e iniciando nuevas construcciones en el Hogar vecino, principalmente para aumentar la capacidad de los niños y para la obra de Educación Familiar.

En política no sólo divididos sino llenos de odio en la campaña senatorial para la que hay cinco candidatos: Matte; Carlos Vial, Rudecindo Ortega, Chadwick, socialista y María de la Cruz. Lo triste es ver el odio con que se muerden los dos grupos católicos. Felizmente estas actitudes responden a un grupo pequeño de politiqueros y la masa está lejos de estas cosas.

Saludos cariñosos al Gringo, a Courtner Mourray[95], a Rayem y demás amigos míos que encuentre por esas tierras. Lo abraza cariñosamente su hermano.

Alberto

22 DE NOVIEMBRE DE 1950, SANTIAGO[96]

Mi querido Clemente:
Te escribo desde el fondo de mi indignación al ver el abandono sistemático y persistente de tus deberes de secretario General de la ASICH[97]. Es un pésimo ejemplo para nuestros Asichistas ver la ausencia permanente del encargado de darles el ejemplo. No te digo

---

[95] Por error, el P. Hurtado escribe "Courtner Mourray", pero sin duda se trata de su amigo, el P. John Courtney Murray (1904-1967).

[96] *Archivo Padre Hurtado*, s 70 y 01. En esta carta, el P. Hurtado no menciona los apellidos del destinatario.

[97] Este texto revela la extrema importancia que el P. Hurtado otorgaba al compromiso por trabajar en favor de los obreros.

más porque bien comprendes tú lo que esto significa. El estar de novio no autoriza tu conducta. Recapacita y cambia.

En el asunto de Miguel Covarrubias, temo igualmente que va a pasar el año judicial sin que nada se haya hecho. Apúrate por favor y si no puedes llevarlo adelante avísame.

Te conozco demasiado para suponer que no tomarás la cómoda posición burguesa de darte por sentido y presentar la renuncia, sino la posición cristiana de pedir penitencia y enmendar rumbos[98]. Espero tu pronta respuesta y me quedo pidiendo al Señor por ti y por tu novia.

Afectísimo amigo y seguro servidor.

Alberto Hurtado C., S.J.

2 DE DICIEMBRE DE 1950, SANTIAGO[99]

P. Viceprovincial, Álvaro Lavín S.J.
Mi querido R.P. Viceprovincial:
Quiero proponerle varios puntos:

1. Superior de la Residencia de Jesús Obrero
Cada día que pasa me siento más y más inclinado a proponerle un cambio de superior en la Residencia.
Razones:
a) Teniendo todo mi trabajo en San Ignacio me es bien pesado ir todos o casi todos los días allá. Me movilizo después de estar cansado, sin tener un rato tranquilo en el día. Llego allá: nuevos problemas económicos y del personal: ¡es demasiado trabajo!
b) La insatisfacción que siente uno de llegar ante una comunidad que trabaja *a full* para contentarse con mirar y dar órdenes

---

[98] Estas severas palabras muestran que la bondad de los santos en nada se confunde con la blandura, y que, por otra parte, la paternal firmeza no se opone al auténtico cariño del educador.
[99] *Archivo Padre Hurtado*, s 62 y 45.

sin arrimarle el hombro al trabajo. En este sentido me he resistido a tomar todo trabajo en la Parroquia[100].

c) Extrañeza ante lo poco que vivo en Jesús Obrero; alguna vez me lo han hecho sentir en bromas allá, y temo que también en San Ignacio extrañe; pero no puedo ir más.

d) El trabajo de Jesús Obrero está desligado de todo el resto de mi trabajo en San Ignacio.

Creo que el P. Gallardo podría ser superior dado el ambiente de la comunidad. Sus cualidades son extraordinarias; estaría a disposición de los Nuestros. Une y alegra. El problema económico, una vez instalada la casa, es inmensamente menor; y se aliviará mucho si van religiosas a la escuela o si sale la nueva subvención. Pero si no encuentra reemplazante no se amargue que yo seguiré. He querido representárselo por si fuera posible el cambio.

2. Congregación Mariana
Necesito ayudante efectivo:

a) Para hacer labor espiritual: hay bastantes vocaciones en germen que reclaman atención, como también los demás;

b) Para atender las reuniones semanales y ayudarlos en apostolado;

c) De gran urgencia, el que pueda descargarme en alguien los domingos para dar retiros, giras de la ASICH. Los domingos estoy preso por la Congregación.

3. Revista
Urge la publicación de una revista de vuelo[101].

Finalidad: formación religioso-social-filosófica. ¡Orientar! Ser el testimonio de la presencia de la Iglesia en el mundo contemporáneo. No sería de carácter literario, ni tampoco piadoso, sino más amplia: de orientación.

---

[100] El 15 de abril de 1951 fue nombrado Vice Superior de esta residencia el P. Luis Gallardo. El 12 de marzo de 1952, asumió como Superior, el P. Marcos Arancibia, quien también quedó de párroco.
[101] Este sueño lo vio realizado con la aparición de *Mensaje*, en 1951.

Urgencia. La gran desorientación, sobre todo juvenil. No hay ninguna revista que llene esta necesidad en Chile. Las extranjeras son inaccesibles para la gran mayoría. Hay hambre de cultura religiosa y social en ambientes universitarios, del pedagógico y aun entre los alejados. Se espera de la Compañía este servicio de Mayor Gloria de Dios.

Posibilidad: aparece, pues, hay un equipo de Padres muy concordes en su criterio, unidos y bien formados, tal vez como en ningún otro país americano. Hay Obispos que la desean. La Conferencia Episcopal alentó el proyecto. Hay numerosos seglares que colaborarían con gusto.

Organización. Su Reverencia designaría un Director y un Comité: para el Comité propongo los nombres de los Padres [Jorge] Fernández, [Julio] Jiménez, [José] Aldunate, José Cifuentes, [Miguel] Iturrate y Alberto Hurtado. Podrían colaborar todos los Nuestros que quieran, en especial señalo los nombres de los Padres Jorge González, Carlos Aldunate, Carlos Pomar, Alfonso Salas[102], Ramón Salas[103], José R[amón] Cifuentes, Abdón Cifuentes, Hernán Larraín, Raimundo Barros, Arturo Gaete, Raúl Cereceda, Juan Esteban Rodríguez, Raúl Montes, etc.

Habría un gerente rentado. Junto a este equipo de jesuitas, podría haber un equipo mixto de jesuitas y seglares que tendría la dirección oficial. Sede de la revista puede ser la casa de la Congregación.

La revista iría dirigida a todos los católicos y se especificaría en sus normas que está patrocinada por la Congregación Mariana, aunque no se insistiría en ello, al menos al principio, para no restringir su circulación y el público al que se dirige. Así opinaron todos los Padres que nos reunimos, y me convencieron a mí que pensaba de otra manera.

---

[102] Alfonso Salas Valdés S.J., nació en Santiago en 1906. Ingresó en la Compañía en 1925. Alberto Hurtado fue su "ángel" durante el noviciado. Ordenado sacerdote en 1938, trabajó en Valparaíso y Antofagasta y Roma. Fue rector de la Universidad del Norte. Falleció en Santiago en 1995.

[103] Ramón Salas Valdés S.J., hermano del anterior, nació en 1917. Ingresó en la Compañía de Jesús en 1935 y fue ordenado sacerdote en 1947, enseñó en Chillán, en la Universidad Católica de Valparaíso, fue superior de los jesuitas en Arica (1962-1963), en 1967 fue consagrado obispo de Arica. Falleció en 1999.

Financiamiento. Diez números al año costarían unos 150.000 pesos; más los otros gastos, total unos 200.000 pesos.

600 suscripciones, que por lo menos podrían conseguirse a 200 pesos = 120.000 pesos; más la venta; más avisos; más una pequeña subvención, si fuera necesaria.

La Viceprovincia gasta ahora 120.000 pesos en las noticias íntimas de la Viceprovincia. Podrían éstas sacarse a roneo y más reducidas. La Revista podría tomar a su cargo su impresión y recibir esta suma que sería una fuerte ayuda.

4. Coetus, o Centro de estudios y acción social:
¿No sería posible constituir *ad norman ultimae Congregationis* [XXIX] el *Coetus*? Hay varios Padres ocupados en estudios y acción social. Podrían ser los de la revista, más los que tienen algunas obras sociales. Unirlos para facilitar y coordinar la acción. Designar un superior —lo que no supone la creación de una nueva comunidad—. Creo se ganaría en eficiencia y colaboración.

De Vuestra Reverencia siervo en Cristo,

Alberto Hurtado C., S.J.

2 DE DICIEMBRE DE 1950 (CONTINUACIÓN), SANTIAGO[104]

P. Viceprovincial, Álvaro Lavín S.J.
Mi querido R. P. Vice:
Agrego en hoja aparte, para evitar complicaciones, un desahogo que me provoca una frase de su carta, después de hablarme de lo que está haciendo el Hogar, que "le parece inadmisible por lesión manifiesta del derecho de la Escuela. *Ya se tomó para el Hogar* toda la manzana: tomar ahora la calle...". Esto me parece hiriente e injusto: parece denotar algo (que más de una vez me ha insinuado Vuestra Reverencia) de espíritu de voracidad, y hasta de injusticia; de falta de escrúpulos...

---

[104] *Archivo Padre Hurtado*, s 62 y 46.

Si recordamos la historia del establecimiento del Hogar en Velásquez, las cosas aparecen de otra manera. El Hogar tenía terreno en la Parroquia del Apóstol Santiago, pero para dar más cuerpo a las obras sociales de la Compañía, aceptó la insinuación que se le hizo de trasladarse junto a la Parroquia [Jesús Obrero], a fin de realizar una labor de conjunto. Pagó por el terreno a la Parroquia 200.000 pesos, a más de hacer todos los cierres de separación en los que gastó más de 100.000 pesos sin cobrarle nada. La primera población obrera escogió construirla donde lo está haciendo, a pesar de tener otros terrenos, y de tener que gastar varios millones en comprar sitio, para hacerlo dentro del terreno de Jesús Obrero (ese al menos fue mi espíritu al empujar las cosas hacia allá).

En la realidad de cada día, dado el género de obra que tiene el Hogar, no ha podido ayudar como quisiera a la Parroquia, ya que su clientela son los vagos de donde vengan, pero no ha dejado de prestarle ayuda: aloja sus religiosas que enseñan en la escuela, y, en muchas ocasiones, en otras formas, a la Parroquia; tiene varios centros de pobres de [la Población] Los Nogales, a los que da alimentos, y un centro de mujeres a las que atiende. La casa de educación familiar servirá a las mujeres del barrio, y los nuevos talleres profesionales tendrán cursos nocturnos para los jóvenes de la Parroquia, lo que significará una ayuda preciosa. Cada vez que el P. Garrido me ha significado que alguna actividad del Hogar podría entorpecer alguna de la Parroquia, tengo conciencia de haberlo arreglado en forma satisfactoria para él: así últimamente en lo que se refería a teatro y talleres, que creía él iban a ser una competencia.

El actual plano regulador de Santiago, en el sector correspondiente que nos permite edificar la Parroquia, Escuela y Hogar, ha sido gestionado en dos reformas consecutivas bien difíciles, por el Hogar. Primero nos permitieron construir dos cuerpos de edificio de 100 x 30 m² y un cuerpecito chico para la escuela: todo lo demás sería jardín. Fue una victoria. Luego logramos eliminar todos los jardines y dejar para la escuela todo lo que tiene, lo mismo dígase para el Hogar y Parroquia.

Alguna vez Vuestra Reverencia me ha trasmitido la queja que algunos dicen que yo no tengo ojos sino para el Hogar. Esto me parece bien injusto. Refiriéndome a la Parroquia, la casa parroquial costó 1.000.000 que debí buscar; igualmente ayudé para el salón scout, jardines. En María Goretti he avanzado 270.000 pesos para

las construcciones, con harto sacrificio. Mientras estuve en Velásquez me preocupé que el Hogar ayudara a la Residencia con víveres, permanentemente, y he pedido al P. Moreno que no se olvide de
hacerlo. Más no puedo.

En cuanto a las otras obras de la Compañía he seguido intere-
sándome por las vocaciones, en la forma de siempre, y en los retiros;
en el Colegio he ayudado. Y en cuanto a limosnas, si bien no he
podido ocuparme de las menores, Vuestra Reverencia sabe que las
dos personas en quienes más influencia tengo no las he enderezado
en forma alguna hacia el Hogar sino a las obras de la Compañía.

En mis actividades ordinarias, es natural que me ocupe de lo
que tengo entre manos, si no me ocupo yo ¿quién se va a ocupar?
¿Acaso la Compañía no me ha encargado estas obras?

Yo siento, sin embargo, que siempre que hay alguna dificultad,
algunos no dejan de insinuar que el Hogar de Cristo es como esos
hijos nacidos fuera del matrimonio, que el padre lleva a la casa por
la pura bondad de la mamá... y en las peleas se lo echan en cara. Yo
sé que Vuestra Reverencia no piensa así y bien en claro lo ha dicho
en público, pero quizás en el inconsciente a ciertos momentos...

Perdone esta segunda carta desahogo, complemento de la primera y movida por las frases suyas que he copiado.

Más que nunca a sus órdenes y dándole gracias por todo su
apoyo y bondad.

Afectísimo en Cristo,

Alberto Hurtado C., S.J.

23 DE JUNIO DE 1951, SANTIAGO[105]

Señorita Enriqueta Morel H.
Santo Domingo 843
Presente.
Estimada señorita Enriqueta:

---

[105] *Archivo Padre Hurtado*, s 70 y 023.

Me tomo la libertad de darle a conocer un proyecto que espero pueda ser pronta realidad si cuento con su valiosa colaboración.

En 1947 tuve ocasión de conocer en Francia el Movimiento interesantísimo de sacerdotes obreros entre los cuales el más notable es el de los Pequeños Hermanos del Padre de Foucauld llevado de una vocación extraordinaria, después de su conversión partió al centro de África a vivir dando testimonio de su fe y de su caridad en medio de los nómades del desierto del Sahara. Allí murió asesinado en 1917. El centro de su vida fue la devoción al Santísimo Sacramento y la caridad para con todos. Se llamaba a sí mismo el Hermano Universal.

El Padre René Voillaume recogió el deseo del Padre de Foucauld de fundar Comunidades de Hermanos y Hermanas que llevaran el Espíritu de Cristo a los medios más abandonados más que por la predicación por el testimonio de una vida consagrada enteramente al servicio de los demás y por la adoración prolongada del Santísimo Sacramento. La Santa Sede ha acogido con especial simpatía esta obra. Diversos señores obispos solicitan su establecimiento en sus Diócesis. Están establecidos en el Sahara, en el Camerunm, en medio de los leprosos, entre los mineros, trabajando ellos como mineros del carbón, entre los pescadores siendo ellos pescadores, en el Oriente, como obreros. Las Hermanitas pastorean rebaños en los oásis del Sahara esperando la hora de Dios de la conversión del pueblo musulmán hoy día casi imposible, por prohibirlo bajo pena de muerte sus leyes civiles. Otras trabajan entre los gitanos viviendo ellas en un simple carro de gitanos. Es el apostolado más audazmente generoso que se puede concebir.

Creo que ha sido un don de Dios extraordinario el que el Padre Voillaume se haya interesado por hacer una fundación en Chile, la primera que hace en América.

Quisiera el Padre que sus religiosos vivieran en una población callampa al mismo nivel que los demás obreros y trabajaran en la fábrica para ganarse su sustento. El único lujo que se permiten tener es una piecesita muy modesta que les sirve de capilla junto a su habitación, para allí adorar al Santísimo todos los ratos que les deja libre el trabajo. El señor Cardenal los ha acogido con los brazos abiertos y varios señores Obispos de Chile quisieran tenerlos en sus Diócesis como una oración que impetra gracia para la conversión de los obreros y como un testimonio de santidad en medio de tantos hermanos que hoy están alejados de Cristo.

Yo me he hecho cargo de costearle los gastos de viaje y de su modestísima instalación en Chile. Los gastos de viaje de los cinco primeros religiosos desde Europa a Chile y su instalación significan por lo menos unos $200.000. ¿Sería Ud. tan buena de querer ayudar esta obra de tanta gloria de Dios? Dejo este proyecto entregado a su noble corazón. Los religiosos quieren partir a mediados de julio para estar entre nosotros en el mes de agosto.

Quedo pidiendo al Señor por Ud. que Él la bendiga. Afectísimo seguro servidor y capellán.

Alberto Hurtado C.

12 DE OCTUBRE DE 1951, VALPARAÍSO[106]

P. Álvarez

Mi querido Enrique:

Parece mentira que los años hayan volado tan rápidos. Al volver ahora a ocupar mi antigua pieza he revivido esos momentos que me parecen de ayer... en que no se decidía a ser Jesuita, y, hoy por la gracia del Señor —se prepara a subir al altar—. ¡Que Dios lo bendiga en esta nueva gran etapa de su vida. Dios lo ha preparado a ella largamente no sólo por estos años de vida religiosa sino también en sus padres y en sus hermanos. Él le seguirá dando gracias a chorros para que sea su digno ministro.

Marta le contará lo que está haciendo; ¡con inmensa abnegación y naturalidad! Todos estos días en forma especial estoy unido a Ud. y le pido un momento para que me conceda la gracia de serle íntegramente fiel.

Un abrazo de hermano

Alberto Hurtado C.

---

[106] *Archivo Padre Hurtado*, s 70 y 048. La carta se dirige a Enrique Álvarez, S. J., quien había tenido como director espiritual al P. Hurtado y ahora recibiría su ordenación sacerdotal.

29 DE OCTUBRE DE 1951, SANTIAGO[107]

Mi querido Cucho:

Recibí tu cariñosa carta que he dejado de contestar durante algún tiempo en la esperanza de tener un momento tranquilo para hacerlo con paz. Con Carlos Fernández hemos estado haciendo recuerdos tuyos, como con muchos de tus amigos. Me alegro en el alma que te hayas aclimatado a U.S.A. La etapa más dura ya la haz (sic) pasado. Estoy seguro que tu viaje será provechoso.

Aquí acabamos de pasar unos días de Festividades Religiosas intensificadas con la venida del Padre Lombardi[108], Jesuita italiano, predicador mundial de la Cruzada de la Bondad. La respuesta de las masas ha sido consoladora. Ayer habló en la Plaza Brasil repleta de 40.000 y antes de ayer en la Plaza de la Constitución. Fuera de esto la lucha política lo domina todo, que felizmente, no toma todavía un carácter de actitud acrimón. Dios dirá.

Estado Unidos te permitirá ver un cuadro muy distinto de la horrenda miseria que estamos viendo en Santiago. Esto clama al cielo. Estos últimos días he visto nuevos y más feroces espectáculos que los que jamás hubiera podido soñar. Ojalá que a tu vuelta contemos contigo como apóstol de la redención de los proletarios.

Cuando veas al Padre Weigel y al Padre Gaete dale un cariñoso saludo. Agradéceles a ambos su colaboración a MENSAJE que aparecerá publicada en el número de noviembre. Yo espero también una tuya. Conversa sobre el particular con el Padre Gaete. No dejes

---

[107] *Archivo Padre Hurtado*, s 70 y 026. Seguramente esta carta y la siguiente están dirigidas al escolar jesuita Agustín Sánchez Hurtado (1928-2010), hijo de Isabel Hurtado Salas, prima del P. Alberto.

[108] El P. Riccardo Lombardi, S. J. (1908-1979) fue un destacado predicador. Entró en la Compañía de Jesús en 1925; recibió la ordenación sacerdotal en 1936. Siendo estudiante de la Pontificia Universidad Gregoriana comenzó su actividad como predicador, por las calles y plazas de Roma. Después de la guerra mundial convocó a una cruzada de la bondad, exhortando a la conversión, la reconciliación y la justicia social. Tuvo mucha acogida entre la gente y llegó a ser conocido como "el micrófono de Dios". El Papa Pío XII lo apoyó y lo tuvo como cercano consejero. De todo esto nació el movimiento eclesial llamado "Por Un Mundo Mejor". Después del pontificado de Pío XII decayó su figuración pública. Falleció el 14 de diciembre de 1979.

de mandar noticias tuyas. Te saluda cariñosamente tu amigo afectísimo y seguro servidor.

Alberto Hurtado C.

22 DE NOVIEMBRE DE 1951, SANTIAGO[109]

Mi querido Cucho:
He dejado pasar mucho tiempo sin contestar tu carta por el enorme recargo de trabajo. Tus noticias me han sido completadas por las que de ti me da el Padre Gaete. Me alegro de ellas con toda el alma.

Yo he estado enfermón y muy cansado con el enorme trabajo de fin de año y mes de María que, como siempre no trae el retortero con innúmeras confesiones y predicaciones hasta tarde en la noche[110]. Pero uno puede menos que esperar cuando ve tanta piedad en nuestra gente sencilla. Le falta formación pero el sentimiento religioso es en ellos profundo.

Acabo de tener el gran consuelo de dejar instalado en Chile, en Santiago, en la Población Callampa Los Nogales a cuatro religiosos obreros de la Comunidad Pequeños Hermanos de Jesús. Tres de ellos trabajarán en las fábricas y el cuarto atenderá a las necesidades espirituales de la Población Callampa. Son gente que quiere vivir el ideal evangélico al pie de la letra y por eso se mantienen con el trabajo en sus manos. El resto de su tiempo lo dedican a la oración y al servicio de los pobres. Yo los conocí en Europa y he deseado vehementemente verlos establecidos en Chile. Le doy gracias a Dios por que me ha satisfecho esta petición. Creo que su testimonio va a ser muy profundo.

---

[109] *Archivo Padre Hurtado*, s 70 y 027.
[110] En la misma fecha, el P. Hurtado declara su "crisis total de tiempo: Mes de María, instalación de los Hermanos de Jesús, *Revista Mensaje* y mil otras pegas" (s 62 y 058). En esta carta alude a su deficiente estado de salud: ya comenzaba a manifestarse el cáncer al páncreas, que lo llevaría a la muerte el 18 de agosto de 1952.

Acabamos de poner la primera piedra de un nuevo Hogar de Cristo y a fines del mes próximo inauguramos otro más, de manera que a vuelta de vacaciones espero tener una clientela de 800 pobres. En la ASICH estamos consiguiendo conquistas preciosas: la dirección de muchos sindicatos y aún de federaciones. Si logramos juntar algunos medios económicos tendremos permanentes propagandistas en todas las grandes provincias obreras y los frutos serían incalculables.

Desde ahora te haré remitir periódicamente la Revista Mensaje, cuya publicación hemos iniciado para que te lleve aire chileno y no te desconectes tanto de estas tierras. En el segundo número verás dos preciosos artículos, uno del Padre Weigel y otro del Padre Gaete.

Te saluda cariñosamente tu afectísimo amigo y seguro servidor que te recuerda con cariño.

Alberto Hurtado C.

1 DE DICIEMBRE [1951], VALPARAÍSO[111]

Mi querido Jorge:

¡El hombre propone y Dios dispone! Me disponía con inmensa alegría para bendecir las argollas de tu compromiso con Alicia, cuando he aquí que el Doctor Tomasello me recluye en Valparaíso con reposo absoluto. Yo esperaba ir a Santiago el 8 pero me lo ha prohibido ayer, así es que no tengo más que resignarme y ofrecer por ustedes junto con mis oraciones el sacrificio de un gusto que para mi habría sido muy grande. Les deseo de todo corazón abundantes bendiciones. Que el Señor los santifique más a ambos y los prepare para esa perfecta unidad que constituye el matrimonio.

---

[111] *Archivo Padre Hurtado*, s 70 y 078. Por prescripción médica, el P. Hurtado fue a Valparaíso, porque tenía la presión muy alta. Allí estuvo desde el 1 hasta el 28 de diciembre.

Te agradezco una vez más la muestra de amistad al pedirme la bendición de tu compromiso y te saludo con todo cariño. Afectícimo amigo en Cristo.

Alberto Hurtado C., S.J.

9 DE DICIEMBRE DE 1951, VALPARAÍSO[112]

Sr. Don Alejo Lira I.
Santiago.
Mi muy querido don Alejo:
Su carta ha caído como un jarro de agua fría, pues no me imaginé nunca que el artículo de Mensaje, que Ud. me recorta, hubiera podido prestarse para tal interpretación. Al releerlo ahora veo que su redacción es deficiente, que no quiso todo lo que quiso decir (sic), pero puedo asegurarle que en ninguna forma puede pensarse "que con inesplicable y parece estudiada intención se ha omitido el nombre del Obispo de la Diócesis entre los que prepararon y organizaron el Congreso que le sirve de tema"[113].

Más aún, puedo asegurarle que al discutir en el Comité de Redacción el temario del número de Noviembre se trató si se ponía o no un artículo sobre el Congreso Eucarístico, y más bien se pensó que no debería ponerse, pues a la aparición de la Revista, un mes después del Congreso, estaría muy añejo todo lo que se dijera. Si bien me parecieron justificadas estas razones para no dar una crónica detallada, que había sido ampliamente dada por los periódicos, insistí en hacerlo como un homenaje al Sr. Obispo, que había sido el primer Obispo en suscribirse a Mensaje, el primero en aplaudir la idea de la Revista, y además para dejar consignada la admiración

---

[112] *Archivo Padre Hurtado*, s 64 y 33.
[113] El autor de esta carta entiende que en un artículo de la revista *Mensaje*, escrito por el P. Salas, se ha querido ignorar la importancia que había tenido el Obispo diocesano, Monseñor Rafael Lira Infante (1879-1958), en la organización del Congreso Eucarístico de Valparaíso, lo que el P. Hurtado niega terminantemente.

de nuestra publicación por la bendición que había significado para nuestra Patria el Congreso de Valparaíso.

Pedí la redacción del artículo al P. Salas que había estado en Valparaíso, que se había hecho lenguas del Congreso y de la acción personal del Excmo. Sr. Obispo a quien aprecia profundamente. Pensaba el Padre —y así nos lo había dicho— que el éxito en gran parte se debía al espíritu de unión que en el clero y fieles había sabido infundir el Excmo. Sr. Obispo. Este es el sentido del párrafo: "Es verdad que todo trabajo de organización es en Valparaíso fácil, ya que reina allí una armonía y espíritu de colaboración envidiables. El Prelado y los feligreses, el clero secular y regular, patronos y operarios, trabajaron en admirable colaboración"… "El balance general es muy favorable. Es una lección maravillosa de optimismo, y una inyección de entusiasmo… "El Redactor y los que vimos el artículo antes de su publicación no echamos de ver la omisión del nombre del Excmo. Sr. Obispo, pues, para todos nosotros el Sr. Obispo se identificaba con el Congreso; de El dimana esa unidad, ese espíritu de colaboración, la respuesta de su Diócesis y cuanto se hizo… Esto era para nosotros demasiado claro. A veces sucede con quien se identifica demasiado con una obra o con un triunfo que sus nombres se identifican: al alabar a uno se cree alabar al otro. Algo como sucede con el hijo y la madre. Pero, tiene razón don Roberto Peragallo cuando repite: "las cosas que por sabidas se callan, por calladas se olvidan".

En todo caso, querido don Alejo, me alegro de su confianza que me da la ocasión para aclarar este malentendido que tiene que haber sido muy doloroso para Ud. y para quienes conocen la labor y virtudes de D. Rafael. Me alegro también porque me da ocasión de reiterarle mi inalterable aprecio y gratitud. A su lado aprendí mucho que después me ha servido en la vida, pero sobre todo aprendí lo que significa una vida consagrada entera y ocultamente al servicio de la Iglesia y de la Patria. Pasan ya 30 años desde que me llevó herido a mi casa, y desde que tuve ocasión de acompañarlo en la Casa Colorada y en Bandera, pero todo eso lo guardo muy fresco y con gratitud en mi espíritu[114].

---

[114] El P. Alberto Hurtado alude aquí a un acontecimiento vivido en su tiempo como universitario. En 1920 hubo elección presidencial, en que el candidato liberal

Y aprovecho esta oportunidad para decirle que, si alguna vez llegan a sus oídos determinadas interpretaciones de alguna palabra o actuación mía quiera interpretarla en el sentido de que sigo siendo el hombre que Ud. conoció y a quien Ud. honró con su amistad. Una cosa ha cambiado desde ese tiempo y es que creo que no puedo trabajar en el campo político, sino que la Iglesia me pide que trabaje en el campo estrictamente religioso. La situación de los católicos se ha hecho más difícil ahora por la división que hay en sus filas. En estas controversias no he querido meterme jamás porque pienso que si los eclesiásticos participáramos en ellas serían aún más hondas. ¿Dónde encontrarían los católicos un terreno desapasionado en el cual unirse? A veces desgraciadamente esta actitud no ha sido interpretada en el espíritu que la ha motivado. He querido contárselo, creyendo que su bondad me autoriza para ello, para rogarle que si alguna algo de esto llega a sus oídos me haga el gran favor de decírmelo para darme el gusto de poder darle una explicación. Algo de esto debe haber sucedido ante la Dirección del Diario Ilustrado: no sé qué es lo que sea, pero me alegraría mucho de saberlo, pues creo que hablando se deshacen muchos malentendidos, sobre todo tratándose de personas tan dignas y correctas como a las que me refiero.

¡Que Dios lo bendiga a Ud., mi querido don Alejo, a la Sra. Josefina y a la prole, ya en segunda generación! A todos los tengo muy presentes en la santa Misa.

Arturo Alessandri Palma, de la coalición opositora al gobierno de Juan Luis Sanfuentes Andonaegui, ganó por poca diferencia de votos. Antes que fuera declarado vencedor, el gobierno quiso distraer la atención y anunció un supuesto peligro bélico contra Perú y Bolivia. La Federación de Estudiantes de la Universidad de Chile (FECH), que apoyaba mayoritariamente a Alessandri, manifestó sus dudas respecto a la verosimilitud del conflicto. En la noche del 21 de julio, un desfile recorrió el centro de Santiago para mostrar su apoyo a la patria, que supuestamente estaba en peligro. En la Plaza de Armas se encontró con un grupo contrario, que marchaba en solidaridad con la FECH. El choque fue violento y un disparo hirió de muerte al joven Julio Covarrubias Freire, ex alumno del Colegio San Ignacio, quien iba a pasos de Alberto Hurtado. Este intentó detener a los agresores, pero fue golpeado y herido en la cabeza. Lo llevaron herido a la histórica Casa Colorada, antigua habitación de Mateo Toro y Zambrano, Presidente de la Primera Junta de Gobierno, de 1810. Allí fue atendido por Francisco Irarrázaval Correa, quien debió ocultarse de la policía, que lo buscaba por toda la casa. Cuando Alberto se recuperó, fue llevado a su casa por Alejo Lira Infante, cuñado de Irarrázaval.

Con el cariño de siempre lo saluda su affmo. amigo SS. y Cap.

Alberto Hurtado C., S.J.

24 DE DICIEMBRE DE 1951, VALPARAÍSO[115]

Muy estimada Rebeca:
El Señor le pagará su noticiosa carta. El beneficio ha sido un éxito y gracias a él podremos vestir a Cristo más desnudito que en Belén. Da consuelo pensar esa maciza realidad: el pobre es Cristo en persona. "Lo que hiciereis a Él... a Mí"

La tarjeta para los bienhechores y la cuenta del trabajo, han quedado muy bien y ojalá que no abandonemos esta buena práctica.

Descanse de sus trabajos en la hermosa Calera a fin de reiniciar actividades que nos permitan "servir" mejor. Esa debe ser nuestra divisa hasta la muerte. Y ¡qué placer más hondo el de dar!

Saludos a M. Rebeca y a Germán, y para todos Uds. mis mejores votos de Feliz Pascua y Año Nuevo.

Affmo. Cap. Alberto Hurtado C., S.J.

24 DE DICIEMBRE DE 1951, VALPARAÍSO[116]

Muy estimada Elena:
Que Nuestro Señor le dé una Pascua llena de gracias, de paz y de santa alegría. Gloria a Dios... y paz... Es el gran don que, para los que uno mucho aprecia, desea el primero.

Que Dios le pague lo que por Ud. en la persona de sus pobres ha hecho durante todo este año, en el que no han faltado las penas que son astillas del pesebre y después de la Cruz. Por la Cruz a la Luz.

---

[115] *Archivo Padre Hurtado*, s 65 y 57. Carta dirigida a la señora Rebeca de Franke.
[116] *Archivo Padre Hurtado*, s 65 y 37. Carta dirigida a la señora Elena Vizcaíno.

El próximo año será con el favor de Dios, la oportunidad de hacer aún más para que el Hogar reemplace a tantos hogares rotos. Yo, mejor. Affmo SS. y Cap.

Alberto Hurtado C., S.J.

ENERO DE 1952, SANTIAGO[117]

CARTA A JESUITAS CHILENOS
QUE ESTÁN EN EL EXTRANJERO

Noticias de estas tierras, temo que las mías les lleguen muy fiambres[118] porque las estarán recibiendo por varios lados, pero en el extranjero gusta leer cualquier cosa de Chile, aunque sea muy repetida. De actualidad pública, todo concentrado a las elecciones. Imposible prever. Matte trabaja *a full*, lo mismo que Ibáñez[119]. Los partidarios de este último parece que le están haciendo algunas jugadas tipo nazi a Matte (¡hasta largarle ratones en un teatro!), pero en general el clima está tranquilo, sin insultos. Los falangistas provocaron crisis ministerial porque no les daban la reforma electoral que asegure proporcionalidad a los partidos chicos e impida el cohecho mediante lista única entregada, como se hace con el sobre a cada elector, lo que impedirá marcas. Los radicales apoyaron a los

---

[117] *Archivo Padre Hurtado*, s 62 y 112. La carta no tiene fecha, pero por las noticias de Navidad y las entradas al noviciado, la ausencia de saludos de Navidad y Año Nuevo la fecha más probable es enero de 1952.

[118] "Fiambre", modismo que quiere decir, añejo.

[119] Carlos Ibáñez del Campo, ex General del Ejército, había estado a la cabeza de un gobierno dictatorial entre 1927 y 1931, año en que debió huir del país. Sin embargo, en 1952, el descontento popular que existía ante los problemas económicos y la corrupción hicieron que el pueblo optara por él para la presidencia, con la esperanza de que barriera con todo lo malo (el signo de su campaña fue una escoba). Liderando un conglomerado político muy heterogéneo obtuvo el 46,8% de la votación, contra el 27,8% del derechista Arturo Matte, el 19,9% del radical Pedro Enrique Alfonso y el 5,5% del socialista Salvador Allende (futuro Presidente de Chile, en 1970-1973).

falangistas, solidarizaron. Don Gabriel [González, el Presidente de la República] los apaciguó y a medias contentó a ambos grupos, ¡y también a las derechas!

Navidades, las más hermosas de que haya memoria: diez días de celebraciones culturales en la plaza de la Constitución. El 24 en la noche, un nacimiento inigualable (tapada la pila, sobre ella un escenario): luces fantásticas, estrella bajando del Ministerio de Defensa, el mundo romano con desfile de victoria: 20 carros, las fieras del zoo, etc. Al dar medianoche, lluvia de estrellas y luces, la escena del Nacimiento, de la Moneda salen los niños del mundo a adorar el Niño, etc. Yo no lo vi, pero la gente se hace lenguas. Noticias de esto irán al por mayor. Todo esto obra de la Miti[120] y de Germán Domínguez[121]. ¡Porotazo![122].

Cosas nuestras: la venida del P. [Riccardo] Lombardi[123]. Hizo mucho bien. No dijo nada nuevo, pero sí con inmensa unción. Se ve al santo. No han faltado, sino llovido críticas porque la Compañía trajo un demagogo. Me reía leyendo una carta de un gran caballero que escribía al P. Lavín expresándole quejas de por lo menos cinco jesuitas en particular, y luego de toda la Compañía chilena: descabellada, alocada, insincera. ¡Bendito sea Dios! Él quiera que estas críticas correspondan a un trabajo real según el Evangelio. Le impresionó mucho al Padre nuestra miseria. Parece que aludió a ella en otras partes. En Colombia la acogida al Padre fue triunfal. He leído su libro *Per un mondo nuovo*: demasiado largo, repetido, pero hay un mensaje macizo y bien evangélico, que muchos captaron por aquí. Los parlamentarios católicos chilenos, sin decirle nada al Padre, se reunieron en San Ignacio y le pidieron

---

[120] Rosa Markmann de González Videla, la "Miti", era el nombre con que se conocía esposa del Presidente de la República, Gabriel González Videla.

[121] Germán Domínguez Echenique era Alcalde de Santiago y había sido amigo desde la infancia con el P. Hurtado, compañero suyo en el Colegio San Ignacio y en la Universidad Católica.

[122] "Porotazo" expresión chilena que significa anotar un gran punto.

[123] Acerca de su visita a Chile, en octubre de 1951, un sacerdote escribió: "Un hombre de Dios, un santo jesuita ha pasado por Chile y en sólo cinco días ha removido las conciencias y ha despertado energías y esperanzas de apostolado en sacerdotes y seglares". G. Viviani, "El mensaje de amor del Padre Lombardi", en *Mensaje* 3 (diciembre 1951), pp. 139-141.

orientación. Fueron muchos de los dos bandos conservadores, con buena voluntad. Pero, ¿qué podía decirles el Padre? Tanto más que lo pillaron de sorpresa. Pero él quedó impresionado y les dijo que si algo podía hacer, estaría dispuesto a volver. Creo que el Padre dejará huella honda en Chile.

De nuestros trabajos, lo más importante ha sido la Universidad de Valparaíso[124]. Hasta aquí el equipo está trabajando con aplauso unánime. Se recibieron de la Universidad con un déficit de siete millones, que el Padre [Raúl] Montes [Ecónomo provincial] ha ido cubriendo y creo que comenzará el año próximo prácticamente sin deudas, salvo una hipotecaria a largo plazo, y con una subvención de cinco millones fiscal, y unos cuatro millones por concepto fundo La Palma, con la cual no contaba antes la Universidad, de manera que tendrán medios para hacer linda obra. Entre otras iniciativas piensan tener extensión cultural, mediante dos o tres horas diarias por radio, aunque esto cueste varios cientos de miles. El espíritu de los universitarios, magnífico. Sigue Fernando Jara con ellos y lo ayuda Ramón Salas. Cambios en la plana mayor, ninguno conocido. A Teología van: Padres Gonzalo Errázuriz, [Miguel] Squella, Emilio [Vergara] y no he oído de otro. Dos o tres irán a Tercera Probación en Colombia, porque no habrá en Uruguay, entre ellos Padre Jaime [Larraín]. El Padre [Alfredo] Hopman, muriéndose.

Vocaciones han entrado 16 y salido uno (Marcelo Fernández). Entre los últimos [que han entrado], Patricio Bascuñán y Gonzalo Arroyo Correa[125]. Éste, de 27, ex alumno del Grange, muy

---

[124] El 1 de mayo de 1951, esta universidad, que había sido fundada en 1925, fue encomendada a la Compañía de Jesús. Asumió la rectoría el P. Jorge González Förster, con el P. Raúl Montes Ugarte como vicerrector. El nuevo rector le dio gran impulso y crecimiento. En 1961, la universidad adquirió condición de pontificia. El siguiente rector fue el sacerdote jesuita Hernán Larraín Acuña (1961-1963). En 1963, la dirección de la universidad fue asumida por el obispado.

[125] Gonzalo Arroyo Correa (1925-2012) era agrónomo cuando ingresó a la Compañía de Jesús, el 8 de diciembre de 1951. Hizo sus estudios como jesuita en Chile, Canadá y Bélgica; fue ordenado sacerdote en Bruselas, en 1963. En Chile trabajó en el Centro Bellarmino de los jesuitas, en la revista *Mensaje*, en el Instituto de Humanismo Cristiano. Fue consultor y colaborador para la reforma agraria que se hizo en el país desde la segunda mitad de la década del 60. Sufrió el exilio durante el gobierno militar en Chile (1973-1989), tiempo durante el cual enseñó en

desorientado hasta hace un año. Se fue a Europa, lo tomó el Año Santo y a la vuelta, retiro de Marruecos. Lo maduró todo el año y allí está muy contento. Este año han partido diez congregantes, de los jóvenes, al Seminario o Noviciado. Hay excelente espíritu en la Congregación Mariana. Un hambre de sinceridad evangélica. Los círculos de Evangelio duran hasta cuatro horas y no se ha interrumpido un sábado. Comenzamos un grupito y luego se han mantenido unos 40. Es para alabar a Dios el hambre que de Él tienen. Desgraciadamente entre ellos brillan por su total ausencia los ex alumnos de San Ignacio. ¿Qué pasa? No sé... Debe haber muchos factores de culpa nuestra, pero es bien raro que de otros lados, sobre todo de gente modesta, se nota un profundo interés y un gran desinterés de los que más nos han tratado. Y nuestros ex alumnos siguen queriéndonos, cuando pueden hacernos un favor lo hacen, cuando se han de casar o tienen dificultad, vuelven, pero...

¿De mis pegas? ASICH. Contento con el trabajo. Todo lo que se quiera hacer se puede. La mies está madurísima, pero no nos dan un capellán de las Curias, ni un pito... Los 800.000 pesos que se gastan al año, fruto del sacrificio de Ramón Venegas y de algunos jóvenes, o de lo que logro rasguñar. Tenemos varios dirigentes sindicales de primer valor, ocupando presidencias nacionales, como la A.N.E.F. [Asociación Nacional de Empleados Fiscales], Confederación de Bancarios, de Industria y Comercio; varios sindicatos cuya íntegra directiva es Asichista. A vuelta de vacaciones vamos a intentar presentar un proyecto muy estudiado por la ASICH sobre libertad sindical, para obtener un régimen como el francés o el belga. Sería un inmenso paso. Desgraciadamente nos faltan técnicos económicos. La situación económica es caótica. Huelgas promovidas por política, como la actual de los bancarios. Creo que podemos pensar, sin optimismo, que la ASICH ha localizado un 25% de dirigentes sindicales católicos.

El Hogar [de Cristo] progresa. Inauguraremos en marzo un hogar nuevo en Colina para 150 niños; un Instituto de Educación

La Sorbona, de París, donde creó un Centro de Estudios sobre América Latina, y en México. Cuando pudo regresar a Chile, fue subdirector de la revista *Mensaje* y uno de los gestores del nacimiento de la Universidad Alberto Hurtado, de la que fue vicerrector. Falleció en Santiago, el 20 de mayo de 2012.

Familiar; y —espero— a mediados de año un hogar taller en [la calle General] Velásquez para 150 adolescentes. *Hogar Obrero* entregó sus 50 primeras casas, y espera construir 200 este año. Pagan al contado el sitio urbanizado y a ocho años plazo, por mensualidades, la construcción de valor de 100.000 pesos más o menos. Hay muchos pedidos. *Mensaje* ha caído muy bien. Tiene unas 1.400 suscripciones, que para Chile es bastante (*Política y Espíritu*, 900; *Estudios*, agoniza; *Boletín A.C.*, 700), espero que puedan crecer. Aquí se necesita ayuda con ganas, que concreto en lo siguiente:

1°. Artículos de redacción. No esperen ser ultra originales: se puede adaptar algún buen artículo, realista, actual, de alguna revista de valer. Aquí, ¿quién lee revistas extranjeras? Esto ordinariamente es más fácil, más interesante.

2°. Críticas de libros, teatro, películas interesantes.

3°. Noticias que hacen noticia, para Signos del Tiempo, o para ser insertadas escuetamente.

4°. Pensamientos hermosos para los rellenos.

5°. Por favor, ¿sería posible que le mandara unos 30 ejemplares, o cuántos, para que me consiguiera intercambio, esto es, canje con las revistas de allá? Yo he escrito a algunas, pero no basta.

En general, para *Mensaje* necesitamos ayuda. Yo comprendo perfectamente que no está maduro el personal para lanzarla, pero la necesidad de la revista se hacía sentir en tal forma que habría salido por cualquier lado y nos habría dejado sin posibilidad de sacar un órgano nuestro, pues habría sido difícil entrar después a pelear. Los compañeros de dirección tienen óptima voluntad, pero menos tiempo aún que yo, así es que calculen ustedes si necesitaré la ayuda de ustedes. Se financia bien, y espero subir las páginas a 60.

Espero una palabra sobre formas concretas de ayuda para 1952. Los únicos que tienen tiempo son los ocupados, así es que ¡fuera excusa de falta de tiempo! Mensaje, si no llega, avisar, porque sale puntualmente para allá.

Y no me alargo porque quiero que ésta llegue luego. Saludos cariñosos.

Afectísimo hermano en Cristo,

Alberto Hurtado C., S.J.

SU ÚLTIMO AÑO
DE VIDA

INFORME DE LAS ACTIVIDADES DE 1951 DE LA ASICH
Y DEL HOGAR DE CRISTO[1]

I.   CUENTA DE LAS ACTIVIDADES DE LA ACCIÓN SINDICAL Y
     ECONÓMICA CHILENA

1. Obreros

Cuando nació la ASICH en 1947, el panorama sindical era el
siguiente: En todas las industrias de importancia había sindicatos
obreros "industriales" que, según la ley, son obligatorios para todos los trabajadores, una vez que ha sido solicitada su formación
por el 55% de los obreros. La masa no tiene preparación sindical,
ni interés profundo, pero se ha se dejado llevar al sindicalismo por
la presión de los agitadores socialistas y sobre todo comunistas. La
masa se deja arrastrar por un grupo de líderes bien disciplinados y
con mística. En 1947 la inmensa mayoría de los sindicatos obreros
obedecía a dirigentes comunistas, y un porcentaje, tal vez un 30%,
a socialistas. El 90% de los obreros son bautizados, se declaran católicos al ser interrogados en particular, pero carecían totalmente
de líderes católicos, no tenían ningún contacto en cuanto católicos
y obedecían las consignas comunistas. La voz católica no se había
oído, desde que murieron los sindicatos blancos organizados por
los Padres [Fernando] Vives, [Jorge] Fernández, Monseñor [Rafael]
Edwards[2] y [Guillermo] Viviani[3]. Algunos grupos pequeños de católicos trabajaban bajo consignas políticas.

---

[1] *Archivo Padre Hurtado*, s 62 y 47. El informe no tiene fecha, pero debió ser re-
    dactado en enero o febrero de 1952.
[2] Rafael Edwards Salas nació en Santiago en 1878. Estudió en el Seminario de San-
    tiago y en la Universidad Gregoriana de Roma. Fue ordenado sacerdote en 1901.
    Fue profesor en el Seminario de Santiago y en el Instituto de Humanidades, di-
    rector del diario *El Porvenir* (1901-1905) y activo apóstol social. Desde 1910 fue
    Vicario General Castrense. El 31 de octubre de 1915 fue consagrado obispo. En
    1921 fue nombrado obispo auxiliar de Santiago. Fue fundador y asesor de la A.C.
    femenina y de la Cruzada Eucarística. Falleció el 5 de agosto de 1938.
[3] Guillermo Viviani Contreras, originario de Chillán, fue ordenado sacerdote en
    1915. Estudió Teología en la Universidad Gregoriana de Roma. En Chile trabajó
    en apostolados sociales y publicó muchas obras. Desde 1939 hasta 1946 fue Con-
    sejero de la Embajada de Chile ante la Santa Sede.

2. Empleados

Entre los *empleados*, el movimiento sindical es posterior. Las influencias marxistas, menores. El interés y pujanza del movimiento arranca de 1949. Hay entre ellos más hombres y mujeres de valer formados por la A.C., pero sin orientación alguna antes que naciera ASICH.

3. Campesinos

Entre los trabajadores del campo, ni antes ni ahora, ha habido esfuerzo católico serio. Los marxistas lo han intentado principalmente, pero la oposición patronal ha logrado impedir todo movimiento sindical. La situación social de los campesinos es muy mala: la inmensa mayoría analfabetos, desposeídos de la tierra, sin ninguna clase de organizaciones culturales ni de cooperativas, entregados únicamente al querer bueno o malo de sus patrones. En Chile se realiza perfectamente lo que Pío XI dijo de América Latina: "En las tierras que llamamos nuevas, el número de los proletarios necesitados, cuyo gemido sube desde la tierra hasta el cielo, ha crecido inmensamente. Añádase el ejército ingente de asalariados del campo, reducidos a las más estrechas condiciones de vida y desesperanzados de poder jamás obtener participación alguna en la propiedad de la tierra; y por tanto sujetos para siempre a la condición de proletarios, si no se aplican remedios oportunos y eficaces". Estos remedios urgen: los campesinos (500.000 obreros activos) son todavía un grupo más o menos fiel a la Iglesia; el comunismo los acecha, pero la oposición patronal —muchos de ellos católicos— es muy fuerte para toda acción reivindicativa. No se ve, hoy por hoy, ningún esfuerzo nuestro. Si alguien se acerca a los campesinos con miras sindicales provocará su expulsión inmediata del fundo.

4. Nace la ASICH[4]

El día del Sagrado Corazón de 1947 se reunió un grupo de intelectuales con un sacerdote para ver cómo agrupar las fuerzas

---

[4] En 1947 se constituye el grupo, pero no todavía con el nombre *ASICH*. En octubre de 1947, el P. Hurtado, ante el Santo Padre, llama a este proyecto un Centro de Acción Social.

católicas en el campo sindical. Se propusieron: a) Despertar la conciencia sindical; b) ubicar y agrupar a los trabajadores [por] catego-
rías; c) formar dirigentes en lo cristiano y en lo sindical; d) dar consignas que orienten nuestros elementos en sus campañas electorales,
pliegos de petición, presentaciones legales, etc.; e) organización de
servicios jurídicos, sociales.

5. Dificultades

1°. La actual ley de sindicato único, que obliga a todos a militar
en el mismo sindicato. La acción se esteriliza, politiza y debilita.

2°. Por la ley de sindicato único, la ASICH no puede agrupar
sindicatos, sino que ha de contentarse con agrupar individuos: es
sólo un movimiento pre y para-sindical.

3°. Falta de obreros dirigentes. Al comenzar no teníamos ni
uno solo.

4°. Falta de dinero. Los sindicatos no cotizan a nosotros, sino a
sus federaciones (por planilla); los obreros y empleados son pobres.
A los patrones no se les puede pedir, para no ahogar la independencia del movimiento. El dinero es indispensable para tener un grupo
numeroso de propagandistas *full time*.

5°. Falta de capellanes. Las curias no nos han entregado ni uno
solo, aunque han alabado, bendecido y urgido el movimiento. Fuera de los Padres Aldunate, Hurtado y del Presbítero Santiago Tapia,
los tres ocupados en otras cosas, no cuenta con otros capellanes.
Nuestros Padres de Chuquicamata se han interesado con cariño.

6°. Críticas siempre a punto de salir. Los pasos son difíciles.
Las palabras no siempre medidas, son fáciles en la clase trabajadora,
que ha sufrido tanto[5].

6. Aliento

En medio de todas estas dificultades siempre ha sostenido a
la ASICH la palabra personal del Santo Padre al Capellán; la carta de aprobación de Su Santidad por medio de Monseñor Tardini;
el franco aliento de Nuestro Muy Reverendo Padre General; y el

---

[5] El P. Hurtado destaca que en este campo son difíciles las realizaciones, mientras
que las palabras inoportunas afloran con facilidad.

permanente ánimo dado por el R.P. Viceprovincial y Superiores de la Compañía en Chile, la bendición de todos los Excelentísimos señores Obispos, y el franco interés y entusiasmo de un grupo de sacerdotes y de numerosos seglares.

7. Resultados

Después de cuatro años no se puede hablar de triunfo, pero sí de resultados consoladores:

1°. Alrededor de la ASICH hay un grupo compacto de dirigentes de gran valor, bien formados y conscientes del programa. Seis permanentes de primera calidad, primeras figuras en el campo sindical. Varios presidentes de federaciones y confederaciones nacionales son Asichistas, y numerosos directores sindicales. Un cálculo nos permite creer que un 25% de los dirigentes sindicales chilenos simpatizan con la ASICH. Su elección ha sido posible por la coordinación de fuerzas realizadas por la ASICH.

2°. La Confederación Internacional de Sindicatos Cristianos, después de la visita a Chile de su Presidente, don Gastón Tessier[6], sugirió a la ASICH su afiliación a la Confederación. Expresó Tessier que creía este movimiento el más promisor y más sanamente orientado en América Latina[7].

---

[6] Gastón Tessier (1887-1960), fue secretario general de la Confederación Francesa de los Trabajadores Cristianos, desde su fundación en 1919 hasta 1948. Fue uno de los fundadores de la Confederación Internacional de los sindicatos cristianos y, en 1921, secretario general de la Federación Internacional de los sindicatos cristianos de empleados. Durante la ocupación alemana de Francia, en la Segunda Guerra Mundial, participó activamente en la resistencia. Cuando concluyó la guerra, fue presidente de la CFTC (1948-1953). En 1951, realizó un viaje por América Latina (incluyendo a Chile), para conocer y visitar actividades sindicales. En 1952 asumió como delegado obrero en la Conferencia Internacional del Trabajo. Fue oficial de la Legión de Honor francesa y recibió una Medalla por su actividad en la Resistencia (Cf. Michele Dreyfus, "Gaston Tessier" en DVD-ROM *La Resistence en Ile-de-France*, AERI, 2004).

[7] La ASICH fue efectivamente afiliada a esa Confederación por decisión que esta tomó en su XIX Sesión, realizada en Viena, Austria, el 21-23 de noviembre de 1951. Así lo comunicaron a la ASICH, mediante carta del 13 de febrero de 1952, Gastón Tessier, Presidente, y J. S. Serrarens, Secretario General. (El texto completo en *Positio* I, Documentos, pp. 306-307). Tessier ha declarado que cuando conoció al P. Hurtado durante su viaje por Europa (1947) "me pareció, a través de su confiada conversación, un religioso ejemplar, prudente y discreto en sus planes,

3°. La redacción del proyecto del Código del Trabajo hecha por los abogados de la ASICH, que será presentado este año al Congreso. Esperamos poder conseguir "sindicato libre en la profesión organizada".

4°. Grandes movimientos reivindicacionistas de 1951, justos, han sido dirigidos con éxito por abogados y dirigentes de la ASICH.

5°. En congresos y en pliegos de peticiones, se han aprobado puntos de programa Asichista, por ejemplo reforma de la empresa, mediante el contrato de sociedad que suavice el de salariado.

6°. Organización de varios núcleos en el país: semanas de estudio, publicación del periódico Tribuna Sindical. Formación de un consejo económico facultativo.

7°. La política se ve del todo desterrada. Su sitio es fuera del movimiento.

8. Proyectos urgentes

a) Escuela para dirigentes en Santiago y Concepción; b) tener otros seis propagandistas: un mayor gasto de 500.000 pesos anuales; c) creación del movimiento obrero católico, especie de censo que permitiera conocer y coordinar las fuerzas católicas. Si no se empeña la Jerarquía, este proyecto no se podrá realizar por la oposición de las varias obras.

[Proyecciones para el futuro[8]. Estos cuatro años de dura experiencia han servido para confirmarnos plenamente en que es posible formar una *Central de Trabajadores Cristianos* plenamente

---

pero de voluntad firme, de gran energía, y, sobre todo, profundamente impregnado, ardientemente animado por las virtudes de fe, esperanza y caridad: extender el Reino de Dios en las conciencias y en la sociedad era el ideal, a cuyo servicio debía consumir sus fuerzas. Mis impresiones pudieron confirmarse y precisarse durante mi estadía en Santiago del 19 de febrero al 27 de marzo de 1951 (...). Me di cuenta que el P. Hurtado era el inspirador amado y venerado, el motor eficaz de una acción social, todavía joven, pero ya irradiando aun fuera de Chile (...). [La ASICH] en difíciles condiciones, y sin embargo con bastante rapidez logró un influjo notable en la opinión y marcó un lugar importante en la evolución del país". A. Lavín, Lo dicho después de su muerte, Santiago 1980, p. 402.

[8] *Archivo Padre Hurtado*, s 64 y 60. Los siguientes párrafos entre paréntesis pertenecen a otro documento que es casi un resumen del s 62 y 47, pero que integra estas interesantes *"Proyecciones para el futuro"*.

representativa en el campo del trabajo organizado, y a corto plazo mayoritaria, siempre que contemos con los siguientes medios:

a) Unificación del criterio católico alrededor del sindicalismo libre, en vez del actual sindicato único, y resolución inquebrantable de conseguirlo.

b) Medios económicos suficientes para poder rentar nuestros propagandistas que se dediquen *full time* a la acción sindical (necesitamos por lo menos 30), para tener una bien formada escuela de dirigentes, prensa propia, organización de viajes, etc. Esto supone un presupuesto anual mínimo de $ 4.000.000. Una vez obtenido el sindicalismo libre, serán los propios sindicatos los que proporcionarán los recursos, como lo hacen hoy la C.T.Ch. Hoy será necesario reunir los fondos entre quienes comprendan la necesidad de realizar la redención proletaria por el sindicalismo cristiano, y tengan tal altura de miras que no comprometan la libertad del movimiento[9].

c) Capellanes y dirigentes que realicen la formación de nuevos dirigentes y de la masa que se precipitará en los sindicatos. El gran peligro es tener una masa no controlada por dirigentes sólidamente formados, y que no vaya ella misma formándose. Si fuera necesario se podría, con la venia de los Sres. Obispos, traer del extranjero sacerdotes especialmente preparados para esta misión, que ayuden a los que los Srs. Obispos puedan ofrecer aquí al movimiento.

Con la bendición de Dios esto será realidad].

II. CUENTA DE LAS ACTIVIDADES DEL HOGAR DE CRISTO

Nació el Hogar en 1944. Hasta la fecha tiene las siguientes obras:

1. Para niños:

Posada del niño vago. O casa de aclimatación, a cargo del Padre [Salvador] Moreno S.J., ayudado por una visitadora social y dos maestras. Recibe hasta 90 niños directamente recogidos de la calle. Les da educación primaria y cristiana, y los habilita para una vida de

---

[9] Es decir, que colaboren económicamente, sin exigencias políticas.

hogar, cuyo hábito han perdido por meses y aun años de vagancia. El resultado es bien alentador: el ambiente del Hogar absorbe rápidamente a los recién llegados. La casa definitiva se construirá, Dios mediante, el año próximo.

Escuela Granja de Colina. Tiene 60 niños a cargo de tres religiosos Siervos de la Caridad, y 4 religiosas de la Sagrada Familia. Terminan su educación primaria y reciben educación agrícola. Excelente espíritu: cuatro vocaciones para sacerdote y una para hermano de la comunidad que los atiende. Está terminada la nueva casa con capacidad para 150 niños. Su costo fue de 3.000.000 de pesos.

Escuela Talleres en Renca. Tiene el Hogar 20.000 m² junto a la Parroquia El Tránsito de San José. Allí irán los egresados de Colina. Por el momento pocos; se alojan en la escuela parroquial.

2. Para adolescentes

Hogar y taller de mueblería. Trabajan como aprendices catorce adolescentes que aprenden el oficio. Con sus ganancias costean parte de su propia educación. Los atiende el Padre Salvador Moreno S.J. Resultados satisfactorios.

Nuevos talleres profesionales. Se iniciaron en diciembre de 1951 y se espera estén terminados en 1952. Capacidad para 150 adolescentes. Tendrán hogar, teatro, talleres, campos de deporte. Grupos de industriales atenderán los talleres. Costo de la obra aproximado: 8.000.000 de pesos.

3. Para adultos

Hospedería de mujeres. Casi un centenar acude cada noche, muchas con niños. Reciben baño, cama, comida, desayuno. Clases de Religión y costura.

Casa de educación familiar. Estará terminada el mes de marzo y será atendida por el Instituto de Educación Familiar. Las mujeres tendrán clase de costura, cocina, lavado, etc. Un jardín de niños permitirá a las madres dejar a sus niños durante el día. Costo de la obra: 1.500.000 de pesos.

Hospedería de hombres. Con las mismas secciones que la de mujeres. Tiene capacidad para 200. Se ampliará pronto para 100 más. De ambas hospederías cuidan las Madres del Amor Misericordioso.

El total de alojamientos dados en las hospederías ha sido de unos 120.000 durante este año (muchos de emergencia) y otras tantas raciones alimenticias.

Policlínico. Atendido por los estudiantes de Medicina de la Universidad Católica y un servicio dental por los de la Universidad de Chile.

Vivienda obrera. Auspiciada por el Hogar de Cristo, nació la Sociedad Anónima *El Hogar Obrero.* Este año entregará las 50 primeras casas para obreros, con un costo de unos 160.000 pesos por casa, pagadera por cuotas. Este año espera construir 240 casas.

Cursos vespertinos para adultos. Por ahora de alfabetización. Este año habrá también cursos técnicos.

4. Necesidades más urgentes

a) Terminar las obras comenzadas, que suponen unos 6.000.000 de pesos extraordinarios; b) Renovar buena parte del material deteriorado; c) Mejorar el standard de vestuario de niños y adultos.

5. Alientos

Una gran corriente de simpatía por el Hogar que redunda en la Iglesia, de parte de la prensa, industriales, autoridades y gran público, que envía los medios con los cuales se mantiene esta obra. Este año los gastos han pasado de los 6.000.000 [de pesos]. La fuente de entradas es la misericordia de Dios con sus pobres, que no ha de faltar.

ENERO DE 1952, SANTIAGO[10]

P. Arturo Gaete S.J.

Mi querido P. Arturo:

Muy presente lo he tenido estas Navidades que, para usted, deben haber sido sin ese calorcito de hogar que tienen las chilenas, pero en todo caso ha sido el mismo Niño el que lo ha ido a visitar allí, y tal vez con más cariño, porque más lo necesita uno mientras

---

[10] *Archivo Padre Hurtado,* s 62 y 93. ¿O diciembre de 1951?

más lejos está del ambiente propio[11]. Harto lo experimenté en doce años fuera de Chile, duros pero muy bellos y formadores.

¿Recibe *Mensaje*? Se lo estoy mandando. Su trabajo gustó mucho[12]. A él alude *Política y Espíritu*, diciembre de 1951, lo mismo de Weigel[13]. Espero pronto ayuda de ambos. Si no tiene tiempo para escribir, adapte algo de valer. Necesito ayuda. Me embarqué en un buque grande *A.M.D.G.* y, con la ayuda de Dios y de ustedes, saldremos.

Si oye algo de mi salud, sepa que estoy mejor después de un mes de reposo en el puerto [de Valparaíso][14]. Espero escribir este verano (¿o comenzar?) algo sobre el sentido del pobre. Yo creo que allí está el núcleo del cristianismo y cada día hay más resistencia e incomprensión a todo lo que dice pobreza. ¿Conoce algo bueno sobre esto? Si me alcanza el tiempo quiero hacer un resumen de "posiciones sociales", algo como lo que le mostré sobre reparto de los bienes y Cuerpo Místico. Servirá para círculos, ASICH, etc.

¿Podría enviarle un paquete de *Mensajes* y conseguirme canje con revistas americanas? *America, Thought, Time, Life...* Le enviaría también una tarjeta impresa solicitando canje y dólares para gastos.

¿Puede hacerme un buen timbre facsímil de mi firma? Yo veo las circulares americanas maravillosamente firmadas, por timbre, supongo. Pierdo horas y horas firmando.

Le envío un noticiario que lo saqué con copia pensando que podría interesarle. Saludos muy cariñosos al P. Weigel, al P. [John Courtney] Murray. Vi en *Vie Intelectuelle* una exposición de su polémica con Shea. Me interesaría tener los documentos. ¡¡Estoy por Murray!! P. [Edward] Ryan y amigos que pueda ver... A Alberto Díaz, que escriba para *Mensaje*. Él puede ayudarnos en esto del canje.

Un abrazo de su amigo afectísimo y hermano,

Alberto Hurtado C., S.J.

---

[11] Tal como se señaló, el P. Gaete se encontraba en EE.UU.

[12] "Toynbee y sus críticos", en *Mensaje* 2 (noviembre 1951), pp. 53-60.

[13] "Síntesis de un cuarto de siglo", en *Mensaje* 2 (noviembre 1951), pp. 81-88.

[14] Como se puede apreciar, ya habían comenzado a presentarse en el P. Hurtado los síntomas de la grave enfermedad que lo llevaría a la muerte.

ENERO DE 1952, CALERA DE TANGO[15]

Julio Silva Solar[16]
Mi querido Julio:
He sabido tu pena; te he acompañado y seguiré acompañando
en ella con el recuerdo de la Santa Misa por el alma de tu padre y
con el afecto de siempre por ti. Cada vez se va sintiendo uno más
solo aquí: a ti como a mí se nos ha deshecho el nido chico[17], pero
quedan siempre los otros a los cuales hay que pensar en dar lo que
otros nos han dado.
Estoy escribiendo un libro que llamaré *Moral Social*[18], por no
llamarlo *Doctrina Social Católica*; y si me da el tiempo quisiera ga-
rabatear algo que tengo muy adentro, *"el sentido del pobre"*.
Te saluda con todo cariño tu amigo,

Alberto Hurtado C., S.J.

4 DE ENERO DE 1952, CALERA DE TANGO[19]

Cristián Cox Palma[20]
Mi querido Cristián:

---

[15] *Archivo Padre Hurtado*, s 71 y 59.
[16] Julio Silva Solar (1926-2014) nació en Viña del Mar, terminó sus estudios secun-
    darios en el Colegio San Ignacio y luego siguió Leyes en la Universidad Católica.
    Desde su juventud fue un miembro activo del Partido Demócrata Cristiano, por el
    que fue elegido parlamentario. En 1969 lo abandonó y se integró a movimientos
    cristianos de izquierda. Durante el gobierno militar (1973-1989) estuvo exiliado en
    Italia. Tras el fin de ese régimen volvió a participar en política activa. Murió en 2014.
[17] En 1952, al escribir esta condolencia, ya habían muerto el padre, la madre y el
    único hermano del P. Hurtado.
[18] Este libro, *Moral Social – Acción Social*, permaneció inédito durante muchos años,
    pero fue publicado en 2004.
[19] *Archivo Padre Hurtado*, s 70 y 031.
[20] Cristián Cox Palma (1924-2013) era casado con Ana Donoso Phillips, hermana de
    los jesuitas Gregorio y José. Hacia el final de la carta alude a este último, diciendo
    que ha recibido correspondencia suya.

Muchas gracias por tu carta tan cariñosa, eso hace bien.

La salud mejor, y como tú dices ha sido un regalo del Padre para meditar un poco más, leer y quiero pronto comenzar a escribir. Tengo *in mente* dos libritos ¿o libros?: uno sobre el sentido del pobre en el cristianismo. Quisiera hurguetear bien la Sagrada Escritura para inquirir el plan de Dios sobre el pobre y sobre la pobreza. Yo creo que el mayor escándalo que damos los cristianos es disentir tanto con Cristo sobre el valor de la pobreza. El segundo será con miras a la ASICH y a las clases de doctrina: es que es más precisando la doctrina social cristiana, que pueda servir de base para círculos de estudio, charlas, etc.

En estos días más tranquilos se ve más claro lo esencial, como el árbol en invierno: ya eso es un inmenso bien. He gozado con la lectura del Journal d'un Curé de champagne, de Bernanos, que hace años había dejado a medias creyéndolo muy pesimista. Si tienes tiempo, te lo recomiendo. Quizá a tu edad, te produzca la impresión que a mí 15 años atrás: pero es macizo. Leí también el Cardenal, fuerte contraste de almas sacerdotales, ambas bellas, la del Card. Yanki Fermoyle y la del aproblemado curita francés. También he leído el milagro del P. Malaquías; un tipo de P. Smith, del mismo Bruce Marshall... Estoy tentado de escribir un artículo sobre el sacerdote en algunas grandes novelas contemporáneas.

El día de Sto. Tomás me acordé mucho en la Misa de tu Papá y de Tomacho. Díceselo a ambos, please! A Anita, que acabo de recibir carta de José: feliz y muy santo. Por él he sabido que Julio ha estado delicado, espero haya sido poca cosa. Un cariño a tu flaco Cristián 2º, y para todos Uds., Padre, Madre, hermanos mis mejores votos de año nuevo. A la Cecilia escribí hace poco.

Un abrazo de tu affmo. Amigo y SS

Alberto H.

8 DE ENERO DE 1952, CALERA DE TANGO[21]

Mi querido Hugo[22]:
Mucho te agradecí tu cariñosa y noticiosa carta.
¡No te desanimes por tu fracaso en los exámenes: en marzo los sacarás con el favor de Dios y con tu buen esfuerzo por prepararlos! Aprovecha el verano para continuar tus cosas: descanso, tus exámenes y algunos libros de formación. Cuando vuelvas a Santiago me avisas para avisarte cuando yo vaya, pues voy cada semana y si tienes tiempo te vienes a pasar el día a Calera de Tango que creo tú conoces (por Malloco hacia San Bernardo).

Mi salud, mejor: Estoy escribiendo algo sobre *"El Sentido del Pobre"*[23] y algunos puntos sociales. ¡Que cosas tan maravillosas se descubren en una lectura y meditación tranquila sobre el Evangelio! Ojalá tú te dieras un ratito cada día para saborear algún pasaje del *Nuevo Testamento* o *Imitación de Cristo*, que desearía fueran tus libros de cabecera; más que picotear muchas cosas, ahonda en estos libros de base.

Esperando tener el gusto de saludarte pronto, te deseo un feliz año lleno de bendiciones del cielo. Afectísimo amigo,

Alberto Hurtado C., S.J.

27 DE ENERO DE 1952, SANTIAGO[24]

Mi muy querido Padre Robinot Marcy
Paz en Cristo
Reciba un gran agradecimiento de sus notas con indicaciones y el estado de mi cuenta.

---

[21] *Archivo Padre Hurtado*, s 71 y 06. El original de esta carta está en francés.
[22] Es posible que esta carta esté dirigida a Hugo Fuenzalida.
[23] Desgraciadamente, no hay noticias sobre algún manuscrito con ese nombre.
[24] *Archivo Padre Hurtado*, s 63 y 69.

Yo continúo recibiendo: Estudios, Vida Intelectual, Masas Obreras, Revista de Acción Popular, Cuadernos de Acción Religiosa y Social, Crónica social de Francia.

Me suspendieron el envío de Documentación Católica, Economía y Humanismo, Diagnóstico Económico, Eficacia. Me gustaría continuar recibiendo esas revistas a partir de la fecha en la cual me suspendieron el envío: sin duda a partir de 1951. Además me gustaría pedirle, entonces, renovar las suscripciones de todas las revistas nombradas en esta carta: aquellas que yo continúo recibiendo y aquellas que no me llegaron más.

En cuanto a los libros, le ruego me haga enviar las *Semanas Sociales* posteriores en Lille (yo las tengo aquí); la novela de Petzeril, calle Notre Dame, un abono a la casa de Vitte del Suplemento de la Semana Religiosa de Lyon para recibir las Notas Doctrinales para el uso de los padres, le ruego enviarme todas aquellas que hayan aparecido. Pöelman, *Abramos la Biblia*, Ediciones Universitarias, Bruselas, 1950. El libro de Folliet que hizo en seguida *La Iglesia en la encrucijada*. Mauriac *La piedra del escándalo*. L. Rétif *Catecismo y misión obrera*. El Padre Pierre Puysegur preparó algunos libros sobre el matrimonio, si él los ha publicado, le ruego me los envíe. Creo haber visto un anuncio de una nueva Economía Social o Política, ¿es del Padre Arnou? Si vale la pena también me lo envía. Un abono a la revista *Fiestas y estaciones*, le ruego enviarme los números anteriores consagrados a los problemas sociales. Si además hay otros libros que le parecen valiosos sobre un tema social, sindical o bien de vida cristiana, le ruego enviármelos.

Un favor más, los jesuitas chilenos han comenzado la publicación de una revista mensual inspirada en el género de Estudios; me han encargado la dirección, además de veinte otras cosas que haga. En América es así... ¿Podría enviarme el sistema clasificador que usted tiene para los Cuadernos de Acción Religiosa y Social? Me gustaría adaptar esa clasificación de las fichas y las notas para la nueva revista. Ella se llama *Mensaje*, se la haré llegar.

Un gran agradecimiento por todos los favores que usted continúa haciéndome, mis mejores recuerdos del querido Padre Villain. Le ruego decirle que los Pequeños Hermanos de Jesús que me aconsejó visitar ya están instalados en Santiago, ellos fueron muy bien recibidos y comenzaron a tener vocaciones chilenas. Pronto vendrán los Pequeños Hermanos.

A todos los padres de esta querida casa un saludo muy cariñoso. Yo guardo un recuerdo inolvidable. Le ruego a Dios que yo pueda volver antes de mi gran viaje…

Unidos en el rezo. Hermano en Jesucristo,

Alberto Hurtado S.J.

28 DE ENERO DE 1952, CALERA DE TANGO[25]

Mi querido Jaime:

Mucho he agradecido tu carta tan cariñosa. De esas que revelan toda la felicidad y afecto correspondido de los antiguos alumnos que luego viene a ser amigos y compañeros de tareas. ¡Que Dios te lo pague! Mi salud, mejor —gracias a Dios— y así estoy escribiendo mi libro Moral Social, que discutiremos junto este año.

Viniendo a tu problema lo único que quisiera pedirte es que no te desalientes por nada. Ten fe y confianza en el Padre celestial que te ama como verdadero Padre; conoce tus dolores y todo lo encamina para tu bien. Antes que nada esa fe profunda: Dios es Padre, todo lo ve, todo lo sabe, todo lo puede y me ama… Que no entre dentro de tu alma, ojalá por la meditación diaria del Evangelio al que te aconsejo consagrar un cuartito de hora cada día. ¿Querrá tu Padre que te cases con esta niñita tan buena? No sé; pero sí sé que quiere lo mejor para ti.

Por otra parte el que ella te haya dicho no; no es motivo para desalentarte. Quizás mañana… y si no, Dios te dará lo que necesitas. Pero que ella, o la imagen de la que va a venir a acompañarte, la futura madre de tus hijos, ocupe tu mente y te impida hundirte. Piensa que un día —que llegará con el favor de Dios— vas a unir

---

[25] *Archivo Padre Hurtado*, s 62 y 83.

SU ÚLTIMO AÑO DE VIDA

tu vida a una joven pura que será la madre de tus hijos, y que ese pensamiento te dé fuerza para ser digno de ella.

Yo cuento contigo para trabajar tan pronto regreses a Santiago. Tenemos harto que hacer y vas a encontrar un campo bien propicio de apostolado. Si tienes deseo, te invito al retiro de Semana Santa.

Hay un verso, creo que es de Nervo:

Yo me contento, amor,
con sembrar rosas,
en el camino azul por donde vas
Tú, sin mirarlas, en su senda posas el pié
Quizá, mañana las verás...
Yo, me contento, Amor
con sembar rosas;
Dios hará lo demás.

Y otro del mismo Nervo:

Viste contento el traje
de que el Señor te viste;
y no estés triste
que es pecado estar triste...

Que Dios te bendiga, querido Jaime; si vienes a Santiago ven a verme a Calera donde yo espero estar en Marzo, salvo una escapadita a Valparaíso para pasar a control médico.

Si escribes a Adolfo salúdalo con todo cariño y dile que mucho lo recuerdo.

Tu amigo affmo. y SS.

Alberto Hurtado C., S.J.

4 DE FEBRERO DE 1952, SANTIAGO[26]

Señorita Gabriela Mistral[27]
De toda mi consideración:
No sé si usted recordará a éste, su Capellán, que tuvo el gusto de conversar largamente con usted en casa de Carmelita Echenique en su último viaje a Chile. Yo sí, la recuerdo con mucho afecto. Por medio de Carmelita le he pedido un artículo para nuestra Revista *Mensaje*, que supongo ha estado usted recibiendo. Carmelita me ha dicho que no ha tenido respuesta suya respecto a mi petición, por lo cual me decido a reiterarla yo personalmente. Me atrevo a esperar de su bondad que ha de acceder usted a mi pedido y de antemano me apresuro a agradecérselo.

En espera de sus gratas noticias quedo de usted afectísimo seguro servidor y Capellán,

Alberto Hurtado C., S.J.

8 DE ABRIL DE 1952, SANTIAGO[28]

Manuel Larraín Errázuriz, Obispo de Talca
Mi querido Manuel:
Me he quedado seriamente preocupado con la conversación que tuvimos acerca de alguna obra social que pudiera emprenderse en Talca.

---

[26] *Archivo Padre Hurtado*, s 64 y 34.
[27] Gabriela Mistral (Lucila Godoy Alcayaga) nació en el seno de una humilde familia en Vicuña, Chile, en 1889. En 1945 se le otorgó el Premio Nobel de literatura, el primero que recibiera un latinoamericano. Fue cónsul de Chile en la Liga de las Naciones y en las Naciones Unidas. Murió en Nueva York en 1957. Se puede comprender que el P. Hurtado tuviera enorme interés en que ella publicara algún artículo en *Mensaje*. Ello se hizo realidad solamente en noviembre de 1952 y curiosamente fue un homenaje a Alberto Hurtado después de su muerte ("Un pastor menos", en *Mensaje* 14, p. 534).
[28] *Archivo Diocesano de Talca*.

Me parece de suma urgencia una realización social hecha por ti, por varios motivos: Primero, por la urgencia de lo social en sí mismo; luego, por el profundo desaliento que siento cundir entre los que se han dedicado a lo social, al ver el desinterés total del Episcopado frente a este problema. Se dice en encíclicas, se repite en las pastorales, que es el más urgente de los problemas chilenos, pero, al hacer un balance de realizaciones, nos encontramos con casi cero. Yo he recibido grandes palabras de aliento para la ASICH, pero, fuera de tu ayuda, y de $ 3.000 que nos da Monseñor Silva, mensualmente, no he recibido un centavo, ni mucho menos un hombre para hacer sindicalismo cristiano, sobre cuya urgencia tanto insisten los Papas. Se dirá que no hay medios, pero en cada Diócesis se edifican iglesias, aún caras, se compran bancos que cuestan varios miles de pesos, se hacen viajes costosos y, para la "obra urgentísima", de cuya solución depende el porvenir de la Iglesia, no hay tiempo, dinero, ni hombres... Esto lo he oído comentar con amargura, y veo como cunde el pesimismo, y aún la pérdida de la fe, entre quiénes ayer creían en la solución social de la Iglesia.

La gente espera mucho de ti en lo social. Te miran como a su jefe y orientador. Si llegaran a perder la confianza en ti, no sé en quién podrían fiarse de nuevo. Viniendo a lo concreto, se me ocurre que una forma de trabajo social podría ser la formación de un Secretariado de Propaganda Social, especialmente sindical y de estudio de los problemas regionales. Este Secretariado requeriría un propagandista, un abogado (al menos conectado con la oficina) y un técnico extranjero, estilo Kibedi, para buscar fórmulas de realizaciones sociales adaptadas a nuestra tierra. Yo creo, especialmente, en la labor sindical, a pesar de ser la más ingrata, porque no veo, en estos últimos dos siglos, qué otra fórmula se haya demostrado eficaz para realizar la redención proletaria. Lo que ha obtenido el obrero, lo ha ganado mediante el sindicato, incluso más que mediante cooperativas y otras fórmulas que permiten la pereza presente porque parecen exigir una preparación que no tenemos.

Se necesita también prensa. ¿No podría pensarse en tonificar y diversificar Tribuna Sindical que cuenta con un equipo, pero carece de medios? La entrada de Tribuna Sindical en el Norte es extraordinaria. En Chuqui se venden más de 1.000 ejemplares, y otros tantos en María Elena, hasta la prohibición del Excelentísimo Señor Obispo de venderla. Si pudiéramos asegurar su salida, al menos quincenal, y contáramos con unos $ 20.000 mensuales, aseguraríamos una vida digna.

En la ASICH estamos gastando cien mil pesos mensuales que salen de la paternidad divina. Creo que necesitaríamos unos $ 4.000.000 anuales si quisiéramos hacer una obra seria que demostrara que creemos en la urgencia de lo sindical, pero lo triste es que encontramos el más total escepticismo frente a la obra.

Acabo de leer en Visión: Una mirada sobre América Latina y deja la impresión de la pavorosa inacción social de los católicos en el continente. ¿Qué cuentas puede pedirnos Dios a los que tenemos una visión clara, y ahora, en tu caso, los medios para realizar lo que vemos ser necesario?

Yo creo que una acción social de orientación intelectual y de realización sindical no puede fallar en sus frutos, porque sería desconfiar de la Providencia si no esperáramos en los medios que tanto nos inculcan los Papas. En el peor de los casos quedaría en pie un testimonio valiente en lo social y desligado de todo interés político.

Yo me asusto un poco de mi franqueza, pero sé que tú sabrás comprenderla perfectamente, no como me ha ocurrido con otras franquezas que tu recuerdas… Quedo pidiéndole al Señor que nos ilumine para ver bien claro cómo aprovechar mejor nuestras fuerzas en esta hora tan tremenda que estamos viviendo.

Con el cariño de siempre te saluda tu afectísimo amigo.

Alberto Hurtado C., S. J.

JUNIO DE 1952, SANTIAGO[29]

Marta Holley de Benavente
Muy estimada Marta:

---

[29] *Archivo Padre Hurtado*, s 65 y 91. Esta breve carta, casi la última que se conserva, debe ser de los primeros días de junio, puesto que el 5 entrará a la Clínica de la Universidad Católica.

Una palabrita para agradecerle su magnífica comida a usted y la señora que la ayuda a prepararla[30]. Dios se lo pague. Unas observaciones. El pescado me cae mal. La entrada ojalá bien simplecita porque mi estómago es como de niño; el espárrago cae muy bien. Postrecitos de leche son sanitos.

Dios les pague todo.

Alberto Hurtado C., S.J.

9 DE JULIO DE 1952,
CLÍNICA DE LA UNIVERSIDAD CATÓLICA[31]

Excelentísimo señor Dr. José María Caro
Mi venerado y respetado señor Arzobispo:
Tengo un escrúpulo que pesa sobre mi conciencia, y es el de no haber contestado la bondadosa y cariñosa carta de Su Excelencia de hace unos tres meses. Se la agradecí de todo corazón. Su llegada coincidió con mi enfermedad y he estado grave sin poder leer ni escribir. Estoy totalmente de acuerdo con los conceptos que en ella me expresa sobre sindicalismo, y las observaciones del sub-jefe de Bienestar de Schwager[32] creo que habían sido tomadas en cuenta en el proyecto de la ASICH.

Ruego muy de veras al Señor bendiga a su Excelencia y le pido suplique para pedir al Señor que se cumpla en todo su Santa Voluntad.

De Vuestra Excelencia, siervo en Cristo,

Alberto Hurtado C., S.J.

---

[30] La carta muestra la delicadeza y humildad del P. Hurtado que, ya con graves problemas de salud, da algunas indicaciones a quien lo ha invitado a comer, agradeciendo no solo a la dueña de casa sino a quien preparará la comida.

[31] *Archivo Padre Hurtado*, s 65 y 26. Esta es la última carta, de puño y letra del P. Hurtado, que se conserva en el Archivo.

[32] Se refiere a una mina de carbón ubicada cerca de Concepción, al sur de Chile.

14 DE AGOSTO DE 1952,
CLÍNICA DE LA UNIVERSIDAD CATÓLICA[33]

A los amigos del Hogar de Cristo:
Al dar mi último saludo de Navidad, quisiera darles las gracias
a todos los amigos conocidos y desconocidos que, de muy lejos a
veces, han ayudado a esta obra de simple caridad de Evangelio, que
es el Hogar de Cristo.

Al partir, volviendo a mi Padre Dios, me permito confiarles
un último anhelo: el que se trabaje por crear un clima de verdadero
amor y respeto al pobre, porque el pobre es Cristo. "Lo que hiciereis al más pequeñito, a mí me lo hacéis" (Mt 25, 40).

El Hogar de Cristo, fiel a su ideal de buscar a los más pobres
y abandonados para llenarlos de amor fraterno, ha continuado con
sus Hospederías de hombres y mujeres, para que aquellos que no
tienen donde acudir, encuentren una mano amiga que los reciba.

Los niños vagos, recogidos uno a uno en las frías noches de
invierno, han llenado la capacidad del Hogar. 5.000 vagan por Santiago... ¡Si pudiéramos recogerlos a todos... y darles educación...!
Para ello, un nuevo pabellón se está construyendo con capacidad
para 150 niños, el cual les ofrecerá las comodidades necesarias para
una labor educacional seria.

Los Talleres de carpintería, gasfitería, hojalatería, enseñan un
oficio a estos hijos del Hogar de Cristo. Nuevos talleres, Dios mediante, de mecánica, imprenta, encuadernación, ampararán la labor
de los actuales.

Las niñas vagas, ayer inexistentes, son hoy una triste realidad.
400 hay fichadas por Carabineros. ¡Cuántas más existen que, en-
vueltas en miseria y dolor, van cayendo física y moralmente! Un
hogar se abrirá en breve para ellas.

La Casa de Educación Familiar, del Hogar de Cristo, la cual
está ya terminada, las capacitará para sus deberes de madre y esposa

---

[33] *Archivo Padre Hurtado*, s 10 y 18. El P. Hurtado dictó esta despedida a los amigos
del Hogar de Cristo, 4 días antes de su muerte, ocurrida el 18 de agosto. Este saludo de Navidad, fue posteriormente publicado en el n° 14 de la *Revista del Hogar*.

con sus cursos de cocina, lavado, costura, puericultura, etc., prestando esta misma Casa un servicio a todo el barrio.

Los ancianos tendrán también su Hogar, es decir, el afecto y cariño que no les puede brindar un asilo. Para ellos quisiéramos que la tarde de sus vidas sea menos dura y triste. ¿No habrá corazones generosos que nos ayuden a realizar este anhelo?

A medida que aparezcan las necesidades y dolores de los pobres, que el Hogar de Cristo, que es el conjunto anónimo de chilenos de corazón generoso, busquen cómo ayudarlos como se ayudaría al Maestro.

Al desearles a todos y a cada uno en particular una feliz Navidad, os confío en nombre de Dios, a los pobrecitos.

Alberto Hurtado Cruchaga, S.J., Capellán.

Made in United States
Orlando, FL
11 December 2024

55435789R00238